高等学校教师教育创新培养模式"十二五"规划教材编委会

丛书主编　　　靖国平

丛书副主编　　（以姓氏笔画为序）

　　　　　　　王　文　　王　锋　　孔晓东　　邓银城
　　　　　　　吴亚林　　李经天　　张相乐　　胡振坤
　　　　　　　徐学俊　　黄首晶　　谢新国　　雷体南
　　　　　　　熊华生

编　　　委　　（以姓氏笔画为序）

　　　　　　　邓晓红　　卢世林　　叶显发　　刘启珍
　　　　　　　金克中　　姜　庆　　赵厚勰　　曹树真

课程与教学论教程

主　编　靖国平　邓银城
副主编　张相乐　刘宗南
　　　　韩冰清　邓李梅

华中科技大学出版社
http://www.hustp.com
中国·武汉

内 容 提 要

本书立足21世纪课程与教学改革的时代背景,着力课程论与教学论研究的有机结合和相互转化,力图反映近些年来国内外基础教育课程与教学改革的新趋势,高等学校教师教育创新培养模式的新要求,新时期教材建设和教学方式与学习方式变革的新特点,注重学习资源与问题情境的结合、文字表述与图表呈现的结合、文本学习与思想交流的结合、知识掌握与能力训练的结合。

本书可以作为师范院校本科生和研究生的专业必修课和选修课教材,也可作为在职中小学教师和校长继续教育的培训教材。

图书在版编目(CIP)数据

课程与教学论教程/靖国平　邓银城　主编.—武汉:华中科技大学出版社,2012.5（2024.1重印）
ISBN 978-7-5609-7699-0

Ⅰ.课… Ⅱ.①靖… ②邓… Ⅲ.①课程-理论-高等学校-教材 ②教学理论-高等学校-教材
Ⅳ.G42

中国版本图书馆 CIP 数据核字(2012)第 011098 号

课程与教学论教程	靖国平　邓银城　主编

策划编辑:曾　光
责任编辑:狄宝珠
封面设计:龙文装帧
责任校对:马燕红
责任监印:张正林
出版发行:华中科技大学出版社(中国·武汉)　　电话:(027)81321913
　　　　　武汉市东湖新技术开发区华工科技园　　邮编:430223
录　　排:华中科技大学惠友文印中心
印　　刷:广东虎彩云印刷有限公司
开　　本:787 mm×1092 mm　1/16
印　　张:20.75　插页:2
字　　数:472千字
版　　次:2024年1月第1版第10次印刷
定　　价:49.00元

本书若有印装质量问题,请向出版社营销中心调换
全国免费服务热线:400-6679-118　竭诚为您服务
版权所有　侵权必究

总序

教师兴则教育兴,教师强则教育强。当今世界,大力加强教师队伍建设,创新教师教育培养模式,提高教师专业化水平,是世界各国教育改革与发展的一项共同目标。我国新近颁布的《国家中长期教育改革和发展规划纲要(2010—2020年)》提出:"教育大计,教师为本。有好的教师,才有好的教育"。"加强教师教育,构建以师范院校为主体、综合大学参与、开放灵活的教师教育体系。深化教师教育改革,创新培养模式,增强实习实践环节,强化师德修养和教学能力训练,提高教师培养质量"。

教材建设与开发是创新教师教育培养模式、促进教师专业化发展的一个重要手段,也是深化教师教育改革、提高教师培养质量的一项重要举措。2009年6月,教育部启动实施"教师教育创新平台项目计划",明确提出要努力创新教师培养模式,加强教师教育学科群建设,深化学科专业、课程教学改革。在这种背景下,我们组织一批教学经验丰富、研究成果突出的高校专业教师,根据教师教育创新培养模式以及教师专业化发展的新形势、新目标和新任务,以华中科技大学出版社为平台,编写了"高等学校教师教育创新培养模式'十二五'规划教材",包括《教育学教程》、《心理学教程》、《现代教育技术教程》、《课程与教学论教程》、《中国教育史教程》、《外国教育史教程》、《教师伦理学教程》、《学与教的心理学》、《学校心理咨询与辅导》、《人格心理学》、《公关心理学》、《班主任工作艺术》、《多媒体课件设计与制作》、《教育科研技能训练》、《教师教学技能训练》和《教师语言艺术训练》共16本。

通过教材建设与开发创新教师教育培养模式,探索教师专业化成长之路,是一种新的尝试,也是一项比较复杂的系统工程。本系列规划教材的编写,以《国家中长期教育改革和发展规划纲要(2010—2020年)》精神为指导,在坚持教材编写的科学性、创新性、系统性、规范性等基本原则的基础上,力图从以下三个方面进行有益的探索。

(1)在传承教育学专业基础知识的基础上,突出教师教育教材编写的实践取向。教师教育教材体系的变革,是当前创新教师教育培养模式的一个重要课题。教师教育教材的编写,既要体现系统、严密、扎实的教育理论知识,又要突出丰富、生动、具体的教育实践情境;既要注重将抽象的理论知识引入鲜活的实践领域,还要注意将日常实践经验导向富有魅力的理论阐释。其重点和难点在于达成理论与实践两方面的动态平衡和相互转化,并始终专注于教材的现实取向和实践立场,以克服理论脱离实际、知识与能力相分离、所学非所用等方面的流弊。本系列规划教材的编写,力求在简明介绍、评述相关理论知识及其背景的基础上,凸显教材的实践取向和实用价值。如《班主任工作艺术》《多媒体课件设计与制作》《教育科研技能训练》《教师教学技能训练》《教师语言艺术训练》等教材,都充分体现了这种取向。

(2) 在坚持教材编写为教师服务的基础上,突出教材编写的学习者取向。任何教材的编写,既要考虑教师"教"的需要,也要考虑学习者"学"的需要,好教材通常是教师"好教",学生"好学",教学一致,师生相长。本系列规划教材的编写,力求在为从事教师教育的专业教师提供优质的课程与教学设计的基础上,坚持"以学习者为主,为学习服务"的基本原则。基于创新教师教育模式所要达成的目标,教师的"教"需要满足于学生的"学","教材"需要趋向于"学材"。尽管许多教材名曰"教程",但我们更倾向于将它转化为"学程",追求"教程"与"学程"的有机统一。同时,在教材编写过程中注重学习资源与问题情境相结合、文字表述与图表呈现相结合、文本学习与思想交流相结合、知识掌握与能力训练相结合。

(3) 在坚持教材编写的普适性、通用性原则的基础上,突出教材编写的区域性特色。湖北是我国的教育大省,湖北教育尤其是教师教育在中部地区具有重要的比较优势与特色。未来十年湖北将努力从教育大省迈进教育强省,而教师教育必将是我省基础教育改革与发展的一项重点工作。本系列规划教材的编写者以湖北省属高校专业教师为主,旨在充分利用湖北省丰富的高校教师教育方面的教学和研究资源,以及广大中小学校教育教学改革的先进经验,凸显教师教育教材编写的区域特色和比较优势。同时,也注意充分吸收其他地区教师教育的理论和实践成果。

本系列规划教材的编写,是一次较大规模的集体劳动的成果。湖北大学、江汉大学、长江大学、三峡大学、湖北师范学院、湖北第二师范学院、湖北民族学院、黄冈师范学院、湖北工程学院、湖北科技学院、湖北文理学院、荆楚理工学院、郧阳师范高等专科学校等十余所院校的百余名专业教师的热诚加盟,华中科技大学出版社领导和各位编辑的大力支持,各路同仁的精诚团结与通力合作,使本系列规划教材的编写、出版得以顺利进行。编委会同仁深知编写系列规划教材是一件非常不易的大事,有的教材或许存在某些问题、差错,热诚欢迎广大读者及时加以指出,以便我们在下次修订时改正、完善。

本系列规划教材适用于高等师范院校学生和综合性大学师范专业学生学习,同时可作为在职教师培训教材和专业教师教学参考用书。

靖国平
2010 年 11 月 30 日

前言

进入 21 世纪以来,课程与教学改革一直是我国基础教育改革的中心和主题。如何深入推进基础教育课程与教学改革,不断创新教师教育培养模式,有效提升中小学教师专业能力和综合素质,全面提高教育教学质量,促进学生主动和可持续发展,是教育理论与实践研究面临的一个重大课题。

在这种形势和背景下,我们组织相关专业人员编写了《课程与教学论教程》。首先,本教材力图反映近年来国内外基础教育课程与教学改革的新变化、新趋势、新特点,尤其是我国新一轮基础教育课程与教学改革的进展、成果和问题;其次,力图反映高等学校教师教育创新培养模式的要求,落实《国家中长期教育改革和发展规划纲要(2010—2020 年)》提出的"深化教师教育改革,创新培养模式,增强实习实践环节,强化师德修养和教学能力训练,提高教师培养质量"的指导思想;再次,力图反映新时期教材建设和教学方式变革的需要。同时,本教材还注重学习资源与问题情境的结合、文字表述与图表呈现的结合、文本学习与思想交流的结合、知识掌握与能力训练的结合。

本教材作为师范生和在职教师学习的文本,在具体编写工作中力图体现以下四个特点。

(1) 在保证教材编写的基础性、全面性的基础上,突出教材的结构化、系统性。

本书共计九章,包括课程与教学论概述、课程目标与教学目标、课程设计与教学设计、课程资源与教学内容、课程实施与教学过程、教学模式与教学方法、学习策略与教学策略、课程评价与教学评价、课程与教学改革的发展趋势。这九章既包含了课程与教学论的基础性内容,同时也体现了课程与教学论的学科知识逻辑。

(2) 在保证教材编写的普适性、科学性的基础上,突出教材的相对独特性和个性化。

目前,国内外出版的课程论、教学论方面的教材已有不少,但注重课程论与教学论的有机结合、互为一体的教材还不多见,本教材的着力点、侧重点在于"课程论与教学论的有机结合和相互转化"。如每一章都包含了课程与教学两方面密切相关的内容,且注重两方面的有机融合和相互转化。

(3) 在保证教材编写的稳定性、科学性的基础上,突出教材的时代性、发展性。

教材编写需要考虑继承与创新、理论与实践、知识与能力等方面的关系,本教材在继承前人已有研究成果的基础上,特别注意联系 21 世纪以来我国基础教育课程改革的实际,将课程与教学改革的重要理论和实践成果反映到教材中来。

(4) 在保证教材编写的丰富性、翔实性的基础上,突出教材的简约性、实用性。

本教材编写基于以学习者为中心、为学习服务等理念,力求逻辑严密,层次清晰,概念明了,文字简练,举例精要,文献翔实,图表规范。每章的内容包括学习目标、问题情境、主体部分、本章小结和思考练习。

本教材由湖北大学靖国平教授和湖北工程学院邓银城教授担任主编,张相乐、刘宗南、韩冰清、邓李梅担任副主编。靖国平、邓银城教授负责总体策划、编制提纲、审稿、统稿和定稿工作,对各章均作了一定的删减和增补。全书各章编写人员如下:靖国平(第一章)、杨旸(第二章)、张相乐(第三章)、刘宗南(第四章)、向葵花(第五章)、邓李梅(第六章)、张裕鼎(第七章)、韩冰清(第八章)、邓银城(第九章)。

感谢湖北大学、湖北工程学院、长江大学、湖北师范学院、湖北科技学院、黄冈师范学院的各位编写人员的精诚合作和辛勤劳动!感谢湖北大学教育学院硕士研究生周锐、韩佳佳、白倩、黄珍玉对文稿的校对工作!感谢华中科技大学出版社的领导和各位编辑的大力支持!本教材编写中引用了许多国内外专家、学者的观点和材料,在此,我们一并表示衷心的感谢!

以团队合作的方式编写《课程与教学论教程》,是一项具有挑战性的工作。由于我们自身的学术水平和组织能力有限,书中的许多观点、材料可能存在某些错讹、遗漏,恳请诸位读者不吝赐教,批评指正,以便今后修订时改正、完善。

靖国平　邓银城
2011 年 11 月 20 日

目录

第一章 课程与教学论概述 (1)
第一节 对课程与教学的基本认识 (2)
一、什么是课程 (2)
二、什么是教学 (6)
第二节 对课程论与教学论的基本认识 (8)
一、什么是课程论 (8)
二、什么是教学论 (9)
三、课程论与教学论的基本关系 (10)
第三节 课程论与教学论的历史演进 (11)
一、课程论发展的历史进程 (11)
二、教学论发展的历史进程 (17)
第四节 课程与教学论的思想基础 (25)
一、进步主义教育思想 (25)
二、要素主义教育思想 (26)
三、结构主义教育思想 (27)
四、人本主义教育思想 (28)
五、改造主义教育思想 (28)
六、社会本位主义教育思想 (29)

第二章 课程目标与教学目标 (32)
第一节 课程目标与教学目标的含义 (32)
一、课程目标的含义 (32)
二、教学目标的含义 (34)
三、与课程目标、教学目标相关的概念 (35)
第二节 课程目标与教学目标的价值取向 (37)
一、行为目标取向 (37)

二、生成性目标取向 …………………………………………………… (39)
　　三、表现性目标取向 …………………………………………………… (43)
　　四、三种课程与教学目标取向的比较 ………………………………… (45)
　第三节　课程目标与教学目标的研制 ……………………………………… (46)
　　一、课程目标与教学目标的来源 ……………………………………… (46)
　　二、课程目标与教学目标研制的基本要求 …………………………… (50)
　　三、确定课程目标与教学目标的基本环节 …………………………… (52)
　第四节　课程目标与教学目标的表述 ……………………………………… (55)
　　一、课程目标与教学目标表述的误区 ………………………………… (55)
　　二、行为目标的表述 …………………………………………………… (57)
　　三、目标表述的方法 …………………………………………………… (58)

第三章　课程设计与教学设计 ………………………………………………… (63)
　第一节　课程设计与教学设计概述 ………………………………………… (64)
　　一、课程设计概述 ……………………………………………………… (64)
　　二、教学设计概述 ……………………………………………………… (68)
　第二节　课程设计与教学设计的过程 ……………………………………… (70)
　　一、课程设计的过程 …………………………………………………… (70)
　　二、教学设计的过程 …………………………………………………… (74)
　第三节　课程设计与教学设计的模式 ……………………………………… (79)
　　一、课程设计的基本模式 ……………………………………………… (79)
　　二、教学设计的基本模式 ……………………………………………… (88)

第四章　课程资源与教学内容 ………………………………………………… (98)
　第一节　课程资源与教学内容的含义 ……………………………………… (99)
　　一、课程资源的含义 …………………………………………………… (99)
　　二、课程与教学内容的含义 …………………………………………… (104)
　第二节　课程资源与教学内容的整合 ……………………………………… (106)
　　一、课程资源与教学内容整合的内涵和意义 ………………………… (106)
　　二、课程资源与教学内容整合的主客体及其支持体系 ……………… (110)
　　三、课程资源与教学内容整合的原则与策略 ………………………… (113)
　第三节　课程资源的开发与利用 …………………………………………… (115)
　　一、课程资源开发与利用概述 ………………………………………… (115)
　　二、课程资源开发与利用的原则和途径 ……………………………… (118)
　第四节　教学内容的选择与组织 …………………………………………… (125)
　　一、课程与教学内容的基本取向 ……………………………………… (125)

二、课程与教学内容选择的基本依据 …………………………………（126）
　　三、课程与教学内容选择的标准 …………………………………………（128）
　　四、课程与教学内容的组织 ………………………………………………（130）
　　五、课程与教学内容选择与组织的基本环节 ……………………………（131）

第五章　课程实施与教学过程 …………………………………………（133）
　第一节　课程实施与教学过程的含义 ………………………………………（133）
　　一、课程实施的含义 ………………………………………………………（133）
　　二、教学过程的含义 ………………………………………………………（136）
　　三、课程实施与教学的关系 ………………………………………………（139）
　第二节　课程实施的取向与模式 ……………………………………………（140）
　　一、课程实施的基本取向 …………………………………………………（140）
　　二、课程实施的基本模式 …………………………………………………（147）
　第三节　教学过程的结构与功能 ……………………………………………（151）
　　一、教学过程的结构 ………………………………………………………（151）
　　二、教学过程的功能 ………………………………………………………（155）
　第四节　教学过程的本质与规律 ……………………………………………（160）
　　一、教学过程的本质 ………………………………………………………（160）
　　二、教学过程的基本规律 …………………………………………………（163）

第六章　教学模式与教学方法 …………………………………………（169）
　第一节　教学模式和教学方法的含义 ………………………………………（170）
　　一、教学模式概述 …………………………………………………………（170）
　　二、教学方法概述 …………………………………………………………（172）
　第二节　教学模式的生成、选用与发展 ……………………………………（175）
　　一、教学模式的生成 ………………………………………………………（175）
　　二、教学模式的选择与运用 ………………………………………………（176）
　　三、教学模式的发展趋势 …………………………………………………（177）
　第三节　几种典型的教学模式 ………………………………………………（179）
　　一、国外当代主要教学模式 ………………………………………………（179）
　　二、我国当代主要教学模式 ………………………………………………（186）
　第四节　教学方法的分类与组合 ……………………………………………（196）
　　一、教学方法的分类 ………………………………………………………（196）
　　二、教学方法的组合 ………………………………………………………（198）
　　三、教学方法的选择与运用 ………………………………………………（200）

第五节　中小学常用的教学方法 …………………………………… (201)
　　一、讲授法 …………………………………………………………… (201)
　　二、谈话法 …………………………………………………………… (202)
　　三、读书指导法 ……………………………………………………… (203)
　　四、演示法 …………………………………………………………… (204)
　　五、参观法 …………………………………………………………… (204)
　　六、实验法 …………………………………………………………… (205)
　　七、实习作业法 ……………………………………………………… (205)
　　八、练习法 …………………………………………………………… (206)
　　九、讨论法 …………………………………………………………… (207)
　　十、研究法 …………………………………………………………… (208)

第七章　学习策略与教学策略 ……………………………………………… (210)
　第一节　学习策略与教学策略的含义 ……………………………… (211)
　　一、策略的含义 ……………………………………………………… (211)
　　二、学习策略的含义及特征 ………………………………………… (212)
　　三、教学策略的含义及特征 ………………………………………… (213)
　　四、学习策略与教学策略的价值取向 ……………………………… (217)
　第二节　学习策略的分类与运用 …………………………………… (218)
　　一、学习策略的分类 ………………………………………………… (218)
　　二、认知策略及其运用 ……………………………………………… (219)
　　三、元认知策略及其运用 …………………………………………… (226)
　　四、资源管理策略及其运用 ………………………………………… (230)
　第三节　教学策略的分类与运用 …………………………………… (232)
　　一、教学策略的分类 ………………………………………………… (232)
　　二、教学准备策略及其运用 ………………………………………… (233)
　　三、教学实施策略及其运用 ………………………………………… (242)
　　四、教学评价策略及其运用 ………………………………………… (248)

第八章　课程与教学评价 …………………………………………………… (257)
　第一节　课程与教学评价概述 ……………………………………… (258)
　　一、课程与教学评价的含义 ………………………………………… (258)
　　二、课程与教学评价的历史发展 …………………………………… (259)
　　三、课程与教学评价的功能 ………………………………………… (263)
　第二节　课程与教学评价的对象及类型 …………………………… (265)
　　一、课程与教学评价的对象 ………………………………………… (265)

二、课程与教学评价的类型 …………………………………………（268）
　第三节　课程与教学评价的模式和方法 ………………………………（271）
　　一、课程与教学评价的模式 ……………………………………………（271）
　　二、课程与教学评价的基本方法 ………………………………………（273）
第九章　课程与教学改革的发展趋势 ……………………………………（288）
　第一节　国外课程与教学改革的基本趋势 ……………………………（288）
　　一、世界发达国家中小学课程改革的基本趋势 ………………………（288）
　　二、世界发达国家中小学教学改革的基本趋势 ………………………（291）
　　三、国外课程改革与教学改革的联系 …………………………………（293）
　第二节　我国课程与教学改革的历史回顾 ……………………………（296）
　　一、我国基础教育课程改革的历史回顾 ………………………………（296）
　　二、我国中小学教学改革的历史回顾 …………………………………（300）
　第三节　我国课程与教学改革的现状分析 ……………………………（303）
　　一、新世纪我国基础教育课程改革的成效与存在的问题 ……………（303）
　　二、新世纪我国中小学教学改革的特点 ………………………………（306）
　　三、我国基础教育课程改革与教学改革之间的联系 …………………（308）
　第四节　我国课程与教学改革的发展趋势 ……………………………（311）
　　一、两个《纲要》是指导未来基础教育课程改革的行动纲领 ……………（311）
　　二、我国中小学教学改革的发展趋势 …………………………………（313）
参考文献 ……………………………………………………………………（318）

第一章 课程与教学论概述

 学习目标

1. 掌握课程、教学、课程论、教学论等概念的含义,认识课程论与教学论的关系。
2. 了解课程与教学论历史发展的基本线索,以及不同历史阶段的主要思想。
3. 了解进步主义、要素主义、结构主义等影响课程与教学论发展的思想基础。

【问题情境】

情境一:"课程"是否泛化了?

进入21世纪以来,伴随着国外课程理论的大量引进和国内课程改革的强势推进,我国学术界出现了各式各样、异彩纷呈的课程理解与表达方式。课程即A,课程即B,课程即C,课程即D……课程即X。相对于教学而言,课程从过去的下位概念,跃升为上位概念;课程由依附于教学的狭义概念,上升到可以包括日常生活、社会文化、人生经验等方面的广义概念;由作为客体的"物性"概念上升到作为主体的"心性"概念。课程理解多样化了,课程表达个人化了,课程认知丰富化了。然而,面对这样的局面,许多教育工作者尤其是广大一线教师是不太明白、不太认同、不太满意的。因为对他们而言,过去的课程是看得见、摸得着、抓得住的,而今天的课程则有些认识不清、理解不了、驾驭不住。这种现象在一个急速变革的时代虽属正常,不足为奇,但至少存在一个课程理解与表达如何更加切合实际、指导实践、服务广大教师的问题。

情境二:"教学"是否虚化了?

现在全国各地许多中小学校都在大力提倡"有效教学"和"高效课堂"。这种现象说明新课程改革在走过10年之后,教学的效率和质量依然存在比较严重的问题,教学改革依然面临许多困境,任重而道远。另一方面,在教学改革中,有许多新的提法和做法,如一些新的教学思想和理念,新的教学方式和学习方式,等等。但这些探索是否符合教学规律和人的发展规律,与以往的教学改革有何区别和联系,是否真实、可靠、可持续,还存在许多争议,有待进一步检验和证明。人类的教学活动有几千年的历史,但时至今日,我们对教学规律的认识和把握,还存在许多不明确、不科学、不完善的地方。今天,学校教育该如何面对和处理知识、经验、能力、素质、个性、特长等这样一些基本而重要的问题?什么是当代教学改革的出发点和立足点?当代教学的核心要素和基本结构是怎样的?当代教学的过程、机制和方式是怎样的?我们如何对教学活动进行科学有效的检测和评价?诸如这些问题都需要我们在学习、实践中不断思考与探索。

第一节　对课程与教学的基本认识

一、什么是课程

（一）课程词义的历史溯源

据考证,"课程"一词最早出现在我国唐宋时代。唐代孔颖达在《五经正义》里注释《诗经·小雅》时就用过"教护课程,必君子监之,乃得依法制"一句。宋代朱熹在《朱子全书·论学》里,不止一次使用"课程"一词,例如,"宽着期限,紧着课程"、"小立课程,大做功夫",等等。这里的"课程"一词,已有课业及其进程的含义。①

由于当时的"课程"较少涉及教授方法上的要求和规范,主要指安排学习内容的次序和规定,因此它只能称得上"学程"。

在英语国家,"课程"(curriculum)一词来源于拉丁文词根"currere",意思是指"跑道"(racecourse)。根据这一历史渊源,西方对"课程"最早的解释是"学习的进程"(course of study),简称"学程"。

通过对中西方"课程"词源上的比较,可以得出这样一个结论,我国和英语国家早期对"课程"的释义基本上是一致的,即指"学习的范围、期限和进程"。这也说明,中西方早期对课程的关注是从学习活动和学习过程开始的。

（二）课程含义的多重表述

"课程"作为人类教育活动的一个基本要素,具有十分复杂、多种多样的表现形式。在不同的历史阶段、不同的民族文化、不同的社会背景中,人们形成了对"课程"各式各样的认识。"课程理解"具有历史发展性、动态变化性和丰富多样性,这是我们学习、了解"课程"含义的认识论基础。

英国哲学家、教育家斯宾塞(H. Spencer)在1859年发表了一篇著名的文章《什么知识最有价值》(What Knowledge is of Most Worth)中提出了"课程"(curriculum)一词,意指"教学内容的系统组织"。

美国学者舒伯特(W. H. Schubert)在其1986年出版的《课程学》中,将课程概念主要归纳为以下几个方面：①课程即教育内容或教材；②课程是所设计的一种活动计划；③课程是预期的学习结果；④课程是文化的再生产；⑤课程是经验；⑥课程是具体的课业；⑦课程是进行社会改造的议事日程。

美国学者古德莱德(J. I. Goodlad)认为,基于课程的不同意义和不同层次,存在以下五种不同类型的课程。①理想的课程(ideological curriculum)：指由一些研究机构、学术团体和课程专家提出的应该开设的课程。②正式的课程(formal curriculum)：指由教育行政部门规定的课程计划、课程标准和教材,也就是列入学校

---

① 吕达著：《课程史论》,人民教育出版社1999年版,第11页。

课程表中的课程。③领悟的课程(perceived curriculum):指任课教师所领会的课程。④运作的课程(operational curriculum):指在课堂上实际实施的课程。⑤经验的课程(experiential curriculum):指学生实际体验到的东西。①

课程理解有多个纬度,或者说,我们可以从与课程相关的许多概念入手,来探讨课程的含义。我国学者指出,对课程概念的理解,与教学内容、教学进程、学科、科目、知识、经验、活动、计划或方案等诸多概念相关。②

据相关考证,国内学者对于课程概念的认识,代表性的观点主要有以下几个:①"学科"说;②"教学内容"说;③"总和"说;④"教育内容"说;⑤"经验"说;⑥"计划"说。③

需要指出的是,进入20世纪70年代,课程的内涵发生了显著的变化,呈现出一些新的发展趋势。例如,从强调学科的内容到强调学习者的经验和体验;从强调目标、计划到强调过程本身的价值;从强调教材这一单要素到强调教师、学生、教材、环境四要素的整合;从只强调显性课程到强调显性课程与隐性课程并重;从强调"实际课程"到强调"实际课程"与"空无课程"(the null curriculum)并重;从只强调学校课程到强调学校课程与校外课程的整合。④

(三)对课程概念的基本认识

古今中外,虽然在理论界及教育实践活动中,人们对于课程概念的理解有各式各样的表述,但"课程"之所以称为"课程",总归有它自身的基本属性和本质特征,有其自身的逻辑内涵和外延。作为课程与教学论的学习者,我们需要了解和掌握课程概念的基本含义,形成关于课程的基本认识。

华中师范大学廖哲勋教授等学者基于当代课程理论研究的新变化、新进展,对课程概念的含义作了比较全面、丰富、完整的解析,即"课程是在一定学校的培养目标指引下,由具体的育人目标、学习内容与学习活动方式组成的,具有多层组织结构和育人计划性能、育人信息载体性能的,用以指导学校教育、教学活动的育人方案,是学校教育活动的一个组成部分。"⑤

另有研究者提出,"课程是由一定的育人目标、特定的知识经验和预期的学习活动方式构成的一种动态的教育存在。从育人目标的角度看,课程是一种培养人的蓝图;从课程内容的角度看,课程是一种适合学生身心发展规律的、连接学生直接经验和间接经验的、引导学生个性发展的知识体系及其获取的路径。"⑥

通过综合分析,我们认为,课程的基本属性主要有以下几个方面:①课程价值的

---

① 施良方著:《课程理论——课程的基础、原理与问题》,教育科学出版社1996年版,第9页。
② 王本陆主编:《课程与教学论》,高等教育出版社2004年版,第32~36页。
③ 廖哲勋等主编:《课程新论》,人民教育出版社2003年版,第34~36页。
④ 张华著:《课程与教学论》,上海教育出版社2000年版,第68~71页。
⑤ 廖哲勋等主编:《课程新论》,人民教育出版社2003年版,第43页。
⑥ 王道俊,郭文安主编:《教育学》,人民教育出版社2009年版,第131页。

目标性、导向性;②课程设计的标准性、规范性;③课程内容的结构性、系统性;④课程实施的组织性、连续性;⑤课程评价的整体性、综合性。

根据上述基本属性,课程的本质特点如下:在一定的教育目的和培养目标的指导下,基于一定的课程标准,由结构化和组织化的教学内容及其教学方式组成的育人计划及其进程。课程是连接教育者与受教育者、教师的教导活动与学生的学习行为的中介,是使一切教育活动得以产生与发展的文化资源。从这个意义上讲,没有课程,便没有目标明确、组织严密、计划周全、实施有序、评价合理的教育、教导和学习活动。

(四)课程的主要分类

我们认识一个概念或某一事物可以从两个方面展开:一是直接探究事物的本质属性;二是从分门别类的角度进行综合分析。

课程类型是指课程的组织方式或设计课程的种类。由于课程工作者的课程观不同,学校的具体情况各不相同,因而所设计的课程类型也会有所不同。课程类型的名目繁多,有的名同而质异,有的名异而实同。[①] 以下从不同的划分角度,介绍课程的主要分类。

1. 按课程教学形态划分

按课程教学形态划分,可分为分科课程和综合课程。

分科课程是以学科为中心设计的课程,由一定数量的不同学科组成,以学习科学知识为主,教学形态是以课堂教学为主。分科课程是从有关科学中选取一定的材料,组成不同学科,分科进行教学。分科课程是一种单学科的课程组织模式,它强调不同学科门类之间的相对独立性,强调一门学科的逻辑体系的完整性。

分科课程有助于突出教学的逻辑性和系统性,有助于体现教学的专业性、学术性和结构性,易于学生进行学习,效率较高,也有助于教学的组织与评价。但分科课程容易导致轻视学生的需要、轻视经验和生活,忽略当代社会生活的现实需要,忽略不同学科之间的内在联系,不利于培养学生多维思维能力和综合实践能力。

综合课程与分科课程相对应,它是一种双学科或多学科的课程组织模式,它强调学科之间的内在联系,强调不同学科的相互整合。例如,我国新一轮基础教育课程改革在义务教育阶段设置了《品德与生活》(1~2年级)、《品德与社会》(3~6年级)、《科学》(3~6年级)、《历史与社会》(7~9年级)、《科学》(7~9年级)、《艺术》(1~9年级)和《体育与健康》(7~9年级)等综合课程。

我国新一轮基础教育课程改革在课程结构方面的要求如下:小学阶段以综合课程为主;初中阶段设置分科与综合相结合的课程;高中以分科课程为主。

2. 按课程教学要求划分

按课程教学要求划分,可分为必修课程和选修课程。

---

① 施良方著:《课程理论——课程的基础、原理与问题》,教育科学出版社1996年版,第120页。

必修课程是指由政府或学校规定，学生必须修习的课程。必修课包括基本理论、知识和技能类课程，政治理论、体育、外语类课程等。实践性较强的教学生产实习、试验、社会调查等也会列入必修课程。必修课所占比例较大，原则上是要保证学生掌握普通教育的共同基础。

《基础教育课程改革纲要（试行）》规定，从小学至高中设置"综合实践活动"并作为必修课程，其内容主要包括信息技术教育、研究性学习、社区服务与社会实践，以及劳动与技术教育。综合实践活动是基于学生的直接经验、密切联系学生自身生活和社会生活、体现对知识的综合运用的课程形态，具有整体性、实践性、开放性、生成性和自主性。

选修课程是指为了适应学生兴趣爱好和劳动就业的需要而开设的、可供学生在一定程度上自由选择修习的课程。选修课的内容或是有关知识方面的、或是有关技艺方面的、或是职业技术方面的。选修课的类型通常分为指定选修课和任意选修课。

3. 按课程管理权限划分

按课程管理权限划分，可分为国家课程、地方课程和校本课程。

国家课程是国家教育行政部门规定的统一课程。它体现国家意志，是专门为未来公民接受基础教育之后所要达到的共同素质而开发的课程。国家课程的开发主要是根据不同教育阶段的性质与培养目标，制定各个领域或科目的课程标准或教学大纲来编写教科书的。它是国家基础教育课程计划框架的主体部分，涵盖的课程门类和所占的课时比例与地方课程和校本课程相比是最多的，因而在决定一个国家基础教育质量方面起着举足轻重的作用。

地方课程是在国家规定的各个教育阶段的课程计划内，由省一级的教育行政部门或其授权的教育部门依据当地的政治、经济、文化、民族等发展需要而开发的课程。地方课程在充分利用地方教育资源、反映基础教育的地域特点、增强课程的适应性方面，有着十分重要的价值。

校本课程是以学校教师为主体，在具体实施国家和地方课程的前提下，通过对本校学生的需求进行科学的评估，充分利用当地社区和学校的课程资源，根据学校的办学思想而开发的多样性的、可供学生选择的课程。校本课程是国家课程计划中一项不可或缺的组成部分。[①]

4. 按课程的呈现方式划分

按课程的呈现方式划分，可分为显性课程和隐性课程。

显性课程也称为"正式课程"、"公开课程"，一般指为实现一定的教育目标而正式列入学校课程计划的各门学科及有目的、有组织的课外活动。

隐性课程也称"潜在课程"、"隐蔽课程"、"非正式课程"，主要是通过校园文化、校园生活、校风、人际关系、集体活动等潜移默化地影响学生的课程。

---

① 教育部基础教育司组织编写：《走进新课程——与课程实施者对话》，北京师范大学出版社2002年版，第196~197页。

5. 按教学所需时间划分

按教学所需时间划分,可分为巨型课程、一般课程和微型课程。巨型课程是指需要一个学年以上的较长的教学时间才能完成的课程;一般课程是指可以在一个学年或一个学期的教学时间内完成的课程;微型课程是指可以在半个学期、一个月左右的时间内完成的课程。

二、什么是教学

(一)教学词义的历史溯源

人类教学活动的发生具有悠久的历史。从广义上讲,教学活动与人类早期的生产、生活实践相伴相生。在原始社会,年长者对年幼者在劳动、祭祀、生活等方面的指导,便是"教"的活动,年幼者对年长者的指导的效仿、遵从、习得的活动,便是"学"的活动。当然,现代意义上的教学活动同原始社会的教学活动相比较,有许多根本的区别。原始社会的教学具有直接生活化、偶然性、自发性、非连续性等特征,而现代意义上的教学则表现为人类的一种自觉、科学、不断完善的教育存在方式和社会实践活动。

从词源上讲,教学由教、学两个字或两部分组成。早在殷商时期的甲骨文中,便出现了"教"字。如"丁酉卜,其呼以多方小子小臣其教戒"。同时,也有"学"字,如"壬子卜,弗酒小求,学"。但"教学"两字的连用,最早见于《书·商书·兑命》:"斆学半"(斆 xiao,同教)。《学记》中记载:"学然后知不足,教然后知困。知不足,然后能自反也;知困,然后能自强也。故曰:教学相长也。"①

这里的"教学相长"实际上是"斆学半"的引申。"教"与"学"实际上都是教师的行为,是说教师的"教"与"学"是相互依存、相互促进的。

"教学"一词,按照东汉时期学者许慎《说文解字》中的解释,"教,上所施下所效也";学,原为斆,"觉悟也";"觉悟互训"。教侧重于传授和接受的行为,而学则侧重于内心的感受和所得。这样,把教学两字的含义综合起来,就是传授、效仿而心有所得。②

(二)教学含义的多重表述

1. 英语国家教学含义的表述

在英语国家,常用"instruction"表示指导,用"learning"表示"学、学习",用"teaching"表示"教、教导",用"teaching-learning"或"teaching and learning"表示"教学"。根据美国教育学家史密斯(B. O. Smith)的整理,英语国家的教学(teaching)内涵可以归为以下五类。

(1) 描述性定义,可以表述为"教学是传授知识或技能"。

---

① 傅任敢著:《〈学记〉译述》,上海教育出版社1982年版,第6页。
② 裴娣娜主编:《教学论》,教育科学出版社2007年版,第2页。

(2) 成功性定义,意味着教与学不仅要发生某种相互关系,还要求学习者掌握所教的内容。

(3) 意向式定义,表明"尽管教学在逻辑上可以不包括学,但人们可以期望教导致学"。

(4) 规范式定义,即将教学作为规范性行为,教学的活动要符合特定的道德条件。

(5) 科学式定义,即关于教学的一个专门性定义将由用"和"、"或"、"含义为"等词连接起来的一组句子构成。①

2. 我国对于教学含义的表述

国内教学论著作中关于教学的定义,有许多不尽相同,却又有不少共同点的表述。以近20年来的教学论著作为例,其代表性的观点主要有以下几点。

(1) "教学是以课程内容为中介的师生双方教和学的共同活动。"②

(2) "对于我们一般教育工作者来说,教学就是指教的人指导学的人进行学习的活动。进一步说,指的是教和学相结合或相统一的活动。"③

(3) "概括地说,教学是教师与学生以课堂为主渠道的交往活动,是教师的教与学生的学的统一活动。通过这个交往过程和活动,学生掌握一定的知识技能,形成一定的能力态度,人格获得一定的发展。教学既是科学,又是艺术。"④

(4) "所谓教学,乃是教师教、学生学的统一活动;在这个活动中,学生掌握一定的知识和技能,同时,身心获得一定的发展,形成一定的思想品德。"⑤

(5) "基于教学由教导和学习两个相对独立的方面构成,教学是教师教导学生学习各种发展资源,以促进学生身心全面发展的活动。"⑥

(6) "教学是在一定教育目的规范下的,教师的教与学生的学共同组成的一种教育活动。在这一活动中,学生在教师有计划地组织引导下,能动地学习、掌握系统的科学文化基础知识,发展自身的智能与体力,养成良好的品行与美德,逐步形成全面发展的个性。简言之,教学乃是在教师引导下学生能动地学习知识以获得个性发展的活动。"⑦

(三) 对教学概念的基本认识

以上所列国内外学者对教学概念的表述虽各有不同,但本质上有一些共同要素和基本规范。主要包括以下几点:①教学必须以一定的教育目的为指导;②教学是

---

① 转引自杨小微、张天宝著:《教学论》,人民教育出版社2007年版,第113~114页。
② 顾明远主编:《教育大辞典》,上海教育出版社1990年版,第178页。
③ 李秉德、李定仁主编:《教学论》,人民教育出版社1991年版,第2页。
④ 张华著:《课程与教学论》,上海教育出版社2000年版,第73页。
⑤ 王策三著:《教学论稿》,人民教育出版社2005年版,第87页。
⑥ 陈佑清著:《教学论新编》,人民教育出版社2011年版,第14页。
⑦ 王道俊,郭文安主编:《教育学》,人民教育出版社2009年版,第161页。

教导和学习两方面统一组成的双边活动;③用最优化的方式组织进行系统科学文化基础知识的传承是教学的基础;④教学不仅要关注学生掌握系统的科学文化知识,还要关注学生全面、能动地发展及个性的发展;⑤优质的教学需要以发挥教师和学生的创造性、能动性为前提。

有研究者从理论基础、价值取向、内容、过程、方法及组织形式、评价等方面阐述了现代教学的基本特征。①理论基础:认识、交往与实践;②价值取向:有个性的全面素质养成;③内容:时代性、基础性和选择性;④过程:走向动态生成;⑤方法和组织:走向多样与综合;⑥评价:走向对话与理解。①

参考上述各种观点,我们认为,对教学的基本认识可以表述如下:教学是在一定的教育目的和培养目标的指导下,由教师的教导与学生的学习共同组成的、以课程资源为载体或中介的、以学生有效学习和发展为导向的交往实践活动。教学是在教师引导下学生能动地学习文化知识,以获得个性全面发展的活动。

此外,对教学的认识,还要关注它的意义和任务。教学的意义主要表现为以下几个方面:①教学是传播系统知识、促进学生发展的最有效的形式;②教学是进行全面发展教育、实现培养目标的基本途径;③教学是学校教育的主要工作。教学的主要任务有以下几点:①引导学生掌握科学文化基础知识、基本技能和技巧;②发展学生的体力、智力和创造才能;③培养学生正确的思想、价值观、情感和态度。②

第二节 对课程论与教学论的基本认识

一、什么是课程论

人类很早就关注到课程实践和课程思想方面的问题。如我国古代的《礼记·学记》等文献中的有关记载、古希腊哲学家柏拉图和亚里士多德等人的课程思想,等等。然而,将课程作为一个独立的研究领域,对课程进行系统的理论研究,则是在20世纪之后。美国资深课程学者坦纳夫妇(D. Tanner & L. N. Tanner)指出,课程有一悠久的过去,但只有短暂的历史。一般认为,美国学者博比特(F. Bobbitt)在1918年出版的《课程》(The Curriculum)一书,标志着课程作为专门研究领域的诞生。

另一位美国学者泰勒(R. W. Tyler)在1949年出版的《课程与教学的基本原理》,被公认为是现代课程理论的奠基之作,是现代课程研究的最具代表性的理论构架。"泰勒原理"围绕四个基本问题展开。①学校应该达到哪些教育目标?②提供哪些教育经验才能实现这些目标?③怎样才能有效地组织这些教育经验?④我们怎样才能确定这些目标正在得到实现?

我们可以把这四个问题看成是课程编制过程的四个步骤或阶段:①确定目标;

---

① 杨小微,张天宝著:《教学论》,人民教育出版社2007年版,第132~143页。
② 王道俊,郭文安主编:《教育学》,人民教育出版社2009年版,第162~165页。

②选择经验;③组织经验;④评价结果。泰勒课程原理实质上就是对这些步骤的进一步阐释。由于确定目标最为关键,所以泰勒原理又被称为"目标模式"。①

现代课程理论的发展十分迅速,呈现出具有多样化、差异化等特征的价值取向和思想流派,如以知识体系为中心的学科结构课程理论、以社会问题为中心的社会改造课程理论、以学生发展为中心的学生本位的课程理论、以科学技术为中心的课程理论、以人文精神为中心的课程理论,等等。

我国学者在总结前人研究成果的基础上提出,根据所要解决的问题,可将课程论的研究对象划分为既相互联系又相对独立的两个层面:第一个层面是关于课程的基本理论问题的探讨。例如,课程的终极目标是什么?课程的基本价值是什么?课程的实质是什么?课程的内容应当包括什么?课程与学习者的关系是怎样的?等等;第二个层次是关于课程设计或编制方面的探讨。例如,课程的具体目标怎样建立、课程的结构如何确定、课程的内容怎样规划、课程的实施如何展开、课程的结果如何评价,等等。②

概而言之,"课程论是教育学的一个分支学科。课程论是研究课程问题、阐明课程理论、揭示课程规律、指导课程实践的学问。"③"课程论是研究课程的设计、编制和课程改革的理论。"④

二、什么是教学论

自17世纪始,教学便作为一个独立的研究领域,比课程作为一个独立的研究领域早300余年。在教育史上,第一个倡导教学论的是德国教育家拉特克(W. Ratke)。拉特克1612年在向法兰克福诸侯呈交的学校改革奏章中,自称是"教学论者"(Didacticus),称自己新的教学技术为"教学论"(Didactica)。

什么是教学论?捷克著名教育家夸美纽斯(J. A. Comenius)在《大教学论》一书中指出,教学论(didactica)是指教学的艺术。我们敢于应许一种"大教学论",就是一种把一切事物教给一切人们的全部艺术,这是一种教起来准有把握,因而准有结果的艺术;并且它又是一种教起来使人感到愉快的艺术,就是说,它不会使教员感到烦恼,或者使学生感到厌恶,它能使教员和学生全都得到最大的快乐;此外,它又是一种教得彻底、不肤浅、不铺张,却能使人获得真实的知识、高尚的行谊和最深刻的虔信的艺术……⑤

夸美纽斯对教学论的阐释,对于我们今天思考和研究教学问题,仍然具有十分

---

① 施良方著:《课程理论——课程的基础、原理与问题》,教育科学出版社1996年版,第13页。
② 丛立新著:《课程论问题》,教育科学出版社2000年版,第10页。
③ 廖哲勋等主编:《课程新论》,人民教育出版社2003年版,第4页。
④ 杨小微,张天宝著:《教学论》,人民教育出版社2007年版,第26页。
⑤ 夸美纽斯著,傅任敢译:《大教学论》,教育科学出版社1999年版,第1页。

重要的意义。自夸美纽斯之后，人类的教学活动愈来愈追求科学化和技术化。教学作为一门艺术的探索虽从未间断过，但教学中的探索性和创造性、教学中的魅力与生命活力，以及教学中的快乐、趣味、享受与幸福，却始终是一个没有真正解决的问题。

针对教学论的研究对象，有研究者总结了国内外几种典型的看法：①教学论的研究对象是教学的客观规律；②教学论的研究对象是各种教学变量或教学要素；③教学论的研究对象是教与学的活动。以上三类观点分别涉及"现象"、"活动"、"要素"、"变量"、"关系"、"规律"等概念。[①]

另有学者总结了国内三种主要观点：①教学论是研究教学一般规律的学科；②教学论研究教育领域的教学活动；③教学论的研究对象是教学问题。这三种观点，我们分别简称为"规律论"、"活动论"和"问题论"。此外，在国际上，关于教学论研究对象的看法大体可以归纳为规律论和要素论两大类。前苏联和我国的学者多持"规律论"观点，而西方学者多持"要素论"观点。[②]

概而言之，教学论是研究教学活动的基本规律和一般问题的学问。它旨在探寻教学活动的规律与法则，总结教学活动的思想与价值，提炼教学活动艺术与策略。教学论的发展随着人类社会的发展而不断革新与进步。

三、课程论与教学论的基本关系

课程论与教学论具有相对的独立性，但又是一个有机的整体。有人把西方学者关于课程论和教学论的关系概括为五种主张，即"教学论包含课程论模式"、"二元独立模式"、"相互交叉模式"、"课程论包含教学论模式"和"二元循环联系模式"。但从总体上看，西方学者持"大课程观"者还是居多，即普遍认为课程论是教学论的上位概念，课程论包含教学论。[③]

一般而言，我国学者把课程论和教学论的关系概括为以下三种类型："包含论"、"独立论"和"相互影响论"。

在我国，课程研究起步比较晚。中华人民共和国成立以后，我们开始学习前苏联，深受凯洛夫《教育学》的影响。由于前苏联的教育学只是把课程论作为教学论的一个组成部分，因此，我国从中华人民共和国成立初期至20世纪80年代，形成了"大教学观"。

20世纪80年代以来，课程研究才真正引起了我国教育界特别是教学理论界的重视。随着基础教育课程改革在教育教学实践领域的不断推进，我国对于课程的理解趋向于多元化、广义化，开始形成了"大课程观"。

概而言之，课程论与教学论是一种相互联系、交叉、互补的关系，不可分割地统

---

① 杨小微，张天宝著：《教学论》，人民教育出版社2007年版，第9~15页。
② 裴娣娜主编：《教学论》，教育科学出版社2007年版，第15~16页。
③ 杨小微，张天宝著：《教学论》，人民教育出版社2007年版，第28页。

一在教育教学的过程之中。当然,我们也需要了解课程论和教学论在教育教学过程中各自关注和研究的侧重点。

一般而言,课程论关涉学校教育的目标、价值、内容和资源,重点研究和解决"为什么而教"、"教什么"等问题;教学论关涉学校教育的过程、组织、方法和评价,重点研究和解决"怎样教"、"教得怎样"等问题。

有研究者指出:"课程论与教学论的区分基本上是一种理论视角上的,实践中发生着教(学)什么、怎样教(学)这些客观事件(现象),它们本身是不可分割的,但人们在思维中可以将它们'分开',从不同角度切入。课程论关注的是如何设计、组织和实施知识、经验,教学问题这时是实施问题;教学论关注的是教的一边与学的一边如何交互作用,课程问题这时是教学相互作用的内容问题。"[1]

第三节　课程论与教学论的历史演进

一、课程论发展的历史进程

对课程论发展源头的历史考察,有两种较为典型的观点。一是根据人类教育活动的起源,从广义上将人类早期社会的生产劳动、社会生活、思想活动等视为"课程",由此产生的认识、探索,构成了"课程论"的缘起。另一种比较流行的意见是,课程论的开端始于美国学者泰勒的著作《课程与教学的基本原理》。按照这种狭义观点,课程论迄今尚不足百年的历史。本书采用第一种观点。

(一) 古代前科学时期的课程形态

1. 古代中国的课程形态

西周时期,在夏、商时代的基础上,不论是国学还是乡学,不论是小学还是大学,都是以"六艺"(礼、乐、射、御、书、数)为基本学科。礼的内容极广,涉及政治、伦理、道德等社会生活的各个方面;乐,包括诗歌、音乐、舞蹈;射,指射箭的技术训练;御,指驾驭马拉战车的技术训练;书指文字;数指的是算法。西周的教育内容可以总称为"六艺教育",它是西周教育的特征和标志。[2]

春秋时期,教育家孔子所整理的"六经"即《诗》、《书》、《礼》、《乐》、《易》、《春秋》,不仅是他自己从事教学活动所用的教材,而且是封建社会儒家教育长期使用的经典教材,在古代教育中占据着十分重要的位置。不过,这一时期墨家创始人墨翟提出了与儒家不同甚至是对立的教育内容。出于培养兼士的需要,墨翟及其弟子确定了一套有特色的教育内容,大致可以归纳为政治和道德教育、科学和技术教育、文史教

---

[1] 杨小微,张天宝著:《教学论》,人民教育出版社2007年版,第6~7页。
[2] 孙培青主编:《中国教育史》,华东师范大学出版社1992年版,第40~44页。

育、培养思维能力的教育,突破了儒家六艺教育的范畴,堪称伟大的创造。①

到了中国封建社会鼎盛时期的唐宋,伴随着学校制度的完善,课程也有了较大的发展。一方面,继承和巩固了以"四书五经"为核心的儒家经典课程;另一方面,确立了比较成熟和系统化的专业课程。如"六学二馆"(国子学、太学、四门学、律学、书学、算学和弘文馆、崇文馆)中的《九章》、《海岛》、《五曹》,书学中的《石经》、《说文》、《字林》,还有医学的《本草》、《脉经》,针科的《素问》、《黄帝针经》等,这样一些专门课程都已达到了相当高的水平。到了宋代,分科教育更加发达,开设了武学、画学等专业课程,课程设置更加丰富。②

中国封建社会的教育内容及其课程设置,占主导地位的是儒家政治教育和伦理教育,其价值取向主要是培养统治者和教化民众。虽已产生了"格物致知"、"培养兼士"的科学、技术教育,但并未发达和持久。

2. 古代西方的课程形态

古希腊教育中的斯巴达教育和雅典教育,构成了古代西方教育课程设置的基本体系。斯巴达教育的主要课程是围绕军事体育教育设置的,赛跑、跳跃、掷铁饼、投标枪、角力等军事五项是最为重要的;此外,还有肉搏术、各种球类、作战游戏、骑马、游泳、使用武器等。

在奴隶制民主政治和商业贸易基础上形成的雅典教育,课程设置充分体现了和谐教育思想,在各个教育阶段——文法学校、弦琴学校、体操学校、体育馆、埃弗比中,都分别设置了文化、艺术、体育方面的课程。

以古代希腊教育的课程实践为主,雅典的智者派创立了"三艺"——文法、修辞学(雄辩术)、哲学(辩证法),加上在希腊各种学校里普遍实行的算术、几何、天文、音乐"四艺",统称"七艺",影响整个欧洲上千年。

古罗马的学校教育在共和时期有较大发展,面向平民子弟的初等学校有以读、写、算和十二铜表法为主的课程;面向贵族和富家子弟的文法学校有以希腊文、拉丁文及包括了文学、历史、地理等方面知识的修辞学为主的课程;稍后发展起来的修辞学校则有以修辞学、哲学(辩证法)、法律学、希腊语、数学、天文学和音乐为主的课程。

中世纪教会学校中,主要的课程是"七艺",其中"三艺"的地位非常突出,"四艺"的地位较低。课程设置服从于宗教的目的,充斥着神学的说教。例如在"七艺"当中,文法最受重视,这是因为它能够指导人正确地阅读、写作和了解经书等。

文艺复兴时期,为了摆脱宗教的束缚,学校开始了一些全新的课程,如自然、物理、历史、地理等,但是由于自然科学的革命尚未发生,课程在范围和内容更新程度上仍然是很有限的。③

---

① 孙培青主编:《中国教育史》,华东师范大学出版社1992年版,第113~116页。
② 丛立新著:《课程论问题》,教育科学出版社2000年版,第17页。
③ 丛立新著:《课程论问题》,教育科学出版社2000年版,第17~19页。

(二) 近代科学化时期的课程理论

近代以来,课程理论在科学化、系统化、专门化方面都取得了显著的进步,尤其是夸美纽斯、赫尔巴特、斯宾塞、杜威等一批教育思想家,为课程论的独立发展奠定了坚实的思想基础,在课程理论建设方面作出了重大贡献。

(1) 夸美纽斯(J. A. Comenius,1592—1670,捷克教育家)建立了泛智主义教育思想指导下的课程理论。夸美纽斯所著《大教学论》,旨在阐明"把一切事物教给一切人们的全部艺术"。他提倡在国语学校除开设读、写、算和教义问答之外,还要增加几何测量、自然常识、地理、历史、唱歌和手工技艺等;在拉丁学校,除开设"七艺"之外,还要增加物理、地理、历史,以及拉丁语、希腊语、本民族语和一门现代外语课程。此外,夸美纽斯提出,编写教科书应当简明扼要、系统连贯,从儿童的年龄特点出发,用儿童能够明白、理解的语言来表述。夸美纽斯自己还编写了《语言和学科入门》、《世界图解》等经典教材。

(2) 赫尔巴特(J. F. Herbart,1776—1841,德国教育家)建立了观念心理学思想指导下的课程理论。赫尔巴特对于课程理论的重大贡献,在于将课程思想建立在心理学尤其是观念心理学的基础之上。他认为,人的一切心理机能和活动都是观念的形式和运动,兴趣是其中的一个重要方面。教育最重要的目的之一,在于引起、培养受教育者多方面的兴趣。他所提出的多方面的兴趣及其相应的课程是经验的兴趣(自然科学、物理、化学、地理)、思辨的兴趣(数学、逻辑学、文法)、审美的兴趣(文学、图画、唱歌)、同情的兴趣(外国语、本国语)、社会的兴趣(历史、政治、法律)、宗教的兴趣(宗教)。

(3) 斯宾塞(H. Spencer,1820—1903,英国教育家)建立了满足个人生活和发展需要思想指导下的课程理论。针对古典主义教育脱离实际、华而不实的弊端,斯宾塞提出了"什么知识最有价值?"的重要命题。斯宾塞认为,科学知识最有价值,教育旨在为人的完满的生活做好准备。满足个人生活和发展需要的活动有五个方面,应有相应的课程予以保障,即"直接保全自己的活动"(生理学)、"间接保全自己的活动"(逻辑学、数学、力学、物理学、化学、天文学、地质学、生物学、有关社会科学等)、"抚养教育子女的活动"(生理学、教育学)、"维系社会交往的活动"(历史、社会学、生物学、心理学)、"满足个人爱好、情感的活动"(油画、雕塑、音乐、诗歌等)。

(4) 杜威(John Dewey,1859—1952,美国教育家)建立了实用主义教育思想指导下的课程理论。基于"学校即社会"、"教育即生活"、"教育即生长"、"教育即儿童经验的不断改组或改造"、"从做中学"等实用主义的教育理念,杜威指出,学校科目的互相联系的真正中心,不是科学,不是文学……而是儿童本身的社会活动。因此,学校要安排种种作业,如园艺、纺织、木工、金工、烹饪等,把基本的人类事物引进学校,作为学校的教材。① 美国学校采用的经验课程和设计课程就导源于此。

---

① [美]约翰·杜威著,王承绪译:《民主主义与教育》,人民教育出版社2001年版,第26页。

需要特别指出的是,作为现代教育的代表人物,杜威反对设置广泛的课程。他认为,学校的课程大半由分散在各门学科的信息所组成,每门学科又分成若干课,把积聚的知识材料分割成一连串片段教给学生。而广泛的课程设置,不可避免地造成片面追求知识的数量,忽视知识的质量。"现在,知识材料聚集得这么多,任何人都不可能全部掌握,这一点是很明显的。"①

(三)现代独立专门学科课程理论

如前所述,一般认为,美国学者博比特(F. Bobbitt)在1918年出版的《课程》(The Curriculum)一书,标志着课程作为专门研究领域的诞生。其后至1949年,被誉为"现代课程理论之父"的美国教育家泰勒撰写的《课程与教学的基本原理》,成为了课程领域最有影响的著作之一。20世纪50年代以后,尤其是21世纪以来,世界课程理论研究进入到一个快速发展、异彩纷呈的历史新阶段。

1. 博比特(F. Bobbitt)的课程理论

博比特的课程论主要反映在他的《课程》、《怎样编制课程》等著作中。他的课程观的一个重要特点,就是强调课程目标的社会取向,按照社会需要来确定课程目标。他认为,教育主要是为了成人的生活,而不是为了儿童,课程的科学性实际上是以成人为标准的。课程目标必须具体化、精确化。他在《怎样编制课程》一书中,具体阐述了这一课程编制模式。

第一,人类经验的分析。人类经验可分为若干领域,例如语言、卫生保健、公民、社交、娱乐、宗教、家庭、职业等。设置学校课程需要考虑与人类经验之间的联系。

第二,职业分析。在分析了人类经验之后,还需要将已经分类的领域进一步分成更为具体的职业活动。

第三,派生目标。在将人类经验分成若干类别并且进一步作出活动分析的基础上,便可以提出教育目标了。在《怎样编制课程》中,博比特列出了人类经验的10个领域,以及800多个目标。

第四,选择目标。并非所有的目标都对课程编制具有意义,必须对于提出的各种目标进行选择。

第五,制订详细计划。设计实现目标所需要的活动经验和机会。必须为每一年龄或年级的儿童每天的活动制订详细计划。这些详细活动就构成了课程。

2. 泰勒(Ralph W. Tyler)的课程理论

拉尔夫·泰勒被誉为现代课程理论的奠基人,也可说是课程论成为专门、独立学科时期最重要的代表人物。

泰勒的影响力主要源自他的《课程与教学的基本原理》,"泰勒原理"围绕四个基

---

① [美]约翰·杜威著,王承绪译:《民主主义与教育》,人民教育出版社2001年版,第204页。

本问题展开。①

第一,学校应力求达到何种教育目标?教育目标的来源主要包括对学习者本身的研究、对当代校外生活的研究、学科专家对目标的建议、利用学习心理学选择目标。同时,还要以有利于学习经验和指导教学的形式陈述目标。

第二,如何选择有助于实现这些教育目标的学习经验?主要内容包括选择学习经验的一般原则及有助于实现各类目标的学习经验的特征(如培养思维技能、培养社会态度、培养兴趣、获取信息等)。

第三,如何为有效的教学组织学习经验?主要内容包括"组织"是什么、有效组织的标准、需要组织的要素、组织的原则、组织的结构、设计组织单元的过程。

第四,如何评估学习经验的有效性?主要内容包括评估的需要、有关评估的基本观念、评估程序、使用评估的结果、评估程序的其他价值和用途。

泰勒还指出,如果要实施全校范围内的课程重建计划,就需要让全体教师广泛参与。每一位教师都需要参与课程的规划,其参与程度至少要使他能够充分理解课程规划的宗旨及其实现手段。

(四)当代课程理论的发展

当代课程理论发展呈现出两个显著的特点,一是在一系列哲学、心理学思潮如人本主义、结构主义、建构主义、后现代主义等的影响下,课程理论研究呈现出多元化、复杂化、综合化的特点,课程理论具有更加开放、坚实、宽广的理论基础;二是课程理论学科群的逐步形成。当代课程理论的广度、深度和学术高度,使它必然具有复杂的理论体系,必然具有一个学科群。② 课程理论学科群的结构图如图 1-1 所示。

我国学者在总结 1979—1999 年课程研究的基础上,提出了课程发展(curriculum development)研究主要趋势。第一,要使课程设计科学化、以育人为中心,正确处理社会、知识、学生三者在制约课程发展中的关系;第二,现代课程发展应在科学向度的进一步强化与人文向度的提升两方面齐头并进;第三,人文精神是文化的内在尺度,现代课程必须要接受人文精神的影响;第四,从构建完整统一的生活世界出发,现代课程发展研究要重视生活世界;第五,要注重开发课程资源。③

我国课程论专家廖哲勋教授指出了面向 21 世纪的课程观念和课程发展取向:第一,学校课程应全面关注人的发展;第二,基础知识的内涵需扩展;第三,课程建设应回归学生的生活世界;第四,应当把学生创新能力的培养作为课程改革的突破口;第五,要重视信息技术对课程教材的作用,迎接信息时代的学习革命;第六,教材开放是实现课程多样化的基本条件;第七,学校和教师是课程发展的重要力量。④

---

① [美]泰勒著,罗康,张阅译:《课程与教学的基本原理》,中国轻工业出版社 2008 年版,第 3~115 页。
② 廖哲勋等主编:《课程新论》,人民教育出版社 2003 年版,第 15 页。
③ 李定仁,徐继存主编:《课程论研究二十年》,人民教育出版社 2004 年版,第 210~215 页。
④ 廖哲勋等主编:《课程新论》,人民教育出版社 2003 年版,第 514~517 页。

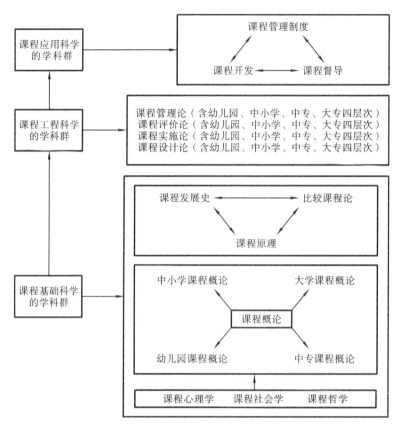

图 1-1 课程理论学科群的结构图

我国另一位学者张楚庭教授从当代课程研究发展走向融合与统一的角度,提出了课程与课程论研究发展的十大趋势。第一,课程内涵上的融合——人文的、自然的、社会的并重;第二,课程价值上的融合——人的发展、经济发展、社会发展并重,人的发展是一切发展的基础;第三,课程空间的融合——核心课程、边沿课程、外围课程的协同;第四,课程地域性融合——本土的、民族的、国际的,不同存在域的课程之间的相互关系与相互影响;第五,课程权力的融合——国家课程、地方课程、校本课程的适当配置;第六,课程在促进人的发展目标上的融合——知识习得、思维训练、人格健全的协同;第七,课程序上的融合——逻辑序、历史序、认知序的协同;第八,课程层次上的融合——理论的、应用的、技术的各有侧重但又彼此照应;第九,课程编制方法上的融合——归纳的、演绎的、非逻辑的,三者协同;第十,多层次、多样性、多变性——差异中的统一。①

---

① 张楚庭:《课程与课程论研究发展的十大趋势》,载《课程·教材·教法》2002年第1期。

二、教学论发展的历史进程

教学论形成发展的进程，与人类社会的发展进步息息相关，是一个逐步丰富化、阶段化、系统化、科学化的过程。教学论作为一门独立的学科，是近代诞生的，但它又具有漫长的发展历史，有着深厚的历史渊源。

（一）古代前科学时期的教学理论

早在公元前2500年左右，人们就开始总结学校教育经验，形成了早期的"教学理论"。考古发现古代苏美尔人的泥板书，比较详细地记录了"文士"学校的教学目标、教学内容、教学工具和教学方法。到古希腊和古代中国，学校教育和教学比较繁荣，许多著名的哲学家和思想家，把自己的教学经验抽象为理论，形成了有一定系统性的"教学理论"。①

古代前科学时期的教学理论有以下三大特点。

第一，古代教育家明确提出了"应该怎样教学"和"为什么教学"的问题，即教学方法和教学目的问题。

第二，诞生了专门论述教学理论的著作和影响深远的教学思想和教学方法。其中最为著名的是古代中国的《学记》、古代罗马的《雄辩术原理》，孔子的"因材施教"的教学思想及苏格拉底的"产婆术"的教学方法。

第三，当时人们尚未将"教学"作为独立的对象加以研究，因而没有创立系统的教学理论。②

有研究者对西方早期教学基本思想进行了梳理。其一，教学目的上以培养个人为起点；其二，教学过程上以理性为至上追求；其三，教学方法上以问答、论辩和练习为特征；其四，教学内容上以"七艺"和宗教典籍为主体。③

（二）近代学科独立的教学理论

近代学科独立教学理论的形成，主要表现在一批卓越的教育思想家，以及教学论者的著作和文献中。

1. 拉特克的教学理论

在西方教育史上，第一个倡导教学理论的是德国教育学家拉特克（W. Ratke，1571—1635），他在1612年给德意志帝国议会的奏书——《改革学校和社会的建议书》中，自称是"教学论者（Didaticus）"，称自己新的教学技术为"教学论"（didactica）。他认为，受教育是人与生俱来的权利，要保障每一个国民享有这一权利，使一切国民共享同一语言、同一学问、同一文化，以实现统一、和平和独立的德意志。拉特克要求一切国民应获得一定程度的教养，因此他致力于探求"教授之术"，开拓教学理论的

---

① 黄甫全，王本陆主编：《现代教学论学程》，教育科学出版社1998年版，第18页。
② 黄甫全，王本陆主编：《现代教学论学程》，教育科学出版社1998年版，第19～21页。
③ 杨小微，张天宝著：《教学论》，人民教育出版社2007年版，第37～39页。

领域。

拉特克的教学论具有三个特点：第一，以教学的方法技术问题为教学研究的中心；第二，教学方法和技术依赖于儿童的心理和学科知识的性质；第三，确立了"自然教学法"，即由易到难的方法。

2. 夸美纽斯的教学理论

夸美纽斯（J. A. Comenius，1592—1670）是17世纪捷克著名教育家，他进一步发展了拉特克的教学论观点，对教学理论和学校教育的发展作出了重大的贡献。

一般公认，教学论学科的建立是以夸美纽斯于1632年用捷克文、1657年又用拉丁文出版的《大教学论》为标志。《大教学论》在历史上第一次比较系统、完整地论述了教育教学的主要问题。[①] 夸美纽斯指出，写作《大教学论》的主要目的在于：寻求并找出一种教学的方法，使教员因此可以少教，但是学生可以多学；使学校因此可以少些喧嚣、厌恶和无益的劳苦，多具闲暇、快乐和坚实的进步；使基督教的社会因此可以减少黑暗、烦恼、倾轧，增加光明、整饬、和平与宁静。《大教学论》共33章，其中，直接与课程及教学相关的问题有以下几个方面。

1）教学的自然适应性法则

夸美纽斯在吸取当时哲学成果的基础上提出"自然适应性原则"。他指出："教导的严谨秩序应当以自然为借鉴，并且必须是不受任何阻碍的。"[②]根据自然适应性法则，他提出了划分儿童的学龄阶段，建立全国统一的学校制度的主张。1~6岁为学前教育，每个家庭设母育学校；6~12岁为初等教育，每个村或镇设国语学校；12~18岁为中等教育，每个较大的城市设拉丁学校或文科中学；18~24岁为高等教育，每个国家或省设大学或专门学院。

他还提出，各级学校的教学工作需要遵照自然的秩序，合理地安排时间、科目和方法。具体的做法是建立"学年制"和"班级授课制"。在西方教育史上，夸美纽斯第一次全面、系统地论证了班级授课制的好处、组织形式和操作形式。

2）教学应遵循的基本原则

基于自然适应性法则，夸美纽斯在《大教学论》一书中重点论述了三大原则。其一，"教与学的便捷性原则"（包括10条具体原则）；其二，"教与学的彻底性原则"（包括10条具体原则）；其三，"教学的简明性与迅速性原则"（主要讨论如何有效地安排教学的时间和分配教学精力等问题）。这些原则至今仍具有十分重要的价值。

3）关于分类教学的方法

在《大教学论》一书中，夸美纽斯分别从科学、艺术、语文、道德教育、宗教信仰等方面探讨了教学方法问题。他主张，基于不同对象的教学方法应该遵循其自身的内在逻辑，满足对象的实际需要。例如，"语文的学习，尤其是在青年时期，应当和事物的学习联系起来，使我们对客观世界的认识和对语文的认识，即我们的对事实的知

---

① 陈佑清著：《教学论新编》，人民教育出版社2011年版，第19页。
② ［捷］夸美纽斯著，傅任敢译：《大教学论》，教育科学出版社1999年版，第64页。

识和我们表达事实的能力得以同步前进。因为我们是在形成人,不是形成鹦鹉。"①

3. 卢梭的教学理论

卢梭(J.J.Rousseau,1712—1778)作为法国思想启蒙运动的杰出代表人物之一,其教育主张旨在追求自然、自由、平等、博爱。卢梭崇尚人的理性和个性,他坚决反对压抑人、压制儿童的基督教"原罪论",认为人的天性是善良的,教育需要遵循儿童的天性及其发展的自然秩序。卢梭的教学思想主要表现在以下两个方面。

1) 自然教学观

卢梭的自然教育思想反映在教学上就是要满足儿童身心发展的内在需要,遵循儿童身心发展的顺序性和阶段性。卢梭坚决反对传统教育不顾儿童特点,把儿童看成小大人,抹杀儿童与成人的区别,用成人的标准来苛求儿童,压抑儿童的天性。卢梭对儿童的认识对教育界具有启蒙的意义,他被人们誉为第一个"发现儿童"的人。卢梭的《爱弥尔》一书,充分地展示了他的自然教学观。卢梭的自然教育思想对后来的教育家和现代教育教学改革产生了深远的影响。

2) 发现教学观

卢梭基于自然教学观,主张教学过程应当注重积极而正确地引导儿童"好动"、"好奇"、"好问"、"好思"的天性,促进儿童自然、自由地发展。他提醒教育者,当"你一旦在他心中用权威代替理智,他就不再运用理智了,他将为别人的见解所左右。"②在西方教育史上,卢梭确立了能动的儿童观或学生观,把儿童作为学习与教学的主体,并首创发现教学,为现代教学理念的兴起奠定了思想基础。

4. 赫尔巴特的教学理论

赫尔巴特(J.F.Herbart,1776—1841)的代表作是1806年出版的《普通教育学》和1835年出版的《教育学讲授纲要》,他的教育教学思想反映了近代后期德国发展资本主义的强烈愿望。赫尔巴特把教育学置于实践哲学(即伦理学)和心理学之上。他提出,教育学作为一种科学,是以实践哲学和心理学为基础的,前者说明教育的目的,后者说明教育的途径、手段。赫尔巴特的教学理论主要表现在以下三个方面。

1) 教学任务——培养多方面兴趣

根据近代德国资本主义发展的实际需要,赫尔巴特将"道德"作为教育的"最终的目的",将"培养多方面兴趣"作为教学的"较近的目的"。"较近的目的"是实现"最终的目的"的基础。他说:"教学的最终目的虽然存在于德性这个概念之中,但是为了达到这个最终目的,教学必须特别包含较近的目的,这个较近的目的可以表达为'多方面兴趣'。"③即前面提到过的经验的兴趣、思辨的兴趣、审美的兴趣、同情的兴趣、社会的兴趣、宗教的兴趣。

---

① [捷]夸美纽斯著,傅任敢译:《大教学论》,教育科学出版社1999年版,第157页。
② [法]卢梭著,李平沤译:《爱弥尔》上卷,商务印书馆1978年版,第217页。
③ [德]赫尔巴特著,李其龙译:《普通教育学·教育学讲授纲要》,浙江教育出版社2002年版,第240页。

2) 教学过程和教学阶段

赫尔巴特的教学过程思想是建立在观念心理学的基础之上的。他认为,观念是人的意识(心理)构成的基本单位,具体的意识或心理实际上是不同观念之间的联合或组织。观念在"统觉"的作用下,形成观念集合体(观念团),以及系统、连贯的思想。

以观念心理学为基础,赫尔巴特系统地探讨了知识教学的基本阶段。为了保持观念的一致性,在教学的每一个最小的组合中,都要注意学生的"专心"和"审思"这两种基本的心理活动。在教学活动过程与心理活动过程紧密结合的基础上,赫尔巴特提出了教学过程的四个阶段。

(1) 明了(clearnes),即静态的专心活动。教师采用讲授、演示等教学方法,明了、清楚、准确地传授新知识,让学生产生"积极的注意"、"看清各个事物",并和学生意识中已有的观念(知识)进行比较,以及与已有观念(知识)进行链接的期待。

(2) 联合(association),即动态的专心活动。教师采用分析教学和谈话等方法,引导学生将刚刚获得的新观念与已有的观念进行有效链接,从一个观念活动进入到另一个观念活动,在观念的联系之中巩固旧知、学习新知。

(3) 系统(system),即静态的审思活动。在新、旧知识建立联系的基础上,教师还需采用综合和归纳等方法,引导学生掌握系统、严密的知识,进行深入系统的思考,探究事物的规律,形成正确的概念、定理和法则体系。

(4) 方法(method),即动态审思活动。教师引导学生将系统的知识应用到实践中去,学生的心理特征表现为"行动"。方法或应用贯穿于系统之中,指向系统的结果和效果,并使系统不断完善。

上述观点即为赫尔巴特的教学过程阶段理论。后来他的弟子席勒(Ziller)把明了分成两个阶段,变成了"分析、综合、联想、系统、方法"。而席勒的弟子赖因(Rein)则在前面加了一个预备阶段,并对原有四个阶段做了更符合教学实际的改进,演变为"预备"(提出问题、说明目的)、"提示"(提示新课程、讲解新教材)、"联合"、"总结"、"应用"的教学过程。这就是著名的"五段教学法",曾风靡欧美大半个世纪之久,并于清末传入我国,对我国的教学理论与实践产生了重要的影响。

赫尔巴特的教学过程理论,注意运用心理学于教学之中,重视系统知识与技能的传授,对教学过程的阶段划分体现了教学过程的一些规律,便于教师编制教案,使课堂教学有序可循,能更好地发挥教师在教学中的领导作用。但随着社会的向前发展,这种教学过程理论的弊病日益显露出来,它忽视了学生的主动性,严重脱离生活实际,热衷于教学的形式,导致教学的机械化、模式化,严重影响了教育质量。①

3) 教育性教学

赫尔巴特在历史上第一个提出"教育性教学"的思想。他认为,教育的全部目的在于形成人的道德品行。人的道德品行的核心——意志、信念、态度源于知识、思

---

① 王道俊,郭文安主编:《教育学》,人民教育出版社2009年版,第172页。

想,因此,德性的形成必须建立在以传授知识为直接目的的教学的基础上。教学过程不仅是掌握知识的过程,而且是形成意志、信念、态度的过程。他指出:"要使知识转化为意志和态度,因而教学要具有形成德性的教育意义,成为教育性教学,就不能是冷冰冰的知识,而必须接受伴有兴趣的知识。"①

为了实现教育性教学,一要着眼于教学内容本身的教育性,借此培养道德识见、道德观点,形成正确的世界观;二要着眼于学习活动本身的教学。从自觉地、能动地追求真善美的学习活动出发,形成实现这种真善美的意志和态度。②

(三)现代教学理论的多元发展

20世纪以来,世界政治、经济、科学和技术迅速发展,现代化进程的步伐加快,国际间的交往日益频繁,竞争不断加剧,民主意识日益高涨,一系列社会变革运动导致了现代教育改革运动蔚然兴起,欧洲"新教育运动"(new education movement)和美国"进步主义教育运动"(progressive education movement)直接导致了"传统教育"与"现代教育"的两派对立和持久交锋,并不断推进现代教学理论与实践的向前发展。

1. 杜威的教学理论

杜威(John Dewey,1859—1952)是美国实用主义教育家的代表人物,他对现代教学理论与实践的发展作出了重大的贡献,其思想在世界范围内产生了深远、持久的影响。杜威的教学思想极为丰富,其代表性观点如下。

1)对传统教学的批判

杜威认为,现代教育正在发生"一场和哥白尼把天体的重心从地球转到太阳那样的革命……儿童是中心,教育的各种措施围绕着他们而组织起来。"③

杜威对传统教育展开了猛烈的批判,他认为,传统教育消极地对待儿童,机械地使儿童集合在一起,只传授与儿童生活无关的科目,课程和教学整齐划一。教学的中心在教师,在教科书……唯独不在儿童自己的直接的本能和活动。

2)基于经验的教学思想

杜威认为,相信一切真正的教育是来自经验的,教育是经验持续不断的改造或改组。"在全部不确定的情况下,有一种永久不变的东西可以作为我们的借鉴,即教育与个人经验之间的有机联系。"④经验乃是有机体与环境、主体与对象相互作用的过程及其产生的结果。教育的主要作用就是促进人生经验不断的改组或改造。

杜威虽然十分重视儿童的经验,但他反对将儿童与课程、个人天性与社会文化对立起来,主张应当将儿童的经验与课程的系统知识在教学过程中恰当地结合起

---

① [日]佐藤正夫著,钟启泉译:《教学论原理》,人民教育出版社1996年版,第21页。
② [日]佐藤正夫著,钟启泉译:《教学论原理》,人民教育出版社1996年版,第30~31页。
③ [美]杜威著,赵祥麟、任钟印、吴志宏译:《学校与社会·明日之学校》,人民教育出版社2005年版,第41页。
④ [美]杜威著,姜文闵译:《我们怎样思维·经验与教育》,人民教育出版社2005年版,第248页。

来。他认为,儿童与课程之间并不存在鸿沟,"仅仅是构成一个单一过程的两极","正如两点构成一条直线一样……从儿童的现在经验进展到已有组织体系的真理即我们称之为各门科目为代表的东西,是继续改造的过程。"[1]

3) 反省思维活动与教学

与传统哲学观点不同,杜威把人视为自然和社会的组成部分,认为有机体是经常谋求对环境适应的,个人也是通过参与社会活动而得到发展的。"思维起源于疑难",就是说人在生活中遭遇难题需解决才进行思维,不是为思维而思维和为真理而真理的。这种认识论应用在教学上,便是"从做中学"。

杜威将反省思维活动过程划分为以下五个阶段。

第一阶段:处于令人不安和困惑的情况,检查自己的目的与困难。

第二阶段:提出问题,使情境中的困难和行动障碍更加明确起来。

第三阶段:通过观察、搜集事实,提出解决问题的假设。

第四阶段:推断哪一种假设能够解决问题。

第五阶段:通过实验,验证或修改假设,形成结论。

上述阶段被简明地概括为困难、问题、假设、验证、结论,人称"五步教学法"。杜威的现代教学理论于20世纪初在许多国家风靡一时,有划时代的影响。[2]

2. 凯洛夫的教学理论

凯洛夫(И. А. Каирова,1893—1978)是前苏联著名的教育家。他的教育思想集中反映在他主编的《教育学》中,该书为俄罗斯联邦教育部批准的师范学院教科书,分别于1951年和1957年翻译到我国,被称为"凯洛夫教育学",对我国的教育产生了极大的影响。

凯洛夫十分注重系统科学文化知识的教学,主张教学是教师领导下学生掌握系统知识和技能、技巧的过程,认为系统的知识是使学生获得全面发展及形成辩证唯物主义世界观、共产主义观点和相应的行为的基础。

凯洛夫主要从学生掌握知识方面去理解教学过程。他认为,教和学是同一过程的两个方面,彼此不可分割,教师的讲授在教学过程中起主导作用。他提出了知觉具体事物,理解事物的特点、关系或联系,形成概念,巩固知识,形成技能、技巧,实践运用等六个环节的教学过程。

凯洛夫《教育学》自20世纪50年代初传入我国后,对新中国教学模式的建立和教学水平的提高,都取到了良好的作用。但是由于它过于强调学习书本知识、教师主导作用和课堂教学,从而忽视了学生学习的主动性、自主性和创造性,对学生智力和动手能力培养重视不够,在很大程度上影响了我国教学和人才培养质量的进一步

---

[1] [美]杜威著,赵祥麟、任钟印、吴志宏译:《学校与社会·明日之学校》,人民教育出版社2005年版,第116页。

[2] 王道俊,郭文安主编:《教育学》,人民教育出版社2009年版,第175页。

提高。①

3. 赞科夫的教学理论

赞科夫(Л. В. Занков,1901—1977)的教学思想,建立在他从1957年开始的长达13年之久的"教学与发展"的实验研究的基础之上。

赞科夫主张教学要在学生的发展上下工夫,要促进学生的一般发展。学生的"一般发展"包括身体的发展和心理的发展。心理的发展不仅包括智力与实际操作能力的发展,而且包括情感、意志、品德和个性的发展,是人的完整的发展。

赞科夫提出教学不仅要促进学生的一般发展,而且要走在发展的前面。教学的结构是"因",学生的发展是"果",教学要落实到学生的"最近发展区"。"只有当教学走在发展前面的时候,才是好的教学。"②

为了最大限度地激发学生的发展潜能,赞科夫在实验总结中提出了以高难度进行教学,以高速度进行教学,理论知识起主导作用,使学生理解学习过程,使全班学生都得到发展等五个教学原则。

赞科夫关于教学与发展的关系及对五项教学原则的论述,具有很强的科学性和时代性,其实验研究成果在当时产生了广泛、深刻和持久的影响。但他所提出的高难度、高速度等教学原则,因无具体的标准和尺度,在实践中往往难以把握,在理论界也引起了较大的争议与分歧。

4. 布鲁纳的教学理论

1957年苏联在全世界率先发射人造卫星,对美国社会产生了巨大的冲击和影响,直接推动了美国20世纪60年代的教育教学改革。布鲁纳(J. S. Bruner,1915—　)是这一时期美国教育改革的重要代表人物之一。

作为结构主义思想的继承者,布鲁纳提出现代化的课程设计应当注重知识的结构,教材应当包含学科的基本概念、原理法则及其联系。结构化、系统化的知识更有利于学生的理解、联想和迁移。

受皮亚杰儿童智力发展理论的影响,布鲁纳主张教学过程应当积极促进儿童的智力尤其是思维水平的发展。在学生能动地获取知识的过程中,布鲁纳认为,学习包括三个差不多同时发生的过程。第一个是新知的获得,第二个是新、旧知识之间的转换,第三个是评价,即检测与评估知识的正确性。

布鲁纳对教学的重大贡献在于倡导"发现法"。他认为,学生掌握知识的结构、基本概念等,主要不是接受,而是发现。发现式学习是主动、参与、积极地学习,它能够引发学习者的兴趣,让他们感到兴奋和自信。学生的学习同科学家的研究之间存在相似性和一致性,只不过学生是亲身去发现自己未曾知晓的事物。

(四)我国当代教学理论的发展

改革开放以来,我国教学理论研究在学习借鉴国外研究成果的基础上,立足国

---

① 王道俊,郭文安主编:《教育学》,人民教育出版社2009年版,第176页。
② 赞科夫编,杜殿坤等译:《教学与发展》,文化教育出版社1980年版,第14页。

内的教学改革实践,在教学本质、教学过程、教学原则、教学方法、教学模式、教学评价、教学实验等方面取得了一系列重大新进展。现摘要简述如下。

1. 引进吸收国外的教育教学理论

1978年以来,我国开始引进赞科夫的发展性教学思想、布鲁纳的结构课程理论和发现学习思想、苏霍姆林斯基的学生全面和谐发展理论、巴班斯基的教学过程最优化理论、布卢姆的掌握学习理论、罗杰斯的非指导性教学理论、杜威的实用主义教育理论等。[1] 进入21世纪以来,随着我国基础教育课程改革的不断推进和深入,西方建构主义、科学主义、后现代主义等思潮对我国教育教学改革产生了重要的影响。

2. 开展了关于教学本质问题的研讨

教学本质问题是当代教学理论研究所关注的重大问题之一。20世纪末,曾在学界引起了广泛而热烈的讨论。有研究者对1979—1999年的研究成果进行了归纳梳理,将教学本质观划分为十大类,即认识说、发展说、层次类型说、传递说、学习说、统一说、实践说、认识-实践说、交往说和价值增值说。[2]

3. 开展了大量的教育教学改革实验

教育教学实验研究是我国当代教学理论发展的重要组成部分。有研究者指出,20世纪80年代以来,从大的类别上划分,主要有整体改革实验,例如,华东师范大学教科院于1981年在其附小开展的"小学教育综合整体实验"、杭州大学教育系与杭州天长小学合作进行的"小学生最优发展综合实验"、华中师范大学教育系主持的"小学教育整体结构改革实验",以及各种单项改革实验,例如,卢仲衡的"中学数学自学辅导实验"、李吉林的"小学语文情境教学实验"、邱学华的"小学数学尝试教学法实验"、顾泠沅的"尝试指导、效果回授"教学实验,等等。[3]

4. 我国当代教学理论研究的特点

随着我国经济社会发展水平的不断提升,我国当代教学理论研究呈现出开放性、多元化、实践性、交叉性、综合性等一系列新的特点。有研究者在分析近30年来我国教学理论研究的主要内容及文献分布的基础上,概括我国当前教学理论研究呈现出六个特点:第一,20世纪80年代是国际比较教育教学理论研究的活跃期;第二,90年代研究的重点是学科教学理论的建构与应用;第三,近10年研究的最大热点是建构主义教学理论;第四,教学理论的应用研究呈现上升趋势;第五,对我国古代及近代教学理论研究缺乏热情;第六,教学理论的本体研究和建构相对薄弱。同时,针对这些特点,提出了五点建议:第一,研究者要扩大自己的理解力;第二,克服教学理论研究中的无"根"倾向;第三,教学理论研究要有容他性和整合性;第四,对国外教学理论的研究要有持续性、开阔性和整体性;第五,研究方法避免观察归纳和思辨演

---

[1] 陈佑清著:《教学论新编》,人民教育出版社2011年版,第56页。
[2] 李定仁,徐继存主编:《教学论研究二十年》,人民教育出版社2004年版,第59~73页。
[3] 陈佑清著:《教学论新编》,人民教育出版社2011年版,第57页。

绎的割裂。①

第四节　课程与教学论的思想基础

　　思想基础是课程与教学论的理论支撑和实践导向。课程与教学论的思想基础具有时代性、多样性、丰富性、差异性等方面的特点。在不同的历史发展阶段、不同的国家和地区，课程与教学论的思想基础的侧重点不同。即使是同一学科的思想基础，例如哲学，在不同的历史发展阶段，其主旨和倾向也是不同的。探讨课程与教学论的思想基础，对于我们学习课程与教学论具有十分重要的意义。以下重点介绍几个对现代课程与教学论产生了重大和深远影响的学科思想基础。

一、进步主义教育思想

　　进步主义教育是受西欧新教育运动的影响在美国发展起来的一个教育流派，它同实用主义教育思想结合成为美国的主要教育流派，其旗帜是反传统教育。

　　19世纪美国的弗朗西斯·帕克(Francis W. Parker, 1837—1902)受欧洲新教育运动的影响，提倡进步教育，改革传统教育，被誉为"新教育之父"。第一个把进步主义教育和实用主义教育哲学联系在一起的是约翰·杜威。

　　1920年，进步主义教育协会发布了"七点原则声明"。此即"学生有自然发展的自由"、"兴趣是全部活动的动机"、"教师是一个指导者而不是布置作业的监工"、"进行有关学生发展的科学研究"、"对于儿童的身体的发展给予很大的注意"、"适应儿童生活的需要，加强学校与家庭之间的合作"、"在教育运动中，进步学校是一个领导"。②

　　在课程与教学思想方面，进步主义教育主张以下几点。

　　其一，教育应以儿童为中心，应密切联系儿童发展的兴趣与需要。学习的过程不是由教师和教材来决定的，主要是由儿童来决定的。教材和教法既要考虑知识的逻辑组织，更要考虑儿童的心理组织，应保持两者之间的相对平衡。

　　其二，儿童是积极、能动的有机体，儿童心智的发展就在于他不断地与周围环境发生联系并相互作用。知识不是由教师堆积到学生头脑中的抽象的东西。知识是处理经验的工具，是应付连续不断的新情况的工具。因此，学生必须积极主动地获取知识，并把它和经验结合起来。

　　其三，教育应该是生活本身而不是生活的准备。所有"有理性的生活"(intelligent living)都是学习，因此应扩大学生的认知和发展领域，学校应该把儿童的学习置于适合于他年龄的和针对他在成人生活中可能遇到的情境之中。

　　其四，在教学过程中，教师不应灌输教材，应该以通过解决问题来学习。如杜威非常强调学生的主动作业(Active Occupation)，认为，主动作业是儿童获取知识、形

---

① 杨丽，温恒福：近30年我国教学理论研究的主要特点分析，载《教育研究》2011年第3期。
② 黄济著：《教育哲学通论》，山西教育出版社1998年版，第209页。

成经验的最自然的方法。主动作业可以是社会情境,如园艺、纺织、木工、金工、烹饪等,可以与校外活动类似,如游戏、竞技、建造等。此外,学校应该鼓励合作而不是竞争,教师的职责不是依靠权威来指挥而是提供建议和帮助。

二、要素主义教育思想

要素主义被普遍认为是一种保守的教育思想。它在很大程度上代表了受到进步主义猛烈冲击的传统教育思想。但它同传统教育思想又有许多重要的区别,因此,有时人们也把它称为"新传统教育"。

20世纪30年代初期,以巴格莱(Willam C. Bagley)为核心的一批教育家鉴于进步主义教育思想在实践中暴露出的突出问题,开始对进步主义教育思想提出强烈的批评。在巴格莱发表的《一个要素主义者促进美国教育的纲领》中,罗列了美国教育现状的种种难堪局面:初等学校学生的学业水准没有达到其他国家基础教育的学业水平;中等学校学生的学业水平落后于其他国家18岁学生达到的水平;高等学校学生缺乏基础知识文化的人数越来越多……因此,他积极主张重新审查课程、教材,区分学校大纲中的要素和非要素,反省进步主义教育重视儿童的学习兴趣、生活经验等主要观点。

1938年,巴格莱等人成立了著名的"要素主义者促进美国教育委员会"。该组织对美国的教育政策和课程改革提出了一系列意见和建议,改善了现代教育与传统教育之间的平衡关系。要素主义者主张,社会进化就是"积累和精化知识的过程"。人既是物质的有机体遗传的产物,又是社会遗传的产物。社会遗传的核心是"共同文化因素的遗传"。文化的价值具有永恒性,在人类文化中有不变的共同要素,学校的任务就是要把这些共同的文化要素传授给年轻一代。

在课程与教学思想方面,要素主义教育主张以下几点。

其一,教育的目标是为了社会的"进步",要促进社会的进步,就必须传递人类文化遗产。教育旨在传递人类文化遗产的共同要素,民族经验或社会遗产比个人经验更重要,教育的核心是吸收规定的教材。知识就是思想和观察到的事实相符合。因此,应坚持学科课程和教材的逻辑组织,使每一代人拥有足以代表人类文化遗产中最宝贵的各种观念、意义谅解和理想的共同的核心。

其二,儿童学习的目的是要按照这个世界的真正原样去认识它,而不仅是根据他自己的兴趣去解释它。学习必然包括刻苦和专心。人性本恶,若不加控制,任由欲望和感情驱动,就会胡作非为,无视纪律。针对进步主义教育重视儿童的现时兴趣,要素主义者主张不要注重儿童目前的兴趣,而要致力于儿童实现更长远的目标。

其三,教育过程中的主动权在于教师而不在于学生。儿童要充分发挥其潜能,就需要成人的指导和控制,要拯救人就必须约束人。个人虽有尊严和自由,但个人自由不能忽视社会责任。教师的主要任务是在成人世界和儿童世界之间作中介,因为儿童自己不能理解成年人生活的性质和需要。

其四,虽然依靠个人经验和"在做中学"在一定情况下适于某些儿童或儿童发展的某些方面,但不应把它普遍化、扩大化。因此,学校应该保持传统的心智训练的方法,例如阅读、说话、写作、拼音、算术等。人只有用自己的智慧对观察到的事实进行反思,才能认识外部世界,获得真正的知识。

三、结构主义教育思想

结构主义作为心理学流派,在著名心理学家皮亚杰、布鲁纳等人的大力推动下所形成的结构主义教育思潮,对当代课程与教学理论和实践的发展,产生了十分重要和深刻的影响。

瑞士心理学家皮亚杰在《结构主义》一书中指出:结构的三个要素是"整体性"、"转化性"和"自动调节性"。结构实质上就是"一种关系的组合"、"学习结构就是学习事物是怎样相互关联的"。

美国心理学家布鲁纳在《教育过程》一书中,阐述了课程改革的四个中心思想。第一,学习任何学科,主要是要使学生掌握这一学科的基本结构;第二,任何学科的基本原理都可以用某种形式教给任何年龄的学生;第三,过去在教学中只注意发展学生的分析思维能力,今后应重视发展直觉思维能力;第四,学习的最好动机,乃是对所学材料本身发生兴趣。①

在课程与教学思想方面,结构主义教育主张以下几点。

其一,课程与教学应立足于学科的基本结构。"不论我们选教什么学科,务必使学生理解该学科的基本结构。这是在运用知识方面的最低要求,这样,才有助于学生解决在课堂外所遇到的问题和事件,或者日后课堂训练中所遇到的问题。"②学生掌握了学科的基本结构(基本观念),就更容易掌握整门学科,更有助于缩小高级知识与低级知识之间的距离,更有助于记忆,更有助于"一般迁移"。这种一般迁移是知识结构所产生的一种整体性后果,不同于具体知识和技能的迁移。

其二,课程和教材的编制必须螺旋上升,层层递进。布鲁纳认为,传统的课程编制,不过是各种知识、技能的堆积和罗列,让学生一步一步掌握和过渡,这种方式对学生的认知发展没有多少作用。要将学科的基本概念以不同深浅程度教给任何年龄的儿童,就必须结合儿童的行为把握、图像把握和符号把握,采取螺旋形课程(Spiral curriculum)编制方式。在每一门学科中,基本概念是以螺旋式上升的,因而儿童就以渐进复杂的形式理解这些概念和原理。为了更好地促进儿童的认知发展,螺旋之间要有连续性和发展性。

其三,提倡发现-探究式学习。怎样使学生掌握学科基本结构呢?布鲁纳主张采用"发现法",另一位结构主义者施瓦布则提倡"探究法"。"发现-探究式学习"是结构主义课程实施和教学过程的重要途径。在布鲁纳看来,发现不限于寻求人类尚未知晓的事物,而是让学生在教师的指导下概括出基本的原理和规律,使学生在学习过

---

① [美]布鲁纳著,邵瑞珍译:《教育过程》,文化出版社1982年版,第1页。
② [美]布鲁纳著,邵瑞珍译:《教育过程》,文化出版社1982年版,第31页。

程中获得新知,以培养学生的直觉思维能力。施瓦布主张为儿童设置实际问题情境,使儿童通过探究实例自主地参与以获得知识,形成探究能力。①

四、人本主义教育思想

人本主义教育思想是人本主义心理学发展的重要成果之一。20世纪70年代,结构主义课程理论和实践受到人们严厉的批评。如坦纳指出,学科结构课程造成了知识的新的分离与专业化,摒弃了学习者的生活及广泛的社会情境的要求,将重心放在抽象的知识上了。② 在此背景下,人本主义课程与教学思想迅速兴起,代表人物有马斯洛、库姆斯、霍尔特等。

在课程与教学思想方面,人本主义教育主张以下几点。

其一,教育的目的在于使人认识个人的存在,形成自己独特的生活方式。教育应该"以学生为中心",使学生形成真诚、选择和负责任的生活态度。课程的目的就在于满足学生个人自由发展、潜能开发和自我实现的需要。自我实现是课程的根本目的和核心,学校应允许学习者犯错误、做实验、表达自己,直至发现自我。罗杰斯曾经批评,过分地强调知识是现代教育的悲剧。

其二,人本主义者批评传统课程过于注重学科逻辑,忽视学生的心理逻辑。他们主张从学生完整的个性、人格出发,关注学生学习的起因、情感、信念和意图等方面,提倡学习者的心理发展与教材结构逻辑的整合、情感领域与认知领域的整合,以及相关学科在经验指导下的整合,注重发展学生的情感、态度和价值观,强调课程设置应以人文学科为主,应有利于学生寻找并发现个人的意义。

其三,要求在学生与教师之间建立相互信任的情感关系。主张师生关系是"我与你"的关系,教师应该富有想象力地呈现课程和教材,以便形成温暖的、有安全感的、能够促进学生学习的情境。教学是教儿童,而不是单纯教教材,要展开真正的学习,儿童必须参与教学过程。教师应相信每一个学生都能学会,都能成功。

其四,反对各种机械、僵化的测量和考试,认为这些手段本身同学生自由发展的目标相冲突。人本主义者注重学习者的成长过程,重视启发、讨论、思考、探索、发现、表达等活动方式。强调教师和学生对课程的主观评估,通过设计陈述性报告、学习档案法、契约评价法、自我评价法等多元评价法,鼓励学生在想象、文字、图片、表演、游戏、手工、诗歌等活动中获得自由发展。

五、改造主义教育思想

改造主义教育是20世纪30年代从进步主义教育阵营中分化出来的一种教育思潮。改造主义者自称是进步主义的真正继承者。布拉梅尔德(Theodore Brameld)等改造主义者强调教育对于社会改造的意义及社会对人的制约作用,宣称教育的主要

---

① 廖哲勋等主编:《课程新论》,人民教育出版社2003年版,第128页。
② 廖哲勋等主编:《课程新论》,人民教育出版社2003年版,第131页。

目的是改造社会,以解决我们时代的文化危机。

改造主义最根本的思想是,社会需要进行持续不断的改造和变化,社会的改造和变化涉及教育的改造和变化,而且社会改造的实现需要利用教育。改造主义者提出进步主义需要改变的方向在于:少强调个人中心、个人主义教育,多强调社会中心、社会改造教育;少关心个人的成长,多关心社会的变革。

在课程与教学思想方面,改造主义教育主张以下几点。

其一,教育的主要目的是改造现实社会,推动社会发展。学校是改造社会的工具,为了实现对现有社会文化的改造,学校必须要比历史上任何时候都更加强调人的社会性的培养。教育不仅应该帮助个人适应社会,更重要的是使他们参与社会。教育不应只关心个人的发展,而且应重视社会的改造。社会进步主要不是依靠个人经验,而是依靠团体经验。儿童、学校和教育本身在很大程度上受社会和文化力量的支配。学校应该以未来为中心培养学生的心灵和性格,以便对新的社会秩序有所准备,从而为新秩序铺平道路。

其二,课程设置的根本目标不是让学生适应现存社会,而是培养学生的批判精神和改造现实社会的技能。课程建设要关注社会焦点问题,反映社会政治经济变革的客观需求。学校课程应以广泛的社会问题为中心,尤其要关心犯罪、家庭分裂、环境污染、交通和住房拥挤、娱乐、战争、疾病、饥饿等社会问题,学生对这些社会问题要有独立性、批判性见解。学生要多学习社会学、人类学、政治学、历史、物理、化学等方面科目。

其三,课程组织需有一定的结构,必须努力使课程结构具有有意义的统一性。改造主义者提倡"车轮状"的课程组织方式,主张"轴心(关键问题)"、"辐(各类课程)"、"车轮(相关课题)"是一个有机的整体。这种组织方式从问题出发,把几个学科结合起来,由一个或几个教师组成的教学小队,通过一系列活动对一个班进行教学。[①]

其四,在教学方法方面,布拉梅尔德等人认为,社会是学生寻找解决问题方法的实验室,学生应尽可能多地参与到社会中去。民主的目的只有通过"社会一致"的民主过程才能获得。学校教育的过程应该成为民主实践的过程。他将学生的学习活动分为四个方面:即"通过证据的学习"、"通过交流的学习"、"通过同意的学习"和"通过行动的学习"。通过这四方面的学习活动达成以未来目标为定向的"社会一致"的意见。

六、社会本位主义教育思想

社会本位主义是以社会为本位来思考和进行指导或起支配作用的思想原理原则,也可以是相关的理论体系。社会本位主义主张人的本性即社会性,包括阶级性和政治性。社会是高于个人的,人是一个认识体,人是环境和教育的产物。[②]

[①] 廖哲勋等主编:《课程新论》,人民教育出版社2003年版,第116页。
[②] 张楚廷著:《课程与教学哲学》,人民教育出版社2003年版,第228~234页。

站在社会本位主义的立场，教育是为社会服务的，受社会政治、经济、文化、科技等方面的制约，具有工具价值。教育的目的在于使年轻一代系统的社会化，使出生时不适应社会生活的"个体我"成为崭新的"社会我"。具体来说，就是要增强个体之间的社会团结、集体意义及社会凝聚力。如法国社会学家涂尔干（E. Durkheim）主张，"教育是年长一代对尚未为社会生活做好准备的一代所施加的影响。教育的目的就是在儿童身上唤起和培养一定数量的身体、智识和道德状态，以便适应整个政治社会的要求，以及他将来注定所处的特定环境的要求。"[①]

在课程与教学思想方面，社会本位主义者主张以下几点。

其一，学校课程与社会政治、经济有着生生不息的关系，社会政治、经济制度制约着课程的设置以及课程编制的过程。学校课程的目的是要使学生社会化，理解并接受自己在社会中的位置。学校课程必须使学生适应他们必定要生活在其中的社会环境。由于社会上有不同的结构（或机构）发挥各自的功能，因此，学校课程变成了一种促使学生的行为有助于维护社会结构、保持社会平衡的手段。

其二，学校课程总是离不开社会文化的。课程既传递和复制社会文化，同时也受到社会文化尤其是意识形态的规范制约。学校的主要活动是传递特殊的身份文化（identity culture），即让学生学会如何使用某种身份的语言、生活方式、美的意识、价值标准和风度。学校传授的科学技术知识，本身也可能就是一种特殊的身份文化的一部分。

其三，需要从社会结构、社会稳定、社会冲突等不同的视角来看待课程问题，保持学校课程与社会结构的一致性。或者是揭示这种一致性的人为性，以求变革这种关系。同时，需要关注课程的微观领域，关注课程标准、课程内容的选择和组织，以及隐性课程等方面的问题。

社会本位主义教育思想曾对西方学校课程设置与教学活动产生了十分重要的影响，但在实践中也存在不少问题。张楚廷教授曾对社会本位主义取向的课程与教学实践进行了系统的反思：在对教学过程的理解上，它是基于认知主义的，视人（特别是学生）为一个认识体；在教学目的上，是在人的社会化的名义下，造就可以"对口"的"螺丝钉"；在课程选择上，是基于（社本意义下的）实用主义的，因而轻基础，重技术；在课程组织即结构上，是重科学、轻人文的，以体现工具性目标；在教学实施上，追求形式化，乞求于模式，舍弃个性而求千篇一律；在教学程序上，几乎是千篇一律的演绎，教学始于凝固的前提；在教学方法上，基于灌输主义的赤裸裸说教和训示普遍的存在；在师生关系上，是过强的教育者角色意识，权威主义充斥教学；在教学管理上，也会渗透"官本位"，行政化趋势也不可避免地蔓延至此；在教学评价上，通过外在性的尺度和方式，以进一步强化社会本位目标。[②]

[①] 涂尔干著，陈光金等译：《道德教育》，上海人民出版社2001年版，第309页。
[②] 张楚廷著：《课程与教学哲学》，人民教育出版社2003年版，第282页。

【本章小结】

课程是在一定的教育目的和培养目标指导下,基于一定的课程标准,由结构化和组织化的教学内容及其教学方式组成的育人计划及其进程。课程是连接教育者与受教育者、教导活动与学习行为的中介,它是使一切教育活动得以形成与发展的文化资源;教学是在一定教育目的规范下的,教师的教与学生的学共同组成的一种教育活动。在这一活动中,学生在教师有计划的组织引导下,能动地学习、掌握系统的科学文化基础知识,发展自身的智能与体力,养成良好的品行与美德,逐步形成全面发展的个性。

课程论是研究课程问题、阐明课程理论、揭示课程规律、指导课程实践的学问。具体而言,课程论是研究课程的设计、编制和课程改革的理论;教学论是研究教学活动的基本规律和一般问题的学问。它旨在探寻教学活动的规律与法则,总结教学活动的思想与价值,提炼教学活动艺术与策略;课程论与教学论是一种相互联系、交叉、互补的关系,不可分割地统一在教育教学的过程之中。一般而言,课程论关涉学校教育的目标、价值、内容和资源,重点研究和解决"为什么而教"、"教什么"等问题。教学论关涉学校教育的过程、组织、方法和评价,重点研究和解决"怎样教"、"教得怎样"等问题。

课程论和教学论形成发展的历史进程,与人类社会的发展进步和教育的不断变革息息相关,它是一个逐步丰富化、阶段化、系统化、科学化的过程。从古至今,人类对于课程论和教学论的探索,走过了十分漫长而曲折的道路,形成了许多重要的思想,也留下了许多宝贵的经验和教训。进入 21 世纪以来,当代社会发展对课程论和教学论研究提出了许多新的问题和课题,当代课程论和教学论的发展,任重而道远。

思想基础是课程与教学论的理论支撑和实践导向。课程与教学论的思想基础具有多样性、丰富性、差异性等方面的特点。在不同的历史发展阶段、不同的国家和地区,课程与教学论的思想基础的侧重点不同。除以上提到的六个方面的思想基础之外,还有建构主义教育思想、科学主义教育思想、后现代主义教育思想等等,对现当代课程与教学论的发展产生了重大而深刻的影响。探讨课程与教学论的思想基础,对于我们学习课程与教学论具有十分重要的意义。

【思考练习】

1. 名词解释:教学、课程、课程论、教学论。
2. 谈谈你对课程论与教学论关系的基本认识。
3. 从某一个角度谈谈你对课程论和教学论历史发展的认识,或者谈谈你对历史上某个教育家的主要观点的认识。
4. 结合我国基础教育课程与教学改革的实际情况,谈谈你对某一个思想基础的认识。

第二章 课程目标与教学目标

 学习目标

1. 认识课程目标与教学目标的含义、内容及其相互间的关系。
2. 了解课程目标与教学目标的基本价值取向,并分析、比较不同价值取向的特点。
3. 明确课程目标与教学目标的主要来源,了解目标制订的基本环节。
4. 掌握课程目标与教学目标的几种表述方法,并且能够举例予以说明。

【问题情境】

某教师在上毛泽东撰写的《沁园春·长沙》一课时,确定的教学目标如下。

知识和能力:理解诗意。

过程和方法:诵读诗歌。

情感态度和价值观:体会作者的思想感情。

我们认为,该教学目标就是典型的对"三维目标"的机械套用。其原因不是认识水平的不足,就是对教学的敷衍。有的教师认为,既然课改强调课堂教学的生成性,强调教学过程中学生的主体地位,那么,教师在备课时根本无须预设教学目标,一切到了课堂上再说,让学生们去决定。这在某种程度上反映出部分教师对课改理念的误读,造成了课程目标与教学目标在教学过程中的混乱。

教学目标是教学的根本,没有明确的教学目标,教学就是无源之水、无本之木。教学目标不明确,必然会导致课堂上出现教师滔滔不绝地讲解,想到哪讲到哪,许多内容与教学要求和学生的需要、兴趣无关或关系不密切,教师在大多数情况下进行着简单重复的讲解,教学可能存在重大的遗漏。如此下去,课程内容就会缺乏一定的逻辑体系和深度,教学效率自然不会高。

第一节 课程目标与教学目标的含义

目标问题历来是课程与教学论的基本问题之一。课程目标与教学目标的含义是什么?课程目标与教学目标有哪些基本的价值取向?如何研制课程目标与教学目标?如何表述课程目标与教学目标?我们将在本章重点探讨这些问题。

一、课程目标的含义

课程目标问题与课程本身一样具有比较悠久的历史,但是作为专门的研究范畴,则是 20 世纪的事。至今,人们对课程目标的认识仍然处于发展变化之中。

(一)对课程目标的基本认识

随着社会和教育的不断发展与完善,人们对课程目标含义的揭示越来越深入,越来越全面。美国著名课程论专家蔡斯(R. S. Zais)将课程目标分为三个层次,分别是课程宗旨(curriculum aims)、课程目的(curriculum goals)、课程目标(curriculum objectives)。① 奥利瓦(P. F. Oliva)将课程目标区分为五个层次,依次为教育宗旨、课程目的、课程目标、教学目的、教学目标,他认为,课程目标是用具体化的、可以测量的术语表述的取向或结果。课程规划者希望学生在完成了一个特定学校或学校系统的课程计划的全部或部分后,达到这一取向或结果。② 我国学者认为,课程目标是"课程设计的方向或指导原则,是预见的教育结果,是学生经历教育方案的各种教育活动后必须达成的表现"。③ 所谓课程目标是"一定教育阶段的学校课程力图促进这一阶段学生的基本素质在其主动发展中最终可能达到国家所期望的水准。简言之,课程目标是一定学段的学校课程力图最终达到的标准"。④ "课程目标,就是指一定教育阶段的学校课程力图促进该阶段学生的身心发展所要达到的预期结果。"⑤ 由于立场与视角各异,中外学者对课程目标的含义和实质的理解与阐释不尽相同。不过,也存在一定的共识,即把课程目标理解为"学生学习所要达到的预期结果"。

(二)课程目标含义的两个层次

1. 广义的课程目标

在西方国家中,广义的课程目标包含"宗旨、目的和目标",甚至包含"教学目的和教学目标";在我国,广义的课程目标包括教育方针、教育目的、培养目标、课程教学目的、教学目标。其中,教育目标包含教育目的、培养目标、课程教学目的、教学目标,而教学目标又分为年级教学目标、单元教学目标、课时教学目标。在广义上,课程目标的含义定位于教育与社会的关系,是一个比较大的视角,涵括面较为广泛。广义的课程目标如图 2-1 所示。

2. 狭义的课程目标

狭义的课程目标的含义定位于教育与学生的关系,是一个比较具体的视角,主要指教育目标。在这个意义上,课程目标包括教育目的、培养目标、教学目的和教学目标。其中,教学目标又包括年级教学目标、单元教学目标和课时教学目标。狭义的课程目标如图 2-2 所示。

(三)课程目标的功能

课程目标的功能主要包括四个方面。第一,为课程内容的选择提供依据。判断

---

① 转引自钟启泉著:《课程论》,教育科学出版社 2007 年版,第 105 页。
② 廖哲勋:《课程新论》,教育科学出版社 2003 年版,第 144 页。
③ 黄政杰:《课程设计》,台湾中华书局 1991 年版,第 186 页。
④ 廖哲勋:《课程学》,华中师范大学出版社 1991 年版,第 84 页。
⑤ 靳玉乐:《现代课程论》,西南师范大学出版社 1995 年版,第 155 页。

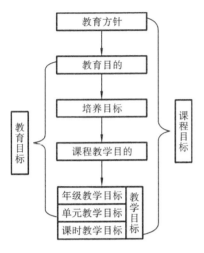

图 2-1 广义的课程目标

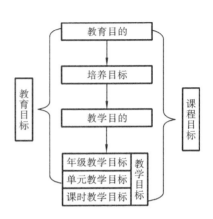

图 2-2 狭义的课程目标

什么知识最有价值应以课程目标为重要依据。第二,为课程的组织提供依据。把课程组织分为什么样的类型(如学科课程或经验课程;分科课程或综合课程;必修课程或选修课程),这在某种意义上决定于课程目标,因为目标反映了特定的教育价值观。第三,为课程实施提供依据。课程实施过程在某种意义上是创造性地实现课程目标的过程,因此,课程目标必然是课程实施的重要依据。第四,为课程评价提供依据。课程评价是用一种标准对课程进行价值判断,而课程目标则是这种价值判断的基本标准。

二、教学目标的含义

(一)教学目标的含义

在对教学目标系统研究方面,影响较大的有布卢姆(B. Bloom)、马杰(R. F. Mager)等人。

布卢姆的目标分类学具有以下几个特征。第一,用学生外显的行为来陈述目标。制订目标是为了便于客观地评价,而不是表述理想的愿望。事实上,只有具体的、外显的目标才是可以测量的。第二,目标是有层次结构的,由简单到复杂按序排列,后一类目标建立在前一类目标的基础上。第三,目标分类学是超学科内容的。不论哪一门学科,不论哪一个年级,都可以把目标分类学的层次结构作为框架,加入相应内容。马杰在他有关行为目标的经典著作中提出,教学目标必须包括三个组成部分:第一,要有学生外显出来的行为表现;第二,具备观察到的这种行为表现的条件;第三,行为表现公认的准则。他们的研究为我们进一步理解教学目标提供了理论基础。

我们认为,教学目标是指教学活动实施的方向和预期达成的结果,是一切教学活动的出发点和归宿。教学目标是课程目标的进一步具体化,是指导、实施和评价教学的基本依据。教学目标是分层次的,包括某一门课程的教学目的、年级教学目标、单元教学目标和课时教学目标。它既与教育目的、培养目标相联系,又不同于教育目的和培养目标。教学目标应该是师生双方所预期的,既是教师教的目标,也是学生学的目标。在我国的基础教育中,很多人把教学目标等同于教学任务,被当成教师教的目标或结果。这样的误解导致教师在教学中容易重视自己的教,在很大程度上忽视学生的学,把学生置于被动学习的地位。

(二)教学目标的功能

1. 导向功能

教学活动追求什么目的,要达到什么结果,都会受到教学目标的指导和制约。可以说,整个教学过程都受教学目标的指导和支配;整个教学过程也是为了教学目标而展开的。所以,教学目标可以被看做是教学活动的第一要素。

2. 控制功能

教学目标一经确定,就对教学活动起着控制作用。它作为一种约束力量,把教学人员、行政人员和学生等各个方面的力量凝聚在一起,为实现既定目标而共同奋斗。

3. 激励功能

教学目标确定以后,可以激发学生的学习动机,使学生产生要达到目标的强烈愿望。

4. 中介功能

教学目标的中介功能,首先表现为它是教学与社会需要发生联系的纽带。社会需要同教学发生联系,主要是通过由学制规定的学校培养目标,由教学计划、教学大纲规定的学科教学目标,以及这些目标分解而成的各种具体的教学目标而实现的。各级或各个层次的教学目标,反映一定社会的政治、经济、文化和科技发展对学校教学的客观要求。

5. 评测功能

教学目标作为预先规定的教学结果,是测量、检查、评价教学活动是否成功,是否有效的尺度或标准。构想或预定的结果是否达到,必然需要某种尺度来测量。测量的尺度是什么,自然是教学目标,因此,教学目标具有测度功能。正是通过以目标为尺度及标准的测量和评价,教学活动才能不断得以改进和完善。

三、与课程目标、教学目标相关的概念

在我国,课程目标与教学目标同长期使用的教育方针、教育目的、教育目标、培养目标、教学目的等概念,既有联系又有区别。

(一)教育方针

教育方针是"国家为了发展教育事业,在一定阶段,根据社会和个人两方面的发展需要与可能制定的具有战略意义的总政策或总的指导思想。内容包括教育的性

质、地位、目的和基本途径等"。① 教育方针是由党和国家在不同历史时期,根据特定形势需要而制定的。它以行政性和法规性权威规定教育为谁服务,培养什么样的人。教育方针处于最抽象的层次,体现教育与社会和人的最一般关系,作为教育目标、课程目标确定的基本原则。

（二）教育目的

一般来讲,教育目的是"培养人的总目标,关系到把受教育者培养成为什么样的社会角色和具有什么样的素质的根本性问题,是教育实践活动的出发点"。② 教育目的的核心是规定培养什么样的人,即把儿童培养成什么样的社会角色。不同社会、不同历史时期,需要不同的社会角色,决定了不同的教育目的。教育目的具有一般性、概括性和抽象性,是一种总的规格要求。

（三）教育目标

教育目标是受教育者在完成一定的教育计划后身心发展各个方面需要达到的具体规格要求及其结构体系。教育目标有以下几个特点:第一,教育目标总是体现在一定的教育计划中;第二,教育目标的实质是学习者身心发展各个方面的指标,规定完成一定教育计划后需要达到的发展水平的指标;第三,教育目标是具体化的,是教育方针和教育目的的具体化;第四,教育目标是体系化的,表现为一个结构性、多层次和多规格的有机整体。

（四）培养目标

培养目标是对各级各类学校的具体培养要求。它是根据国家的教育目的和学校的性质及任务,对培养对象提出的特定要求。所以,教育目的与培养目标没有实质性的区别,只是程度不同。培养目标是教育目的的具体化。换句话说,培养目标要根据教育目的来制定,而教育目的只有通过各级各类学校的培养目标才能实现。因此,两者的关系是一般与个别的关系,或者是整体与局部的关系。

（五）教学目的

教学目的是"教师和教育工作者为完成教学任务所提出的概括性的要求,是整个教学计划的基础,教学设计的起点。所有教学步骤（程序）都是为这些目的而设计的"。③ 教学目的具有概括性和全面性。教学目的一般包含三个方面：一是社会性目的,要求考虑国家、社会和未来赋予教育教学的历史使命和任务;二是学生方面的目的,要求考虑学生自身的身心发展、能力、品德等方面的培养;三是与课程内容有关的目的,要求考虑专业的特点和业务上的要求。

---

① 顾明远:《教育大辞典》,上海教育出版社1998年版,第744页。
② 顾明远:《教育大辞典》,上海教育出版社1998年版,第765页。
③ 顾明远:《教育大辞典》,上海教育出版社1998年版,第718页。

第二节　课程目标与教学目标的价值取向

　　课程目标与教学目标是一定教育价值观在课程与教学领域的具体表现,任何课程和教学目标都有一定的价值取向。由于人们对学生身心发展规律、社会需求的重点及知识的性质等看法存在差异,因此对课程目标与教学目标的价值取向会有所不同。明确课程目标与教学目标的基本价值取向,能够提高制定课程目标与教学目标的自觉性和自主性。

　　多年来,在课程编制中比较流行的是以行为方式来陈述目标,或者称为行为目标。随着行为目标所固有的缺陷逐渐地被人们所认识,一些学者提出了其他形式的课程目标,其中生成性目标、表现性目标的影响较大。

一、行为目标取向

　　行为目标(behavioral objectives)有一个形成和发展的过程。从历史过程来看,它在课程刚刚开始作为一个独立的研究领域时,就已萌芽。

　　接触过课程史的人都知道,对课程目标的系统探讨源自博比特(J. F. Bobbit)的《课程》一书。他在该书中提出了课程科学化的问题。因此,课程目标也必须具体化、标准化、科学化。在他的另一本著作《怎样编制课程》一书中,曾用"活动分析法"对人类经验和职业进行了系统分析,列举了10个领域中的800多个目标。这与当时美国流行的行为主义学习理论相互呼应。查特斯(W. Charters)把博比特的"活动分析法"变通为"工作分析法",并将其课程目标建立在社会理想的基础上,这在某种意义上发展了博比特的课程目标观。如今看来,这些学者明确提出了课程目标问题,试图为确定课程目标提供一套可操作的程序,使之具有一定程度的客观性,这就为行为目标在课程与教学领域的确定奠定了基础。

　　但真正按照行为目标取向来制定课程与教学目标,主要是受现代课程理论之父泰勒(R. W. Tyler)的《课程与教学的基本原理》一书的影响。泰勒在该书中指出,在课程目标确定后,要用一种最有助于学习内容和指导教学过程的方式来陈述目标。泰勒同时指出,人们在实践中往往容易犯这样的错误:一是把目标作为教师要做的事情来陈述,却没有陈述期望学生发生什么样的变化;二是列举课程所涉及的主题、观念、概论等各种要素,却没有具体说明希望学生如何处理这些要素;三是采用过于概括性的行为模式来陈述目标,但却没有明确指出该行为运用于哪些生活领域或内容中。[①] 在泰勒看来,陈述目标最有效的形式是"既指出应培养学生的哪种行为,又指出该行为可运用于哪些生活领域或内容中。如果你曾考察过很多有关教育目标的陈述,它们看起来既清楚又能对教育计划的制订起指导作用,那么,你就能注意

---

① 泰勒:《课程与教学的基本原理》,中国轻工业出版社2008年版,第38〜40页。

到,其中每一种陈述确实同时包括了有关目标的行为和内容两方面"。① 也就是说,每一个课程与教学的目标都应该包括行为和内容两个方面,前者是指要求学生表现出来的行为,后者是指这一行为所适用的领域,这样,就可以明确教育的职责了。泰勒克服了博比特和查特斯把课程和教学目标无限具体化的缺点。可以说,把课程与教学目标分解为"行为"和"内容"是泰勒对行为目标的一大贡献,也正因为如此,人们把泰勒称为"行为目标之父"。随着泰勒课程原理影响的不断扩大,行为目标几乎成了课程目标的同义词。

20 世纪 50 年代至 60 年代,美国著名心理学家布卢姆等人继承和发展了泰勒的行为目标理念。他们借用生物学中"分类学"的概念,第一次在教育领域确立起教育目标分类学,从而把行为目标取向发展到新的阶段。20 世纪 60 年代至 70 年代,美国著名教育学家马杰、波帕姆(W. J. Popham)等人总结并发展了前人的行为目标理念,领导发动了行为目标运动。该运动影响广泛,从而把行为目标取向发展到顶峰。马杰在其 1962 年出版的关于行为目标的经典著作《准备教学目标》中指出,教学目标必须包括三个组成部分:第一,学生外显的行为表现;第二,能观察到的这种行为表现的条件;第三,行为表现的公认的准则。马杰认为,布卢姆等人常用的"知道"、"理解"这种形式的目标仍然不够精细,因为它们没有指出行为表现的"条件"。他认为,典型的行为目标应该这样陈述:"给学生一篇文章,学生在五分钟内不靠帮助或参考书,能够识别出它的风格。"如果这样陈述目标——"学生将学会正确使用逗号",这就不是行为目标,因为该目标没有预先具体化的、可观察的、最终的行为。真正的行为目标应这样表达:"学生将通过陈述来证明已掌握了五项逗号规则的知识(具体说出有哪五项规则),并能在逗号被删除的句子中正确插入逗号。"②

在课程领域,从某种意义上说,20 世纪是行为目标的世纪。行为目标取向为什么一直在教育实践中居于支配地位?这要从行为目标取向的本质谈起。行为目标取向在本质上是受"技术理性"支配的,它体现了"唯科学主义"的教育价值观,以对行为的有效控制为核心。行为目标取向也体现了西方现代实证主义科学观,它秉持"决定论",信奉"符合论"的真理观(认为真理即主观对客观的符合);它秉持"还原论"和"机械论",认为整体等于部分之和,为了对人的行为进行有效控制,可以对目标进行分解,使之尽可能具体、精确,从而具有最大限度的可操作性。20 世纪是科学的世纪,行为目标取向适应了课程领域科学化的需求,加之行为目标取向的心理学基础——行为主义心理学——在 20 世纪大行其道,所以,该取向在 20 世纪的课程领域一度占据主导地位。

由于行为目标具有精确性、具体性、可操作性等特点,当教师将其教学内容以行为目标的形式陈述的时候,他们对教学任务会更加清楚明了,便于有效控制教学过程。而且,行为目标便于教师就教学内容准确地与教育督导、学生家长、学生展开交

---

① 泰勒:《课程与教学的基本原理》,中国轻工业出版社 2008 年版,第 40 页。
② 转引自张华:《课程与教学论》,上海教育出版社 2000 年版,第 159 页。

流。更重要的是,行为目标便于准确评价,因为行为目标是以具体行为的形式呈现的,所以很容易判断目标是否达成。总之,行为目标对于基础知识和技能的熟练掌握,对于保证一些相对简单的教育目标的达成是有益的。

当然,行为目标自身也存在许多缺陷。当20世纪初行为目标刚刚在课程与教学领域确立的时候,哈佛大学名誉校长埃利奥特(C. W. Eliot)就一针见血地指出,教育目标的标准化是与真正的教育过程相悖的,"真正的教育目的是使个体的能力得到最大限度地发展,不仅是在童年期、青春期,而且在整个人生中都得到发展。在劳动、学习和家庭生活方式中有固定的标准,是人的身心和精神充分发展的敌人"。[①]这一评价可谓一语中的。

行为目标取向的主要缺陷包括以下几个方面。第一,行为目标取向所体现的是"唯科学主义"的教育价值观。受"技术理性"支配的行为目标指向对课程开发、教学设计、人的学习过程的有效控制,所以,行为目标是控制本位的。人的行为之所以是人的行为,就在于它是主体的行为、富有创造性的行为,这种行为具有很大程度的不可确定性。而控制本位的行为目标把课程开发、教学设计、人的学习过程变为一个可预先决定和操纵的机械过程,它把目标与手段、结果与过程间的有机联系割裂开来,课程开发与教学设计过程中的创造性、人的学习的主体性被泯灭了。第二,行为目标的"还原论"倾向把"完整的人"肢解了,人的具有整体性的心理和行为被原子化了。行为目标追求目标的精确性、具体化,然而"完整的人"——人格整体——是不能分割的,除了一些简单的适于训练的知识技能可以进行一定程度的分解和具体化之外,试图将人的高级心理能力和素质分解开来培养很可能是南辕北辙。第三,如果目标都以行为方式来确定,那么课程就会趋于强调那些可以明确识别的要素,而那些很难测评、很难被转化为行为的内容就会从课程中消失。我们知道,人的许多高级心理素质(如价值观、理解、情感、态度、审美情趣等)是很难用外显的、可观察的行为来预先规定并使之具体化的。因为这些高级心理素质不只是行为,更主要的是意识问题。试图把这些心理素质完全用可观察的行为来具体化,那么,所掩盖的东西恐怕要比揭示出来的东西多得多。即使某些价值观和态度能够被结合进显性课程中来培养,但更多的价值观和态度是通过隐性课程来培养的,这些通过隐性课程来培养的价值观和态度是不可能被预先具体化的。第四,事先明确规定课程目标所依据的原理,本身就可能存在疑问。因为我们目前能够确证的有关教育过程的知识还很有限,预先规定的目标很可能成为不适合实际情况、强加给教师的东西。这些多促使学者去寻求其他形式的课程与教学目标。

二、生成性目标取向

生成性目标(evolving purpose)又称展开性目标,它关注的不是由外部事先规定

[①] 转引自施良方:《课程理论——课程的基础、原理与问题》,教育科学出版社1996年版,第89页。

的目标,而是强调教师根据课堂教学的实际进展情况提出的相应的目标。生成性目标是在教育情境中随着教育过程的展开而自然生成的课程与教学目标。因为在很多人看来,教育基本上是一个演进的过程。它是渐进生长的,它扎根于过去又指向未来,从这个意义上说,它又是一个有机的过程。在此过程的任何阶段,我们能提出的目的,不管它们是什么,都不能看成是最终目的,也不能将它们武断地插到后面的教育过程中去。目的是演进的,而不是预先存在的;目的是演进中的教育过程的方向的性质,而不是教育过程的某些具体阶段的,或者任何外部东西的方向的性质。它们对教育过程的价值,在于它们的挑战性,而不在于它们的终极状态。① 它是问题解决的结果,是人的经验生长的内在要求。如果说行为目标关注的是结果,那么,生成性目标注重的就是过程。如果说行为目标是在教育过程之前或教育情境之外预先制定的作为课程指令、课程文件、课程指南而存在的话,那么,生成性目标则是教育情境的产物和问题解决的结果,是学生和教师关于经验和价值观生长的"方向感"。② 所以,生成性目标最根本的特点就是过程性。

生成性目标的渊源可以追溯到杜威(J. Dewey)提出的"教育即生长"的命题。杜威反对把某种外在的目的强加于教育,认为课程与教学目标并不是对教育经验的预先具体化,反而是教育经验的结果。在他看来,教育是儿童经验的不断改造,是儿童的生活和生长,生活、生长及经验的改造本身即构成教育的目的。只有将目的融入教育过程中,才能真正促进儿童的生长。杜威在其名著《民主主义与教育》中说:"最好提醒我们自己,教育是没有什么目的的。教育的目的随着儿童经验的生长而不断改变。即便是最有效的目的都是有害的,除非我们认识到对于教师而言这些目的并不是目的,而是一些建议,告诉学生如何观察事物,如何展望未来,如何在具体的环境中选择释放和引导自己的潜力。"③这样,课程与教学目标就不是一种指向未来的结果,而是引导现在的生长和发展的手段,它是从各个特殊的现实状态中自然生发出来的。

英国著名课程专家斯滕豪斯(L. Stenhouse)用"过程模式"赋予了生成性目标另一种含义。他认为,学校教育主要包括以下四个过程:①技能的掌握;②知识的获得;③社会价值和规范的确立;④思想体系的形成。所谓技能的掌握,是使学生获得动作技能的过程,如打字等。知识的获得是使学生获得一定的知识信息,如记住某个数学公式等。社会价值和规范的确立及思想体系的形成是使学生获得以知识体系为支持的批判性、创造性的思维能力,这是使学生进入知识本质的过程。他认为,真正的教育是使人类更加自由、更富有创造性,因而教育的本质是后两个过程。斯滕豪斯认为,前两个过程可以用行为目标来陈述,而后两个过程的本质恰恰在于其

---

① 瞿葆奎:《教育学文集·教育目的》,人民教育出版社1989年版,第625页。
② 转引自张华.《课程与教学论》,上海教育出版社2000,第175页。
③ John Dewey. (1916), Democracy and Education, published by The Macmillan Company, pp. 125.

不可预测性,故不能用行为目标来表述,因为这会导致质量标准的形式化而降低质量标准,也会使知识工具化而丧失其内在价值,使知识变得支离破碎。在他看来,无论是技能的掌握还是知识的获得都没有社会价值和规范的确立及思想体系的形成重要。与泰勒不同的是,斯滕豪斯主张课程开发可以规定教师要做的事,规定要处理的教学内容,关键是教师不能把这些规定看成是教育的目的或结果,用以评价学生的成绩,而是在处理这些事情和内容的教学活动过程中,对学生的发展持一种审视、研究、批评的态度,从而引导学生不断发展。总之,课程不应以事先规定的目标或结果为中心展开,而要以过程为中心,即根据学生在课堂上的表现展开。

由此看来,生成性目标取向消解了行为目标取向存在的过程与结果、手段与目的之间的二元对立。当过程与结果、手段与目的被内在地统一起来之后,课程与教学目标就是学生在教育过程中,在与教育情境的交互作用中所产生的自己的目标,而不是课程开发者和教师所强加的目标。学生有权利决定什么是值得学习的。当学生从事与自己的目标相关联的学习的时候,他们会越来越深入探究知识的奥秘。随着问题的解决,学生会产生更多新的问题,学生的兴趣会不断被激发。这一教学过程是持续的,因而基于生成性目标的课程必然会促进学生的终身学习。

生成性目标取向在人本课程理论中发展到了一个极端。人本主义心理学家罗杰斯(C. R. Rogers)认为,凡是可教给别人的东西,相对来说都是无用的,即对人的行为基本上没有什么影响。能够影响人的行为的知识,只能是他自己发现并加以内化的知识。因此,课程的功能是要求每一个学生提供有助于个人自由发展的学习经验。人本主义课程强调的是学生个人的成长、个性的完善,至于怎样界定、测评课程,那并不重要。

尽管生成性目标克服了行为目标的一些缺点,考虑到了学生的需求,但还是有诸多无法避免的问题。首先,生成性目标意味着教师要能够与学生进行有意义的对话,需要教师有相当强的研究能力,但大多数教师还不具备这一素质;其次,即使有教师受过这方面的训练,有些也不愿意运用这种互动性教学方法,因为这需要付出额外的计划和努力;最后,学生在不了解各门学科体系的情况下,并不知道什么知识或技能对自己是有价值的,他们往往最终还是依赖于教师的选择。

案例:松鼠的结尾是不和谐的音符吗?

我在执教《麋鹿》一课时,上课伊始,组织学生读课文。当读到最后一个自然段时,一位同学(生1)在下面小声嘀咕,我问他说什么,他说,老师,我认为文章最后一个自然段的最后两句话,是这篇文章中的一个不和谐的音符。我笑着问,为什么你会得出这样的结论呢?

生1:我没有亲眼见过松鼠,读了这篇文章,了解到松鼠原来是个漂亮驯良乖巧的小动物,我感觉自己很喜欢它。可是,文章最后却说:松鼠也是一种有用的小动物,他们的肉可以吃,尾毛可以制成画笔,皮可以制成皮衣,我在读到此处时,感到很别扭。如果我们真心喜欢一个小动物,比如说小狗,我们在夸奖它一番后,会告诉别人它的肉可以吃，皮可以制成皮袄吗？

我进一步鼓励道：你敢于向课本挑战，很了不起！同学们，你们当中有没有人同意这位同学的观点，认为这是不和谐的音符呢？那就请你们继续说说你们的理由吧！

生2：本单元的单元主题中有这样几句话：你一定很喜欢动物吧？动物和人类一样，是地球这个大家庭的成员，了解这些动物的外形特点和习性，将唤起我们对动物世界生存状态的关注，激发我们关爱动物、保护动物的热情。我认为课文的结尾与本单元的主题是不吻合的。

生3：布丰生于1707年，死于1788年。可能在18世纪人们还没有环保的意识，今天我们读这篇文章的时候，我们读到松鼠可以吃，感觉别扭，可能是我们在感情上已经把松鼠当成了我们的朋友。

生4：松鼠是本单元的第一课，松树金龟子是本单元的第二课，在单元预习课上，我曾经比较着阅读两篇文章的结尾，坦率地说，我更喜欢后一篇文章的结尾：松树金龟子的危害，照我看来，成不了灾。如果我是松树林主人的话，我对它造成的小损失不会太放在心上。茂密的松林被吃掉些树叶，损失点松针，算不得重大事件，就别去打扰它吧！它是暑天暮色的点缀，是夏至那天镶在天幕上的漂亮首饰。

突然，一个学生把手高高举起。我问，你有话要说吗？

生5：我不同意以上几位同学的观点。今天刚开始上课的时候，老师就告诉我们，这篇课文是一篇科学小品。我想科学小品属于说明文，说明文是给人以知识的。这样结尾，既照应开头的很讨人喜欢，又点出松鼠的用途，加深人们对可爱的小松鼠的了解，首尾呼应，结构严密，介绍完整。

生6：我想，有些同学认为这篇课文的结尾是不和谐的音符，可能是因为他们太喜欢小松鼠了，担心人们一旦知道松鼠的肉可以吃，就会去捕杀松鼠。如果仅仅是因为这个原因而不愿让作者说实话，那不是在搞愚民政策吗？其实，当我们了解到松鼠不仅漂亮、驯良、乖巧，而且它还是一种有用的小动物时，你不觉得更喜欢它们了吗？

教室里静下来了，学生热切地望着我，他们在期盼着老师的答案。

我深知，在课堂上常常会遇到这种对同一个问题公说公有理、婆说婆有理的情形，大多数时候，到底谁说得更好，以往老师是需要有明确的态度的，对于学生而言，老师的表态便是一个权威的答案。面对同学们热切的眼光，我深情地说道：如果有一天，你们做了课本的编者，认为结尾是不和谐的音符，在编教材时，可以将最后几句话删掉；认为结尾是和谐的，就继续保留这种结尾吧。[①]

在这个案例中，教师抓住一位学生的一句嘀咕，打乱原有教学计划，中断已设计好的教学思路，让学生提自己所想，说自己所思，去体会人类珍惜动物的共有情怀。这个教学目标并非事先预设的，而是教师敏锐地抓住一个宝贵的教学细节，随机提

---

① 陈杰：《建构语文教学中预设与生成的新型关系》，载《上海教育科研》2005年第9期。

出的一个教学目标,这正是所谓的生成性目标。正是这一生成性目标给了孩子们一个空间,让孩子们用自己的眼光观察世界,主动地去建构知识体系。

三、表现性目标取向

表现性目标(expressive objective)是对行为目标的另一种批判,主要是指每一个学生在与具体教育情境的际遇中所产生的个性化表现。当学生的主体性得到充分发挥时,就无法准确预知他在具体教育教学情境中的具体行为表现。因此,表现性目标所追求的不是学生反应的同质性和一致性,而是反应的异质性和差异性。它更加关注学生在活动中表现出来的某种程度上的首创性的反应的形式,而不是事先规定的结果。

表现性目标的提出者是美国学者艾斯纳(E. W. Eisner)。艾斯纳认为,行为目标可能适合于某些教育目的,但是不适合用来概括我们所珍视的大多数教育期望。他区分了课程计划中存在的两种不同的教育目标:教学性目标和表现性目标。教学性目标旨在使学生掌握现成的文化工具。它是在课程计划中预先设计好的,这种设计较为明确地规定了学生在完成学习活动后所应习得的具体行为,如知识、技能的掌握等。它通常是从各种学科中引出既有的文化成果,并以适合于儿童的方式进行表述。教学性目标对于大部分学生来讲是一样的。而表现性目标则旨在培养学生的创造力,强调学生的主体性和个性的充分发挥。它不像教学性目标那样规定了学生在完成学习活动后所获得的某些行为,而是描述教育中的领域:指明儿童将在其中作业的情境、儿童将要处理的问题及儿童将要从事的活动任务等,但它不指定儿童将从这些际遇中学到什么。所以表现性目标只为学生提供活动的领域,至于结果则是开放的。

怎样制定表现性目标?艾斯纳举出了一些例子。如:"解释《失乐园》的意义";"欣赏《老人与海》的重要意义";"在一个星期里读完《悲惨世界》,讨论时列出你印象最深刻的事情";"参观动物园并讨论在那里发生的趣事"。艾斯纳强调,这些目标并不期望指明学生在参加这些教育活动后能做什么,而是确立学生所经历的情景。这类目标不像行为目标那样是封闭性的,而是相对开放的。这就可以使教师和学生摆脱行为目标的束缚和制约,以便学生有机会去探索、去发现他们自己特别感兴趣的问题。这样,对表现性目标的评价就不能像行为目标那样,追求结果与预期目标的一一对应关系,而应该是一种美学评论式的评价模式,即对学生活动及其结果的评价是一种鉴赏式的批评,依其创造性和个性特色检查其质量与重要性。[①]

在艾斯纳看来,不管是教学性目标取向还是表现性目标取向,对于课程来讲都是需要的,而且也都存在于课程实践中,但它们需要不同的课程活动和评价过程。教学性目标适合于表述文化中已有的规范和技能,从而使进一步的探究成为可能。

---

① 张华:《课程与教学论》,上海教育出版社 2000 年版,第 179 页。

表现性目标则适合于表述那些复杂的智力活动,已有的技能和理解是这种活动得以进行的工具,并且,这类活动有时需要发明新的智力工具,从而导向创造性的活动,这使文化得以扩展和重构而保持勃勃生机。因此,艾斯纳提出,应该研究这两类目标在课程理论和课程开发中的恰当位置,分别指明它们在课程中的适用范围,找出它们以何种方式相关联才最有利于各种不同类型的学生、不同的学习活动及不同的学科。表现性目标本质上是对"解放理性"的追求。它强调学生的个性发展和创造性表现,强调学生的自主性和主体性,尊重学生的个性差异,指向人的自由与解放。

如果把艾斯纳的课程目标观与斯滕豪斯的课程目标观作一对照,就会发现二者有异曲同工之妙。首先,它们都反对把课程目标技术化的倾向,明确提出教育及课程本质上的价值问题。这反映了人们对课程研究的科学化追求中把人作为物、作为工具加以控制的反思与批判,与整个时代精神对科技理性的批判是一致的。其次,它们都以人的自主发展作为课程目标取向的根本,注重人的自主性、创造性、个体性,强调课程情境的具体性。再次,它们都不主张完全取消行为目标,都注意吸收行为目标所表达的内容对人的发展的意义,只是认为行为目标只能概括人的较低层面的素质,因而强调用高层次的生成性目标或表现性目标来综合行为目标,使之为人的全面发展服务。最后,鉴于人的发展的高层次目标在本质上具有不可预测性和不可控制性,它们所主张的目标表述都采取了一种比较开放的形式,不强求统一的规格和标准,而重视课程活动及其结果的个体性、差异性,一切视教师、学生和教学情境的具体情况而定。因而,在关于课程评价的问题上,艾斯纳和斯滕豪斯都不约而同地主张一种鉴别式的评价方式。

必须看到,艾斯纳和斯滕豪斯在课程目标观上也存在着区别。首先,他们把握课程问题的切入点不同,因而对"目标"一词的理解有所差异。艾斯纳是从评价入手来看待课程问题的,所以仍然沿用了"目标"一词,以利于评价的相对可操作性。而斯滕豪斯则是从课程实践入手来建构一种新的课程模式,因而强调过程,主张抛弃"目标"一词,代之以"过程原则"。可以说,表现性目标仍然是预设的,而生成性目标则不是。其次,他们所追求的教育价值观也有所区别。斯滕豪斯"过程模式"中的生成性目标把课程与教学视为一种动态生成的过程,强调学生与教育教学情境的交互作用,表现出对"实践理性"的追求;艾斯纳则把课程与教学视为学生个性发展和创造性表现的过程,视为提升人的个性差异、发挥人的自主性和主体性的过程,表现出对"解放理性"的追求。[①]

案例:窦桂梅是这样执教《黄河象》的

全国优秀特级教师窦桂梅在执教《黄河象》一课时是这样结束教学的:在学生说出了调整文章结构的几种方法之后,窦老师提示:"从内容上考虑,有没有创新的想法?"

---

① 张华:《课程与教学论》,上海教育出版社2000年版,第180页。

开始,学生一时之间似乎没明白老师的要求,她就进一步启发:"假如我也是作家的话,我就想带着批判的眼光来看,有的想象可以超越原作者。例如,难道这个黄河象仅仅是为来喝水才掉进河里去的吗?"

在老师的引导下,学生渐入佳境:"也可能是两群大象争夺领地,一方追逐另一方,不小心陷进去了。"教师乘机"扩大战果":"在北京的古生物博物馆里,黄河象的尾椎是假的。这就给我们一个假想推理的空间,它的尾椎哪里去了呢?小组合作,大胆创编!"学生的思维火花就这样被点燃了:"两头公象争夺地盘时被对方咬掉的","母象救公象时用鼻子牢牢地卷住公象的尾巴,一使劲拉断了"。

就这样,在老师循循诱导下,学生思路通畅开阔,想象丰富合理,语言表达流畅。其实,这个教学设计并非让学生寻找一个黄河象化石形成的标准答案,而只是给学生提供一个想象的空间,让学生能够产生许许多多富有创意、个性鲜明的想法。这就是表现性目标。[①]

四、三种课程与教学目标取向的比较

行为目标取向是随着课程领域科学化和独立化而产生的,主要流行于20世纪初至20世纪60年代末70年代初这段时期;生成性目标取向早在20世纪初杜威的思想中即已诞生,但真正流行于课程领域却是在20世纪70年代;表现性目标取向是最新的,流行于20世纪80年代以后的课程领域。

从这三种课程目标取向的实质来看,行为目标取向推行一种普遍主义的价值观。受"技术理性"支配的行为目标指向对课程开发、教学设计、人的学习过程的有效控制,所以,行为目标是控制本位的。而控制本位的行为目标把课程开发、教学设计、人的学习过程变为一个可预先决定和操纵的机械过程,把目标与手段、结果与过程间的内在联系割裂开来,课程开发与教学设计过程中的创造性及人的学习的主体性被泯灭了。[②] 行为目标取向借助了科学的名义和手段,目标的制定和评估较之前科学阶段更加具体、客观、令人信服,顺应了当时西方流行的实证主义思潮。生成性目标取向与行为目标取向两者存在本质上的区别,它追求"实践理性",强调学习者与具体教育教学情境的相互作用,主张目标与手段、过程与结果的连续性,否定预定目标对实际过程和手段的控制,对学习者、教育者在课程与教学中的主动性表现出应有的尊重。表现性目标取向则是对行为目标取向的根本改造,它比生成性目标取向更进了一步,它追求"解放理性",强调学习者和教育者在课程与教学中的主体精神的发挥和创造性表现,以人的个性解放为根本目的。

由此看来,尽管三种课程目标取向各有其存在的理由和价值,但由行为目标取向发展到生成性目标取向,再发展到表现性目标取向,体现了这样一种深刻的变化,

---

① http://www.hainnu.edu.cn/
② 张华:《课程与教学论》,上海教育出版社2000年版,第161页。

即从对社会的普遍关注向对人自身的关注,彰显了课程与教学领域对人的主体价值和个性解放的不懈探索和执著追求,反映了时代精神的发展方向。当然,生成性目标价值取向和表现性目标价值取向并没有完全否定行为目标价值取向,相反,它吸取了行为目标取向的合理成分,在一定程度上丰富了自己的内核,在更高的价值追求层面上超越了行为目标的价值取向。

第三节　课程目标与教学目标的研制

一、课程目标与教学目标的来源

研制和确定课程目标与教学目标的基础,首先要明确课程目标与教学目标的来源。关于这个问题,在整个20世纪有许多争论。人们经过长期的实践和探索,提出了课程目标的不同来源。美国教育家、哲学家杜威早在1902年发表的《儿童与课程》中就已论述了教育过程的三个基本要素,即学生、社会、学科(教材),系统阐述了教育与社会、儿童与学科之间的关系。拉格(H. Rugg)在1927年美国教育研究会《年鉴》中,在总结课程发展史上的经验和教训的基础上提出,学生、教材、社会是课程编制中的三个相互依赖的因素。波特(B. H. Bode)在1931年的《处在十字路口的教育》一文中,论述了课程目标的三个来源:教材专家的观点、实践工作者的观点、学生的兴趣。1945年,塔巴(H. Taba)在《课程设计的一般技术》中,也论述了课程目标的三个来源:对社会的研究、对学生的研究、对教材内容的研究。泰勒集其大成,在1949年的《课程与教学的基本原理》著作中把课程与教学目标的来源总结归纳为三个方面:对学习者本身的研究、对当代校外生活的研究、学科专家的建议。尽管除这三个来源外还可能有其他来源,但这三个方面是课程与教学目标的基本来源,在这一点上,人们已取得了共识。这三个方面已成为课程开发的基本维度。

(一) 对学习者需要的研究

把对学习者本身的研究视为课程与教学目标的基本来源,其理由在于:"年轻人日常所处的家庭和社区环境,通常对学生的教育发展起着相当重要的作用。学校没必要重复学生在校外获得的教育经验。学校应将精力集中于学生现阶段发展的严重差距上"。[①]而泰勒认为,"差距"就是一种需要。

早期有人把需要分为三类:一类是生理的需要,如对食物、活动、性等方面的需要;一类是社交的需要,如在社会群体中的地位或受人尊重等方面的需要;一类是整合的需要,即把自我与大于自我的某些事物联系起来的需要。马斯洛把人的需要分为生理需要、安全需要、归属和爱的需要、自尊的需要和自我实现的需要。[②]

---

① 泰勒:《课程与教学的基本原理》,中国轻工业出版社2008年版,第7页。
② 马斯洛:《动机与人格》,华夏出版社1987年版,第40～68页。

那么,什么是学习者的需要呢?作为课程目标与教学目标来源的学习者的需要是完整的人的身心发展的需要,即儿童人格发展的需要。随着儿童人格的发展,儿童的需要会不断变化、不断生成、不断提升,因而儿童人格发展的需要是动态的。儿童人格发展中的大多数需要是儿童本人能够清晰地意识到的,但也有些需要儿童一时不能意识到或不能清晰地意识到,需要教师或其他成人的帮助和引导,才能真正上升为儿童的自觉需要。儿童身心发展的需要既具有年龄阶段的差异性,又具有个体间的差异性。

怎样确定学习者的需要?确定学习者需要的过程本质上是尊重学习者的个性,体现学习者意志的过程,用一句话来概括就是学习者自由选择的过程。即使教师或其他成人对儿童提供帮助,也是一个对儿童的发展需要进行引导,以使其上升为儿童的自觉需要的过程,而不是不顾儿童的选择而强加成人意志的过程。由于学习者的人格发展既具有年龄阶段的差异性,又具有个体间的差异性,所以,引导学习者的需要的过程也是一个尊重学习者的个性差异的过程。

在确定学习者的需要的过程中,常见的错误是漠视学习者需要的个性差异,并且把成人认为的学习者的需要等同于学习者自己的需要。例如,泰勒在谈到研究学习者的需要时敏锐地提出,如果没有一套规范,"需要"的概念就没有意义。他认为,那些指明这些差距即教育性需要的研究十分必要,它们能为选择教育目标提供基础,在学校规划中应强调这些教育目标。这类研究由两部分组成:"第一,发现学生的现状;第二,将这种现状与公认的常模做比较,以确定差距或需要"。① 比如对健康问题的研究,可能会详细调查学生在健康方面的习惯,诸如他们的饮食习惯、休闲娱乐习惯、清洁习惯、涉及他人安全和健康保护的行为,现有的健康知识及对健康和卫生现实的误解,他们在健康领域内进一步学习的兴趣。这种调查能够提供大量关于学龄儿童健康现状的信息。接着,将这些信息与一些理想常模做比较,以确定二者间的差距,并据此依次提出教育目标。但泰勒关于学习者的需要的研究存在两个缺陷:第一,仅仅通过与常模作比较来确定学习者的需要,会导致忽略学习者需要的个性差异;第二,仅仅根据教师的信仰和价值观来确定学习者的需要,实际上是从根本上否定了学习者的需要。

除了对学习者需要的研究之外,还有对学习者兴趣的研究。对学习者兴趣的研究作为选择课程与教学目标的基础,其理由如下:教育是一个主动的过程,它要求学习者积极主动地努力。一般来讲,学习者只学习那些他做过的事情。如果学校的情境涉及的是学习者感兴趣的事物,他就会积极参与其中,并学会如何有效地应对这些情境。② 为了更清楚地认识到对学习者兴趣的研究中可能获得的价值,泰勒建议我们粗拟一个学习者兴趣研究计划,在我们最熟悉的学校进行。这项研究可能显示:我们在何种程度上能利用之前对儿童兴趣的研究,而这些兴趣可能相当普遍;我

---

① 泰勒:《课程与教学的基本原理》,中国轻工业出版社2008年版,第8页。
② 泰勒:《课程与教学的基本原理》,中国轻工业出版社2008年版,第96~100页。

们还需要在本地,如在自己所在的社区或学校,研究其他领域的兴趣,因为不同群体的儿童在这些领域内的兴趣差异很大,其他调查结果并不足以代表我们所调查学校的学生的兴趣情况。

要从有关学习者的需要和兴趣中诠释出课程目标与教学目标,并不是那么容易的事情。我们需要关注学生群体,全面阐明关于他们的需要和兴趣的资料。从这些资料中试图得出可能的课程目标与教学目标。记住头脑里的每一个目标,思考一下通过什么途径才能够达到这个目标。

(二)对社会生活需求的研究

从对当代社会生活的研究中得出课程目标与教学目标主要有两个理由。"其一,当代社会生活如此复杂,生活又持续变化着,十分有必要将教育方面的努力集中到复杂生活的关键方面,集中到今日生活的重要方面。这样,我们就不会浪费学生的学习时间,让他们去学习那些50年前很重要而现在已毫无意义的事情。同时,我们也不会忽略生活中某些现在很重要但学校尚无准备的内容了。其二,这是有关训练迁移的研究结果。对训练迁移的研究表明,只有当学生发现现实生活中碰到的情境与学习时发生的情境之间有相似性时,他才更有可能运用己之所学。"[①]所以,对当代社会生活的研究理应成为课程目标与教学目标的基本来源之一。

当代社会生活的需求是什么?这包括两个维度。从空间维度看,当代社会生活的需求是指从儿童所在的社区到一个民族、一个国家乃至整个人类的发展需求;从时间的维度看,当代社会生活的需求不仅指当下社会生活的现实需要,还包括社会生活的变迁趋势和未来需求。人类正进入国际化时代,国际化时代的社会需求必然是民族性与国际性的统一。人类正进入信息时代,信息时代的社会需求必然是当下现实需求与未来发展需求的统一。

怎样将当代社会生活的需求确定为课程目标与教学目标呢?泰勒把当代社会生活划分为各个方面,然后逐一搜集适合这些方面的资料以确定课程目标与教学目标。如他把当代社会生活分为"健康"、"家庭"、"娱乐"、"职业"、"宗教"、"消费"和"公民生活"七个方面。这种分类有利于把整个社会生活分析成一些便于控制的方面,保证不遗漏任何重要的东西。虽说这一分类未必适合我国国情,但这种分类的方法还是值得我们借鉴的。这种做法与博比特提出的"活动分析法"类似。但泰勒的做法至少存在两个问题:第一,把学校课程视为对社会生活的适应,忽略了学校课程的相对独立性,忽略了学校课程对社会生活的批判与改造功能;第二,试图仅通过"活动分析"来确定社会生活的需要往往很难做到。

就目前来看,将当代社会生活的需求确定为课程目标与教学目标,至少需要贯彻三条原则。第一,民主性原则。在将社会生活的需求确定为课程目标与教学目标时,需要考虑:这究竟是谁的需求?是社会不利阶层的需求,还是社会优势阶层的需

---

① 泰勒:《课程与教学的基本原理》,中国轻工业出版社2008年版,第15页。

求?在"大众主义"时代,作为课程与教学目标的社会需求应体现社会民主和社会公平的原则。第二,民族性与国际性统一的原则。国际化时代的课程目标与教学目标应具有国际视野,应把本社区、本国家、本民族的需求与整个人类的需求统一起来。第三,教育先行原则。信息时代,学校教育具有新质的规定,学校教育与社会的关系发生了深刻变化。[①] 正如联合国教科文组织在报告书《学会生存》中所指出:"现在,教育在全世界的发展正倾向先于经济的发展,这在人类历史上大概还是第一次……现在,教育在历史上第一次为一个尚未存在的社会培养着新人……有些社会已在开始拒绝制度化教育所产生的结果。这在历史上也是第一次。"[②]在新的历史时期,教育不再只是社会的附庸、被动地适应社会的需要,不再只是维持现有的社会状态和再现过去的社会状态,而是预示着某些新的社会状态,在"为一个尚未存在的社会培养着新人"。这意味着教育不仅要适应当下的社会需求,更主要的是要超越当下的社会现实,走在社会发展的前头,预示新的社会状态。由此,课程与教学目标就不仅只是反映当下的社会需求,更主要的是要反映和表达未来社会的发展趋势和走向。

(三)学科专家的建议

学科专家的建议是学校常使用的课程目标与教学目标的来源。学校课程毕竟是要传递其他社会经验难以获得的知识,而学科是知识最主要的支柱。由于不同学科的专家熟悉该领域的基本概念、基本原理、逻辑结构、发展趋势,以及该学科的一般功能及其与相关学科的联系,所以,学科专家的建议是课程目标与教学目标最主要的依据。

许多人批评利用学科专家来确定教育目标的做法,其根据是学科专家提出的教育目标的技术性、专业性太强,对大多数在校生不适用。比如说,针对历史学科的报告似乎就是为准备训练成历史学家的学生设立入门课程的教育目标。同样地,有关数学学科的报告是为训练出数学家而概述了入门课程的教育目标。显然,每个委员会都会带着这样的观念来概述基础课程并视为自己的职责:修读这些课程的学生日后将从事越来越高深的研究,最终把它作为他们在学院或大学阶段的主修专业。

怎样将学科发展确定为课程目标与教学目标呢?泰勒指出,在利用学科专家的建议确定课程与教学目标时,要向学科专家提出这样的问题:"为了教育那些不会成为你这个领域里的专家的年轻人,你这门学科将作何贡献?对于外行、普通公民而言,你这门学科有何贡献?"[③]由于学科专家谙熟自己的领域,因此,他们应该能够根据这门学科的训练方法和内容,指出这门学科能对其他人作出哪些可能的贡献。泰勒认为,与确定课程与教学目标联系最密切的是学科功能。学科执行着两种功能:第一种是学科所能发挥的广泛功能;第二种是该学科能为其他大量功能作出的特殊

---

① 张华:《课程与教学论》,上海教育出版社2000年版,第186页。
② 联合国教科文组织国际教育发展委员会编著:《学会生存》,教育科学出版社1996年版,第356~357页。
③ 泰勒:《课程与教学的基本原理》,中国轻工业出版社2008年版,第23页。

贡献,而这些功能基本上并非该学科所要关注的。①

例如,科学对于普通公民而言具有三个主要功能。第一个功能是对促进个人及公众的健康都有贡献,这包括培养卫生习惯、健康态度及掌握健康知识,也包括了解疾病传播的途径,以及社区应该采取何种预防措施等;第二个功能是对自然资源的利用和保护,即科学能帮助人们了解可供利用的物质和能量的资源,了解获得并利用物质和能量的合理方式,了解动植物资源和有效地利用它们的方式等;第三个功能是让人们更清楚地认识世界、人与世界的关系及世界在宇宙中的位置等。从科学的这些功能中,我们还有可能推断出科学领域里很多重要的目标,如有关知识、态度、解决问题的能力和兴趣等方面的目标。这是科学所具有的广泛功能。

科学的第二个功能可能不会被看做是其本身的独特功能。例如,在个人生活领域,科学有利于个人健康,有助于满足自我肯定的需要,能培养使人满意的世界观,形成广泛的个人兴趣,并有助于人们获得审美满足感。在社会关系领域,科学如何才能有助于满足学生负责任地参加社会重大活动的需要,科学如何帮助人们获得社会的认可。在经济领域,科学如何才能有助于满足学生向成人地位迈进的情感认同需要,满足其选择职业及进行就业准备时能受到指导的需要,满足其能明智地选择和使用商品及服务的需要,满足其解决基本经济问题时能采取有效行动的需要。②

在第一种功能上,学科领域是作为一种个人内在的陶冶和满足,强调学科的人文价值。在第二种功能上,学科领域是作为个人生活和社会生活的需要,强调学科的工具价值。泰勒显然特别关注第二种功能。但是,当泰勒过于关注学科的工具价值时,学科发展本身构成不了课程目标与教学目标,因为它不过是满足个人需要和社会需要的一种手段而已。从这个意义上说,将学科发展与学习者的需要和当代社会生活的需求并列为课程目标与教学目标的来源,在逻辑上也不严谨。

由于学生、社会、学科这三个因素是相互制约、交互作用的,因此,对任何单一因素的研究结果都不足以构成课程目标的唯一来源。如果过于强调某一因素,就会走向极端。课程史上出现过的学生中心课程、社会中心课程、学科中心课程就是这类典型例子,它们基本上都是以失败而告终的。

课程编制者在确定课程与教学目标时需要注意克服两种倾向:一是仅凭个人经历来认定课程与教学目标应该是什么;二是对理想状况与现实情况之间的差距没有做出科学合理的分析,便认定课程目标应该是什么。尽管很难提出课程重点的明确证据,但我们可以通过全面分析对学生、社会和学科的研究结果,做出明智的选择和判断。

二、课程目标与教学目标研制的基本要求

由于制约课程与教学目标的因素较多,且相互之间关系复杂,因此从指导思想

---

① 泰勒:《课程与教学的基本原理》,中国轻工业出版社 2008 年版,第 24 页。
② 泰勒:《课程与教学的基本原理》,中国轻工业出版社 2008 年版,第 27~28 页。

上讲,需要在目标设计过程中贯彻一些基本原则,以处理好各种关系。

(一) 系统化

系统化要求我们根据课程与教学目标的系统特性,用系统的方法来设计课程与教学目标。

首先,从课程与教学目标及其设计的关系看,我们要把握住整个课程与教学目标的系统性。目的、目标层层分解,逐级地具体化,形成一个多层级的完整体系。在进行课程目标设计时,必须考虑到目标体系的横向作用和纵向联系:要满足上位目标对下位目标的要求,充分实现各层次目标的连续性和递进性;要充分考虑不同教育阶段或不同专业的培养目标之间、课程教学目的之间、年级课程教学目标之间、单元教学目标之间和课时教学目标之间的相互联系、相互促进,采取策略使它们实现整合。

其次,从课程与教学目标及其设计的背景看,进行课程与教学目标设计时要综合考虑和分析教育教学系统的各要素,如教师、学习者和课程内容等。要分析教师的专业素质、教学能力等,分析学习者的一般心理、生理和社会背景等方面的特点,以及从事某项特定学习任务的基础知识与技能等,学习者与课程内容之间的关系,学习者与教师的作用、地位的关系等,也是我们进行课程与教学目标设计时要分析把握的内容之一。

再次,从课程与教学目标及其设计在课程研制(编制)过程中的地位来看,必须把课程与教学目标设计作为课程研制(编制)过程的一个基本要素和基本环节来看待。一般认为,在课程研制(编制)中,课程与教学目标设计居于基础和中心的位置,必然会与其他各项要素相互制约、相互联系,课程与教学目标设计时进行的任务分析、教学起点分析会有助于后面要素的设计。在实际进行课程目标设计时,开始确定的目标往往会受到其他设计工作的启发,有时会得到修正和补充。所以课程与教学目标设计要与其他要素设计综合考虑、全面平衡。课程与教学目标设计和课程内容分析的关系如下:一方面,根据所确定的目标选择内容;另一方面,在选择内容的过程中又不断地对目标体系加以补充和完善。

(二) 具体化

这里说的具体化,是指课程与教学目标的表述应力求明确、具体,避免含糊不清和不切实际。课程与教学目标设计,解决的是教和学要"达成什么"的问题。如果课程与教学目标含糊不清,不便理解、把握,势必会影响"如何教",即教学策略的制订,以及"教得怎么样"(即教学评价),也就不能较好地发挥课程与教学目标的作用,教师的教和学生的学都会失去明确方向,效果也就大打折扣。如语文课程确定这样的目标——"体会作者对劳动人民的同情";历史课程则确定这样的目标——"认识科技是推动生产力发展的动力"。这样的目标,往往令人难以捉摸,很难指导学生的学习。中外实证研究已证明:课程与教学目标的具体化对提高学生学习成绩有促进作用。有研究者以十年级学生为被试对象,以健康教育作教材,比较了精确的目标、含糊的目标和无目标三种条件对学生学习成绩的影响,结果发现:精确表述的目标同另外两种目标相比,前者促进了学生成绩的提高。正因为如此,西方发起了克服课程与教学目标含糊性的运动,出现了一些有助于目标具体化的方法,如 ABCD 模式、内部过程与外显行为相结合目标表述等。

(三)层次化

从纵向看,学生的任何预期学习结果,客观上都要通过达到不同层次的要求来实现,从较低层次目标要求逐步达到较高层次目标的要求;从横向看,不同的学习者达到的目标在层次上是有个体差异的,课程与教学目标的设计也需适应这种多层次的要求。所以,这里的"层次化",不是指整个课程与教学目标系统的层次化,而是指在某一个特定课程与教学目标设计和表述时,这个目标本身要反映出学习结果的层次性。如布卢姆、加涅等人对教育目标的分类都是有层次的,他们累积性的层次分类,表现为每一层次的行为或操作包含了较低层次的行为或操作。可以运用这种层次累积的思想对课程目标要求进行层次分析。如一个课程目标包括认知、情感、动作技能三方面,则每一个方面都应有不同的层次要求。一般而言,课程目标的层次划分是以学习内容分析的结果为基础的,两者有密切关系。

三、确定课程目标与教学目标的基本环节

从课程与教学目标设计的整个过程分析,任何目标的确定都要经过四个环节,即目标分解、任务分析、起点确定和目标表述。

(一)目标分解

任何下一级课程目标的确定必须以其上位目标为依据,下位目标是为实现上位目标服务的,课程目标自上而下的分解过程就是一个不断具体化的过程。课时教学目标是课程目标体系中最为具体的目标,要设计课时教学目标,就必须明确其上位目标——单元教学目标及其相互关系;要设计单元教学目标,就必须明确其上位目标——年级教学目标及其相互关系;要设计年级教学目标,就必须明确其上位目标——课程教学目标及其相互关系;要设计课程教学目标,就必须明确其上位目标——培养目标及其相互关系。这就涉及课程目标的分解过程。

比如,怎样将课程教学目标分解为单元课程目标呢?首先,进行学习需要和兴趣分析,即联系课程教学目标对儿童进行分析,了解学习者在知识、能力、态度、情感、价值观等方面与课程教学目标的差距。当然,还要进行社会活动的分析及学科专家建议的分析。

其次,进行学习任务的选择,即以第一步分析结果为基础和参考依据,确定为实现课程与教学目标,学习者必须完成的学习任务。在实际的单元课程目标设计中,虽然学习任务已经在教科书中被规定了,但并不可能考虑到学习者的差异,所以还有必要进行单元学习任务的选择,进一步根据学习者和其他背景确定学习任务的重点和难点。

再次,进行学习任务的组织,这里主要是分析各项学习任务的关系。有的课程中各学习任务相对独立,就可以将各学习任务按某种标准组成单元,各单元是平行的,在顺序上可以调换位置。在有的课程中,一些学习任务是另一些学习任务的基础。需要根据阶梯递进要求,将这些学习任务组成不同单元,然后排出顺序,这个顺序不能随意改动。而在另外的课程中,各学习任务有的是相对独立的,有的是有前后关联的,我们同样可以将这些学习任务按要求组成单元,形成平行式和阶梯递进式结构。

最后,单元教学目标的表述和归类。明确了各单元的学习任务,我们就可以为每个单元编写相应的单元课程目标。在单元目标中,要说明学习者完成本单元学习以后应能做什么,而不是教师做什么。相对于课程教学目标来说,单元教学目标是具体的;但相对于课时教学目标来说,单元教学目标又较概括、抽象,这一点与课时教学目标必须可操作、可观察、可测量有很大的不同。如下面列举的是小学数学第六册第五单元教学目标的一部分。

第五单元 长方形和正方形的面积

单元目标:①能说出面积的意义;②能记住长方形和正方形的面积计算公式;③能区分长度单位和面积单位这两种不同的单位;④愿意按教师的示范和要求,口述面积计算的思路;⑤在面积计算中,养成认真负责、仔细运算的态度。[1]

单元目标的归类是按照某种课程目标分类方法,将单元目标归入相应的类型中。按照布卢姆的教育目标分类理论,上述单元目标的第一、二项可归入认知学习领域中的知识,第三项可归入认知领域的领会,第四、五项分别可归入情感领域的接受、反应。

(二)任务分析

单元目标确定后,我们就可以根据单元目标进行任务分析。这里的任务分析实际上就是指学习者为了达到单元目标的规定,对所需学习的从属知识(技能、态度、情感等)及它们的相互关系进行具体的剖析。根据单元目标来确定课时教学目标时,这种任务分析往往与单元教学内容结合进行,所以有的人又把这种任务分析称为教学内容分析。通常的做法如下:从已确定的教学目标开始提问和分析,要求学习者获得教学目标规定的能力,他们必须具备哪些次级的从属能力?而要培养这些次一级的从属能力,又需具备哪些再次一级的从属能力?这种提问和分析一直进行到教学起点为止。单元教学目标可分为认知的、情感的、动作技能的几种类型。单元教学目标的类型不同,据其进行任务分析就具有不同的特点;又因用来指导任务分析的理论有多种,这样,就形成了多种任务分析的方法,如归类分析法、图解分析法、层级分析法等。然后对任务分析的结果进行评价,即对所剖析的从属知识与技

---

[1] 廖哲勋:《课程新论》,教育科学出版社2003年版,第165页。

能及其相互的联系进行评价,删除与实现单元目标无关的部分,补充可能遗漏的内容。

(三) 起点确定

课程与教学目标不是对教师教学行为的描述,而是指向学习者的学习结果。既然如此,要设计出合适的课程与教学目标,就不能不对学习者进行详细的分析,对学习者的起点能力进行分析,这是确定教学的起点。

教学起点的确定,直接关系到课程与教学目标作用的发挥和教学的有效性。如果把教学起点定得太高,则可能导致课时教学目标过高,容易使教学脱离大多数学生的实际需求,这样,课程与教学目标不但不能发挥其作用,反而有可能产生负面影响。如果把教学起点定得过低,则会在学生已掌握的内容或教学活动上浪费不必要的时间和精力。一般来说,确定教学起点,主要应对学习者进行以下三个方面的分析。

1. 对学习者社会特征的分析

对学习者社会特征的分析,即对学习者的学习习惯、学习方法、班级水平、心智发展水平及对所学内容的态度等都要有所了解,这些因素对课程目标设计的影响有不同的特点,有的是经常起作用的,有的是随着时间、内容的变化而变化的,有的影响大些,有的影响小些。这些都要求教师做到具体情况具体分析。对学习者社会特征的分析,有经验的教师采用观察、谈话、访问、开调查会等方法,就可以做出较为准确的估计,必要时也可采用心理测试的方法。

2. 对学习者预备技能和知识的分析

对学习者预备技能和知识的分析,即了解学习者是否已经掌握了新的学习所需的相关知识和技能,这是开展新的学习的基础。例如,"两位数加两位数"的口算,这是一种计算法则学习,属于智慧技能。学习这一种口算方法时,学生要掌握"把两位数加两位数转换成两位数加整十数及两位数加一位数"的方法,而要掌握这一方法,学生必须先掌握"两位数加整十数和两位数加一位数"的口算,而掌握"两位数加整十数与两位数加一位数"的口算,又需先掌握"数位"、"两个一位数相加的口算"等相关知识和技能。通过分析,也就明确了要实现预期的教学目标,学生必须具有"数位"的概念,"两位数加整十数"、"两位数加一位数"的口算技能等相关知识与技能,这是学生达成这一教学目标的预备技能和知识。

3. 对学习者目标技能的分析

对学习者目标技能的分析,即了解学习者是否已经掌握或部分掌握了课程与教学目标中要求学会的知识和技能。如已经达到了部分目标,则这部分内容的教学没有必要进行或花费较少时间进行。这有助于我们在确定课时目标和内容方面做到重点突出、详略得当。对学习者预备技能和目标技能的分析可采用观察、谈话等方法,也可采用测试的方法。在实际进行教学起点分析时,是否要对起点能力的三个方面分别进行分析,或者是否要用测试的方法,都可以根据设计者的学科专业水平、经验及对学习者的熟悉程度等情况灵活运用。

学习任务分析与教学起点是紧密联系的。没有学习任务分析,就无所谓教学起点的确定;没有教学起点的确定,学习任务分析就失去了意义。在设计课程与教学目标时,这两方面的分析往往需同时进行,相互渗透,两个步骤并不存在明显的先后逻辑关系。

（四）目标表述

进行课程与教学目标设计时,必须对学习者通过每一项从属知识和技能的学习以后应达到的行为状态做出具体、明确的表述,再将这些表述进行类别化和层次化处理。目标表述内容丰富,而且技巧性比较强,下面将列专节重点讨论课程与教学目标的表述问题。

第四节　课程目标与教学目标的表述

课程目标与教学目标的表述是十分重要的,它直接为选择课程教学内容和经验提供依据,并为教师组织课程实施、教学过程和继而进行的课程与教学的评价提供基本准则。课程与教学目标表述正确、清晰和通俗易懂,就为课程与教学目标的实现奠定了基础。如果目标表述不当,会对课程和教学活动产生负面作用。

一、课程目标与教学目标表述的误区

（一）目标被表述为教师的教学工作

有时候,目标指出了教师计划做的工作,如"示范勾股定理的证明过程"、"使学生领会某位诗人的人生意境"、"提高学生的阅读能力"、"介绍某个国家的文化"等。这些表述指出了教师计划要做的工作,而没有真正触及课程与教学目标,即指向学习者学习后的行为变化。既然真正的教育目标并不是要教师从事某些活动,而是让学生的行为模式发生显著的改变,那么,意识到任何对学校目标的陈述都应该是对学生应发生的改变的陈述,就显得很重要了。有了这样的陈述,就有可能推演出教师为试图达到目标——努力让学生发生期望中的改变——而可能开展的活动种类了。[①] 以教师开展的活动为形式来陈述教育目标,其难点在于没有办法判断这些工作是否确实应该开展。它们并非教育计划的最终目标,因此,也就不是真正的教育目标。这样,尽管目标常常以教师所开展的工作为方式来陈述,但是这种正规陈述操作起来好似一种循环推理,并不能为进一步选择教学材料、设计这门课程的教学程序提供指导。

（二）目标被表述为教师教的任务和学生学的任务

目标有时会规定教师的教学任务或学生的学习任务,如:"激发学生兴趣,引导

---

① 泰勒:《课程与教学的基本原理》,中国轻工业出版社2008年版,第38页。

学生自主学习";"让学生运用某种学习方法,了解课文中心大意";"教给学生分析应用题的方法"。这样的目标表述,规定了教师在教学过程中应完成的教学任务,也规定了学生在学习过程中应完成的学习任务,但没有明确表达出教学活动结束后学生行为的变化内容和标准。这样的任务完成了,但目标不明确,也就谈不上达到目标了。

(三)目标被表述为一门或多门课程中的主题、观念、概论和其他内容要素

目标有时通过课程的主题、概论等表述出来,如在"美国当代史"这门课程中,有时会列出这样的标题来陈述教育目标:"殖民统治时期"、"宪法的制定"、"西进运动"、"内战与重建"、"工业化"。又如,在科学课中,教育目标有时会以这种概论的形式来陈述:"物质既无法被创造也无法被消灭",或者"绿色植物将太阳能转化成葡萄糖的化学能"。以主题、概论或其他内容要素的形式陈述的目标,确实显示出学生要学习哪些部分的内容,但它们显然不是令人满意的目标,因为这些目标没有具体指出期望学生如何处理这些内容要素。如果历史课要探讨的主题是"殖民统治时期",那么,我们期望学生从中获得什么?是要他们记住这一时期的某些相关史实,还是期望他们辨认出历史的发展趋势并将其运用到其他历史时期?我们不能简单地以内容标题或概论的方式陈述教育目标来回答这类问题。陈述教育目标的目的,是想指出要使学生产生哪种变化,这样,就能以可能达到目标的那种方式来计划和开展教学活动。① 因此,用内容标题或概论的方式来陈述课程与教学目标,不能为指导课程教学进一步完善提供良好的基础。

(四)目标被表述为理想的学生行为,忽视行为所应用的生活领域或内容

我们时常看到这样的课程与教学目标:"培养批判性思维"、"培养鉴赏力"、"培养社会态度"、"培养广泛的兴趣"。以这种形式陈述教育目标,确实指明了希望教育能使学生发生一些改变,还显示出通常能期待教育计划带来哪些类型的改变。然而,由于这些目标太过笼统和抽象,试图达到目标的努力不大可能富有成效。我们有必要更详细地说明该行为运用于哪些生活领域,或者这种行为将会运用于哪些内容中。仅仅谈论要培养批判性思维,却不涉及运用这种思维的内容及其可能解决的问题,是远远不够的。只是谈论培养广泛的兴趣而不说明要在哪些方面唤起这些兴趣,这样的阐述同样不够清晰;只是谈论培养社会态度而不说明这些态度所指向的对象,这样的阐述也是不能令人满意的。② 因此,如果目标被用做进一步开发课程和教学的直接指南,仅以行为类型方式阐述目标,则不可能是一种恰当的目标表述的方式。

(五)目标被表述为学生的学习过程

有时候,课程与教学目标指明了学生的整个学习过程。例如,"朗读本课文三

---

① 泰勒:《课程与教学的基本原理》,中国轻工业出版社2008年版,第39页。
② 泰勒:《课程与教学的基本原理》,中国轻工业出版社2008年版,第40页。

遍"、"将本课文的生字每个写十遍"、"学生分组练习课文对话两遍"等。这些目标仅仅指明了学生学习的历程,而没有指明学习历程结束后学生的行为变化。其实,学习行为变化有"回忆"、"指出"、"解释"、"书写"和"使用"等层次的区分。

（六）目标被分解为两个及以上的结果

目标有时还会被分解为两个及以上的行为或结果。例如,"知道科学方法并能应用","理解本课文生字的意义并能用以造句","识记、理解某数学公式并能用以解应用题"等。其中,前两个目标至少包含了两个以上的学习结果要求,第三个目标则包含了三个学习结果要求。这样的目标必须进行分解,具体到每一个目标只包含一个学习结果的要求。

二、行为目标的表述

关于行为目标的表述问题,人们进行了广泛的研究和实践。主要问题有行为目标表述需要包含的要素,行为目标的优、缺点,以及行为目标表述的方法等。

（一）行为目标包含的要素

行为目标应当包含哪些要素,人们有不同的观点,有"两要素说"、"三要素说"和"五要素说"等不同看法。

1. 两要素说

泰勒提出:"教育目标最有用的形式,是既指出应培养学生的哪种行为,又指出该行为可运用于哪些生活领域或内容中。如果你曾考察过很多有关教育目标的陈述,它们看起来既清楚又能对教育计划的制订起指导作用,那么,你就能注意到,其中每一种陈述确实同时包括了有关目标的行为和内容两方面。"① 例如,"培养对现代小说的鉴赏力"这个目标,"培养鉴赏力"指明了一种行为,同时,提到"现代小说",又指明了在什么内容中运用鉴赏力。

2. 三要素说

马杰认为,有效目标的表述仅仅包括行为和内容是不够的,应该包含"行为"、"情境"和"标准"三个要素。② 其中:"行为"是指可以观察的、外显的,学生在学习的终点所表现出来的,如"说"、"写"等;"情境"是指行为所发生的背景,包含时间的限制、使用的材料与设备、特别的指示和说明等,如"在 1 小时之内"、"不得参考任何资料"等;"标准"是指衡量学习者的行为表现成功与否的依据,如"部分答对"、"熟练背诵"等。

3. 五要素说

基布勒(R. L. Kibler)等人进一步提出,目标的表述应当包括五个要素③:①行为

---

① 泰勒:《课程与教学的基本原理》,中国轻工业出版社 2008 年版,第 40 页。
② 转引自廖哲勋:《课程新论》,教育科学出版社 2003 年版,第 170 页。
③ 廖哲勋:《课程新论》,教育科学出版社 2003 年版,第 170 页。

的主体——学生或学习者;②实际的行为,例如写出、列出;③行为的结果或内容,例如一篇文章、小说;④行为的条件,例如1小时的平时测验;⑤成功与否的标准,如答对了90%。

台湾学者饶朋湘等人曾依据行为目标表述的要素,编写出了目标范例:①能说出(行为)三角形的特征(结果);②能在15秒内(标准)跑完(行为)50米(结果);③能用笛子(条件)吹奏(行为)国歌;④能用自己的步长(条件)测出(行为)教室的长度和宽度(结果);⑤能利用字典(条件)在10分钟内(标准)查出(行为)本课所有的(标准)生字字意;⑥能运用三原色(条件)调出(行为)四种以上(标准)的中间色(结果)。[①]

(二) 行为目标的长处与不足

主张行为目标的人都认为,课程与教学的目标必须写出学生学习之后的行为表现,这些行为还应是具体的、特殊的、可以观察的,所以要摒弃含糊的、概括的行为动词。但是自行为目标的主张提出以来,一直是教育界一个有争论的问题领域,特别是在课程与教学领域中,可以说有多少赞成者,就有多少反对者。

反对行为目标者认为,使用行为目标会忽视重要和不可预期的学习成果,妨碍偶发教学,遗忘学生行为改变以外的目标,完全以成果评定教师绩效,机械地测量行为会降低人性,精确计划行为结果会造成不民主。不但大众不易理解,而且由于表述不易,教师也甚少使用,尤其在艺术及人文学科中表现明显。

但是,忽视重要及不可预期的学习成果,是因为教师未做适当的选择,自己局限于基本目标;精确目标并未限定方法,偶发教学的使用仍取决于教师的经验、能力;学校旨在教导学生,能引起学生行为改变,教师便成功了;目前已有的重视教学质量的评价的研究,忽视了人性问题是可以解决的;民主固然重要,社会并不希望青年越出"常轨",故必须有计划地引导其发展;精确表述目标,可使大众知道教育工作者的所作所为,以便进一步抉择;教师很少用行为目标,并不意味着应该不用,表述上的困难可以设法解决,可以设想组织邀请专家建立目标库,供教师参考使用;人文、艺术科目也有判断标准,教师仍有责任建立明确的目标。

总之,人们指出的行为目标比较严重的问题有误解学校教育功能、忽视表现性目标和问题解决目标、目标精细层次的选择、忽视情境领域目标和其他领域的高层次目标。

三、目标表述的方法

(一) 行为目标的ABCD表述方法

ABCD指的是具体课程与教学目标中应包含的四个要素,这是由马杰的三要素说发展而来的。ABCD是四个要素的英语单词首字母,它们的含义分别为:A即audience,意指学习者,要有明确的学习者,是目标表述句中的主语;B即behavior,意

[①] 转引自廖哲勋:《课程新论》,教育科学出版社2003年版,第170页。

为行为,说明通过学习后,学习者应能够做什么,是目标表述句中的谓语和宾语;C 即 conditions,意为条件,说明上述行为在什么条件下产生,是目标表述句中的状语;D 即 degree,意为程度,即明确上述行为的标准。

现介绍一个运用 ABCD 方法表述的目标例句:"给予 20 个要填写形容词的未完成的句子,学生能在 15 分钟内分别写出形容词以完成句子。"其中,学习者是"学生"。根据具体情况,可标为"小学三年级学生"、"五班的学生"等。行为是"写出形容词"。这是关于目标表述中的最基本成分,不能缺少。表述行为的基本方法是使用一个动宾结构的短语,行为动词说明做的行为,宾语则说明动作指向对象。课程目标的具体性、明确性主要取决于行为动词的可观察性和可操作性,所以应尽量避免使用诸如"知道"、"了解"、"掌握"等含义不易确切把握的词。选择行为动词的另一重要性是,某一类型的行为动词一般表示学习结果的某一类型和层次。条件是"给予 20 个要填写形容词的未完成的句子"。条件是指学习者表现行为所处的环境、设备、信息、时间、人等因素的限定。如"在 1 小时平时测验中"、"依照本书第四章的课文"、"不得参考课堂笔记或其他参考资料"等均是对行为目标的条件叙述。在实际的目标表述时,有时条件要素可省略。标准是"15 分钟内"。标准是指作为学习结果的行为可接受的最低衡量依据。标准一般可从行为的速度、正确性、质量等方面确定,如"指认 8 个当中的 3 个"(准确性)、"15 分钟内"(速度)、"至少达到 80 分"(质量)。与条件要素一样,标准要素有时也可省略,比如大多数时候是约定俗成的"100%正确"。

(二)表现性目标的表述方法

1. 理论依据

斯滕豪斯指出,学校教育至少包含四种不同的过程:训练(training)、教学(instruction)、启蒙(initiation)、导引(induction)。[①] 训练旨在获得技能,训练如果成功了,个人便具备实际操作的能力,例如造独木舟、打字、说外语等。教学和信息学习有关,成功的教学形成了信息的保留,例如记忆化学元素、国名、日期等。启蒙旨在使人熟悉社会价值和规则,成功的启蒙使人能够解释社会环境、预测他人的反应。导引与文化思想体系的介绍有关,以此形成理解,例如把握要点、了解关系、做出判断。

其中最令人关注的是训练、教学和导引三种过程。训练的目的是行为或表现的改变,容易用行为目标表示预期的结果,军事训练和工商人员的训练采用行为目标均相当成功。而教学过程采用行为目标也适合,例如,记忆五个动词,记忆与否,很容易以行为显示出来。但是导引过程,作为一种真正的教育,旨在使人类更加自由、更富于创造力。教育导引个人进入其文化中的知识,并以此为思考系统。教育成功了,也就是它促成学生不可预期的行为结果增加了。例如在知识或艺术的领域中,学生成就最重要的结果是"试做"——图画、音乐、演奏、设计、制作等,而"试做"的评

---

① 转引自廖哲勋:《课程新论》,教育科学出版社 2003 年版,第 170 页。

价,应该着眼于创造,而不是根据事先规定的格式。"试做"无所谓对或错。

2. 表现性目标的表述

表现性目标的表述,不在学生从事教育活动后应表现的行为结果,而在确立学生所经历的情境。如以下表述。

① 以"商鞅变法的失败与成功"为题,组织讨论会。(《历史课程标准》)
② 收集民族友好交往的历史小故事,编写一期板报。(《历史课程标准》)
③ 制订简单的英语学习计划。(《英语课程标准》)
④ 搜集有关资料,讨论我国某一地区改革开放以来的发展成就。(《地理课程标准》)
⑤ 观察周围环境中动物的行为。(《生物课程标准》)
⑥ 用饮料软管制作口吹喷雾器。(《物理课程标准》)

分析这些例子,我们可以进一步认识表现性目标。一是表现性目标也是教学前预设的。表现性目标不是教师在课堂上的一种教育机制,而是教师课前的深思熟虑,是依据教学内容和学生实际创设的,在这一点上有别于生成性目标。二是表现性目标规定的是学生作业的情境、将要处理的问题或要开展的活动,而非行为后果。它关注的是过程,而不是结果。表现性目标旨在培养学生的创造性,强调个性化和差异化。

(三)内部过程与外显行为相结合的表述方法

行为主义的目标界定方法,尽管克服了传统课程与教学目标陈述含糊、难以操作和测评的缺点,但自身也存在不足。例如:过于重视明显的行为目标,忽视体验性、表现性目标;重视一般性教学目标,忽视创新性教学目标;重视事先所预期的目标,忽略了过程性目标。认知心理学认为,学习的实质是内在心理的变化。教育的真正目标不是具体的行为变化,而是内在的能力或情感变化。教师在陈述课程与教学目标时首先要明确陈述如记忆、知觉、理解、创造、欣赏、热爱、尊重等内在的心理变化。但这些变化是不能进行直接观察和测量的,很容易回到模糊不清的老路。为了使这些内在变化可以观察和测量,还需要列举反映这些内在变化的行为样式。

格朗伦(N. E. Gronlund)于1972年提出了内部过程和外显行为相结合的目标表述方法。例如,"理解议论文写作中的类比法"这个目标,它明确了学习结束后学习者应该产生的心理变化。那么,如何去操作、去观察心理变化呢?我们需要给这个目标列出几个行为样式。例如:"用自己的话解释运用类比条件";"在课文中找出运用类比法阐明论点的句子";"对提供的含有类比法和喻证法的课文,能指出包含了类比法的句子"。这三个例子只是表明理解的许多行为中的行为样式。有了这三个行为样式,这个目标就变得可操作、可测量了。这样,就避免了行为目标只顾及具体行为变化而忽视内在心理过程变化的缺点,也克服了传统方法目标陈述的含糊性。

又如,"欣赏优良的文学作品"这个目标。我们可以提供至少五个行为样式:"描述优良和不良文学作品的区别"、"区别优良和不良的文选"、"提出分类优良和不良文选的重要理由"、"在自由阅读时间内选读优良的文学"、"说明为何喜爱某些优良的文选"。这样的目标表述,第一个层次是心理内部过程,第二个层次是心理外显行为。再如,地理课在讲到"人类与环境"课题时,要求学生树立可持续发展观点,这个目标可以这样表述:"学生能树立可持续发展的观点"。这一目标有三个行为样式:"能说出可持续发展的大概意思";"能运用所学的知识批判现实中破坏环境的思想和行为";"对包含有不符合可持续发展思想的例子的材料,能指出这些例子并做出批判和评述"。

在这一组表述中,前面一部分"学生能树立可持续发展的观点"是对内部过程的表述,后面三句话是为了说明内部过程而表述的可观察、可测量的外显行为。两者相结合的表述方法,既保留了行为目标表述的优点,又避免了行为目标只顾及具体行为变化而忽视内在心理过程变化的缺点,所以这种表述方法受到很多人的青睐。它既适合认知目标的表述,也适合于情感目标的表述。

(四)目标表述的系统化

课程目标的表述不能拘泥于某一种方法或某一种形式及其条条框框,而必须根据目标的层次、学习任务分析的结果、学生的特点等情况具体分析,只要简洁明了、容易理解就可以了。

课程目标的表述完成以后,还有一个系统化表述的过程,即将各课程目标类别化和层次化。类别化是按照布卢姆或加涅的教育目标分类理论,将各课程目标归入认知、情感、动作技能三个领域。根据课程目标层次性要求,课程目标的表述应反映学习结果的层次性。

另外,我们前述的目标设计步骤和方法,是理想化的程式,在实际课程目标设计时,面对已经确定的单元教学目标、统一的教学内容和考试、教学对象特点、教学条件等因素,可以因地制宜地取舍这些步骤和方法。

【本章小结】

一般而言,课程目标是一定阶段学生学习所要达到的预期结果,课程目标有广义和狭义之分。教学目标与课程目标关系密切,教学目标是课程目标的具体化,是指导、实施和评价教学的基本依据。为了更好地理解课程目标与教学目标的内涵,有必要厘清与之相关的几个重要概念,如"教育方针"、"教育目的"、"培养目标"、"教学目的"等。由于课程目标与教学目标是一定教育价值观在课程与教学领域的具体表现,因此,课程目标和教学目标都隐含一定的价值取向。由于人们对学生身心发展规律、社会需求的重点及知识的性质的看法存在差异,因而对课程与教学目标的价值取向会有所不同。多年来,人们在课程编制中以行为目标为主,以生成性目标和表现性目标为辅。

从这三种课程目标取向的实质来看,行为目标取向推行一种普遍主义的价值观。行为目标把课程开发、教学设计、人的学习过程变为一个可预先决定和操纵的机械过程,把目标与手段、结果与过程间的内在联系割裂开来,课程开发与教学设计过程中的创造性及人的学习的主体性被泯灭了。生成性目标强调学习者与具体教育教学情境的相互作用,主张目标与手段、过程与结果的连续性,否定预定目标对实际过程和手段的控制,对学习者、教育者在课程与教学中的主动性表现出应有的尊重。表现性目标取向则是对行为目标取向的根本改造,它比生成性目标取向更进了一步,它追求"解放理性",强调学习者和教育者在课程与教学中的主体精神的发挥和创造性表现,以人的个性解放为根本。

在研制和确定课程与教学目标之前,要明确课程与教学目标的来源,即对学习者本身的研究、对当代校外生活的研究、学科专家的建议。这三个来源已成为课程开发的基本维度。在系统化、具体化、层次化原则下,确定课程与教学目标的基本步骤,即目标分解、任务分析、起点确定、目标表述。

进行课程与教学目标设计时,必须对学习者通过学习以后应达到的状态作出具体、明确的表述,再将这些表述进行类别化和层次化处理。如果课程与教学目标表述正确、清晰和通俗易懂,就为课程与教学目标的实现奠定了基础;否则,会对课程和教学活动产生负面作用。在目标表述中,指出了人们容易犯的错误,分别介绍了行为目标、生成性目标、表现性目标表述的方法,旨在明确课程目标与教学目标的重要性,在教学实践中正确发挥目标的功能和作用。

【思考练习】

1. 名词解释:课程目标、教学目标、生成性目标、表现性目标。
2. 简要说明课程目标与教学目标的区别和联系。
3. 结合新课程改革,谈谈行为目标取向的优点和缺点。
4. 以生成性教学目标为依据,尝试设计一个教学案例。

第三章 课程设计与教学设计

 学习目标

1. 掌握课程设计与教学设计的概念。
2. 了解不同类型的课程设计、课程设计的制约因素、课程设计的要素和一般程序。
3. 了解不同层次的教学设计、教学设计的模型和一般程序。
4. 理解课程设计的目标模式、过程模式和实践模式。
5. 理解行为取向、认知取向、人格取向、建构主义教学设计模式。

【问题情境】

情境一：

芬兰普通高中课程由三部分构成：必修学程、专业选修学程和应用学程。通过配套的"无年级制"，使学生有多次机会学习必修学程，从而使必修学程有了选择。通过限定专业选修学程的最低数量，从而使选修课程有了规范。通过留出21%～27%的自主选择空间，满足了学生个性充分发展的要求。每一所学校所开设的学程总数有几百门，每一位高中教师平均开设10门以上的学程。每一个学生在入学时首先要确立自己的学习计划，而且要随着学习的进行不断调整自己的计划。英国高中生确定自己的学习计划大致经历下列步骤：学校提供信息—咨询—学生自我决定—初步定型的个人学习计划—改动学习计划—最后定型的学习计划。

情境二：

高中生的心理特点决定了他们更适合从事自主学习、合作学习、研究性学习。教师在设计每堂课时，都要遵循以下基本顺序。

情境一中，芬兰高中的课程注重把分门别类的课程组织为一个有机整体，保证课程的基础性、多样性和选择性的统一。面对丰富多彩的课程，芬兰和英国的高中都建立了"学生自定学习计划"制度。

情境二提供了一个高中教学设计的基本指导原则，教师在设计每堂课时，都要遵循这一基本顺序。但是，由于受教学内容与时间的限制，接受学习和教师的讲解不仅必要而且必须。

根据上述情境,结合我国2001年启动的"新课程改革",一个国家、地区、学校的课程应如何设计?课程设计有哪些类型?课程设计又有哪些模式?课程最终要落实到课堂教学,那么,什么是教学设计?教学设计有哪些模型?教学设计又有哪些模式?

第一节 课程设计与教学设计概述

课程是实现教育目的的依据和手段。课程涉及知识的性质,来源于学科内容、社会与文化的需求、学习者的兴趣与需要,这些来源相互关联,既复杂又丰富,课程不可能全部容纳这些信息,因而存在一个课程选择问题。课程设计就是要解决把教育目的转化为课程目标,以及课程内容的选择与组织的问题。而教学设计则是在课程的基础上,解决如何创建一个有利于学习者有目的学习的教学系统,把已确定的课程转化为学生的综合素质问题。

一、课程设计概述

(一)课程设计的界定

课程设计的概念与课程的概念一样众说纷纭。关于课程设计的定义,在学术界和实践中存在着诸多理解。目前,大体有以下几种比较有代表性的界说。

(1)课程设计是课程研制的步骤之一。同时,也指课程研制的结果,课程研制中最具有创造性的活动。从各门科学专家、教育学者和课程研究人员的角度,研究课程实施的对象,不同层次的教育目标,课程采用的类型,有关课程的具体内容等。设计结果产生的文件称为课程标准。①

(2)所谓课程设计,也就是制订课程,包括制订教学计划(学校课程标准)、编写教学大纲(学科课程标准)和教科书。②

(3)课程设计就是指课程的组织形式或结构。课程设计基于两个层面:一是理论基础,二是方法技术。所谓"理论基础",是指课程设计的三大基础——学科、学生、社会。课程设计必须基于三大基础,据此产生均衡的课程。所谓"方法技术",是指依照理论基础对课程各要素——目标、内容、策略(活动、媒体、资源)、评价,做出安排。③

(4)课程设计是以一定的课程观为指导制定课程标准、选择和组织课程内容、预

---

① 顾明远主编:《教育大辞典》(第一卷),上海教育出版社1990年版,第263页。
② 王策三著:《教学论稿》,人民教育出版社1985年版,第226页。
③ 钟启泉,李雁冰主编:《课程设计基础》,山东教育出版社2000年版,第4页。

设学习活动方式的活动,是对课程目标、教育经验和预设学习活动方式的具体化过程。①

上述关于课程设计的定义表明,课程设计被视为课程研制的一个环节,是制定课程的过程,并表现为一定的课程的结构。为了更准确地理解课程设计这一概念,有必要联系目前在课程领域广泛使用的"课程开发"这一术语。课程开发(curriculum development)是由"课程编制"或"课程编订"(curriculum making)、"课程建设"(curriculum building、curriculum construction)等词发展而来,是指适应社会的变化,不断地评价、改革课程的动态的、持续的过程。课程开发既是国家或地方政府决策的过程,且不单是教育学者和课程专家,也是专家与权威相互作用的过程,还是社会各有关方面,共同合作的事业。从内容上看,课程开发包含课程开发主体的选择,课程目标的确定、课程设置及结构、课程内容的选择、课程活动的组织、课程资源及环境、课程决策的互动与协商、课程评价与修订等;从过程上看,包括课程分析、课程设计、课程实施、课程评价等几个周而复始的步骤;从主体上看,包括国家课程开发、地方课程开发和校本课程开发。

1923 年至 1924 年,美国教育学者查特斯和博比特分别出版了《课程编制》(Curriculum Construction)和《怎样编制课程》(How to Make a Curriculum)两部论著之后,"课程编制"一词开始被广泛使用。1935 年,美国学者卡斯韦尔和坎贝尔(H. Caswell & D. Campbell)所著《课程开发》(Curriculum Development)(又译为《课程编制》、《课程研制》)出版后,"Development"一词隐含着开发、创建、发展、形成等意思,课程开发一词在西方教育书刊中逐渐流行。20 世纪 50 年代后,欧美用"curriculum development"一词逐渐代替了以前常用的"curriculum making"和"curriculum construction"。1974 年,日本文部省同经济合作与发展组织(OECD)在东京召开了课程开发国际研讨会,明确提出了"课程开发"的概念及其基本方向,认为,"'课程开发'是表示课程的编订、实验、检验—改进—再编订、实验、检验……这一连串作业过程的整体"。我国教育界早在 20 世纪 20 年代即开始使用"课程编制"一词,20 世纪 80 年代以后,在一些课程研究的书刊中才逐渐开始使用"课程开发"一词,但有的仍然使用"课程编制"、"课程编订"等术语。

从设计与开发的关系来看,设计与开发常常连在一起使用,"术语'设计'和'开发'有时是同义的,有时用于规定整个设计和开发过程的不同阶段。"②二者的区别还表现为设计是思想中预料的一种结果;开发则是比较开放的过程模式,在开发过程中或许会修改设计中要获得的结果。因此,从广义上讲,课程设计即是课程开发,包括课程开发的全过程。而从狭义上讲,课程设计则是课程开发的中心环节,是指依据一定的课程观,根据课程实施对象,确定课程目标,选择和组织课程内容的过程,它既包括课程设计的结果,也包括课程设计的价值取向、设计的规范、方法和策略。

---

① 王道俊,郭文安主编:《教育学》,人民教育出版社 2009 年版,第 143 页。
② 国家质量技术监督局:《质量管理体系标准》,中国标准出版社 2001 年版,第 11 页。

课程设计以问题的沟通为起点,以解决问题的实施计划为终点,既先于课程实施,又与课程实施、课程评价紧密相连。当然,课程设计也不应只注重确定课程目标、课程计划、课程标准及设计教材,也还应包括课程设计的必要性分析、课程的价值选择、课程政策的制定、课程设计的原则与步骤、课程设计人员的分工与协作、课程实施的条件、评价方式等。课程设计与课程开发虽然都是依据社会与文化的需求、学习者的兴趣与需要,对课程内容、教育经历的形态进行结构化的过程,都要回答"应该教些什么"这一问题,但课程设计具有明确的目的,课程开发则是朝向一定方向的生成,甚至在过程中多次改变,是一项被认同的笼统的结果。[①]

(二)课程设计的类型

课程历来是人类教育活动的一个重要因素,自学校教育产生以来,课程一直处于不断发展变化之中。在课程实践及课程理论的发展史上,尽管出现了千姿百态的课程形式,但对这些课程的设计主要有三种类型:学科中心课程设计、学生中心课程设计、社会中心课程设计。

1. 学科中心课程设计

学科中心课程设计是指把人类文化遗产中最具价值的知识作为课程内容,以有组织的学科及其知识体系为依据,以学科为中心进行的课程设计。学科中心课程设计的特点:一是选择各门学科,确定学科的地位及相互关系;二是对学科内容进行选择,对知识体系进行合乎逻辑的组织;三是预设课程计划,不仅为学生预先设计好课程,还要确定不同学科的学习时数、学习期限、排列顺序等。学科中心课程设计起源于古代中国和古希腊,发展到今天,则主要包括单科设计、多科设计、跨学科设计和综合课程设计等形式,学科专家在课程设计中起重要作用。美国学者布鲁纳、施瓦布等将学科结构作为学科中心课程设计的基础,理由是学科结构是深入探究和构建各门学科所必需的法则。施瓦布认为,学科结构对教育具有双重意义:第一,教育工作者在设计课程和准备教材时就必须考虑学科结构,否则,课程计划可能被错误地实施,教材可能被误教;第二,一定要把学科结构深入到课程的各个方面,使其成为课程内容的实质,否则就会把学生引入歧路。[②]

学科中心课程设计应有利于学生高效掌握人类积累的科学文化知识,能够保证学生较好地认识世界,有利于学校教学工作的有序开展,因而长期成为课程设计的主导,目前,仍然是课程设计的主要方式。但是,学科中心课程设计也遭到各种各样的批评,主要集中在以下几个方面:①人为地将原本完整的知识划分成一个个学科,割裂了人文、社会、科学知识间的有机联系,破坏了学生既有经验、生活体验与所学知识的结合;②不能及时反映知识和学科的更新,对生活和社会的反应迟钝,课程易

---

① Philip H. Taylor(1986), Curriculum Research In The United Kingdom, From Curriculum Research In Europe, pp,208.

② 施良方著:《课程理论——课程的基础、原理与问题》,教育科学出版社1996年版,第15页。

脱离生活实际,丧失生命力,变得枯燥无味;③强调学生对书本固有的经验和理论的掌握,对学生能力、需要、兴趣及已有经验关注不够,易造成学生丧失自主观察、思考、学习能力。

2. 学生中心课程设计

学生中心课程设计是指以学生的兴趣和爱好、动机和需要、能力和态度等为基础,以学生为中心的课程设计。学生中心课程设计的特点如下:①课程的核心是学生独立自主的发展,学生主动的探究活动是课程的主要表现形式;②课程内容的选择取决于学生的需要和兴趣,围绕着问题的解决,并随教学过程中学生的变化而变化;③课程计划由师生在合作和协调的基础上共同设计,不同学生的学习内容因兴趣不同而有较大差异。学生中心课程设计起源于18世纪的欧洲,20世纪初经美国杜威的发展而形成,20世纪70年代得到了人本主义课程理论的推崇。学生中心课程设计经常以活动课程、经验课程等形式出现,学生在课程设计中处于重要地位,学生成为课程的一部分,成为课程设计的参与者甚至决策者。杜威所倡导的活动课程以儿童的活动为课程中心,课程内容以儿童的直接经验为依据,要求儿童通过活动学习知识,形成社会需要的技能,发展健全的身心。而以美国学者罗杰斯为代表的人本主义课程理论把重点不是放在学生的认知上,而是放在学生的情感上,将情感、认知和学生的行动的整合作为课程的核心,课程内容要与学生的需要相联系,要为每一位学生提供有助于学生自由学习的,有助于学生自我实现的有内在激励的经验。

学生中心课程设计在一定程度上反映了课程设计的本质,即任何类型的课程设计都是为特定的学生而设计,既有利于激发学生学习的内在动机,增强学生学习的积极性,培养学生独立解决问题的能力,也有利于学生的个别化学习,有助于因材施教。但是,学生中心课程设计也存在如下显而易见的缺点:①所提供的课程不能保证确定的学习范围和顺序,难以培养学生形成有组织的知识体系;②难以为每个学生设计或由学生参与设计最适合他们个人自由发展的课程;③学生的学习过程是独立自主的探索乃至试误,学习活动通常未经充分组织,学生积累必要的材料需要花费很大的代价。

3. 社会中心课程设计

社会中心课程设计是以社会问题为中心,着重培养学生改造社会能力的课程设计。社会中心课程设计的特点如下:一是强调当代社会中人们关注的、有争议的社会问题,以当代重大社会问题来组织课程;二是课程内容具有明确的实用性和对学生与教师的适应性,重视围绕社会问题,选择对学生实用的材料;三是培养学生学会参与制定社会规划并把它们付诸社会行动的能力,以期建立一种新的社会文化甚至是一种新的社会秩序。社会中心课程设计的代表是巴西学者弗莱雷(P. Freire),他在课程问题上提出"解放"的取向,认为课程设计不再是一个技术问题,而是一个政治的、意识形态问题。他反对课程中的普遍性和统一性,批评资本主义学校的课程已成了一种维护社会现状的工具,使人民大众甘心处于从属地位,真正的课程应该帮助学生摆脱对社会制度的奴隶般的顺从,应使学生讨论对世界的看法和想法,感到自己是思考的主人。学习的最终结果也不再是学习的成绩,而是批判性的反思和使自己得到解放的政治行动。[①]

社会中心课程设计强调围绕社会实际问题的解决,学生在学习中的积极主动参与,有利于调动学生内在的学习动机,有利于培养学生参与社会改革的意识与能力。但是,社会中心课程设计存在许多缺陷:①课程范围和顺序的确定没有可靠的标准,难以规定学生学习的难易程度,也造成学生学习单元的支离破碎;②课程内容缺乏有效的组织,且针对现实问题而忽略人类文化遗产;③给教师提出了很高的要求,教师的素质难以满足课程教学的要求。

二、教学设计概述

(一)教学设计的界定

人类对教学活动的计划安排早已存在于教学实践中,但直到1900年,美国教育家杜威(J. Dewey)明确提出把对教学活动的设计作为学习理论与教学实践之间的桥梁。第二次世界大战期间及之后,对培训和有效教学的持续增长的需要,导致了20世纪50年代对教育采用了"工程学"(engineering)方法。因为这一发展,人们开始使用教育技术(education technology)和教学系统设计(instruction systems design, ISD)这两个词。[②] 在20世纪60年代初期,行为主义心理学在教学设计领域占主导地位。随着教学媒介进入计算机时代,学习理论由行为主义向认知主义转向,尤其是伴随系统科学被引入教育领域,到20世纪60年代后期,教学设计已经形成一个专门的领域。此后,教学设计的理论与方法蓬勃发展,并被广泛运用于教育、教学系统中,成为提高教学质量,促进教学改革深入发展的一大趋势。我国自20世纪80年代中期以来,一些学者在介绍国外教学设计理论与方法的同时,致力于教学设计问题的研究,并把教学设计理论与我国教育、教学实践相结合。

那么,什么是教学设计呢?关于教学设计的界定,可以说众说纷纭,莫衷一是。按照《教育技术国际大百科》的提法,教学设计存在着五种交替的概念:"艺术过程"的概念;"科学过程"的概念;"系统工程方法"的概念;"问题解决方法"的概念;"强调人的因素"的概念。这五个概念并不是完全割裂的,它们是在不同阶段,从不同侧面、不同角度描述教学设计的过程,并在教学设计发展历程中交替和统一。[③] 美国学者史密斯(P. L. Smith)和雷根(T. J. Ragan)认为,教学设计"指的是把学习与教学原

---

① 施良方著:《课程理论——课程的基础、原理与问题》,教育科学出版社1996年版,第229页。

② 诺伯特. M. 西尔,山尼. 戴克斯特拉主编,任友群等译:《教学设计中课程、规划和进程的国际观》,教育科学出版社2009年版,第5页。

③ 乌美娜主编:《教学设计》,高等教育出版社1994年版,第17~19页。

理转化成对于教学材料、活动、信息资源和评价的规划这一系统的、反思性的过程"。[①] 而我国学者乌美娜认为,"教学设计是运用系统方法分析教学问题和确定教学目标,建立解决教学问题的策略方案、试行解决方案、评价试行结果和对方案进行修改的过程。它以优化教学效果为目的,以学习理论、教学理论和传播学为理论基础。"[②]

有研究者在探讨了教学设计的诸多定义的基础上指出,学者们基本上从两个视角来界定教学设计,一是从教学论的视角,教学设计是教学活动的系统规划与安排;一是从技术学的视角,教学设计是建立在教学科学基础上的一整套技术。这种从不同视角对教学设计进行界定,实际上受到不同教学观的支配,教学论视野中的教学设计把教学看成完整的活动,强调了教学设计的系统性,但操作性和精细性不足,而技术学视野中的教学设计则把教学看成可以完全预期结果的"算法化"程序,强调教学设计过程是一个"开处方"的过程。[③]

事实上,作为一个相对独立的研究领域,教学设计有其自身的内在规定性。教学设计源于教育心理学及其随后与教学技术的逐渐整合,并从其诞生之初就一直坚持系统思维方式,其目的就是为了促进学习者有目的的学习,优化教学。因此,我们认为,教学设计是运用系统方法,将学习的心理控制与教学技术紧密结合,优化组合教学要素,对教学活动进行系统规划、安排与决策的过程。教学设计是对教师、学生、教学内容、教学媒体、教学环境等教学要素进行符合教学目标的安排,其结果是创建一个有利于学习者有目的学习的教学系统,所以,教学设计又被称为教学系统设计。教学设计主要以学习理论、教学理论、系统理论和传播理论等为基础,是一个创造性地分析、解决教学问题的过程,包括分析教学问题、设计解决方法、实施解决方法、评价实施结果等环节。教学设计又是一个以育人为根本目的,以提高学生获得知识、技能的效率和兴趣的技术过程。

(二)教学设计的层次

教学问题的范围、大小不同,教学系统也有不同层次,教学设计则面临着不同的任务,在不同的水平上进行。据此,教学设计可分为三个层次。

1. 教学媒体设计

教学媒体设计是根据教学的需要,对教学中需要使用的媒体、材料、教学包等进行开发设计,是最低层次的教学设计。教学媒体是指被用于教学场景,介入教与学过程之中,承载、传递和控制以教学为目的的信息工具或装置。教学媒体既包括印刷课本、黑板等传统教学媒体,也包括幻灯、投影、录音、VCD、电影、计算机、网络等现代教学媒体。现代教学媒体包括硬件和软件,是软硬件的统一。简单的教学媒体可由教师自己设计与制作,而比较复杂的教学媒体的类型、内容和教学功能常常由

---

① P.L.史密斯,T.J.雷根著,庞维国等译:《教学设计》,华东师范大学出版社2008年版,第4页。
② 乌美娜主编:《教学设计》,高等教育出版社1994年版,第11页。
③ 杨小微,张天宝著:《教学论》,人民教育出版社2007年版,第326~327页。

教学设计人员和教师、学科专家共同确定,有时还需要媒体专家和媒体技术人员的介入,以从技术的角度对教学媒体进行设计、测试和评价。随着教学媒体与技术的发展,近年出现了"学习资源"与"虚拟学习社区"的概念,对学习资源与虚拟学习社区的设计已成为教学媒体设计的一个重要方向。

2. 教学过程设计

教学过程是教学活动基于目的和规律地、现实地建构、生成和展开的过程。教学过程是教学具体而现实的运动形态,具有丰富多样性。这里所说的教学过程设计主要针对课程教学和课堂教学活动的开展,是为实现教学目标,制定课程教学和课堂教学活动方案的过程。无论是课程教学设计还是课堂教学设计,都要根据教学目标要求,在分析教学内容、学生状况、教学环境与条件等因素的基础上,对整门课程、一个单元或一节课教学活动的展开,从教学的原则、形式和程序,到教与学的关系、教学媒体的选择、教学策略的运用等做出计划与安排。课程教学设计一般由课程教师或学科教研组来完成,也可以由教师、教学设计人员、学科专家共同来完成。课堂教学设计则完全可由教师自己承担完成,必要时,也可由教学设计人员辅助进行。随着教学理论的发展,"用'变革'的观点看教学,教学是教师和学生在具体教育情境中对内容做出根本变革的过程——创造内容与建构意义的过程。"①那么,学生在教学过程设计中的主体地位凸显,教学过程设计就必将成为有学生参与的设计。

3. 教学系统设计

教学系统是构成教学的各要素及其与环境之间相互联系、相互作用而形成的有机整体。尽管教学媒体、教学过程也是一个教学系统,但这里所说的教学系统是指那些比较宏观、综合、复杂的教学系统。例如,小学或初中等某一个教育阶段的教学系统、个别化学习系统、大型组织的培训系统等。如果说教学媒体设计、教学过程设计分别是微观和中观的教学设计,那么,教学系统设计则是宏观的教学设计。教学系统设计通常包括系统整体目标的确定、系统各要素相互关系及系统运行的方式的确立,实现目标方案的制订,以及方案的试行、评价和修改等,涉及面广,难度较大。从课程与教学的整合角度讲,教学的系统设计也就成为课程设计整体的一部分,涉及的面更广,难度更大。教学系统设计的主体一般是由教学设计人员、学科专家、教师、行政管理人员、学生等组成的设计小组。

第二节　课程设计与教学设计的过程

一、课程设计的过程

(一)课程设计的制约因素

课程是关于教学内容的安排,既受到一定社会政治、经济、文化等的制约,又受

---

① 张华著:《课程与教学论》,上海教育出版社 2000 年版,第 90 页。

到学习者、课程观等因素的影响。依据坦纳夫妇(D. Tanner and L. Tanner)对20世纪中前期对影响课程设计因素相关研究的总结,学生、社会需求及系统的学科体系是影响课程设计的三个基本因素(见表3-1)。克拉克(R. W. Clark)则总结了影响课程设计决策的10种因素:公众、政治领袖、课本出版商、考试中介、传媒、大专院校人员、教育专业团体、中央政府部门、教师团体、个别教师。[1]

表3-1 课程设计的制约因素[2]

学者(组织)	影响课程设计的因素		
杜威1902	学习者(发展的未成年的个体)	社会(来自成人社会的社会目标与经验)	反思性的、系统的、与生活相关的知识(学科内容)
基础教育重建委员会1918	学习者(的特性)	社会(的需求)	知识与方法(知识应用到生活实践)
英格里斯1918	学习者(的特性)与学习过程	生活(的需要)	课程(内容与方法的选择与组织)
拉格、课程设计委员会1927	学习者(特征与兴趣)	成人生活(的需要)	课程(选择与组织)
博得1931	学习者(的兴趣)	实践者(立场)	逻辑的系统的学科内容
Giles、Mccutchen、Zechiel 1942	未成年人需求	社会需求	专业的学科知识
塔巴1945	学习者(研究)	社会(研究)	学科内容(研究)
泰勒1949	学习者(的研究)	学校之外的社会生活(研究)	学科专家(建议来自学科领域,但不是为了培养学科专家)

我国有学者提出了影响课程设计的8种因素:社会生产的需要、科学技术的进步、教育宗旨的规定、培养目标的要求、哲学思想的影响、社会文化的传统、儿童身心的发展和学校类型和制度。[3] 还有学者考察了影响课程设计的内部因素和外部因素:外部因素有知识、社会要求与条件、学生;内部因素至少包括课程的历史传统、教学论特别是课程论观点、课程自身发展的相对独立的规律。[4] 也有学者提出影响课

---

[1] R. W. Clark, *Who Decides? The Basic Policy Issue*. From Tanner, L. N(ed)(1988), Critical Issues in Curriculum, Eighty-seventh Yearbook of the National Society for the Study of Education. Chicago.

[2] Daniel Tanner, Laurel Tanner, *Curriculum Development: Theory into Practice*, Macmillan Publishing Co, Inc., 1980, pp. 233.

[3] 陈侠著:《课程论》,人民教育出版社1989年版,第161~182页。

[4] 王策三著:《教学论稿》,人民教育出版社1985年版,第202~207页。

程设计的根本因素是政治因素、经济因素和国际因素,而把知识观、学生观、课程观作为影响课程设计的认识因素。①

总体来说,学校课程设计的制约因素主要有4个:社会、学生、知识、课程观。社会包括社会政治、经济状况,科学技术的发展水平,社会文化传统,社会对学生发展提出的要求等。学生包括学生自身发展的需要,学生身心发展规律及学生观。知识包括人类积累的历史经验及其达到的水平,以及对知识的选择,即知识观。课程观则直接指导课程设计,有什么样的课程观就会什么样的课程设计,制约课程设计的其他因素最终都要通过课程观来发挥作用。

(二) 课程设计的要素

任何一种课程设计都要对课程设计的要素进行适当的安排。那么,课程设计有哪些要素呢?克来因(Klein)列举了课程设计应包括的6类要素②:内容,即用事实、概念、原理呈现的知识体系;目的、目标、计划,即教育目的、目标与计划;资源,指帮助学生学习的工具,如教科书、电脑、游戏、网络、场地、社区物质与资源,以及对学习过程有指导作用的人员;活动与教学策略,活动是学生参与课程的方法;评价,指判断学生学习程度的程序;小组、时间、场地,小组指的是如何根据年级、经验背景、能力水平给学生分组。事实上,课程设计者的价值观、国家或地区的文化传统、学习者的实际状况及学习需要等也都是课程设计应考虑的要素。

上述各要素之间只有相互协调,所设计的课程才能积极地促进学生的发展。实现对上述要素的合理安排,就是要在课程设计中做到课程平衡。所谓课程平衡,是指学校课程中各门学科或活动在安排上主次清楚、比例合适、互相配合,整体上发挥最佳的育人功能。课程平衡涉及课程设置、课程位置、课程比例、课程的时间安排等。课程设置即设置什么学科或活动,以及这些学科或活动的内容的选择。课程位置是各门学科或活动在学校课程体系中的地位及在学生整个教育阶段的安排。课程比例指所设置的学科或活动在教学时间上的分配及在整个课程内容中的分量。课程时间分配则反映了课程设计者的价值观。

课程平衡贯穿课程设计的各个方面,而课程内容的平衡则一直是人们追求的最主要方面。有学者提出,可以从以下几个方面分析课程内容的平衡。③

(1) 不同类目标(认知的、情感的、心理的)之间的平衡:根据学生的需要和兴趣,以及全面发展个性的原则。

(2) 不同类学科之间的平衡:要知道在所有把发展等同于经济增长并把自然科学看成是训练人们从事职业活动和就业的唯一有效手段的国家,仍然存在着贬低某

---

① 钟启泉著:《现代课程论》,上海教育出版社1989年版,第312~319页。

② Evelyn J. Sowell(2000), Curriculum: An Integrative Introduction, Prentice-Hall, Inc. pp. 7-18.

③ S. 拉塞克,G. 维迪努著,马胜利等译:《从现在到2000年教育内容发展的全球展望》,教育科学出版社1996年版,第208~209页。

些科目的强烈意向。

(3) 理论和可以直接应用的内容之间,或在概念方面与作业之间的平衡。

(4) 各类不同层次的教育,从初等(或学龄前)教育直到高等教育之间在教育内容分布方面的平衡。

(5) 在学校教育和校外教育之间的各学科或内容(有关生活质量和环境问题的教育,争取和平的教育等)分布的平衡:要知道非正规教育有时比正规教育更适于教授某些内容。

(6) 能够促进民族之间或个人之间交流的民族(特定的)价值观和普遍价值观之间的平衡。

(7) 各种学习方式:传统的课堂、小组、大组等之间的平衡。

(8) 根据教育的不同层次分别强调语言和图像的重要性之间的平衡。

课程设计的要素相互联系、相互影响,尽管课程平衡从来没有一个国际标准,但课程设计者只有通过权衡课程设计各种要素,做出选择,才有可能提高课程平衡的程度。

(三) 课程设计的一般过程

课程设计的开展需要谋划,需要确定设计团队,并依据制约课程设计的因素,权衡课程设计的要素,确立设计的价值取向,按照一定的程序展开。

加拿大学者斯特勒(A. W. Steller)强调课程设计有时是线性的,有时则有很多反馈循环,有时还可能开始于多个切入点。不过,斯特勒提供了一个由8个阶段构成的课程设计的一般程式(见图3-1)。①

我国课程设计在程序上则分为三个阶段:前期研究阶段、课程设计阶段和实验评价阶段。②

1. 前期研究阶段

(1) 社会对知识需求和人的素质要求的调查分析。

(2) 现实课程与教学状况调查分析。

(3) 对国外课程的比较、研究、借鉴。

(4) 对影响课程设计的理论进行分析和吸收。

(5) 对课程和教学实践成果的消化和吸收。

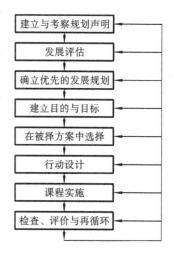

图 3-1 斯特勒的课程设计一般程序

---

① Arthur W. Steller, Curriculum Planning (1983), ASCD 1983 Yearbook Committee, Fundamental Curriculum Decisions, Copyright by the Association for Supervison and Curriculum Development.

② 张廷凯著:《新课程设计的变革》,人民教育出版社2003年版,第36～37页。

2. 课程设计阶段

(1) 制定课程设计的指导思想和基本原则。

(2) 研制课程目标。

(3) 研究课程设置和课程结构。

(4) 研究课程管理和课程时间的分配。

(5) 制定课程结构所含各学科或课程领域的基本要求。

(6) 设计相应的课程评价和考试方式。

3. 实验评价阶段

(1) 制定课程实验的评价目标和评价范围。

(2) 确定课程实验范围。

(3) 编制课程实验测试量表(问卷和访谈提纲)。

(4) 处理和分析所收集的数据和资料。

(5) 提交评价报告。

(6) 根据评价和实验结果修订课程设计。

(7) 推广修订后的课程。

我国课程设计具有明显的目标导向的特点,如在义务教育课程设计中,课程方案先规定了义务教育的培养目标,然后规定了义务教育的培养规格和质量要求,即学生在德智体美诸方面应达到的最基本的要求,而各个学科课程标准对学科培养目标的描述与总目标是统一、连贯的,各年龄段目标之间要求是递增的关系,具有明显的结构层次。我国课程设计主要在国家设计的层面为所有学校提供执行的课程方案、课程标准。随着我国基础教育课程改革的深入,校本课程开发越来越活跃,学校、教师逐步参与到课程设计中。

二、教学设计的过程

(一) 教学设计过程模型

教学设计要按照系统性原则对教学系统进行整体优化,既要分析、研究构成教学系统各要素及其关系,又考虑主客观条件,保证设计的可行性和可操作性,而且还要对教学设计的实施进行监控,获得反馈信息,以修正、完善原有的教学设计,因此,教学设计是一项系统工程,体现出鲜明的程序性。从教学设计理论与实践的发展来看,出现了多种多样的教学设计的程序模型。

自20世纪60年代出现第一个教学设计模型以来,在以教学技术为主的文献中已有数百个模型。[1] 有研究者将这些教学设计模型视为教学设计模式,并将其归纳为三类:以课堂为中心的模式,以产品为中心的模式,以系统为中心的模式。[2] 实际

---

[1] 乌美娜主编:《教学设计》,高等教育出版社1994年版,第43、44页。

[2] 乌美娜主编:《教学设计》,高等教育出版社1994年版,第44页。

上,这些所谓的教学设计模式远没有达到模式所要求的抽象的高度,它仅仅是针对不同的教学任务、教学情境而出现的教学设计的表现形式,是对某些教学设计的模拟,具有直接、简单、便于操作的特点,只是教学设计的程序模型。这些教学设计模型比较典型的有以下几种。

1. 迪克-凯瑞模型

该模型是由美国著名教学设计理论家迪克(W. Dick)和凯瑞(L. Carey)于1978年提出,后经多次修改建立的。该模型融合教学系统设计的最基本模型——ADDIE模型。ADDIE模型由分析(analysis)、设计(design)、开发(development)、实施(implementation)和评价(evaluation)5个阶段或成分构成(见图3-2),每一个主要成分与其他成分之间发生着相互联系,评价活动可以揭示出在其他4种成分中的何处需要修改。ADDIE模型以系统的问题解决模型为基础,但问题解决活动可发生在每个成分中,而且整个过程不是以严格的线性方式进行。

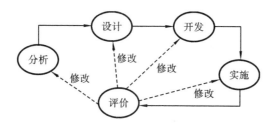

图3-2 教学设计的ADDIE模型

迪克-凯瑞模型将教学设计分为10个步骤(见图3-3),[①]模型中左边的三个成分包含了ADDIE模型中的分析,接下来的三个成分又构成了ADDIE模型中的设计,将ADDIE模型中的实施步骤融合在评价步骤中。该模型运用系统方法以教学目标为基点,通过对教学活动的系统分析进行教学设计。任务过程中的每一步作为下一步的条件,对于是否达到目标要求,通过反馈进行检测,如果没有达到要求,就要对该过程进行反复修改直至达到既定教学目标为止。该模式产生以来一直被奉为经典,具有很强的实践意义。

2. 肯普模型

该模型由美国学者肯普(J. E. Kemp)于1977年提出,后来又经过多次修改逐步完善(见图3-4)。该模型针对教学设计要解决的3个主要问题:①学生必须学习到什么(确定教学目标);②为达到预期的目标应如何进行教学(即根据教学目标的分析确定教学内容和教学资源,根据学习者特征分析确定教学起点,并在此基础上确定教学策略、教学方法);③检查和评定预期的教学效果(进行教学评价)。在此基础上,该模型将教学目标、学习者特征、教学资源和教学评价四个基本要素作为教学设

[①] R. M. 加涅等著,王小明等译:《教学设计原理》(第五版),华东师范大学出版社2007年版,第36页。

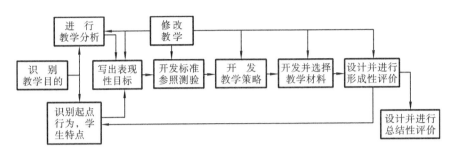

图 3-3　迪克和凯瑞的教学设计过程模型

计的总体框架,提出了教学设计的 10 个环节:①确定学习需要和学习目的,为此应先了解教学条件(包括优先条件与限制条件);②选择课题与任务;③分析学习者特征;④分析学科内容;⑤阐明教学目标;⑥实施教学活动;⑦利用教学资源;⑧提供辅助性服务;⑨进行教学评价;⑩预测学生的准备情况。

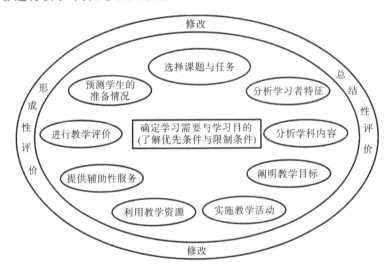

图 3-4　肯普的教学设计过程模型

该模型把确定学习需要和学习目的置于中心位置,将其作为教学设计的出发点和归宿,各环节均应围绕它来进行设计。该模型采用椭圆形表征,环节之间未用连线,而是采用环形方式表示相互之间的联系,说明教学设计可以随机从任何一个环节进入,可按照任意的顺序向前或向后进行。图中的"形成性评价"、"总结性评价"和"修改"在环形圈内标出,表明评价与修改应该贯穿在整个教学过程的始终。该模型基于行为主义而具有较大的局限性,但是由于它具有较强的实用性和可操作性,允许教师按自己的意愿来安排教学的各个环节,具有很强的灵活性。所以,该模型产生以来,它在世界范围内产生过较大的影响。

3. 史密斯-雷根模型

该模型由史密斯(P. L. Smith)和雷根(T. J. Ragan)于 1993 年提出(见图 3-5),

是在迪克-凯瑞模型的基础上发展而来。它把教学设计分为分析、策略和评价三个阶段，每一个阶段又有若干项目。其主要特点是明确指出三类教学策略的设计。①教学组织策略：指有关教学内容的组织方式、排列次序及具体教学活动安排的策略；②教学内容传输策略：指为实现教学内容的有效传递，有关教学媒体的选择、使用及学生如何分组（个别化、双人组、小组或是班级授课等不同交互方式）的策略；③教学资源管理策略：在①②两种策略已经确定的前提下，对教学资源进行计划与分配的策略。

该模型虽然沿用线性的表征，但强调在实际的教学设计中并不一定套用这样的固定序列，而是教学设计的多项活动可同时开展或循环往复多次，可能更像是一团环环相扣、层层相依的"线球"。该模型关于学习者特征的分析不仅考虑了学习者的学习基础和知识水平，还考虑了学习者的认知特点和认知能力，并进一步考虑认知学习理论对教学内容组织的重要影响，使该模型成为认知主义教学设计模型。而且，其教学组织策略可进一步分成"宏策略"和"微策略"两类。前者是为教学内容的组织提供符合认知学习理论的策略；后者则为具体知识点的教学提供行之有效的、可操作的策略。这两类策略目前均有较成熟的理论研究成果可直接引用，从而为该模型的推广应用创造了条件。

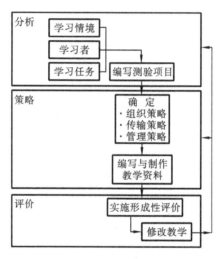

图 3-5 史密斯-雷根教学设计过程模型

上述教学设计过程模型的路径互不相同，是因为其依据的理论出发点不同，面临的教学任务与教学情境不同。尽管如此，这些模型却都贯彻了系统的方法，既注重循序操作，层层落实，又注意整体各部分的协调与联系。而且，这些模型基本上依据教学与培训领域被普遍认可的 ADDIE 模型，按照一定的步骤开展教学设计，体现了教学设计的程序性，而且我们从中看出学习者、目标、策略和评价是构成教学设计的 4 大基本要素。有研究者在分析已有教学设计模型的基础上，总结出教学设计的

7个共同特征要素(见表3-2)。①

表 3-2　教学设计过程模型的共同特征要素

共同特征要素	模式中出现的用词
学习需要分析	问题分析,确定问题,分析确定目的
学习内容分析	内容的详细说明,教学分析,任务分析
学习目标的阐明	目标的详细说明,陈述目标,确定目标,编写行为目标
学习者分析	教学对象分析,预测,学习者初始能力的评定
教学策略的制定	安排教学活动,说明方法,策略的确定
教学媒体的选择和利用	教学资源选择,媒体决策,教学材料开发
教学设计成果的评价	实验原型,分析结果,成型评价,总结性评价,行为评价,反馈分析

（二）教学设计的一般程序

从最一般的意义上说,教学设计无非是要解决三个基本问题:①我们要到哪里去(教学的目标是什么);②我们怎样到那里去(需要有什么样的教学策略与媒体);③我们如何知道是否达成了目标(如何检测,如何评估与进行教学调整)。马杰(R. F. Mager)针对这三个问题做出了明确的回答:①实施教学分析以确定我们将到哪里去;②开发教学策略以确定我们如何到那里去;③开发与实施评价以确定我们如何知道是否达成了目标。按照这一思路,教学设计应包括学习需要分析、学习者分析、学习目标分析与设计、学习内容分析与设计、教学策略设计、教学媒体设计、教学环境设计、教学设计成果的评价等相互联系的8个环节(见图3-6)。

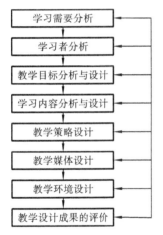

图 3-6　教学设计的一般程序

当然,教学设计过程的一般程序也只是提供了一个基本路径,在实际设计工作中,要从教学系统的整体功能出发,保证"学习者、目标、策略、评价"4要素的一致性,使各要素间相辅相成,产生整体效应。教学过程是一个不断生成、建构和展开的动态过程,涉及的如环境、学习者、教师、信息、媒体等各个因素也都是处于变化之中,教学设计的实际开展还要根据不同的情形要求,决定从何入手,重点解决哪些环节的问题,创造性地灵活开展设计工作。

---

① 乌美娜主编:《教学设计》,高等教育出版社1994年版,第52页。

第三节　课程设计与教学设计的模式

模式是"某种事物的标准形式或使人可以照着做的标准样式。"[①]模式把解决某类问题的经验、方法，总结、概括、归纳到理论高度，是解决某一类问题的方法论。模式又介于理论与现实之间，是理论向现实转换的中介。模式提供了一个解决问题的良好的指导，依据模式有助于人们做出一个优良的设计方案，达到事半功倍的效果。课程设计模式就是课程理论与课程设计实践的中介，是关于课程设计的价值取向及设计程序、操作方式所构成的方法论体系。同样，教学设计模式是教学理论与教学设计实践的中介，是关于教学设计的价值取向及设计程序、操作方式所构成的方法论体系。

一、课程设计的基本模式

课程论自诞生以来，西方课程理论与实践已经形成比较成熟的几种课程设计模式。这些模式主要有目标模式、过程模式、实践模式等。每一种模式既包含有课程设计的共同特质，又有着独特的形成背景、价值取向和操作方式。

（一）目标模式

目标模式是以课程目标为课程设计的核心，在确定课程目标的前提下进行课程内容的选择与组织，并将课程目标作为课程实施的依据和课程评价的准则的课程设计模式。目标模式是20世纪初开始的课程设计科学化运动的产物，被视为课程设计的经典模式、传统模式。课程论史上，博比特（F. Bobbitt）首先探讨了课程设计过程，1918年，他出版《课程》（The Curriculum）一书；1924年，又出版了《怎样编制课程》（How to Make a Curriculum）一书。博比特首次把科学管理的原理运用于课程设计，确定了课程目标的"活动分析法"，成为目标模式的首创者。

博比特之后，美国进步教育协会于1934年—1942年开展了"八年研究"，泰勒（R. W. Tyler）是这一综合性的课程改革实验计划课程评价的主持人。泰勒在对八年研究的经验进行总结的基础上，提出了课程设计的基本程序和方法。1949年泰勒出版了《课程与教学的基本原理》（Basic Principles of Curriculum and Instruction）一书，该书被公认为课程设计目标模式的经典标志性著作。受到博比特等人课程设计理论的影响，泰勒进一步把课程设计分为确定目标、选择经验、组织经验、评价结果四个步骤。其中，确定目标最为关键，其他步骤都围绕目标展开，这一过程就是著名的课程设计的泰勒原理。泰勒原理作为课程设计目标模式的代表，被公认为是对课程设计最完美、最简洁、最清楚的阐述，对后来整个世界的课程专家产生了深远的影

[①] 中国社会科学院语言研究所编：《现代汉语词典》（第五版），商务印书馆2005年版，第791页。

响,即使今天,仍然在课程领域占支配地位。

1. 基本内容

泰勒认为,教育是一种改变人的思维、情感和外显行动模式的过程,教育目标就是使学生的行为模式产生所需要的变化,为此,他在《课程与教学的基本原理》一书中开宗明义地提出制订任何课程及教学计划都必须回答以下四个问题。①

第一,学校应力求达到何种教育目标?第二,要为学生提供怎样的教育经验,才能达到这些教育目标?第三,如何有效地组织好这些教育经验?第四,我们如何才能确定这些目标并使其得以实现?

这四个问题归纳起来就是确定目标、选择经验、组织经验、评价结果,实际上这是课程设计的四个步骤。这四个问题虽然遭到来自各方的攻击,但泰勒依然坚持认为它们经受住了历史的考验,是"合适的"、"非常有用的"、"没有理由改变"。

1) 确定目标

泰勒认为,教育目标是一项教育计划的指向,是课程的灵魂,课程设计首先要确定教育目标,目标的确定有以下三个来源。

(1) 对学习者自身的研究。研究学生是确认其行为可能发生变化的前提。对学习者的研究,一是要了解学生的现状;二是将学生的现状与可接受的常模(acceptable norms)进行比较,其差距既是学生的需要,也是教育的需要,这就是教育目标。

(2) 对当代生活的研究。现代社会变化迅速,知识、信息激增,教育目标必须合理地反映当代生活的内容,使学生将学过的内容迁移到生活情境之中,惟其如此,教育才能为学生参与社会生活做好准备。对当代生活的研究,一是理出当代生活的决定性部分及其中的重要方面;二是揭示当代生活中使学生有机会运用其在学校中所学知识的领域;三是致力于使学生理智地理解当代生活问题中的基本原理;四是特定的教育目标要适合特定年龄阶段儿童的兴趣与需要;五是所制定的教育目标既要经过可接受的教育哲学的选择,又要受到教育目标其他来源的权衡。泰勒后来提出"校外课程"的理念,主张学校应该充分利用校外生活,帮助学生建设性地参与校外活动,为学生打开超越他们直接经验范围之外的世界,使他们形成更加多样化,更个别化的抱负、生活风格和完成任务的技能。

(3) 学科专家的建议。学校的教科书通常是由学科专家撰写,并主要反映他们的观点。但是,学科专家在制定教育目标时应该考虑"你这门学科对那些不打算成为该学科领域专家的学生的教育能做出什么贡献?你这门学科对外行和一般公民能有何贡献?"而不是"我们应对将要在该学科领域从事极高深研究的学生提供什么样的基础教学?"泰勒后来受到布鲁纳推行的结构化课程改革运动的影响,还强调学习者理解学科结构的重要性。

鉴于达到教育目标需要时间,学校指向的目标不应该太多,所以,需要对经过上

---

① R.W.泰勒著,罗康等译:《课程与教学的基本原理》,中国轻工业出版社2008年版,第1页。

述分析所获得的大量有关教育目标的资料进行两次甄选——哲学的甄选和心理学的甄选。所谓哲学的甄选,就是依据每一个社区、每一所学校对良好生活和良好社会的性质所持有的独特的哲学价值观,涉及"学校专注的教育与社会哲学"、"学校接纳的价值"、"学校信仰的内容",那些与此哲学观一致的目标才被确认为重要的目标。所谓心理学的甄选,就是依据教育目标是经学习而获得的结果,那些与学习的内部条件一致的目标才有价值。在最低层次上,把期望通过学习过程使人发生的变化与不能期望通过学习过程发生的变化区别开来;在较高层次上,把在特定年龄阶段可行的目标与那些需要花费很长时间才能达到的目标或那些几乎不可能达到的目标区别开来。此外,学习心理学的知识对年级安排、获得特定类型目标所需要的条件都是有意义的。

确定目的最后一个环节是对目标的有效陈述,即既要确认应培养学生的哪些行为,又要指出该行为运用于哪些生活领域或内容中。为精确而又清晰地陈述目标,泰勒建议使用由"行为"和"内容"构成的"二维图表"(two-dimensional chart)。泰勒反对将教育目标无限具体化。在教育目标的两个方面中,行为应该是一般的,而内容则是具体的。理想的情况是学生应该能够容易地从一般转入具体,从具体转入一般,也就是能识别出一般的具体例证,识别出包括许多具体事例的一般原理。因而,在课程计划里,应该论述目标的一般化程度,要把具体事物作为例证,而不是把具体事物作为目的。

2) 选择经验

学习经验"既不同于一门课程所要传授的内容,也不是教师所从开展的各种活动。'学习经验'这一术语是指学习者与使他起反应的环境中的外部条件之间的相互作用"。[①] 教师应通过构建多方面的情境,以激发学生产生所期望的反应,或者使经验多样化,以便向每一个学生提供可能对其有重要意义的经验。为此,选择学习经验必须遵循以下五条原则。

(1) 学习经验既能使学生有机会实践既定教育目标所隐含的行为,又能使学生有机会处理该目标所隐含的内容。
(2) 学习经验必须使学生在从事教育目标所隐含的相关行为时获得满足感。
(3) 学习经验适合学生目前的水平及其心理倾向。
(4) 许多特定的经验能够用来达到同样的教育目标。
(5) 同样的学习经验通常会产生多种结果。

3) 组织经验

泰勒指出,要实现教育经验的累积效应必须对其进行有效组织。组织的形式有两种:一种是纵向组织,指不同阶段(或时期)的学习经验之间的联系;一种是横向组织,指不同领域的学习经验之间的联系。有效的组织会使不同的学习经验之间相互

---

① R. W. 泰勒著,罗康等译:《课程与教学的基本原理》,中国轻工业出版社 2008 年版,第 55 页。

整合、相互转化,相反,不良的组织只会导致经验之间相互冲突、相互抵消。有效组织的标准如下:连续性,是指"直线式地重复主要的课程要素";序列性,"强调使每一后续经验建立在先前经验的基础上,同时又对有关问题进行更广泛、更深入探讨的重要性";整合性,是指"课程经验之间的横向联系"。

泰勒还吸收了赫尔巴特的组织观念,把基本概念、基本技能、基本价值(态度、兴趣、信仰)视为能够统合学习经验、有效组织课程线索的要素。按照上述三个标准组织这些要素时还必须正确认识"逻辑组织"与"心理组织"之间的关系。逻辑组织反映了学科领域专家对课程要素之间关系的看法,是对学科领域专家有意义的和重要的关系;心理组织则体现学习者心理发展的特点和学习者对课程要素之间关系的看法,是对学习者有意义的关系。而要实现二者的统一,绝非易事。此外,泰勒认为,要实现有效地组织学习经验,还必须探讨组织学习经验中的一些主要的结构要素。为此,泰勒提供了三个层次的结构要素。

在最高层次上,可能的结构要素包括以下几类:具体的科目,如地理、算术、历史、书法、拼写等;广域课程,如社会学科、语言艺术、数学、自然科学等;核心课程,与广域课程和具体科目相结合,供普通教育之用;一种完全未分化的结构,即把整个教学计划作为一个单元,相当于经验课程。

在中间层次上,可能的结构要素包括以下几类:按序列组织的学程,如按顺序组织的社会科学Ⅰ、社会科学Ⅱ、社会科学Ⅲ;以一学期或一学年为单位的学程,在设计时并没有把这些学程作为整体统一起来。

在最低层次上,可能的结构要素包括以下几类:课,在这种结构中,每一教学日都被作为独立的单位,而且该教学日的教案与其他教学日的教案或多或少是分离的;课题,一个课题可持续几天或几周;单元,通常包括几周的学习经验,并且是围绕问题或学生的主要目标组织的。

4)评价结果

在泰勒看来,评价就是确定课程与教学计划实际实现教育目标的程度,即实际引起的学生所发生的行为变化的程度。评价的程序分以下三个步骤。

步骤一:界说教育目标。确定教育目标究竟要期待学生产生哪些行为变化。

步骤二:确认评价情境。为学生提供使学生有机会表现出评价值得试图评估的那类行为的情境。

步骤三:编制评价工具。设计一种在测验情境中获取学生行为记录的手段,并确定用来总结或评估所得到的行为记录的名称或单位,一定要保证所编制的评价工具的客观性、信度和效度。

2. 简要评价

泰勒的目标模式力图使课程设计成为一种理性、科学的过程,把科学化课程设计推向了顶峰。该模式不仅把确定教育目标作为课程设计出发点,还把教育目标作为课程设计的核心,目标既是选择和组织学习经验的指南,又是设计评价程序和确定评价工具的规范。以目标的确定为出发点,事实上抓住了课程设计的逻辑起点。

该模式把目标的达成作为教育成功与否的准则,不仅使教师的教学有据可依,也使教育评价变得相当简单。该模式简洁明了,条理清晰,操作程序易于把握,在世界各国课程领域产生了巨大影响,一度在 20 世纪五六十年代成为课程设计的主流模式。

泰勒的目标模式将课程设计独立于课程实施,具有国家课程设计的特征,正如派纳所说:"泰勒程序不是教师对课程开发的陈述,而是官方的。"①它追求课程设计的普适性,为课程设计提供了一个理性的框架,不可避免地带有那个时代科学至上的印记。课程设计是一种循环往复不断发展的过程,随着社会政治、经济和教育理论与教育实践的发展,课程总是处于一种变化的状态中。

自 20 世纪六七十年代以来,以泰勒原理为基础,出现了 10 多种目标模式的变式。如泰勒的学生和助手塔巴(H. Taba)提出了塔巴模式,他把泰勒提出的 4 个步骤扩展为 8 个步骤:诊断需求、陈述目标、选择内容、组织内容、选择学习经验、组织学习经验、确定评价的对象与方法、检查平衡性和顺序性。惠勒(D. K. Wheeler)将泰勒的直线转变成圆圈式(见图 3-7),突出了评价的反馈作用。坦纳夫妇也认为泰勒原理对基本问题的直线式排列是错误的,割裂了这些问题的相互联系性。他们认为,在课程设计过程中,目标、内容、教学方法与组织、评价等诸要素是相互联系、相互依赖、相互作用的,提出了一种立体的模式,即在课程设计的实际过程中,这 4 种因素必须被看做是一种"社会生态学的关系",形成一种动态的系统。

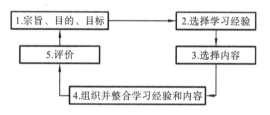

图 3-7 惠勒的课程设计模式

(二)过程模式

过程模式是由英国著名课程论专家劳伦斯·斯滕豪斯(L. Stenhouse)在对目标模式的理论假设与实践进行系统反思和批判的基础上提出来的。过程模式的称谓即是针对目标模式提出来的。过程模式不以事先确定好的目标系统作为课程设计的依据,而是关注整个课程的展开过程;课程设计是一个对整个过程中涉及的变量、要素及其相互关系进行评价和修正的动态的、持续的过程;课程实践是设计的焦点,教师是设计过程的核心,教师对课程实践的反思批判和创造是设计的关键。过程模式为课程设计提供了一种思路,该模式在实际的课程设计过程中如何展开则需要在实践中进一步的研究和探索。斯滕豪斯于 1975 年出版了《课程研究与开发导论》(Introduction Curriculum Research and Development),对泰勒原理进行了详尽而透

---

① 威廉 F. 派纳等著,张华等译:《理解课程》,教育科学出版社 2003 年版,第 114 页。

彻的分析与批判,认为泰勒原理没有明确说明教师应当做什么,也没有明确说明具体内容,即教师如何处理教学内容的问题。斯滕豪斯通过对泰勒原理的批判建立起过程模式的理论框架。

1. 对目标模式的批判

斯滕豪斯认为,目标模式把教育应该关注学生行为表现的变化作为其基本假设,这反映了行为主义心理学的观点,它在提供一个具有条理性和简易性的课程设计的范式的同时,不可避免地存在显著的缺陷。

(1) 目标模式误解了知识的本质。斯滕豪斯认为,目标模式适合于技能的训练而不适合于知识的学习,因为知识的本质在于通过运用知识进行创造性思维,知识既不能还原成行为,更不能用预先规定的行为表现形式来表述。而目标模式试图使行为标准化、公式化,而不是创造性的反映,而且把知识本身作为目的,而不是作为人的发展的手段。课程应该考虑知识中的不确定性,鼓励个体化的、富于创造性的学习。斯滕豪斯指出:"把知识的深层结构转化成行为目标,是学校知识受到歪曲的主要原因之一。通过目标分析来过滤知识,就给了学校以支配学生的权威和权力,学校可以任意制定思考的界限和尚未解决的问题的答案。"①

(2) 目标模式误解了改善课程实践过程的本质。斯滕豪斯认为,目标模式试图通过目标的明晰化来改进课程与教学实践,把教师和学生束缚在预定的统一目标框架内,既不考虑教师和学生各自的知识和能力,也忽略了教师自己的理解与学生具体情况的变化,而课程与教学的改进是一个逐步展开的过程,取决于对实际问题的分析和研究,取决于教师的理解、批判、反思,以及创造性的工作,而不只是参照某种标准的目标框架。

(3) 目标模式误解了评价的目的。斯滕豪斯认为,目标模式按既定目标评价学生的学习结果,只根据学生的行为变化来衡量课程与教学的成败,这误解了评价的目的,缩小了评价的范围。评价没有预先的目标,评价就是对整体课程计划提供全面的描绘,以展示所有成分及其相互关系,以不断对课程计划进行修正,因此,评价应贯穿于整个课程活动过程,而不仅仅是在课程活动结束时进行,评价不是评出优劣、好坏,而在于增进对课程与教学的理解,评价也不仅是评学生,还要评教师和学校。

2. 基本内容

斯滕豪斯认为,知识"与信息不同,它是一个结构,支撑着创造性的思维并提供判断的框架"。② 教育就在于引导人们探索知识,使学生的行为结果无法预测。他以英国著名教育哲学家彼得斯(R. S. Peters)的教育价值论为依据,指出教育不是达到别的目标的手段,其本身具有内在价值。因此,课程活动本身具有内在的固有价值,

---

① 施良方著:《课程理论——课程的基础、原理与问题》,教育科学出版社1996年版,第175页。

② 施良方著:《课程理论——课程的基础、原理与问题》,教育科学出版社1996年版,第177页。

对课程活动的评判应依据其内在的价值标准,而非其导致的结果,课程内容选择的依据应是知识及活动的内在价值。那么,如何鉴别具有内在价值的活动呢?斯滕豪斯给出了拉思(J. D. Rath)提供的一套鉴别标准。[①]

(1) 如果所有其他条件都相同,那么,某项活动允许儿童在活动中自己做出选择,并对选择所带来的结果进行反思,则这项活动比其他活动更有价值。

(2) 如果所有其他条件都相同,那么,某项活动允许学生充当主动的角色而不是被动的角色,则这项活动比其他活动更有价值。

(3) 如果所有其他条件都相同,那么,某项活动要求学生对各种观念、理智过程进行探究,或对当前面临的个人问题、社会问题进行探究,则这项活动比其他活动更有价值。

(4) 如果所有其他条件都相同,那么,某项活动使学生涉及实物教具,如真实的物体、材料与人工制品,则这项活动比其他活动更有价值。

(5) 如果所有其他条件都相同,那么,某项活动能够由处于不同能力水平的儿童成功地完成,则这项活动比其他活动更有价值。

(6) 如果所有其他条件都相同,那么,某项活动要求学生在新的情境中考察某一观念、理智过程的应用,或一个以往研究过的当前面临的问题,则这项活动比其他活动更有价值。

(7) 如果所有其他条件都相同,那么,某项活动要求学生去考察社会大众都不考察的,即通常被国内主要传媒所忽略的问题或议题,则这项活动比其他活动更有价值。

(8) 如果所有其他条件都相同,那么,某项活动使学生与教师共同参与"冒险"——不是生命的冒险,而是成败的冒险,则这项活动比其他活动更有价值。

(9) 在所有其他条件相同的情况下,那么,某项活动要求学生改写、重温及完善他们已经开始的尝试,则这项活动比其他活动更有价值。

(10) 如果所有其他条件都相同,那么,某项活动要求学生应用、掌握有意义的规则、标准及准则,则这项活动比其他活动更有价值。

(11) 如果所有其他条件都相同,那么,某项活动能使学生有机会与他人分享计划的制订、执行及活动的结果,则这项活动比其他活动更有价值。

(12) 如果所有其他条件都相同,那么,某项活动与学生所表达的意图相联系,则这项活动比其他活动更有价值。

斯滕豪斯认为,不仅课程内容的选择要依据活动的内在价值,而且,教师开展教育活动的价值也体现在他所从事的教育过程之中,因此,课程设计需要澄清有价值的教育活动所应包含的程序原则,从而使教师在教育活动中能够不断地反思这些原则及其所隐含的价值,发展对教学过程的理解和判断能力。斯滕豪斯针对其领导制

---

① Stenhouse. L(1975), An Introduction to Curriculum Research and Development, London, England: Heineman, pp. 86-87.

订的人文学科课程计划,提出了教师应遵循五条程序原则。① ①教师应该在课堂上与学生一起讨论、研究有争议的问题;②教师在处理具有争议性的问题时,应保持中立,使课堂成为学生的论坛;③对有争议性的问题探究的主要方式是讨论,而不是讲授;④讨论时应尊重参与者的不同观点,无须达成一致意见;⑤教师作为讨论的主持人,对学习的质量和标准承担责任。

斯滕豪斯认为,课堂教学活动的核心是讨论而非传递。课程不是学生学习的全部内容,课程只提供了激发课堂教学时产生更多材料的基础。教师通过讨论引导学生探究,激发学生判断,促使学生达到对人类行为和情境的理解。因此,课程设计过程中需要与教师共同分析课堂教学过程,帮助教师反思、评价、修正教学工作,课程评价与课程设计应融为一体。

斯滕豪斯强调,课程设计过程是一个针对内容、原则等在不同情境中如何使用它们的探究、调试和修正的过程。学校是课程设计的中心,教师必须参与课程设计,没有教师的参与,就没有课程设计。因此,斯滕豪斯提出了"教师即研究者","没有教师的发展就没有课程编制"。② 教师成为研究者意味着教师的专业特性至少包括以下三个方面:③①能够对作为课程设计基础的自己的教学提出系统的质疑;②具备对自己的教学进行研究的信念和技能;③通过在实践中运用这些技能检验理论并提出问题。

3. 简要评价

斯滕豪斯的过程模式依据知识和教育活动的内在价值设计课程,突出了学生的个性发展;课程内容是以预先提供的材料为基础,通过学生的探究不断地生成,注意到课程内容预成与生成的关系;把学生视为一个积极的活动者,鼓励学生进行自由、自主的探究活动,强调了学生创造能力的培养;强调教育过程中师生的交互作用,教师不是教育过程的控制者,而是学生学习的引导者,不是学生成绩的评分者,而是学生学习过程的批评者;注重教师在课程设计中的反思批判和发挥创造,提出"教师即研究者",突出了教师在课程设计中的地位和作用。斯滕豪斯冲破了目标模式的樊篱,将课程设计建立在实际的教育情境基础上,注重教师的理解与判断,这在一定程度上符合课程设计的发展方向。

然而,斯滕豪斯的过程模式只是提供了一个课程设计的思路,并没有得到系统的理论概括,也由于没有给出具体的设计步骤,因而使人难以把握,在实践中影响有限。过程模式的另一个主要缺点是必须依赖教师的品质,正如斯滕豪斯自己承认的

---

① See Elliot, J. A, Curriculum for the Study of Human Affairs: The Contribution of Lawrence Stenhouse, Journal of Curriculum Studies, 15(2):112.

② 施良方著:《课程理论——课程的基础、原理与问题》,教育科学出版社 1996 年版,第 189 页。

③ Stenhouse. L(1975), An Introduction to Curriculum Research and Development, London, England: Heineman, pp. 144.

那样,过程模式运用的最大困难是教师能否成为研究者。最后,过程模式涉及需要、兴趣、成长及发展等概念均与价值有关,由于过分强调价值的相对性,易产生价值体系的对立,这也是其难以实施的原因之一。事实上,过程模式比较注重知识和理解,而目标模式比较重视技能,过程模式可以弥补目标模式的不足,因为在课程设计中课程目标是不可或缺的,课程设计人员应鼓励学生自行设计或由教师协助学生设计其学习目标。

(三)实践模式

实践模式由美国课程专家施瓦布(J.J. Schwab)于1969年提出,美国学者沃克(D.F. Walker)依据科特林艺术课程设计过程,又将这一模式称为自然模式。施瓦布认为,课程领域一直盲目地、无根据地依赖理论,某种类型的课程设计往往以一种理论为依据,而不是对所有有关的理论进行择宜或折中,因而经不起辩护。而"一种经得起辩护的课程或课程计划,必然是在某种程度上考虑到所有与人有关的亚学科。不能只看到一种而忽视另一种,更不能接受其中的一个而忽视其他。"[①]所谓实践模式就是运用实践——择宜方式,通过集体审议这一特定的决策机制,实现课程中教师、学生、内容、环境四个基本要素的平衡与协调。

1. 基本内容

施瓦布认为,课程设计的过程是一个通过审议解决问题的过程。课程审议就是从问题的提出到问题的解决,遵循实践的逻辑,按照实践原则,形成各种可能的解决方案并从中进行选择。课程审议是一种集体审议,要有多方代表参加,既要对已有课程的实际效果进行事实判断,还要对课程设计的价值取向进行价值判断,审议的目的就是做出行动的抉择。

1)课程审议的目标

施瓦布认为,课程的基本要素为学科内容、学生、环境和教师,课程审议的目标就是要达到这些基本要素的协调与平衡。这里的学科内容不是学科的学术内容,而是呈现为教材的学科的教育内容。对于学生,要以学生的实际情况为依据,既要从心理学、社会学、政治学等不同学科来认识学生,又要把学生作为完整的人,还要关注学生的个体差异。环境是学生学习得以发生、进行并产生结果的情境,对影响学生和学校的环境,应综合运用社会学、经济学、心理学等不同学科的知识来理解。而教师则是确定目的和解决问题的基本要素,是课程审议的第一手信息来源。

要实现课程基本要素的协调与平衡,就要同时考虑上述四个基本要素,尤其要对学术内容作为课程资源并转换成课程内容进行充分审议,为此,需要成立由教师、校长、学生、家长、社区代表、教材专家、课程专家、心理学家和社会学家等具有不同经验和知识背景的人员组成的审议小组,其中,大学课程教授负责对审议小组组长

---

① 施良方著:《课程理论——课程的基础、原理与问题》,教育科学出版社1996年版,第208页。

及成员的培养和提高。课程决策采用"自下而上"的模式,课程成为审议小组的集体决定。

2)课程审议的过程

施瓦布认为,课程设计是通过实践和择宜的方式来进行的。所谓实践的方式就是面对每个人所感知的个别的、具体的、特定的情境,经过有意的"无关扫视",从背景中识别问题所在,然后选择最佳的问题表述方式形成问题,最后对解决问题的备择方案进行权重和选择。

择宜虽然没有固定的步骤,但施瓦布提供了一个分析—比较的框架。分析即针对作为课程设计的每一种理论依据,识别其理论构架中的术语,分析理论之间的区别和关联。比较则有两种情况,一种情况是对具有同一或类似的研究课题但有着不同术语的理论进行比较,从而理清相互之间的共同要素及不同要素,进而识别每一种理论中的"偏见";另一种情况是对研究课题相关但理论体系截然不同的各种理论进行比较,明确每种理论在选择论题时对其研究对象所做的歪曲。

2. 简要评价

实践模式反对课程设计过分依赖某一"外来理论",但并不排斥理论的指导,恰恰相反,认为课程设计所依据的理论不是"单数",而是"复数",应根据学校课程的具体情况,对有关理论进行分析、选择,并在此基础上对课程内容进行决策。实践模式强调课程问题是"应该教什么"与"应该学什么"的问题,这些问题的解决应遵循实践原理,而非逻辑推理;而且课程决策过程是一种"自下而上"的过程,第一线的教育工作者应直接参与课程决策。这些对于课程设计具有重要的启发意义。

然而,实践模式也存在一些明显的问题。施瓦布一方面对可靠的理论持怀疑态度,过于强调实践情境,另一方面又对基本假设、价值取向各不相同的理论进行折中调和,采取各取所需的策略,因而容易造成思想上的混乱。集体审议小组成员虽能够各自发表自己的观点,但由于各人的背景不同,对课程问题很难取得一致看法,因而要实现集体共同决策很难做到。

二、教学设计的基本模式

教学设计就是要把学与教的原理转化为具体的教学活动,在教学设计的发展过程中,由于学习理论、教学理论的差异,人们对学习及教学的理解不同,在进行教学设计时对教学过程各因素的关注也各不相同,形成了不同取向的教学设计模式。

(一)行为主义教学设计模式

行为主义教学设计模式主要以行为主义心理学为基础,依据对人的行为的控制和完善来设计教学,桑代克、斯金纳是对该模式影响最大的行为主义心理学家。斯金纳将操作性条件学习与强化原理相结合,建立起程序教学的概念,使程序教学设计成为该模式的代表。

1. 理论基础

行为主义认为,行为是有机体用以适应环境变化的各种身体反应的组合,心理则是内隐而轻微的行为,人的心理的成长是人的行为从简单到丰富复杂的过程。学习是环境刺激与反应之间联结形成的过程,通过"刺激—反应—强化"来实现,定期练习和复习能够维持学习者对反应的准备,而相同或相似特征的情境可以使得行为在共同要素中实现迁移。教学则要呈现适当刺激并提供机会让学习者反复练习以便做出适当的反应。教学上成功控制人的行为,也就成功控制与主导人的心理的成长。教学要确定哪一种强化及如何运用强化对具体的学习者来说最为适宜,最能使学习者形成相应的行为。

2. 基本特征

行为主义关心教学中向学习者呈现的刺激是否能引发出预期的行为,学习者应当如何去做出适当的反应,以及在什么条件下去做出这个反应。也就是说,教学必须确定哪一个线索能够引发预期的反应;安排怎样的与预期刺激相配的有提示的练习情境;提供什么样的环境条件以便学习者能够依据预期的刺激做出正确的反应并从反应中接受强化。因此,建立在行为主义相关原理基础上,行为主义教学设计关注以下 5 个方面的工作(见表 3-3)。

表 3-3 行为主义教学设计的关注点及其对应的学习原理[①]

序号	教学设计关注点	对应的学习原理
1	行为目标、任务分析和标准参照评估	强调确定可观察的和可测量的学习结果
2	学习者分析	预先对学习者做出评估以确定教学应该从哪里开始
3	教学呈现内容排序,掌握学习	在进入更高层次的学习水平或业绩能力之前,先要掌握前面的知识
4	实际奖赏,形成性反馈	运用强化影响业绩
5	从简单到复杂的练习序列,运用提示	运用线索、塑造和练习,以确保形成刺激-反应之间的强有力联系

将上述关注点系统化,行为主义教学设计的一般过程如下:分析预期的学习目标、学习任务分析、学习者分析、学习程序设计、刺激与反馈强化设计、信息技术应用设计、评价与改进。这一过程均强调外显可观察及可量化的行为,重视外部学习环境的设计和分析。根据教学设计关注点对应的学习原理,行为主义教学设计要遵循内驱力、线索、分化、概括、链式塑造、及时反馈与强化等原则。斯金纳的程序教学设计进一步将这些原则表述如下:积极反应原则、小步子原则、即时强化原则、自定步调原则、低错误率原则。

行为主义教学设计对教学设计理论与实践的发展产生了巨大的影响,一度成为

---

① P. A. Ertmer,T. J. Newby 著,盛群力译:《行为主义、认知主义和建构主义——从教学设计的视角比较其关键特征》(上),载《电化教育研究》2004 年第 3 期。

教学设计领域占主流的模式,教学设计过程的迪克-凯瑞模型、肯普模型等都是这一模式的具体化,布卢姆教学目标的分类系统则是这一模式学习目标分析与设计的理论基础。斯金纳的程序教学在20世纪70年代后被广泛运用于计算机辅助教学,对个别化教学设计也产生了积极的推动作用。但是,由于行为主义否定人的主观能动作用,否定大脑对行为的支配与调节作用,故在许多问题上难以自圆其说,因此,行为主义教学设计也遭到诸多的批判。

(二)认知主义教学设计模式

20世纪50年代后期,学习理论开始由行为模式转向认知模式,教学设计也逐渐从行为主义转到认知主义,即从通过一个教学系统操纵呈现材料的程序向引导学习者认知加工及与教学系统互动转变。认知主义教学设计主要以认知心理学为基础,基于促进学生的认知发展进行教学设计,目的在于发展学生的认知能力和水平。代表性模式有布鲁纳的发现学习教学设计模式、奥苏伯尔的有意义接受学习教学设计模式、加涅的累积学习教学设计模式、加德纳(H. Gardner)多元智能教学设计模式。这些模式既有共性又有差异性,下面综合介绍认知主义教学设计模式的共同特征。

1. 理论基础

认知主义认为,学习是学习者主动与环境相互作用,是利用旧知识接受与理解新知识,形成、改组认知结构的过程,也是接收、编码、转换、储存和提取信息的过程。尽管与行为主义一样,认知主义也重视示范、例证、反馈在促进学习中的作用,但认知主义更强调学习者的主动性,强调学习者积极的心理活动,学习者内在动机、学习活动本身所带来的内在强化作用,以及学习者的信念、思想、态度、价值观等对信息加工过程的影响。认知主义与行为主义都主张用最有效的方式向学习者传递知识,并通过简化还原和标准化促进知识的迁移,但行为主义者注重设计类似的环境实现知识迁移,而认知主义者则注重认知结构的组织特征,如清晰性、稳定性、概括性、包容性的影响,突出有效的学习策略的作用。

2. 基本特征

在认知主义看来,教学就是帮助学习者积极主动地与环境发生作用,用最佳的方式组织信息并将它们与认知结构中已有知识建立联系。教学必须基于学习者已有的认知结构,必须考虑对新的信息的组织,安排以便其能够与认知结构中的已有知识以某种有意义的方式建立联系,必须安排带有反馈的练习,以使新信息能够被学习者的认知结构同化或顺应。建立在认知主义相关原理基础上,认知主义教学设计关注四个方面的工作(见表3-4)。

表 3-4　认知主义教学设计的关注点及其对应的学习原理[①]

序号	教学设计关注点	对应的学习原理
1	学习者控制、元认知训练——如自我规划、自我监控调节	强调学习者主动参与学习过程
2	认知任务分析程序	运用层级分析以确定和图示学习任务的先决条件关系
3	运用认知策略,诸如画线、小结、综合和先行组织者	强调信息的结构化、组织和排序,以促进最优的信息加工
4	回忆先决技能、运用相关例证、类比	允许和鼓励学习者对先前习得的材料作出联系

根据上述关注点,认知主义教学设计的一般过程是学习任务分析、学习内容分析、学习者分析、教学目标的制定、教学策略设计、信息技术应用设计、评价与改进。认知主义教学设计与行为主义教学设计有许多共同点,如二者都重视学习任务分析、学习者分析及教学策略的运用,所不同的是前者不仅要分析学习者是如何激活、维持与指导自身的学习,还要分析学习者已有的认知结构状况,而后者则是分析学习者当前的行为水平及最希望达到的行为结果,目的在于确定教学起点和选择强化手段;前者利用学习结果来指导和支持准确的心理联结,而后者则运用强化来调节行为的预期方向。认知主义教学设计非常注重先行组织者、类比、层级关系等教学策略的设计,因为这些策略能够有效地帮助学习者将新旧知识联系起来。

加涅的累积学习教学设计模式中,对学习者的分析是通过分析学习结果来确定学生的理智技能状态。加涅认为,学习是指人的心理倾向和能力的持续变化,任何一种新的知识技能的学习,都以经习得的、从属于它们的知识技能为基础,即较为复杂、抽象的知识技能是以较为简单、具体的知识技能为基础的。学生心理发展的过程,主要是各类能力的获得及累积过程。他把人的基本学习分为 8 种类型:信号学习、刺激—反应学习、动作连锁学习、言语联想学习、辨别学习、概念学习、规则学习、问题解决或高级规则的学习。这 8 种学习之间的关系是分层次、累积性的。一方面,每一层级的学习都以前一层级的学习结果为前提条件,即前一层级的学习为后一层级的学习做好了准备,提供了后一层次学习的内容条件。通过对前一层级教学结果的分析就能把握学生的内部条件。加涅区分了 5 种学习结果,并将学习结果作为教学目标,每种结果有其实现的主要教学事件或教学条件(见表 3-5)。加涅还将学习的过程分为 8 个阶段,并与学习阶段相对应,教学也分为 8 个阶段(见图 3-8),这为教学设计提供了依据。

[①] P. A. Ertmer,T. J. Newby 著,盛群力译:《行为主义、认知主义和建构主义——从教学设计的视角比较其关键特征》(下),载《电化教育研究》2004 年第 4 期。

表 3-5　影响学习过程的主要教学事件

学习目标的分类	主要教学事件(或学习条件)
理智技能	1. 促进先前习得的部分技能的恢复； 2. 呈现言语线索，使部分技能的组合有顺序； 3. 安排好间断复习的时机； 4. 运用各种前后关系去促进迁移
认知策略	1. 对策略作描述； 2. 提供各种时机进行各种认知策略的练习，如从提出新问题到解决问题
言语信息	1. 使用各种印刷符号或语言激活注意； 2. 为有效编码而呈现一种有意义的前后关系(包括表象)
动作技能	1. 提供言语或其他指导，为执行的路线提供线索； 2. 安排反复的练习； 3. 提供直接而精确的反馈
态度	1. 在选择某项行动后，对成功的经验进行回忆； 2. 实施所选择的行动，或观察人物实施这一行动； 3. 对成功的操作给予反馈，或观察榜样人物的反馈

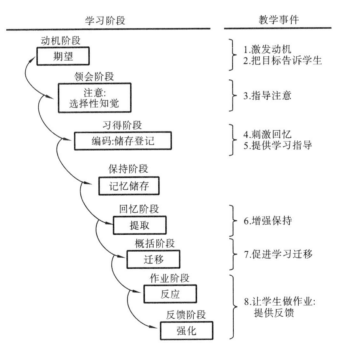

图 3-8　学习阶段与教学事件的关系

(三) 人本主义教学设计模式

人本主义教学设计模式以人本主义心理学为基础，依据完满人格的形成来设计教学。人本主义心理学兴起于20世纪50年代末和60年代初,其目标是探讨完整的人,要对作为一个活生生的人所涉及的各个方面进行描述,尤其关注人的情感、知觉、信念和意图。人本主义教学设计模式的代表是罗杰斯的"非指导性教学"设计模式。

1. 理论基础

人本主义认为,人类具有学习的自然倾向或学习的内在潜能,学生的学习是一种自发的、有目的、有选择的获得和形成经验的过程,它建立在学生对外界情境或刺激的解释基础上,是对学习内容与自身关系的意义的理解。罗杰斯区分了两类学习,一类学习是无意义学习,它只涉及心智(mind),是一种"在颈部以上(from the neck up)"发生的学习,它不涉及人的感情或个人意义,与完整的人无关。"现代教育的悲剧之一,就是认为唯有认知学习是重要的。"[①]另一类学习是意义学习,所谓意义学习(significant learning),不是仅仅涉及事实累积的学习,而是指一种使个体的行为、态度、个性及在未来选择行动方针时发生重大变化的学习。这种学习与奥苏伯尔的有意义学习(meaning learning)是有区别的,前者关注学习内容与个人之间的关系,而后者是强调新旧知识之间的联系。意义学习包括四个要素:①学习具有个人参与的性质,即包括认知、情感等整个人都投入学习中;②学习是自我发起的;③学习是渗透性的,会使学生的行为、态度,乃至个性都发生变化;④学习是由学生自我评价的,只有学生最清楚某种学习是否满足自己的需要、是否有助于得到他想要知道的知识。

2. 基本特征

人本主义认为,教学就是要以学生为中心,激发学生的好奇心和求知欲,教会学生学习,培养学生的独立性、自主性和创造性,促进学生完满人格的形成。为了使学生能够有效地进行意义学习,教学又是人与人之间的情意活动,教师在教学中既要信任学生,又要对学生真诚,还要具有移情能力。教师的任务不像行为主义那样是教学生知识,也不像认知主义那样是教学生怎样学,而是要通过情意因素,创造丰富多彩的教学情境,为学生的自主学习提供机会和条件,由学生自己决定怎样学。建立在人本主义相关原理基础上,人本主义教学设计关注6个方面的工作(见表3-6)。

表3-6 人本主义教学设计的关注点及其对应的学习原理

序号	教学设计关注点	对应的学习原理
1	学习者分析,强调学习者的自主学习能力	学习者有自主学习的潜能
2	学习目标、任务分析	学习内容与学习者目的有关,意义学习便会发生,学习速度会加快
3	学习内容组织,提供辅导	降低对自我威胁的防御,学习就会取得进展

---

① 施良方著:《学习论》,人民教育出版社1994年版,第383页。

续表

序号	教学设计关注点	对应的学习原理
4	提供真实的问题情境,学生主动探究	学习者负责任地参与学习过程并全身心投入,学习就会持久、深刻
5	学习者对学习进行自我评价	了解学习过程、对经验持开放态度

人本主义教学设计强调要以学生为中心,注重情意教学、师生和谐关系的建立。其一般教学设计过程如下:学习者分析、学习目标及任务分析、学习内容设计、教学策略设计及教学评价设计。人本主义教学设计将学生作为教学的出发点和归结点,非常重视对学生的分析,要求要围绕学生的知识水平、学习兴趣和特长,对学生提供必要的学习材料及对教材的组织,以便于学生的自主学习。人本主义教学设计不仅注重调动学生的学习自主性、独立性、能动性和创造性,也重视教学中的情意因素,要求教师用情和爱、用信任和真诚去教学。下面以罗杰斯的非指导性教学设计为例,以增强对人本取向教学设计模式的认识。

罗杰斯根据其"案主中心疗法"提出了"以学生为中心教学"设计,又被称为非指导性教学设计,该模式的要点有以下几方面。①

(1) 先决条件是树立以人为中心的教学观,对人能力有充分的信心,把人视为可依赖的有机体,置学生于教学主体的地位。

(2) 教师与学生共同分担学习的责任,制订课程计划,确定管理与操作的方式、资金、决策等。教师在其中扮演参谋、咨询者的角色,而不是像长官那样对学生指手画脚、发号施令。

(3) 教师提供学习的资料,包括教师的经验及书籍、材料等,并鼓励学生对教师的经验和书本知识进行补充、更正、创新等。

(4) 学生独自或与他人合作制订自己的学习计划,按自己的兴趣选择学习方向和程序。

(5) 教师创造促进学习的气氛或情境,形成良好的班风和校风,把学生置于被关心、理解、信任的情境中,激发他们自觉主动地学习。

(6) 把注意力放在促进连续的学习过程上,学习的内容屈居第二位。因此,衡量一个课程完成的标准不是该学的内容是否学完了,而是学生是否会学了,是否在学习上达到了应有的进步。

(7) 在教学纪律上,用学生自律代替他律,让学生自己管理自己,自己约束自己。

(8) 采用学生自我评价的办法,以代替外来的评价。

(9) 在这种促进生长的教学中,使学生的经验、个性、创造力不断得到发展。

(四) 建构主义教学设计模式

建构主义教学设计模式主要以建构主义心理学为基础,依据人主动对知识的建

---

① 田本娜主编:《外国教学思想史》,人民教育出版社2001年版,第441页。

构来设计教学。建构主义兴起于20世纪80年代的西方,起源于皮亚杰对西方哲学传统中的知识论的不满。当代建构主义流派众多,但是,无论是激进建构主义,信息加工建构主义,还是社会建构主义,都一直认为知识不是被动授受的结果,一切知识都是人们建构的。建构主义教学设计模式表现出许多具体的变式,如情境教学设计、支架式教学设计、抛锚式教学设计、随机进入教学设计等。

1. 理论基础

建构主义认为,学习是学习者以已有的经验为基础,通过与外部世界的相互作用而主动建构新的理解、新的心理表征的过程。知识不是对现实的准确表征,而是学习者在与环境的互动中创造的,是主体的经验、解释和假设。因此,任何内容的知识都应该放在运用的情境中来学习,富有成效的学习必须包括三个关键因素:活动(实践)、概念(知识)和文化(情境)。建构主义认为,不存在脱离具体内容和情境的学习,因此反对按关系的层级分析将信息单元和知识领域进行分割。

2. 基本特征

建构主义认为,既然教师和学生分别以自己的方式建构对世界的理解,那么,教学过程就是以学生为中心,是教师和学生对世界的意义进行合作建构的过程。教学要帮助学习者积极地探究复杂的主题或环境,并且像某一个领域的专家那样来思考问题。教学不要事先规定要学习的内容,要鼓励学习者建构自己的理解,然后从多种来源获取信息,通过社会协商证明各种见解的合理性。建构主义把情境、协作、会话和意义建构作为学习环境的四个构成因素,注重在真实的情境中定位任务,运用认知学徒方法(对学习者怎样达到专家水平业绩进行示范和辅导),交流多种观点(合作性学习以提出、分享不同的见解)、社会协商(争辩、讨论和提供证据)、运用真实的事例、反思以及对建构过程的指导。建立在建构主义相关原理基础上,建构主义教学设计关注5个方面的工作(见表3-7)。

表3-7 建构主义教学设计的关注点及其对应的学习原理[①]

序号	教学设计关注点	对应的学习原理
1	强调确认将要学习以及后续运用的技能的情境	将要学习的东西定位在有意义的情境中
2	强调学习者控制和操纵信息的能力	积极运用所学到的东西
3	用多种不同的方式来呈现信息	在不同的时间、用不同的情境、为了不同的目的和从不同视角重温内容
4	鼓励学习者运用问题解决技能来超越给定的信息	培养模式识别技能、呈现表征问题的不同方式
5	重在对知识与技能的迁移进行评估	呈现与最初教学条件不同的问题与情境

---

① P. A. Ertmer T. J. Newby 著,盛群力译:《行为主义、认知主义和建构主义——从教学设计的视角比较其关键特征》(下),载《电化教育研究》2004年第4期。

根据上述分析,建构主义把学生视为信息加工的主体、知识意义的主动建构者,而教师则是学生主动建构意义的帮助者、促进者。知识是学生主动建构的结果,学生的学习目标、学习内容不能事先规定。因此,建构主义教学设计与行为主义及认知主义教学设计明显不同,其一般过程是:主题设计、情境创设、信息资源设计、自主学习策略的设计、协作式教学策略设计、学习过程与学习效果评价设计。

作为建构主义教学设计模式的一个具体样式,抛锚式教学设计就是为学生创设一个完整、真实的问题情境,使学生从中产生学习需要,通过自己的主动探索,并与学习共同体成员互动、交流,即合作学习,最终解决问题,建构自己对事物的理解。抛锚式教学设计的程序如下:设置锚—围绕锚组织教学—自主探索(合作学习)—消解锚—效果评价。所谓锚是指支撑课程与教学实施的支撑物,通常是一个故事、一段经历,甚至是一个挑战,或者是学生感兴趣的、包括一系列问题的情境。在抛锚式教学中,教师帮助学生在真实情境中确认学习目标,并允许学生对教学内容进行探索。学生则围绕问题情境,提出解决问题的假设,然后通过查询各种信息资料和逻辑推理对假设进行论证,根据论证的结果制定解决问题的行动计划,实施该计划,最后根据实施过程中的反馈,补充和完善原有认识。抛锚式教学以真实事例或问题为基础,有时又被称为"实例式教学"或"基于问题的教学"。

【本章小结】

(1) 广义上的课程设计即是课程开发,包括课程开发的全过程。而在狭义上,课程设计是指课程开发的中心环节,即依据一定的课程观,根据课程实施对象,确定课程目标,选择和组织课程内容的过程,既包括课程设计的结果,也包括课程设计的价值取向、设计的规范、方法和策略。教学设计作为一个相对独立的研究领域,有其自身的内在规定性。教学设计是运用系统方法,将学习的心理控制与教学技术紧密结合,优化组合教学要素,对教学活动进行系统规划、安排与决策的过程。教学设计又被称为教学系统设计。教学设计主要以学习理论、教学理论、系统理论和传播理论等为基础,是一个创造性地分析、解决教学问题的过程。

(2) 课程设计主要有三种类型:学科中心课程设计、学生中心课程设计、社会中心课程设计。课程设计既受到一定社会政治、经济、文化等的制约,又受到学习者、课程观等因素的影响。学生、社会需求以及系统的学科体系是影响课程设计的三个基本因素。任何一种课程设计都要对课程设计的要素进行适当的安排,做到课程平衡。所谓课程平衡,是指学校课程中各门学科或活动在安排上主次清楚、比例合适、互相配合,整体上发挥最佳的育人功能。课程设计有时是线性的,有时则有很多反馈循环,有时还可能开始于多个切入点。我国课程设计在程序上一般分为三个阶段:前期研究阶段、课程设计阶段和实验评价阶段。

(3) 教学设计因任务不同通常分为三个层次:教学媒体设计、教学过程设计、教学系统设计。教学设计是一项系统工程,体现出鲜明的程序性。依据不同的理论出发点,针对不同的教学任务与教学情境,代表性的教学设计程序模型有:迪克-凯瑞模型、肯普模型、史密斯-雷根模型。不同设计模型的共同的基本要素是:学习者、目标、策略和评价。根据马杰对教学设计三个基本问题的回答,教学设计的一般程序包括八个环节:学习需要分析、学习者分析、学习目标的分析与设计、学习内容的分析与设计、教学策略设计、教学媒体设计、教学环境设计、教学设计成果的评价。

(4) 课程设计的目标模式是以课程目标为课程设计的核心,在确定课程目标的前提下进行课程内容的选择与组织,并将课程目标作为课程实施的依据和课程评价的准则的课程设计模式。过程模式则是对整个课程展开过程中涉及的变量、要素及其相互关系进行评价和修正的动态的、持续的过程。实践模式是运用实践一择宜方式,通过集体审议这一特定的决策机制,实现课程中教师、学生、内容、环境四个基本要素的平衡与协调。三种模式各有利弊。

(5) 由于学习理论、教学理论的差异,教学设计对教学过程各因素的关注也各不相同,形成了不同取向的教学设计模式。主要的教学设计模式有:以行为主义心理学为基础的行为主义教学设计模式,以认知心理学为基础的认知主义教学设计模式,以人本主义心理学为基础的人本主义教学设计模式和以建构主义心理学为基础的建构主义教学设计模式。不同取向的教学设计模式有不同的关注点、不同的教学设计程序。

【思考练习】

1. 名词解释:课程设计、教学设计、学科中心的课程设计、学生中心的课程设计、社会中心的课程设计。
2. 简要评价课程设计的目标模式、过程模式与实践模式。
3. 简述行为主义、认知主义、人本主义、建构主义教学设计模式的主要内容。

第四章 课程资源与教学内容

 学习目标

1. 掌握课程资源、教学内容、课程资源与教学内容整合、课程资源开发与利用等概念。
2. 理解课程资源与教学内容整合的基本理论。
3. 掌握课程资源开发与利用的方法与途径。
4. 运用教学内容选择与组织的理论,掌握选择与组织教学内容的基本方法。

【问题情境】

一位语文教师在学习课文《曹刿论战》后,布置作业让学生写读后感。42名学生几乎全从曹刿的角度立意,论证他善于把握时机,或者赞扬他具有远见卓识,观点基本雷同,思维单调,缺少浓度和新颖性。为了开启学生的思维之门,作文讲评时,教师从报上选取了一则高原苹果广告的故事,讲给他们听。

美国新墨西哥州高原地区有一位种植苹果的农场主,他种植的高原苹果味美,无污染,畅销市场。有一年,一场突如其来的冰雹,把成熟的苹果打得遍体鳞伤,惨重的经济损失在所难免。然而,智慧的农场主突破常规思维,抓住苹果上的疤痕作文章,从一般人意想不到的角度,拟了一则独特的广告,不但使伤痕累累的苹果极为畅销,而且,后来的经销商还专门请他提供带有疤痕的苹果。广告是:"本果园出产的高原苹果,风味独特,无污染,请认准它特有的冰雹疤痕标记,谨防假冒。"

故事讲完,同学们无不对农场主的新奇思维击掌赞赏。这位教师见时机成熟,便告诉学生,农场主的智慧在于创新思维。只要我们克服思维的狭隘性,展示思维的广阔性,进行多角度、多层次的思考,就能写出独树一帜的文章。

在教师的启发下,高原苹果广告开始产生效应,就像一石入水,激起了同学们一串串奇异的思维浪花,同学们分别从不同人物、不同角度发表自己的见解,陶醉于创新思维的惊喜之中……

在这个案例中,这位教师将美国农场主的故事作为课程资源,引入成为课堂教学的内容,引导学生拓宽视野,取得了良好的教学效果。

课程资源和教学内容是实现课程与教学目标的重要载体,它直接指向"教什么"的问题。学会有效地开发与利用课程资源,掌握选择和组织课程与教学内容的基本理论与技巧,是基础教育课程改革对教师的基本要求。在实施这一项工作之前,我们不禁要问以下几个问题。

(1) 什么是课程资源?什么是教学内容?没有教材,教学内容来自于哪里?

(2) 如何开发并有效地利用课程资源？
(3) 对于已经搜集和准备的课程教学内容，怎样进行整合与筛选？
(4) 什么样的教学内容最适合学生的发展需要？
(5) 什么样的知识最有价值？

第一节 课程资源与教学内容的含义

一、课程资源的含义

课程资源是课程目标实现及课程实施的基础和保障，课程资源的丰富性和适切性程度决定着课程目标的实现范围和实现水平。对课程资源的认识，不但直接制约着其开发、利用的程度和质量，而且也直接影响着教育系统的正常运作。随着我国基础教育课程改革的力度不断加大，课程资源的重要性日益显现出来。

（一）课程资源的概念

"课程资源"是"资源"的一种。从词源上看，"资"，即"财物，本钱，供给，资助"；"源"，指"水流源头的地方，引申为事物的来源"。《辞海》中"资源"的解释为"资财的来源，一般指天然的财源"。《现代汉语词典》中"资源"一词解释为"生产资料或生活资料的天然来源"。在日常生活中，"资源"往往被看做经济学术语，在生态学中，"资源"主要指自然资源。现在，资源一词的内涵已大大拓宽，出现了诸如"物力资源"、"人力资源"、"智力资源"、"信息资源"等诸多术语，课程资源同样也是"资源"一词的拓展和延伸。

美国课程专家泰勒认为："任何单一的信息来源都不足为明智而综合地决定学校目标提供基础。"[1]从内涵上看，当前对课程资源的界定主要是从教育目的、课程目标、课程实施、教学活动等角度，以实现课程目标或计划的需要为出发点，去寻求满足它的资源。相关界定主要有以下几种："形成课程因素来源与必要而直接的实施条件"；[2]"是课程设计、实施、评价等整个课程编制过程中可资利用的一切人力、物力以及自然资源的总和，包括教材以及学校、家庭、社会中所有有助于提高学生素质的各种资源。课程资源既是知识、信息和经验的载体，也是课程实施的媒介"；[3]"是富有教育价值的，能够转化为学校课程或服务于学校课程的各种条件的总和"；[4]"是指可能进入课程活动，直接成为课程活动内容或支持课程活动进行的物质和非物质的

---

[1] Ralphw. Tyler. Basic Principles of Curriculum and Instruction. Chicago and London: the University of Chicago Press, 1949.
[2] 吴刚平：《课程资源的开发与利用》，载《全球教育展望》2001年第8期。
[3] 徐继存，段兆兵，陈琼：《论课程资源及其开发与利用》，载《学科教育》2002年第2期。
[4] 范蔚：《实施综合实践活动对课程资源的开发利用》，载《教育科学研究》2002年第3期。

一切";①"指在课程实施过程中对学生进行学校教育的一切素材"。② 以上界定或多或少都包含两层意思,即课程资源是保证课程目标实现和课程实施顺利进行的基础,是课程因素的天然来源和课程实施的条件。

从外延上看,课程资源的范围是宽泛的。比如:泰勒提出课程资源包括"目标资源、教学活动资源、组织教学活动资源、制定评估方案的资源";③坦纳夫妇从社会、知识世界和学习者的本质探讨了课程来源;④也有学者指出,课程资源系统"是由人、材料、工具、设施、活动等5种要素构成的",⑤这些要素的不同状态有不同组合和各种表现,从而也就形成了课程资源的多样状态。

从对课程资源概念的梳理可见,课程资源界定应从教育目的、课程目标、课程实施、教学活动等角度,以实现课程目标或计划的需要为出发点,去寻求满足它的资源。也就是说,课程资源是保证课程目标实现和课程实施顺利进行的基础,是课程因素的天然来源和课程实施的条件。因此,课程资源的概念有广义与狭义之分。广义的课程资源指有利于实现课程目标的各种因素,是课程设计、编制、实施和评价等整个课程发展过程中可资利用的一切人力、物力及自然资源的总和,包括教材及学校、家庭和社会中,所有有助于提高学生素质的各种资源。狭义的课程资源仅指形成课程的直接因素来源与必要而直接的实施条件。

学校教育教学活动所需的资源多种多样,但并不是所有的资源都是课程资源,只有那些真正进入课程,与教育教学活动联系起来的资源,才是现实的课程资源。课程资源的价值体现在课程设计、实施和评价的全过程。由于课程设计受设计者对材料依据的选择或设计者选择作为重点材料的影响,课程资源便成为课程设计的基础和依据。同时,选择哪些资源作为课程设计的基础和依据本身,也反映了设计者一定的价值倾向,而这直接影响着课程的实施和评价。课程实施需要课程资源提供人力、物力等方面的条件支持和保证,课程资源对课程实施起着促进或限制的作用,影响着课程设计和课程实施,反过来,课程资源的评价也是课程评价的重要内容。

(二)课程资源的特点

课程资源是具有课程潜能的广阔的社会资源,是课程存在的基础。课程资源有如下几个特点。⑥

1. 潜在性

课程资源同其他一切功能性资源一样,无论其存在的形态、结构,还是其功能和

---

① 范兆雄:《课程资源系统分析》,载《西北师范大学学报(社会科学版)》2002年第3期。
② 褚慧玲:《重视课程资源的开发和利用》,载《中小学管理》2001年第12期。
③ 江山野:《简明国家教育百科全书·课程》,教育科学出版社1991年版,第112~115页。
④ Tanner D, Tanner L N. Curriculum Development: Theory into Ractice[M]. New York: Macmillan Publishers Co. Inc. & London: Collier Macmillan Publishers. 1980. 142-185.
⑤ 杨蕾,钟志贤:《RBL:为研究性学习打开一扇门》,载《教师博览》2002年第2期。
⑥ 黄晓玲:《课程资源:界定特点状态类型》,载《中国教育学刊》2004年第4期。

第四章 课程资源与教学内容

价值,都具有潜在性,也即它不是现实的课程要素和条件,必须经过课程实施主体自觉能动地加以赋值、开发和利用,才能转化成现实的课程成分和相关条件,发挥课程作用和教育价值。相对于现实课程和课程实施条件来说,课程资源是一种"自然"因素,必须经过主观赋予意义之后才能进一步开发和利用。由于课程资源的待开发性是以含有课程潜能为前提的,即课程资源要有开发的价值和效益,是"可以开发的",因此,在开发和利用实践中,人们往往选择具有较大价值且易于开发的资源。

2. 不确定性

课程资源是客观社会资源经主体意义筛选后的、具有主观与客观特点的资源,其涉及范围广,不但有物质层面,而且有制度层面和精神层面。课程资源根据主体需要而人为命定,是课程资源与一切自然资源的最大区别,同时也就决定了它的不确定性。首先是其存在形态的不确定性。课程资源的外延不可能绝对地划分清楚,但它却始终是一个内涵清楚但外延不明晰的概念。不同的主体对课程资源的理解不同,其规定和划分也不同,即课程资源的形态是"游移"的,随主体的意义选择而定。其次是其归属的不确定性。课程资源与其他社会资源往往相互整合,或者本身就是同一物,很难分清"我"与"他"的界限。正是由于课程资源的丰富性,那么,课程资源的体现形式和分布就可能呈现错综复杂的情况,很难用统一的标准划分其质量的归属、形态边缘和规模数量。同时,由于教育产品是一种准公共物品,因而产生教育产品的课程资源绝大部分必然为社会或公众所共有。这表明了课程资源与社会资源的同构性和全面性,进而也决定了课程资源在绝对量上的稀缺性与相对量上的丰富性。从某种意义上说,人为命定是课程资源进入课程领域的关键,取决于主体的课程观和课程意识,是主体意义筛选课程资源的过程;也只有主体对课程意义和课程可能性有高度的敏感性和自觉性,才能开发并利用丰富的课程资源。

3. 多样性

课程资源的"客观状态"具有多样性。不同地域、不同时代,可供开发和利用的课程资源不同,其构成形式和表现形态也各异;在不同的文化背景下,由于人们的价值观念、道德意识、风俗习惯、宗教信仰等具有差异性,其认定的课程资源也各具特色;由于学校层次、规模、传统以及教师素质和办学水平不同,可供开发和利用的课程资源也不同;由于学生个体的家庭背景、智力水平、生活经历不同,可供开发与利用的课程资源必然也是千差万别。不同的主体,各自存在不同的人生经历、学识水平及教育观、课程观等,势必导致对课程资源筛选和评价的不同,从而形成课程资源开发利用形态的多样性。这一方面能最大限度地发挥课程资源的现实效益,但也可能由于表现形态的复杂化而造成重复开发,增加了开发利用的成本。课程资源的功能具有多样性。

4. 动态性

一个地区的课程资源在一定时间内总有一定的限度,但这个限度又具有很大的伸缩性,即人为命定的不确定性。区域的区位条件、自然环境、经济水平、民族文化和社会条件等,都影响着课程资源的客观存在和动态发展。在不同的历史阶段,课程资源的内涵、外延及内容不同,其本身有一个与时俱进的发展过程。课程资源是一个与社会资源系统、人的主观价值系统和开发条件等动态适应的子系统,因而不同主体在不同情景下对可能开发利用的课程资源是不同的。因此,课程资源是动态的,也是开放的,同时又具有较强的情景性,必须针对具体的时空条件和情景进行开发和利用。

（三）课程资源的分类

所谓课程资源的分类,就是建立课程资源的次序和系统。具体地讲,就是要把众多的课程资源,按照一定的标准和根据归属到一起,又按照某些不同的特点,把它们区分开来,以便更好地认识和掌握它们。

课程资源的分类多种多样,但都绕不开一个基本的出发点,那就是课程资源的分类除要符合逻辑上的要求外,也要有利于分析和解决学校实践中存在的主要问题,即要有利于我们看清中小学课程资源开发和利用中的主要问题,并找到相应的解决途径和办法。[①]

1. 按功能分类

根据功能不同,课程资源可划分为素材性资源和条件性资源。

素材性课程资源的特点是作用于课程,并且能够成为课程的素材或来源,它是学生学习的对象。比如:知识、技能、经验、活动方式与方法、情感态度、价值观和培养目标等方面的因素。条件性资源的特点是作用于课程却并不是形成课程自身的直接来源,并不是学生学习的直接对象,但它在很大程度上决定着课程的实施范围和水平。比如:直接决定课程实施范围和水平的人力、物力、财力、时间和环境等因素。当然,把课程资源划分为素材性资源和条件性资源更多的是为了说明问题的方便,两者并没有绝对的界限。现实中的许多课程资源往往既包含着课程的素材,也包含着课程的条件,比如图书馆、博物馆、实验室、互联网络、人力和环境等资源就是如此。

2. 按来源分类

根据来源不同,课程资源可分为校内课程资源和校外课程资源。

校内课程资源包括校内的各种场所和设施,如图书馆、实验室、专用教室、信息中心、实验实习农场和工厂等;校内人文资源,如教师群体特别是专家型教师、师生关系、班级组织、学生团体、校纪校风、校容校貌等;与教育教学密切相关的各种活动,如实验实习、座谈讨论、文艺演出、社团活动、体育比赛、典礼仪式等。校内课程资源是实现课程目标、促进学生全面发展的最基本、最便利的资源,课程资源的开发与利用首先要着眼于校内课程资源。没有校内课程资源的充分开发与利用,校外课程资源的开发与利用就会成为奢谈。

校外课程资源包括学生家庭、社区乃至整个社会中各种可用于教育教学活动的

---

① 吴刚平:《课程资源的分类及其意义》,载《语文建设》2002年第9期。

设施和条件及丰富的自然资源。其中,社区的图书馆、科技馆、博物馆、纪念馆、气象站、地震台、水文站、工厂、农村、部队及科研院所等都是宝贵的课程资源,学生家长与学生家庭的图书、报刊、电脑、学习工具等也是不可忽视的课程资源。丰富的自然资源是我们生存和生活的基础,也是可以开发与利用的重要课程资源。校外课程资源可以弥补校内课程资源的不足,充分的开发与利用校外课程资源能为转变教育教学方式和课程实施提供有力的支持和保证。

3. 按性质分类

根据性质不同,课程资源可分为自然课程资源和社会课程资源。

我国幅员辽阔,山川秀美,物产多样,可以开发与利用的自然课程资源极为丰富。如用于生物课程的动植物、微生物;用于地质、地理课程的地形、地貌和地势;用于气象课程的天气、气候、季节;用于艺术课程的自然景观;用于生态课程的生物链、生物圈等。认识自然,融入自然,与自然界和谐共处,是学生素质养成的重要内容,也是整个课程编制过程应体现的一个基本理念。

人们可以开发与利用的社会课程资源同样也是丰富多样。为了保存和展示人类文明成果的公共设施如图书馆、博物馆、展览馆等无疑是重要的课程资源;道路的线条美、雕塑的造型美、音乐的节奏美等均可成为陶冶学生情操的课程资源;人类活动的交往如政治活动、经济活动、司法活动、军事活动、外交活动、科技活动等也可以成为课程资源;影响人类社会的生产生活的价值观念、宗教伦理、风俗习惯等与教育教学活动有着直接的关系,因而也是不可或缺的课程资源。

自然资源与社会资源有着明显的不同,前者的突出特点是"天然性"和"自发性",后者则带有"人工性"和"自觉性"的特点。但是,它们都可以经过不同的开发转变为可以利用的课程资源,服务于教育教学活动。

4. 按物理特性和呈现方式分类

根据物理特性和呈现方式不同,课程资源可分为文字资源、实物资源、活动资源和信息化资源。

文字的产生、纸张和印刷术的发明,促进了人类文化的传播和教育教学活动的发展,以教科书为主的印刷品记录着人类的思想,蕴涵着人类的智慧,保存着人类文化,延续着人类的文明,直到今天仍然是最重要的课程资源。

实物资源表现为多种形式:一类是自然物质,如动植物、矿石等;一类是人类生产生活过程中创造出来的物质,如建筑、机械、服饰等;一类是为教育教学活动专门制作的物品,如笔墨纸砚、模型、标本、挂图、仪器等。实物形式的课程资源具有直观、形象、具体的特点,是常用的课程资源。

活动资源内容广泛,包括教师的言语活动和体态语言、班级集体和学生社团的活动、各种集会和文艺演出、社会调查和实践活动,以及师生之间的交往等。充分开发与利用活动课程资源,有利于打破单一的课堂教学模式,使学生在掌握知识的过程中,同时增进社会适应和社会交往,养成健全的人格。

以计算机网络为代表的信息化资源具有信息容量大、智能化、虚拟化、网络化和多媒体的特点,对于延伸感官、扩大教育教学规模和提高教育教学效果有着重要的作用,是其他课程资源所无法替代的。随着教育现代化进程的不断推进,信息化课程资源的开发与利用已势在必行,它将是最富有开发与利用前景的资源类型。

二、课程与教学内容的含义

(一) 课程与教学内容的概念

自斯宾塞提出"什么知识最有价值"的著名命题,到泰勒在《课程与教学的基本原理》中提出"怎样选择有助于达到教育目标的学习经验",课程与教学内容的问题,就成为课程与教学研究的基本问题。课程与教学内容一旦确立,课程与教学的其他一切活动便可以围之而展开。课程与教学的设计是关于课程与教学内容的组织与安排;课程与教学的目的是选择和决定内容的依据;课程与教学评价是关于课程与教学内容产生结果的判断;课程与教学的开发与实施是课程与教学内容的逐步实现与进一步发挥。所以,课程与教学内容的有关问题,也是课程与教学开发的基本问题。

课程与教学内容是指各门学科中特定的事实、观点、原理和问题,以及处理它们的方式,它是在一定教育价值观及相应的课程与教学目标指导下,对学科知识、社会生活经验或学习者经验中有关知识经验的概念、原理、技能、方法、价值观等的选择和组织而构成的体系。课程与教学内容的构成以课程与教学目标为出发点,包括三个维度的构成要素:学科知识、社会生活经验、活动。课程与教学内容的基本性质是知识,它具有直接经验和间接经验两种形式。由于课程性质不同,有的课程以直接经验为主,如活动课程。间接经验即理论化、系统化的书本知识,间接经验具体包含在各种形式的科学中。①

(二) 课程与教学内容的演变

1. 西方课程与教学内容的演变

西方课程与教学内容随着社会的演变而发生演变。在古希腊时期,学校设置"七艺"课程,即辩证法(逻辑学)、文法、修辞、算术、几何、天文、音乐,"七艺"成为西方最早、影响最持久的一组课程。到中世纪,基督教教会垄断教育,所有的课程都服从宗教目的,"七艺"渗透着神学思想。中世纪以后,文艺复兴及工商业发展带来科学、文学和艺术的繁荣,人文学科兴起,"七艺"得以恢复并出现分科,自然科学开始出现,学校增设文学、历史、地理、力学等科目,宗教神学的中心地位被打破。

在近代欧洲,课程与教学内容进一步扩充,至18世纪已发展到文法、文学、历史、修辞学、伦理学、算术、代数、三角法、几何、地理、植物、动物、天文、机械、物理、化学和音乐等近20种学科。19世纪之后,学校增设新人文学科:本族语、外国语、公民,自然科学的地位有了改善,劳动、体育、艺术等学科日益受到重视。至此,以知识为

---

① 钟启泉主编:《课程与教学论》,华东师范大学出版社2004年版,第70页。

中心的学科课程形成了一个庞大的体系。进入20世纪后,学科课程受到批判,同时,学科课程也在进行改良,衍生出综合课程、结构主义课程等,在教育内容现代化运动中焕发出新的生命力,始终成为课程与教学内容中占据主导地位的课程体系。

2. 我国课程与教学内容的演变

我国的课程与教学内容有着独立的演变史,也有与西方课程与教学内容碰撞、吸收、发展的演变阶段。在尚处于奴隶社会时期的西周,我国就有了"六艺"科目,所谓"六艺",即礼、乐、射、御、书、数。春秋战国时期,私学兴起,孔子修订《六经》即《诗》、《书》、《礼》、《乐》、《易》、《春秋》教授学生,其内容涉猎政治、哲学、历史、艺术、音乐、道德和伦理。至汉唐,儒术独尊,儒家思想和经典成为主要教学内容。唐之后,《四书》、《五经》成为学校的标准课程和教材,《四书》指《论语》、《孟子》、《大学》、《中庸》,《五经》指《诗》、《书》、《礼》、《易》、《春秋》。在这一时期,自然科学在课程体系中始终没有什么位置。直至清末、近代,在"中学为体,西学为用"思想的支配下,学校课程开始显现出一些变化,即开始出现了被称为《格致》、《博物》、《理化》的反映自然科学的知识,出现了包含代数、几何、三角的算学,另外,也出现了外国史、外国语等课程,另外,也出现了图画、体操一类课程。总的说来,可以看到一点近代的气息了。

新中国成立后,课程与教学内容做过几次大的调整。2001年,我国新一轮基础教育课程改革逐步铺开,新颁布的《义务教育课程设置实验方案》中规定义务教育阶段的必修课程如下:小学——品德与生活(3~6年级为品德与社会)、科学、语文、数学、外语、体育、艺术(或选择音乐、美术)、综合实践活动(小学3年级开始开设)、地方与学校课程;初中——思想品德、历史与社会(或选择历史、地理)、科学(或选择生物、物理、化学)、语文、数学、外语、体育与健康、艺术(或选择音乐、美术)、综合实践活动、地方与学校课程。新一轮基础教育课程改革强调活动课程的重要地位,强调课程的综合性、选择性和适应性,这一改革趋势会继续深入并推动我国课程与教学内容的改革。

(三)课程与教学内容的特点

当前,我国中小学课程与教学内容具有以下几个主要特点。[①]

1. 基础性

中小学教育是基础教育,因此,为学生选择的课程与教学内容一定要体现基础性。尽管确定学科内容的基础知识和技能是一项艰巨而复杂的工作,但是可以确定的是,基础性的课程与教学内容是指那些最具迁移性、生成性和概括性,并且是掌握一门学科最必需的知识内容,同时也是学生终身学习必备的基础知识和技能。

2. 先进性

如何使课程与教学内容具有先进性的特点是各国课程改革者首要考虑的问题。

---

① 关文信主编:《初等教育课程与教学论》,中国人民大学出版社2006年版,第59页。

先进性集中体现在现代性和发展性上,课程与教学内容要体现社会和科学的前沿问题,又要关注它们与学科知识的有效融合,以体现课程与教学内容的现代性和发展性。正如《基础教育课程改革纲要(试行)》中所强调的那样,"要加强课程内容与学生生活以及现代社会和科技发展的联系"。

3. 整合性

学科课程与教学内容丰富而广阔,这就要求在对课程与教学内容进行选择和组织时,要考虑其整合与平衡的问题。第一是内容广度和深度的整合。课程与教学内容广度的增加一定程度上在于构成新的深度或难度,广度不可能无限增加,深度也不可能无限减少,只有使二者处于动态平衡与整合过程之中,才可能实现课程与教学内容的基础性和先进性;第二是情感态度与知识之间的有效整合,知识与技能、过程与方法、情感态度价值观这三维目标,应在基础教育课程改革实施中得到有效融合,特别是情感态度与知识的融合;第三是理论探讨过程与实践探索过程的整合,要引导学生在实践中习得知识,实际上就是实践探索与理论学习的整合;第四是学科内容之间的整合,课程与教学内容的综合性要求将各学科内容进行有效整合。

第二节 课程资源与教学内容的整合

学校教育课程资源内容繁杂多样,为了提高其在实践中的可操作性及其有效性,必须处理好课程资源与教学内容、课程资源与课堂教学的容量限定,以及课程资源与学生的可接受学习之间的矛盾。为此,有必要对课程资源与教学内容进行整合,并将其作为从开发到利用的过渡阶段。

一、课程资源与教学内容整合的内涵和意义

(一)课程资源与教学内容整合的内涵

1. 课程与教学整合的内涵

课程与教学是两个既独立又相互关联的概念,课程研究涉及的往往是教学的内容,即教什么的问题,有关课程的讨论主要集中在内容的选择与编排方面。教学涉及的则是过程、方法,即如何在师生的相互作用中实施教学的问题,有关教学的讨论主要集中在师生之间的交往、激励、参与和反馈等方面。在实际的教学实践中,课程与教学是密切相关、不可分离的。教师在考虑怎样教的同时,必然涉及教什么的问题,有意识或无意识地受到某种课程观念的影响。

长期以来,有关课程的研究通常涉及两个层次的水平:制度的水平与经验的水平。[①] 制度课程作为一种正规的课程,反映了社会所默认或共有的有关学校教育的一般观念。它以相对抽象的模式集中了有关课程的规范性知识,决定着学校教育工

---

① 高文:《试论课程与教学的一体化研究》,载《外国教育资料》1996年第6期。

作的核心与本质。制度课程采用文件形式进行阐释,但它更广泛地存在于学校教育的参与者以及有关团体的共识之中。从外部功能看,制度课程论力求反映学校教育与社会的相互作用,以便将社会的期望转变为学校教育工作中可以依据的具体的教学大纲,并据此对教学内容进行合理的选择与妥善的安排,然后,通过学科形式的编排使内容更适用于课堂教学。

从内部功能看,制度课程论可提供确定和管理教师工作的规范,从一般意义上帮助教师理解、实施、调控教学。因此,制度水平上的课程割裂了课程与教学之间的有机联系,使人们对课程概念的理解狭隘化。与此同时,依据行为心理学的教学研究,教学是传递课程内容的一条通道。传统的教学概念是围绕独立于具体课题或学科内容的学习、记忆、动机、练习、强化等一系列心理过程构建的,并据此确定教师可用于完成其工作的教学技术及处理问题的方法。教学领域中教学内容与方法研究的分离则进一步加剧了课程与教学研究之间的脱节现象。

然而,近年来,对经验课程的研究受到重视,得到强化。对经验课程的研究主张将课程视作"结构化的社会过程"、"事件"、"学生有机会学习的东西"或"在师生相互作用中逐渐形成的思维产物"。课程并不是作为文件而存在的,课程应该是在师生共同处理内容、获取意义的过程中发生的一系列事件。实际上,早在19世纪,裴斯泰洛齐、福禄培尔等就十分重视儿童的直接经验及由这些经验形成的意义,即课程。20世纪初叶,杜威在其实用主义认识论的"连续性"原则的基础上消解了传统教育中课程与教学的僵硬对立。他认为,课程与教学的统一在本质上是由经验的性质所决定的。经验是对所尝试的事情和所承受的结果之联系的知觉。在这里,"只有一个活动,这个活动包括两方面:个人所做的事和环境所做的事。"在教育经验中,"个人所做的事"对应方法或教学,"环境所做的事"对应课程教材。完善的经验是物我两忘的,真正的教育是心理与逻辑、方法与教材、教学与课程水乳交融、相互作用、动态统一的。

尽管杜威关于课程与教学整合的理念早在20世纪初就已确立,但这个理念的影响主要存在于思想层面。20世纪末课程与教学的重新整合则充分汲取了一个世纪以来人类认识发展和价值探究的精华。如果说杜威关于课程与教学的整合是以"实践兴趣"的追求为核心,那么,当今课程与教学的整合则以"解放兴趣"为核心。[1]

当课程与教学的价值取向定位于"解放兴趣"时,教师和学生就不再只是既定课程计划的实施者,而是课程开发者与教学设计者。课程不再只是"制度课程"(the institutional curriculum),而是"体验课程"(the experienced curriculum),是被教师与学生实实在在体验到的课程。课程与教学的整合促使课程的内涵发生了质的变化:课程是"一个情境化的社会过程";课程是"一系列事件(events)";课程是"学生有机会学习的东西";课程是由师生交互作用而产生的"一种不断生成的建构

---

[1] 张华:《课程与教学整合论》,载《教育研究》2000年第2期。

(construction)"。在这里,课程不再只是一些于教育情境之外开发出的书面文件,而是师生在教育情境中共同创造的一系列"事件",通过这些"事件",师生共同建构内容与意义。教学不再只是一个传递内容而与内容无关的"管道",而是一个产生基本的课程效应的社会情境。课程与教学不再是社会对教师与学生施加控制的手段,而是教师和学生追寻主体性、获得解放与自由的过程。

2. 课程资源与教学内容整合的内涵

"整合"在《现代汉语词典》中的解释为"通过整顿、协调重新组合"。整合的主体是行动的施行者,客体是行动的对象,即整合的对象。整合的对象一般都是"原生态的",之所以对它们进行整合,是因为它们自身外延的宽泛性难以适应其应用的目标性,这就需要有一个标准来对其进行"筛选"和"重组"。也就是说,整合的过程也是一个选择的过程,只有那些与标准契合的部分才能够得到重组。

在课程资源与教学内容整合的框架中,课程资源是被整合的对象,也就是通过课程资源的"筛选"和"重组",从中选择适应教学所需的教学内容。选择必须有一个"标准",而确立"标准"是一个既复杂又简单的工作,复杂是因为标准的参考系是多样的,既可以从教师的角度确立一个标准,也可以从学生的角度确立一个标准,还可以从课堂教学的角度确立一个标准。显然,多重标准并行是无法对课程资源进行有效整合的,为此,必须寻找一个共同参考系,这就要对开发与利用课程资源的目的进行分析。课程资源是教学内容的来源,课程标准教学目标是教学内容的选择和确定依据。就其功能来讲,课程标准具有激发和维持动机的激励功能,规定、组织和协调师生行为的导向功能,以及检验、评估实际结果的标准功能。其中,标准功能是教学目标所特有的功能,激励功能、导向功能是标准功能的衍生物。由于课程与教学目标的基本来源是学习者的需要、当代社会生活的需求和学科的发展,且一切课程教学活动都是围绕着课程教学的目标而展开的,所以,课程教学目标是课程资源筛选和重组的主导标准,在此导向下再去参考其他标准。

课程资源与教学内容的整合,是在一定的教育价值观的指导下,基于一定的课程资源环境,根据学科课程标准和教学目标的要求,从课程设计到课程实施、评价的整个过程中,"筛选"一部分课程资源作为教学内容,将课程资源与学科课程的教与学融为一体的过程。课程资源与教学内容的整合,不只是教学方式上的变化,而是为了追求更好的教育效益和效率,更好地完成课程教学目标,它不只是一个结果,更是一个过程。

整合是课程资源与教学内容二者的有机的融合。课程资源并不全都是教学内容,两者的整合不等于混合,更不是简单的"拼合",或者勉强的"掺合",而是要实现课程资源与教学内容的"融合"。在重视利用课程资源之前,教师要清楚课程资源的优势和不足,以及教学的需求,对课程资源进行"筛选"和"重组",选择适用于教学目标的教学内容。

整合也是课程资源与教学内容二者的双向互动。一方面,课程资源要广泛进入教学之中。课程资源是教学内容的来源,在教学过程中,教师借助课程资源,创设丰富的教学情境,调动学生学习的积极性、主动性,从而有效地促进教与学双向互动,达到理想的教学效果。另一方面,课程资源不是强加的、附带的、可有可无的,它是与教学紧密融会在一起,是提高教学质量不可或缺的有机要素。在整合的过程中,不仅是工具或技术手段层面的应用,而且是如何将课程资源有机地融入教学的整体之中,从根本上改变传统教与学的观念,以及相应的学习目标、方法和评价手段,构建新型的教学方式。

3. 课程资源与教学内容整合的意义

(1) 整合的目的是为了更好地实现课程教学目标。

课程资源与教学内容的整合,就是把各种能实现课程教学目标的资源完美地融合到教学内容中去,改变传统的教学方式,创设一种新型的教学方式。其最终目的是为更好地实现课程教学目标,更好地培养学生的综合素质和能力。整合是手段,实现课程教学目标才是真正的目的。课程资源与教学内容的整合,不是简单地将课程资源作为教学内容的来源,而是要实现课程资源与教学内容的"融合",使课程资源成为"整合"起来的课程教学的有机构成要素。经过整合,重新审视课程教学,实现整体优化,使得从教学内容的生成、教学过程的设计、教学方法的运用到教学评价的实施,都在与课程资源的融合中实现改造,从而"整合"为合理的能力标准、知识体系和教学体系。

(2) 基础教育课程改革要求关注动态整合的课程资源。

教师不仅决定课程资源的鉴别、开发、积累和利用,是素材性课程资源的重要载体,而且还是课程实施的首要的基本条件资源。[①] 基础教育课程改革能否取得成功,在很大程度上取决于教师能否保持长久的生机和活力。相应的,教师必须灵活机智地激活、捕捉和运用动态整合的课程资源,丰富教育实践智慧,不断提高教师专业发展的能力和水平。所谓动态整合的课程资源是指教学和日常交往过程中形成的对教学起支持作用的或具有潜在教育价值的事件。因其具有生活情景性、教育价值性、瞬间显示性等动态整合性特征,教师应善用已有的实践智慧对自身及身外的课程资源灵活机智地加以激活、捕捉和运用,这是教师原有实践智慧的具体运用,也是整合新的实践智慧的立足点。面对学生不经意的错误,学生发出的不同声音,师生产生的问题和困惑、灵感与顿悟等,只要教师独具慧眼,灵活机智地加以运用,就能不断丰富自己的教育教学实践智慧。

(3) 整合是提高课程实施与教学质量的有效举措。

在课堂教学中,课程资源与教学内容的整合,要求教师要创造一种灵活的、有助于探索研究的学生学习环境,确保学习环境的灵活性、自主性、探究性和安全性。[②] 教师应该面对学生真实的认知起点,展现学生真实的学习过程,让每个学生都有所发展,不应该无视学生的学习基础,把学生当成白纸和容器,随意刻画和灌输,不能

[①②] 吴刚平:《课程资源的理论构想》,载《教育研究》2001年第9期。

死抱着教案,一问一答,牵着学生鼻子走,不敢越雷池半步,更不能课前操练,课中表演,少数参与,多数旁观。互动的课堂讲求对话和共享,在对话的过程中,教师凭借丰富专业知识和社会阅历感染和影响着学生,同时,学生作为一个个具有独立完整的精神的个体展示在教师面前。这种状态下的课堂教学过程,对师生双方来说,都是一种"共享"。所以,"教师不能机械地按原先确定的一种思路教学,而应根据学生学习的情况,由教师灵活地调整,整合新的超出原计划的教学流程,使课堂处在动态和不断整合的过程中,以满足学生自主学习的要求。"[1]只有这样,才能开展形式多样、有效的教学,增添教学的活力,提高课程实施与教学的质量。

二、课程资源与教学内容整合的主客体及其支持体系

(一)课程资源与教学内容整合的主客体

在课程资源与教学内容的整合中,主客体之间分别构成了整合的实施者和整合的对象,是整合过程不可或缺的部分。

1. 课程资源与教学内容整合的主体

1)教师

课程改革的成败归根结底取决于教师。教师在课程资源中扮演着特殊的角色。从资源的分类来说,教师本身属于条件性课程资源,教师内在的知识结构和经验则属于素材性课程资源;从课程资源与教学内容整合的过程来看,教师的作用贯穿于每一个环节,既是开发者、利用者,又是施行者。这种特殊性使教师在课程资源与教学内容的整合过程中面临着诸多挑战,一方面他们必须具有一定的反思能力,从而对自身资源尤其是作为素材性资源的知识结构和经验进行筛选,同时,还要关照自身以外的更为复杂的课程资源,并寻求两者结合的最佳途径;另一方面,在整合的过程中,教师还要处理好课程资源以外的一些外在影响因素,比如附带的人际关系、环境保护、节约节能等。因此,教师是课程资源与教学内容整合的主体。

2)学生

学生不仅是教学活动的对象,更是教学活动的主体,学生应主动参与到课程资源与教学内容整合的各个环节。在课程资源分类方面,学生既是条件性课程资源又是素材性课程资源。从课程资源与教学内容整合的过程分析,一方面,学生是具有发展潜能及发展需要的个体,学生以学习为其主要任务,是课程资源与教学内容整合的服务对象;另一方面,学生是在教师的辅助下,参与到课程资源与教学内容的整合之中。因此,学生也是课程资源与教学内容整合的主体。

3)其他辅助主体

家庭作为学生学习的第二课堂,家长在很大程度上是教师作用的外延。现代社会通讯手段的快速发展,也为家庭教育和学校教育一体化提供了技术保障。目前,

---

[1] 叶澜,吴亚萍:《改革课堂教学与课堂教学评价改革》,载《教育研究》2003年第8期。

教育的任何一个部分忽视家长的参与都是不可能的,课程资源与教学内容的整合也不例外。与家长起着同样作用的还应包括各科任课教师。由于各学科之间的界限开始变得模糊,自然科学与人文学科存在着密切的联系,出现了一些边缘学科,比如物理化学、地质力学等。因此,很多课程资源并不是某个学科所独有的,要对它们进行快速有效地整合,需要相关学科教师的共同努力,而我国基础教育课程改革对综合课程和活动课程的重视为这种努力提供了更广阔的空间。

2. 课程资源与教学内容整合的客体

课程资源与教学内容整合的客体和教学内容并不是对等的,它所指向的是各种被开发出来的教学内容。在具体的整合过程中,这一范围还要减小,因为,这里还存在着筛选的标准问题。由于课程资源与教学内容整合所关注的是各种课程资源之间的关系,这种课程资源内在的关联性就是我们所寻找的视角。

第一个层次是条件性课程资源之间的联系。条件性课程资源多为物化的实体,分布在不同的活动空间中,比如普通教室里的黑板、桌椅、多媒体教室里的影音设备、图书馆里的各类期刊等,它们之间的组合是课程实施的活动空间,由班级教室开放至其他场所,为教师的教学和学生的学习提供了更多的社会性条件,同时,也催生了新的教学行为和学习行为。

第二个层次是素材性课程资源和条件性课程资源之间的联系。素材性课程资源并不像条件性课程资源那样易于感知,它是隐含在条件性课程资源内或需要通过条件性课程资源来显现的知识、技能、经验、活动方式与方法、情感态度和价值观以及培养目标等。但是,一方面,某一条件性课程资源并不能够作为某一素材性课程资源的唯一载体,它可以是多种素材性课程资源的综合体,比如教师可以同时具备知识、技能、情感等多种素材性课程资源;另一方面,某一素材性课程资源也可以存在于不同的条件性课程资源中,比如多媒体设备的操作技能可以被教师、学生等多种素材性课程资源所掌握。

第三个层次是素材性课程资源之间的联系。由于素材性课程资源本身存在形式的特殊性,他们之间的联系往往需要一个物化的中介,比如教师的成长经验和学生的成长经验是通过作为生命个体的教师和学生的对话来进行的,随着对话的进行,新的成长经验随即产生,并融入对话双方的经验体系中去。

课程资源之间的这种内在关联性,使得被开发出来的教学内容变得更加错综复杂,这意味着课程资源与教学内容的整合的客体并不单单是课程资源本身,同时需要对课程资源与教学内容进行有效的整合。

(二)课程资源与教学内容的支持体系

课程资源与教学内容的整合是对传统教学模式的突破,它改变了过分依赖教材资源的状况。作为一个尚处于萌生和成长阶段的研究领域,急需建立一个积极的支持体系。

1. 知识支持

知识的内涵极为丰富,这意味着在知识层面,课程资源与教学内容的整合将面临严峻的挑战。因此,首先要强化课程资源意识,提高对课程资源的认识水平,为课程资源与教学内容的整合寻求一种宏观的知识支持。教师要开展对课程资源之间如何有效组合、课程资源开发与利用的过程分析、课程资源利用的效绩评估等方面的研究,积累丰富的有关课程资源的理论知识;其次要寻求与课程教学相关的其他学科知识支持,主要包括教育心理学知识、哲学知识、社会学知识等,为课程资源与教学内容的整合提供最坚实的知识支持;最后是要深化学科自身的知识支持。

2. 政策支持

1) 教育政策系统支持

基础教育的改革与发展需要教育政策的引领和指导,例如,教育目标政策、学制政策、课程政策、教师政策、教育管理政策和教育经费政策等。这些教育政策之间相互影响、互相补充,形成一个彼此相关的教育政策系统。基础教育改革目标的实现需要教育政策系统内部各个方面政策的协调与配合,需要国家在教师的教育培训、教育专项经费划拨、评价评估方式等方面给予具体的政策支持。相关政策支持将为一线教师投身于课程资源的开发、整合和利用中去提供切实的保障,也必将吸引更多的高校和科研机构的专家学者参与到相关理论的研究中来。

2) 社会政策系统支持

无论是发达国家,还是发展中国家,其基础教育改革往往与国内社会政治、经济和文化的改革相互交织,甚至与国际政治风云的变换和国际竞争的需要密切相连。由于课程资源与日常生活的密切相关性,课程资源与教学内容的整合需要调动很多社会资源,这就需要相关部门提供一定的政策支持。只有全社会共同努力,才能够保证课程资源开发的广度和深度,促进课程资源整合工作的顺利进行。

3. 教师赋权增能

一般来说,"教师赋权增能"的内涵主要体现在四个方面:一是教师的自我发展,即认识到教师所具有的专业能量,相信他们能通过学习有关技能实现自我发展;二是教师的专业发展,即具有赋权感的教师能有效地处理其情绪、技能、知识和资源,从而胜任教学工作,并获得自我满足感和加强自尊;三是教师角色调整,即教师赋权增能的过程将提高其社会角色参与的积极性,提高其对教师身份的理解,以消除角色模糊不清带来的消极影响;四是对教师的决定和投入,即为教师提供空间,教师的想法与见解应在制定直接影响他们的政策中被考虑和采纳,同时为他们提供与管理者进行交流和学习的机会。

教师所享有的权限对课程资源与教学内容的整合有着重要的影响。在"权"方面,要通过改革学校结构,让教师有机会参与学校范围内重大事项的决策,从而赋予他们基本的权威和责任。就"能"而言,提高教师的入职标准,使教师在达标的过程中提高自身能力,通过调动教师的积极性,促进其专业知识的更新和充实,从而达到赋权的目标。"教师赋权"不是简单的"放权",而是要达到"权"和"能"的有效结合。

对于"权"来说,教师要享有一定的课程设计权和课程管理权,尤其是在校本课程层面。另外,教师还要拥有相关资源的支配权,只有这样,教师的主动性才能被调动起来,课程资源与教学内容的整合空间才能更为宽松;对于"能"来说,一方面在引进新教师时要增加考核力度,确保把有能力、有潜力的青年充实到教师队伍中来,另一方面要为在职教师提供进修的机会,尤其是多开展与课程理论与实践有关的培训活动,提高教师的课程意识,增强教师的课程资源开发、整合和利用能力。

三、课程资源与教学内容整合的原则与策略

(一)课程资源与教学内容整合的原则

课程资源与教学内容整合的原则主要有优先性原则、灵活性原则、系统性原则和适时性原则。

1. 优先性原则

优先性原则意味着在整合的过程中要对课程资源进行择优整合。其实,在课程资源与教学内容整合过程中,存在着课程资源自身的丰富性和教学时间与空间的有限性及学生学习的可接受性之间的矛盾,后者决定着前者不可能全部进入课程,所以,需要参照课程资源与教学目标的契合度。契合度意为一事物与另一事物的符合程度,课程资源与教学内容的整合,只有那些与教学目标保持有最大契合度的课程资源才能被利用。另外,优先性原则的另一表现是对优先选择出来的课程资源进行二次选择,这次选择的参照是课程资源之间的协调配合和教学过程最优化之间的关系。课程资源之间可以存在多种配合关系,需要选择的是那些有助于教学过程最优化的关系,与这些关系有关的课程资源便是二次选择的结果。

2. 灵活性原则

课程资源虽然散布在生活的各个角落,但是,它们之间存在着错综复杂的关系,其存在形态是一种网状分布,每个结点都连接着两个或更多的课程资源。并且,课程资源尤其是素材性课程资源之间还可以相互转化,它们不是静态的,而是动态的。课程资源的这些特征要求在对其进行整合时要坚持灵活性的原则。它包括两个层面:第一个层面是操作的灵活性,这主要指灵活的课程资源整合方式,即条件性课程资源和素材性课程资源内部及相互间都存在着多种组合方式;第二个层面是理念的灵活性,理念即思想、观念,随着我国基础教育课程改革的推进,新的课程理念和教学理念相继引入教育领域,这些理念引导着课程设计和教学方式的变化,其影响是全方位的,因此,在课程资源与教学内容整合的过程中,要灵活掌握新的课程和教学理念。

3. 系统性原则

构建一个具有教育意义的可利用的课程资源体系是课程资源与教学内容整合的目的所在,这就要求在整合的过程中必须遵循系统性原则,从整体着眼,注重各要素之间的协调组合。系统性要求事物按一定的关系组成一个整体,需要一条主线将各个要素收拢在一起。在课程资源与教学内容的整合过程中,这条主线就是要传授给学生核心的知识点,无论是教材选择还是其他的相关资源,都是围绕这一主线来

展开的。值得注意的是,由于教材的编写过程已经进行了严格的筛选重组,是一种比较成熟的课程资源,在课程资源与教学内容整合的过程中,要重视教材这一课程资源的开发与利用。

4. 适时性原则

适时性原则是指要根据教学进程和学生的实际情况及时快速地对课程资源进行整合,使其在教学的最佳期进入课程。教学活动是一个不断延伸发展的过程,每一个阶段都有具体的教学目标,每一个阶段学生的知识水平和身心发展水平也有所不同。课程资源整合的主体要始终走在所指教学活动的前面,确保整合后的课程资源及时地得到应用。另外,教学活动的动态生成会产生一些新的情况。因此,教师需要具备较好的调控能力,及时调整教学方案,适时对课程资源进行重新整合。

(二) 课程资源与教学内容整合的基本方法

从课程资源与教学内容整合的出发点分析,课程资源应满足教学的需要,特别是满足学生有效学习的需要。因此,课程资源与教学内容的整合,作为主体之一的教师,在教学过程中,应以更好地满足特定教学情境的需要为宗旨,紧密地联系学生的生活和知识水平,充分考虑学生个体和班级的学习风格,适应社会发展需要的教学内容,选择如下的整合方法。①

1. 根据学生实际,调整教学体系

教材体系的构建往往是教材编写者根据课程目标,综合考虑学科知识的逻辑顺序、学生的认识顺序和心理发展顺序而形成的。再完美的教材也不可能满足千变万化的教学情境的实际需要。但是,在很多情况下,教师对课程资源(特别是教材)的整合往往基于自己的直觉和经验,而且仅限于局部的修修补补。因此,对课程资源与教学内容的整合,教师要依据课程标准规定的课程目标,对课程资源进行初步的分析和研究,特别是对教材,包括对知识的编排顺序、教学情境、文化背景、技能和具体目标的要求等做详细的分析,并在此基础上提出整合的方案;在深入理解和全面把握教材编写体系的基础上,根据自己所教学生的身心发展规律和认知特点,合理调整教材体系,形成自己的教学思路,促使学生积极主动地建构知识,全面实现课程教学的目标。

2. 联系生活实际,选择教学内容

教材不再是学生必须接受的对象和内容,它仅是实现课程目标的一种材料或文本。这就意味着实现同一个课程目标可以采用不同的案例,而教材中的案例知识是诸多案例中的一部分,它可能远离所教学生的生活经验。因此,在实际的教学中,教师要认真分析并明确教材内容所要实现的课程目标,即要从更广阔的视野范围来考察(因为课程目标决定了课程的内容)。在此基础上紧密联系当地实际和学生经验,选择具体的教学内容,对教材内容进行必要的调整,或增加、或替换、或重组,以保证

---

① 林海斌:《教学资源整合的思考》,载《学科教育》2008 年第 4 期。

课程目标的真正落实。

3. 深入分析资源，挖掘多重价值

知识不是独立于认知主体而存在的，它是人类永无止境的探索和研究过程，其中蕴含着特定的人文精神和科学精神，因此，知识具有多重价值，主要表现为迁移价值、认知价值和情意价值。

基础教育课程改革要改变课程过于注重知识传授的倾向，强调形成积极主动的学习态度，使获得基础知识和基本技能的过程同时成为学会学习和形成正确的价值观的过程。这就要求教师在教学中，既要重视知识的迁移价值，也要深入分析和挖掘知识的认知价值和情意价值，要看到教学资源背后所蕴含的思想、观点和方法，设计丰富多彩的学习情境和探究活动，引导学生自主、探究、合作学习，全面实现课程目标。

4. 关注教学过程，丰富教学内容

课程资源与教学内容整合的课堂教学活动必然是开放性的，这种开放必然会增加教学中的非预期因素。这些非预期因素正是学生高层次思维的参与和积极的情感体验的真实反映，是教学资源动态生成的重要部分，拥有无穷的教育和教学价值。由于每个学生的潜力都很巨大，所以当学生的主体性真正得到充分发挥时，非预期的因素在教学中是大量存在的。教师要善于捕捉每一个非预期因素，并且努力发现每一个非预期性因素的教育价值，使之在转化为课堂教学资源的同时，成为后续教学资源生成的动力。

总之，课程资源与教学内容的整合就是从更广阔的视野（人的发展）和更高的目标层次（课程目标、教育目标）分析学与教的需要，从而确定教学的内容（课程内容）。在教学中，教师要深入分析并准确把握教材所体现的课程目标和教育理念，以此为出发点，整合教学资源，创造性地开发教材，使教学过程成为教材内容的持续生成与转化的过程，成为学生学会学习和形成正确价值观的过程。

第三节 课程资源的开发与利用

一、课程资源开发与利用概述

（一）课程资源开发与利用的概念

学校教育教学活动可以开发与利用的资源多种多样，既有来自于自然界的，也有来自社会的；既有显形的，也有隐形的；既有校内的，也有校外的；既有人力的，也有物力的；既有文字的和实物的，也有活动的和信息化的；等等。多种多样的资源，为学校和教师因地制宜地开发和利用提供了广阔的空间。但是，并不是所有的资源都是课程资源，只有那些真正进入课程，与教育教学活动联系起来的资源，才是现实的课程资源。所谓课程资源的开发，实质上就是探寻一切有可能进入课程，能够与教育教学活动联系起来的资源;所谓课程资源的利用,实质上就是充分挖掘被开发出来的课程资源的教育教学价值。① 所以,课程资源的开发与利用是密切联系在一起的,开发是利用的前提,利用是开发的目的,而开发的过程也包含着一定的利用,在利用的过程中也会促进进一步的开发。

(二) 课程资源开发与利用的主体

所谓主体,就是"在活动或关系中起着主要作用的人"。② 课程资源开发利用主体问题是一个由谁来承担课程资源开发利用的责任以及责任主体之间的分工问题。长期以来,由于教材编写者、课程专家、理论工作者等所编制、开发的文本性材料及教学用具,经常被作为学校主要的课程资源,因而他们被认为是课程开发利用的主体。但是,随着教育与课程理念的不断更新,教育与课程实践的不断发展,课程资源开发利用的主体已经呈现出多元化趋势。具体说来,在现代教育体系中,课程具有社会公共产品的性质,因而国家和地方教育部门应是课程资源开发的宏观主体,担负课程资源开发的宏观指导责任;学校、教师和学生作为微观层面的开发主体,肩负着将课程资源转变为现实的课程活动的责任,因此是最为直接的开发主体。此外,还有专家、社会等其他主体,在现代课程资源开发利用中扮演着重要的角色。

1. 国家主体

国家是课程资源开发的最高管理层,在各级课程资源开发主体中起着主导作用。国家通过运用国家机器和行政决策,可以分配和平衡各种教育投资行为,或者将权利和责任委托给各级地方。另外,国家具有制定全国性法律和对外进行交流的权力,可以通过制定法律和政策,调整地方政府、社会各界、公民个体在教育事业方面的责任和义务。通过国际交流与合作引进国外的课程资源,以弥补本国缺乏的课程资源。

必须强调的是,国家作为课程资源开发利用的宏观主体之一,要依据我国的实际情况在宏观上制定统一的开发标准及开发细则,实现课程资源开发权力的不断下放,从各个方面指导并帮助其他开发主体,为多层次的课程资源开发创造有利的外部条件。要合理配置资源,在鼓励落后地区自主开发课程资源的同时,发挥宏观调控的作用,合理协调不同地区之间资源的配置。

2. 地方主体

开发课程资源是地方课程管理的一项重要任务。随着我国基础教育改革力度的不断加大,尤其是基础教育课程改革要求实行三级课程管理的政策,这就要求地方要有较强的自主开发意识,积极履行作为课程资源开发主体所应承担的教育职责,充分开发地方课程资源。

总体来说,地方在课程资源开发中的职责包括以下几个方面:一是积极发挥所

---

① 徐继存,段兆兵,陈琼:《论课程资源及其开发与利用》,载《学科教育》2002年第2期。
② 李定仁,徐继存主编:《教学论研究二十年》,人民教育出版社2001年版,第96页。

属学校课程研究和课程资源开发的效益,保证课程资源的共享,实现课程资源的优化配置;二是应着力研究并制定课程资源开发的政策和措施,形成完整的课程资源开发的管理办法,并帮助学校建立相应的开发与管理机制,从而提高课程资源开发的效率;三是集中力量开发普适性的课程资源,指导学校开发校本课程资源。

3. 学校主体

学校是教师、学生和学校管理者构成的集体,是课程活动的主要场所,也是课程资源最集中的地方,它是课程资源转变为现实课程活动的枢纽。因而学校是课程资源开发的主体,承担着不断开发与吸引各种新的课程资源,并将其转变成为现实课程活动,以保证学校教育目标顺利实现的重要教育职责。

为了顺利地达到课程标准要求,实现学校的培养目标,学校应具有要求和开发课程资源的强大动力,成为校本课程资源的开发者。一方面学校要为国家与地方课程资源的顺利实施补充相应的课程资源,以保证国家与地方的各项课程方针、政策得到有力的贯彻。学校要充分发挥校内图书馆、实验室、专用教室及各类教学设施和实践基地的作用;广泛利用校外的博物馆、科技馆、展览馆、工厂、农村、部队和科研院所等各种社会资源以及丰富的自然资源;同时,要积极利用并开发信息化的课程资源。另一方面,学校要结合本校传统和优势、学生兴趣和需要,开发适合于本校实际的校本课程资源。具体而言,学校要根据国家的教育方针、课程管理政策和课程设置的要求,在开发以上各类课程资源的同时,充分利用学校的各种资源,着眼于学生的兴趣、需要和特长,发挥教师的自主性和创造性,开发具有特色的校本课程资源。

4. 教师主体

教师是课程资源开发利用的微观层面的主体,其主体性体现在以下两方面:一方面,教师能够有意识地依据学校课程开发与实施的需要,根据学生成长、学习的需要,协助学校开发适合于学生发展的生本课程资源;另一方面,教师的知识与技能、过程与方法、情感态度价值观等也是教学过程中的课程资源。教师不仅决定课程资源的鉴别、开发、利用和积累,是课程资源的主要体现者,而且还是开发、利用课程资源的首要条件。目前,学校要改变现有课程资源滞后的状况,最有效的办法就是加强教师队伍的建设,使教师真正成为课程资源开发的主体。

5. 学生主体

学生作为课程资源开发利用的一个主体,既是一个课程资源的开发者,又是一种有待开发的课程资源。一方面,学生是课程活动不可缺少的要素,学生的经验水平、知识状况、思想意识、身体、情感状态等都是课程活动中最基本的资源。学生在课堂上表现自己的思想,提出自己的需要,完成各个学习的任务,这些都是教师从事教学、研究活动所必须面对的生本课程资源。另一方面,在信息化社会,学生除了从教师、课堂上、书本上获取自身发展所需的各种知识资源外,还可以通过各种书籍、报刊、互联网等其他途径开发有利于自己学习的各种课程资源。这部分课程资源是学生依据个体的学习需要,自主探索、开发出来的生本课程资源,教师应当给予学生

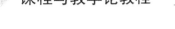

一定的指导,鼓励他们的这种行为,培养学生在课程资源开发中的主体性和创新能力。

6. 其他主体

除了上述主体外,还有一些其他的开发主体也在课程资源的开发中扮演着极其重要的角色。首先是专家,主要是教育研究专家、课程研究专家以及学科专家。他们经过严格的专业训练,具有丰富的专业知识和经验,掌握着课程研究的科学工具,具有较强的创新精神,能不断探索并发展课程领域的新规律。因此,他们不仅能在理论上,而且能在实践中为各级主要开发主体提供课程资源开发的指导性意见,有组织地进行有关课程资源开发的专项培训及具体的教学实践指导。其次是家庭。家庭在年轻一代的教育成长中是至关重要的影响因素,家庭教育中有许多资源可以开发成为有利于学生学习的课程资源。再次是社会。对学生而言,校内的课程资源是有限的,必须适当地开发校外的课程资源,为学校补充各种欠缺的课程资源。

课程资源开发利用各主体都有自己明确的开发任务。同时,各主体也是一个相互联系的整体或系统。根据系统论的观点,课程资源开发的各个主体之间必须形成一种良性的循环,每一级主体都对自己下一级主体负有目标导向和开发指导的职责,而每一下级主体又对自己上一级主体负有忠实执行和主动反馈的职责。同时,各个主体还可以从环境中不断汲取新鲜的资源作为补充,使整个系统达到一种有序、开放、良性的循环。

二、课程资源开发与利用的原则和途径

(一) 课程资源开发与利用的原则

原则规范着人们的行为,是正确行动的根据、尺度和准则。课程资源的开发与利用不是随意的,需要一定的原则来规范。基于课程资源的基本特点和多种类型,课程资源的开发与利用应遵循如下一些原则。①

1. 开放性原则

课程资源的开发与利用要以开放的心态对待人类创造的一切文明成果,尽可能开发与利用有益于教育教学活动的一切可能的课程资源。课程资源开发与利用的开放性包括类型的开放性、空间的开放性和途径的开放性。类型的开放性是指不论以什么类型、形式存在的课程资源,只要有利于提高教育教学质量和效果,都应是开发与利用的对象;空间的开放性是指不论是校内的还是校外的,城市的还是农村的,中国的还是外国的,只要有利于提高教育教学质量,都应加以开发与利用;途径的开放性是指课程资源的开发与利用不应局限于某一种途径或方式,而应探索多种途径或方式,并且尽可能地协调配合使用。

2. 经济性原则

课程资源的开发与利用要尽可能用最少的开支和精力,达到最理想的效果。具

---

① 徐继存,段兆兵,陈琼:《论课程资源及其开发与利用》,载《学科教育》2002 年第 2 期。

体包括开支的经济性、时间的经济性、空间的经济性和学习的经济性。开支的经济性是指用最节省的经费开支取得最佳效果,尽可能开发与利用那些不需要多少经费开支的课程资源,不应借口开发与利用课程资源而大兴土木,不计高昂的经济代价;时间的经济性是指应尽可能开发与利用当前对教育教学有现实意义的课程资源,而不能一味等待更好的条件,否则,就会丧失时机;空间的经济性是指课程资源的开发与利用要尽可能就地取材,不应舍近求远、好高骛远;学习的经济性是指尽可能开发与利用能激发学生学习兴趣的课程资源。如果引入的课程资源晦涩难懂,不仅达不到预期的目的,反而可能加重学生的学习负担。

3. 针对性原则

课程资源的开发与利用是为了课程目标的有效达成,针对不同的课程目标应该开发与利用与之相应的课程资源。一般说来,每一种课程资源对于特定的课程目标都具有不同的作用和功能,不同的课程目标需要开发与利用不同的课程资源。由于课程资源本身的多质性,同一的课程资源又可以服务于不同的课程目标,所以,课程资源的开发与利用就需要在明确课程目标的前提下,认真分析与课程目标相关的各种各类课程资源,认识和掌握各自的性质和特点,只有这样,才能保证开发与利用的针对性和实效性。

4. 个性化原则

尽管课程资源多种多样,但相对于不同的地区、学校、学科和教师,可资开发与利用的课程资源具有极大的差异性。因此,课程资源的开发与利用不应强求一致,而应从实际出发,发挥地域优势,强化学校特色,区分学科特性,展示教师风格,扬长避短,突出个性。课程资源的开发与利用本身就是一项极具创造性的实践活动,没有个性,也就失去了创造性,课程资源开发与利用就会流于形式。

(二) 课程资源开发与利用的途径

课程资源的开发与利用需要国家、学校、教师和学生等主体的共同参与,不同主体扮演不同的角色,发挥不同的作用。国家可以通过政策宏观协调社会各部门,建立全社会课程资源共享网络系统及相应的管理体制。

1. 课程资源开发与利用的一般途径

课程资源与课程存在着十分密切的关系,没有课程资源也就没有课程可言,相反,有课程就一定有课程资源作为前提。课程资源的外延范围远远大于课程的外延范围,课程实施的范围和水平,一方面取决于课程资源的丰富程度,另一方面又取决于课程资源的开发和运用水平。一般而言,课程资源的开发与利用主要有五个方面的途径。[①]

(1) 开展当代社会调查,不断跟踪和预测社会需要的发展动向,以便确定或揭示学生有效参与社会生活和把握社会所给予的机遇而应具备的知识、技能和素质。

---

① 吴刚平:《课程资源的理论构想》,载《教育研究》2001年第9期。

（2）审查学生在日常活动中以及为实现自己目标的过程中，能够从中获益的各种课程资源，包括知识与技能、生活经验与教学经验、教与学的方式和方法、情感态度和价值观等方面的各种课程素材，以及开发和利用相应的实施条件等。

（3）研究一般青少年以及特定受教育者的情况，以了解他们已经具备或尚需具备哪些知识、技能和素质，从而确定制订课程教学计划的基础。

（4）鉴别和利用校外课程资源，包括自然与人文环境，各种机构、各种生产和服务行业的专门人才等资源，使之成为学生学习和发展的财富。

（5）建立课程资源管理数据库，拓宽校内外课程资源及其研究成果的分享渠道，提高使用效率。除此之外，课程资源的开发还要根据各地和各学校的实际情况，广开门路，发掘校内外更加具有针对性、适应性的素材和条件性课程资源。

2. 学校开发与利用课程资源的途径

"以校为本"是学校课程资源开发与利用的基本指导思想，校内外各种有利于学校课程资源建设的各种素材，都可能成为学校课程资源。学校进行课程资源开发与利用的途径主要有以下三个方面。①

1）资源调查

资源调查是指对学校已有的、有待开发与利用的资源进行整体盘点的过程。通过调查，使学校领导和教师了解当前课程资源的现状和存在问题，了解"我们拥有哪些资源"，以及为了实现课程目标"我们还需要哪些资源"。学校课程资源调查的方法多种多样，可采用问卷调查、访谈、现场考察及文献分析等方法。

2）资源分析

资源分析是指在资源调查的基础上，系统地将学校所处内部环境与外部环境中的各种资源分别从优势、劣势、机遇和威胁四个方面进行综合评估，并提出符合实际的应对策略。优势和劣势指的是内部因素，比如优势可能指学校青年教师比例较大，劣势可能指学校优秀教师流失较大。机会和威胁指的是外部因素，比如社区教育需求的不断扩大对学校而言就是机会，生源日益减少则是威胁。

3）资源规划

资源规划指的是在资源调查、资源分析的基础上，将校内外各种课程资源有选择地纳入学校日常教学与管理范围内，促进资源的整合与共享。学校课程资源规划应注重制度保障、课程资源管理和建立以校为本的资源开发与利用机制。具体而言，学校进行资源规划，首先要对现有的组织结构、职能进行必要的重组和认定，同时，也要制定相应的管理制度，从体制上予以保证。其次，学校所面临的是一个庞杂的资源库，需要将这些资源分门别类地系统管理。对于规模较大的学校来说，成立课程资源管理中心是比较可行的办法之一。最后，仅靠学校自身的力量很难制定出科学、可行的资源规划方案，因此，学校要善于争取外部的智力资源。

---

① 宋振韶：《学校课程资源开发与利用的原则与途径》，载《中小学管理》2004年第12期。

3. 教师开发与利用课程资源的途径

教师开发与利用课程资源,需要形成课程资源开发的意识,培养相应的能力与素养,创造性地进行课程资源的开发与利用。根据教师开发与利用课程资源的特点,教师进行课程资源开发利用的途径主要包括以下几个方面。

1) 开发学生资源

学生的生活、经验、兴趣等均可成为课程资源。教师要善于掌握学生学习与发展方面的各种信息,有效地开发各种课程资源。比如,从学生的提问中捕捉课程资源;从学生拥有的学习经验中捕捉课程资源;从学生的实践活动中捕捉课程资源;从学生的学习效果中捕捉课程资源;从课堂偶发事件中捕捉课程资源;等等。

2) 开展教材研究

教材研究过程,也是课程开发过程。教师要不断挖掘教材本身的资源优势,用足、用活、用好教材。要对教材内容进行选择、加工和拓展,让教材不再是固定不变的课程资源,不断提升教材的课程资源价值。

3) 开发教师资源

教师自身丰富的思维方式、心理素质、价值观念、教育思想、知识修养、教育教学技术等皆可成为课程资源。教师要认真研究教学实践活动,不断总结教育经验,开展教学反思,使教育经验和教学反思成果成为潜在的课程资源。

4) 发掘网络资源

在信息化时代,教师要善于利用网络课程资源,在合理选择的基础上,充分发挥网络资源的育人功能。

5) 开发校本课程

校本课程开发可使学校课程结构不断得到优化。开发校本课程资源,教师应具有相应的意识和能力,同时,还需要团队合作和制度保障。

4. 学生课程资源开发与利用的途径

学生课程资源包括学生的知识、经验、感受、创意、问题、困惑、情感态度和价值观等,主要是属于校内课程中的素材性资源。但这并不是绝对的,学生也可提供一些条件性资源或校外资源,如学生个人拥有的图书资料、个人电脑、电子词典等财物及学习用品。对学生课程资源的开发与利用,可以从学生的经验资源、情感性资源、信息资源和财物性资源四个方面进行。[①]

(1) 学生的经验资源包括学生拥有的人类的间接经验和学生在生活中获取的直接经验,如学生心智发展状况、知识掌握量、学习方法等,学生经验资源构成学生课程资源的主体,是课程活动的重要基础,任何课程活动都离不开学生的经验资源。其开发和利用的主要途径包括以下几个方面:在教学设计阶段,重视讨论课和合作学习的设计,使学生充分发言,经验得到交流;在教学过程中,重视学生的生成性资

---

① 陶月仙:《学生课程资源的开发和利用》,载《西北医学教育》2004年第3期。

源;在教学反思中,把学生的困惑、创意进行整理归纳和思考,使之成为教师新的课程资源。

(2)学生的情感态度是达成知识技能的重要课程资源,也是达成情感目标的重要资源。利用情感资源的途径包括以下几个方面:注意学生的情感体验,关注学生的兴趣和爱好,予以恰当引导,将学生的好奇心、兴趣转变为学习动机;唤起学生的学习热情;改变评价方式,使评价具有情感性;促进学生与学生之间的情感资源交流,使学生在团体学习中能分享成功的乐趣,减轻学习压力,减轻紧张和焦虑。

(3)信息网络时代,学生拥有的信息是丰富而多样的,一个学生团体拥有的信息总量往往会超过教师拥有的信息量,教师利用这些学生信息组织教学活动,学生利用同伴们的信息进行学习将会成为现代教学的重要特征。学生信息资源的开发和利用,可以通过组织讲座课、开展合作性学习、建立班级网页等方式进行。

(4)条件性资源主要是社会、学校提供的,但学生也可以提供一些条件性资源。学生条件性资源的开发与利用,可让学生提供一些财物性资源,建立学生标本室、学生图书角,供学生交流各自拥有的图书资料,开展学生间的互帮互助等来利用这些资源。在一些条件性资源不足的偏远地区学校,这种学生提供的课程资源显得更为重要。

5. 综合实践活动课程资源开发与利用的途径

综合实践活动课程是国家规定、地方指导、学校组织开发和实施的课程。综合实践活动的有效实施,依赖于课程资源开发的范围和水平,取决于课程资源开发主体的意识和开发策略。

1)综合实践活动课程资源开发的途径

一般而言,开发利用综合实践活动课程资源,要根据学校的实际,适应学生身心发展的特点与现有知识、技能和素质的要求,重视从生活中找问题,把生活中的问题作为综合实践活动的研究主题。因此,综合实践活动课程资源开发的途径有以下几点。①

(1)以学科或社会热点问题为载体,从学生的兴趣出发,与学科结合,与社会热点问题相结合。

(2)开展社区调查,了解社区状况。

(3)充分利用校外课程资源。

(4)关注生活,从生活中找问题。

(5)注意与现代科学发展的联系。

(6)充分利用学校多媒体网络、图书馆、实验室、劳技室和各种活动场馆、专用教室等课程资源。

(7)高度重视教师在课程资源开发中的重要价值。

---

① 周可桢:《综合实践活动教学课程资源的开发策略》,载《教育理论与实践》2004年第1期。

（8）建立课程资源管理数据库。根据实际情况，编制各种各样的《课程资源登记表》，把课程资源的类型、所有者、获取方式、开发动态和使用事项登记造表，分类存档，归口管理，以便查找和使用。

2）综合实践活动课程资源开发的程序

综合实践活动课程资源的开发程序，可以从校内与校外课程资源两方面来设计。校内课程资源的开发包括教师和学生自身的资源开发、学校内部设施的资源开发和教材资源的开发等。校外课程资源的开发，如开展社区调查、了解社区状况、从生活发现和提出问题、介绍当代科学技术发展的最新成就和以社会热点问题为载体，从学生兴趣出发，与社会热点问题结合。综合实践活动的课程资源开发的基本程序如下。[①]

（1）成立课程资源开发小组——一般由学校校长、中层领导、教师及学生组成，并明确职责。

（2）背景分析——即考虑学校及校内外课程资源的丰富程度。

（3）拟订课程目标与计划——课程目标要根据学校开展综合实践活动的具体情况，结合综合实践活动课程的总体目标来确定。

（4）编制课程指导用书——包括收集与学生开展综合实践活动相关的文献资料，或为学生提供相关的索引，编制有关学生活动指导用书。

（5）组织学校师生申报课题——课题可由教师提出，也可由学生提出。

（6）课题评审与实施——课题一旦获得批准，课题组和指导教师就应该按计划认真负责落实。

（7）课程评价与调整——对课程资源开发的过程、结果进行评定，从是否具有教育价值、符合学生的特点、开发程度、安全性能等方面进行判断。

（三）开发和利用课程资源应注意的几个问题

1. 教材不是唯一的课程资源[②]

长期以来，中小学课程资源的结构比较单一，除了把教材作为唯一的课程资源外，在课程资源的开发主体、基地、内容、条件等方面也很单一，而且未能形成有机整体。不能否认，教材是教学内容的重要载体，但是教材的开发和利用不能仅仅局限于学科知识，还应引导学生利用已有的知识与经验，主动地探索知识的发生与发展，同时，也应有利于教师创造性地开展教学活动，有利于培养学生的创新精神和实践能力、收集和处理信息的能力、获取新知识的能力、分析和解决问题的能力以及交流与合作的能力，发展对自然和社会的责任感。

2. 教师在课程资源开发使用中居主导地位

教师是最为重要的课程资源。在课程资源建设的过程中，教师在整个课程资源

---

① 张建平：《论综合实践活动课程资源开发的主体、程序及策略》，载《教育理论与实践》2005年第12期。

② 吴刚平：《课程资源的理论构想》，载《教育研究》2001年第9期。

中居主导地位,对课程资源结构功能的发挥具有决定意义。教师不仅决定课程资源的鉴别、开发、积累和利用,且是素材性课程资源的重要载体,而且还是课程实施的首要条件资源。事实上,随着基础教育课程改革和学校内部教育教学改革的深化,教师是教育改革关键性因素的观点,越来越引起人们的关注。因此,开发与利用课程资源,应该尽可能为教师提供专业发展的机会,提高教师有效教学所需的能力,通过教师这一最重要的课程资源的突破来带动其他课程资源的优化。

3. 正确理解多元化课程资源开发与利用途径之间的关系

正如课程资源的类型的相对性一样,课程资源的开发与利用途径之间也是相对的。同一类型的课程资源可以有多种途径来开发与利用,不同的途径可以达到对同一课程资源的开发与利用。至于什么样的课程资源采取什么样的开发与利用途径,应由教学的实际需要来决定,由教师根据教学的实际来加以引导与利用。作为课程资源开发与利用的主体,教师应该具有明确的课程资源开发与利用的意识与责任,把不同的课程资源开发与利用的途径有效地结合起来,就必须充分理解不同课程资源开发与利用途径之间的辩证关系。[①]

4. 确立课程资源的筛选机制和筛选原则

课程资源多种多样,具有极大的丰富性。但相对某一具体的教育目标,并非所有的课程资源都具有同等的实现目标的效力,只有最具教育价值和课程意义的资源才最具开发和利用的价值。从当前我国课程改革的趋势来看,凡是有助于创造出学生主动学习和和谐发展的资源都应该加以开发和利用。但究竟哪些资源是具有开发和利用价值的课程资源,还必须通过筛选机制过滤才能确定。例如,开发课程资源,特别是开发素材性课程资源,必须反映教育的理想和目的、社会发展的需要、学生发展的需求、学习内容的整合逻辑和师生的心理逻辑。诚如美国课程专家泰勒所说:"只有通过利用每一种经验可能会产生的多重结果,才有可能使教学更有效。"[②]

5. 建立课程资源开发与利用的保障制度

课程资源的开发与利用对教师和学校而言,需要投入大量的人力、物力、财力和精力,传统的教育评价与教学评价并没有涉及这方面的指标。为此,应建立课程资源开发与利用的评价制度。课程资源的开发与利用是一个长期积累与渐进的过程,需要教育行政部门、学校、教师、家庭和社会的通力合作。在这些影响课程资源开发与利用的因素中,教师是最为重要的因素。因此,通过引导教师树立正确的课程资源观和加强评价制度与管理制度的建设,可以有效地促进多元化课程资源开发与利用模式的形成。

---

① 王鉴:《课程资源开发与利用的多元化模式》,载《教育评论》2003 年第 2 期。
② 拉尔夫·泰勒著,施良方译:《课程与教学的基本原理》,人民教育出版社 1994 年版,第 31 页。

第四节 教学内容的选择与组织

一、课程与教学内容的基本取向

课程与教学内容的基本来源是"学习者的需要"、"当代社会生活的需求"和"学科的发展"。相应的,课程与教学内容的基本取向即是"学习者的经验"、"社会生活经验"和"学科知识"。

(一)课程与教学内容即学科知识

课程与教学内容历来被作为要求学生习得的知识,这些知识基于事实、原理、体系等形式构成一定的科目,而知识的传授主要以教材为依据。如我国历史上的"礼、乐、射、御、书、数"所构成的"六艺",古希腊的"文法、修辞、辩证法、算术、几何、天文、音乐"所构成的"七艺"等。事实上,我国自 20 世纪 50 年代初引进前苏联凯洛夫主编的《教育学》以后的几十年里,基本上是把课程与教学内容作为学科教材来处理的。这种取向强调学科知识的系统化及教育进程安排,课程与教学内容的来源主要是人类长期积累的知识,教学的任务就是把经过选择并系统化的知识传递给学生。其实质是从知识本身出发,强调学校教育中向学生传授学科的知识体系,突出体现教材所规定的内容。

(二)课程与教学内容即学习活动

当课程与教学目标的基本来源主要是当代社会生活的需求的时候,当代社会生活经验就成为课程与教学的主要内容。20 世纪以后,一些课程与教学专家注意到科学技术的进步对社会发展的影响,并试图作出相应的反应。博比特(F. Bobbitt)曾明确指出课程与教学应当对社会的需要作出反应,并通过研究成人的活动,识别各种社会需要,把它们转化成课程目标,再进一步把这些目标转化成学生的学习活动。后来,查特斯(W. Charters)和塔巴(H. Taba)等人,基本上都是采用这种方式,形成了著名的"活动分析法"课程编制技术。20 世纪 40 年代,我国教育家陈鹤琴提出了活教育的三大目标,其中"做中学、做中教、做中求进步"和"大自然、大社会都是活教材",也反映了这种取向。

以学生的学习活动为取向的课程与教学内容来源于当代社会生活经验,这是对"课程与教学内容即教材"的挑战。学习活动的取向重点是放在学生做什么上,而不是放在教材体现的学科体系上。以活动为取向的课程与教学内容,特别注意与社会生活的联系,强调学生在学习中的主动性和学习兴趣,它关注的不是向学生呈现些什么,而是让学生积极从事各种活动。例如,不是告诉学生科学发现的基本步骤和需要注意的事项,而是要让学生通过参与科学发现活动来了解其内部规律,并主动地生成问题、解决问题。但是,在具体的实践操作中,应该避免仅仅关注学生外显的活动及表面上的热烈,更要关注学生深层次的学习行为及全面发展。

（三）课程与教学内容即学习者的经验

当课程与教学目标的基本来源主要是学习者的需要的时候，学习者的经验就成为课程与教学的主要内容。历史上，凡倡导经验课程的课程理论流派大都把学习者的经验置于课程与教学内容的核心地位。如 18 世纪法国卢梭（J. J. Rousseau）倡导的"自然教育论"及相应的浪漫自然主义经验课程理论，20 世纪上半叶杜威倡导的"进步教育论"及相应的自然主义经验课程理论，20 世纪 70 年代以来流行的当代人本主义经验课程理论等。

如果课程与教学内容趋向于学习者的经验，决定学习质量的便是学生而不是教材。因此，教师的职责在于建构适合学生能力与兴趣的各种教育情境，以便为每个学生提供有意义的经验。把课程与教学内容视为学生的学习经验，必然会突破外部施加给学生的东西。从某种意义上说，学生已有的认知结构和情感特征对课程与教学内容起着支配作用。知识只能是"学"会的，而不是"教"会的。当然，把课程与教学内容指向于学习经验，必然会增加课程与教学的编制与开发的难度。因为学习经验是学生的心理体验，只有学生自己才能感受这种经验。而教师则无法全面清楚地了解每一个学生的真实体验，也无法全面清楚地把握学生的心理特点、感受及影响学生心理的特定环境及其他因素。这往往会削弱教师对课程与教学内容的控制、引导与评价。

综观以上三种取向的课程与教学内容，都有其合理性与局限性，它们都是在不同时代、针对不同的社会要求和对受教育者的认识而提出并实施的，都打上了一定社会的烙印，都是不同的哲学观、教育观、儿童观和课程在实践中的具体体现。它们往往都是强调自身一方的重要性，而忽视其他方面的重要性，孤立、片面、静止地去看待某种因素，这显然是不可取的。不论是"学科知识"、"当代生活经验"还是"学习者的经验"，它们对人的身心发展都有不同的价值。因此，课程与教学内容选取的依据缺一不可，只是在某些具体科目的取向上有所差异，只有各种取向的课程与教学内容共同作用在学习者身上，这才能使学习者得到全面充分地发展。

二、课程与教学内容选择的基本依据

课程与教学内容的选择必须具备的基本条件及依据，主要有反映社会发展的要求、反映教育对象的发展特征和反映教育思想的要求。

（一）反映社会发展的要求

所谓明确社会的要求，旨在明了家庭、社区、职业与文化团体、国家、国际社会的现状及其对教育提出的要求。历史上不少社会科学家、思想家直接或间接地论及教育，他们的思想为课程与教学内容的选择提供了理论基础与指导。马克思关于人的全面发展学说为社会主义教育提供了指导思想。斯宾塞的基于教育为完满生活做准备的学说以及知识价值论，为学科课程作出了新的论证。社会学的一些研究方法也为课程编制所采用，博比特的"活动分析法"、卡斯韦尔（H. L. Caswell）的"社会功能法"及"青少年需求法"等都为课程与教学内容的编制提供了具体方法。

同时,科学技术革命也丰富了课程与教学内容。现代科学技术革命促进了教育的大革新;产业结构的变化、急剧人口变动和巨大的都市圈的形成、通信媒体的普及、科技革命及结构的变化所带来的职业训练模式的改变,要求逐步缩小体力劳动者与脑力劳动者的差距,增强职业的流动性与灵活性,具体表现为教育年限的延长、教育功能和教育形态的变化——最直接的表现是在课程与教学内容的设置上强调学问中心,提倡自然科学课程与社会科学课程之间的平衡。由此,在课程与教学内容的设计与开发中,不得不考虑对学生科学精神与人文精神的培养、知识与能力的培养、主动性与创造性的发挥、基于社会现实的教育情境的构建等重要问题。由此看来,课程与教学内容的选择与编排,必须以社会的发展和要求作为重要的理论基础及条件之一。

(二)反映教育对象的发展特征

教育对象的发展特征是课程与教学内容选择的又一个理论依据与基本条件。儿童是在其素质与环境的交互影响中成长的,这就需要把握儿童的个人需要、社会需要及这些需要同儿童的发展现实之间的差距。虽然人们对儿童的发展有各种不同的认识,在不同的认识下有不同的课程与教学内容的选择与编排方式,但有一些重要的事实是共识的:幼年时期是人生的奠基时期,儿童个性的发展源于成熟与学习,儿童个体的发展遵循着成长及可预测的范型,儿童个体的发展是有差异的,在每个阶段上有其相应特征,而且每个儿童的发展都是独立的。人们虽然承认这些基本的事实,但解释这些事实的理论及其表述是不同的,因而也就形成了不同的教学发展观。教学论史上,关于教学与发展的关系的论述主要有"教学依存于发展"、"教学先于发展、创造发展"、"外因通过内因起作用"三种观点。

"教学依存于发展"是把发展视为自然的、有其自身规律的过程。智力的发展过程是按照自身固有的内部法则前进的,教学环境条件下的学习终究是依存于发展的。格塞尔(Gesell,Arnold Lucius)把发展单纯理解为生物学上的成熟,教学应视其成熟程度而实施。皮亚杰(Jean Piaget)认为,心理、智力、思维的发展,既不是起源于先天的成熟,也不是起源于后天的经验,而是起源于主体的动作。这种动作的本质是主体对客体的适应。发展是以儿童内部产生的不平衡为原动力的,来自外部的作用,尤其是教学作用不会直接引起发展。在教学条件下的学习和个体的主体性活动,依存于儿童的认知结构的特点(即思维发展阶段),是作为一种同化过程产生的。但这并不是说教学作用和教学条件对发展没有意义,相反,它会加速或延缓儿童的发展。

"教学先于发展、创造发展"的观点,其主要代表是前苏联心理学家维果茨基(L. S. Vvgotskv)。维果茨基认为,儿童的智力发展与教学之间存在着复杂的相互联系,但主导的作用在于教学。教学不仅发展儿童的智力,而且加速智力的发展,教学可以成为促进新的智力发生的源泉。教学在智力发展中起着主导性的作用。维果茨基以发展的文化历史学说为基础,提出了"最近发展区"理论。据此,他认为教学就是给儿童提供一定的帮助,为儿童开发"最近发展区"。维果茨基认为:教学应当走在发展的前面。对教育过程而言,重要的不是着眼于学生现在已经完成的发展过程,而是关注他那些正处于形成的状态或正在发展的过程。由此,发展的过程与教学的过程是不一致的,发展的过程是沿着创造出"最近发展区"的教学过程前进的。

"外因通过内因起作用"的观点,是心理学家鲁宾斯坦提出的"意识与活动统一"的原理在心理学中的运用。后被科斯鸠克(Coase doveg)进一步阐述和发展,认为儿童的智力发展依存于他所接受的教学,而教学又依存于儿童的发展。这派观点反对将外因与内因分割对立以及教育万能论,主张教学只是智力发展的最重要的条件,但不是唯一的条件。根据艾利康宁的"发展教学说",当教学为儿童提供分析新的现实的方法与手段,以及提供将分析结果加以模型化的方法时,教学与发展的关系才是直接的,唯有这种场合的教学才是发展的源泉。当教学能够直接促进儿童在自然发展过程中获得飞跃时,教学才是引起直接发展的源泉。

(三)反映教育思想的要求

教育哲学思想是隐含于课程背后的具有重大影响的理论基础。当代课程与教学内容的选择,主要受人文主义、进步主义、结构主义、新行为主义、人本主义等教育思潮的影响,而这种影响作用的表现,具有多样性与统一性。多样性表现在每一种教育哲学流派对教育的基本问题的看法不一致,甚至是相互对立的。但在现代教育中,人们往往会吸收各家之所长,把各家各派的合理成分继承下来,并加以整合运用,统一于课程与教学内容的选择与编制和开发中,表现出多样性、差异性的统一。

我国《基础教育课程改革纲要(试行)》实际上也是综合当今世界教育思潮的特点,参照世界各国教育改革的方向与趋势,结合我国课程与教学的实践发展而提出来的。其中课程与教学的目标、内容、方法、评价等,也是基于吸收众多教育哲学流派的合理思想而具体实施的。特别是当代人本主义教育思潮中的课程理论,如施瓦布(J. J. Schwab)的实践课程、斯坦豪斯的过程模式以及批判课程模式,都能在研究性课程中找到结合点。经过整合的建构主义的知识观、学习观、课程观、教学观和评价观,也融进了我国基础教育课程与教学改革的指导思想之中。

三、课程与教学内容选择的标准

人类社会积累的知识和经验浩如烟海,学科门类达数千种之多。而学生所能掌握的学科门类及相关内容是极其有限的。所以,课程与教学内容必须按照一定的标准,经过严格的、精心的、科学的选择。

史密斯(B. O. Smith)认为,从历史上看,课程编制有五大准则:系统知识准则、历久尚存准则、生活效用准则、兴趣需要准则、社会发展准则[①]。

---

① 转引自钟启泉:《课程编制的逻辑与原则》,载《外国教育资料》,1989年第2期。

（一）系统知识准则

这一原则强调课程与教学内容必须具有重要性、基础性，由浅入深，由简而繁，由古而今。前一学习内容应是后一学习内容的基础。这一原则注重学科本身的系统性、文化的累积与传递、逻辑系统的安排以及学术研究，但容易忽视学生的兴趣、需要、个性与发展的要求，忽视现实社会的需要。因此，这一原则更为适用于逻辑系统非常严密的学科。

（二）历久尚存准则

这一原则认为人类心理趋于保守，多年一直沿用的知识内容是最好的，自然也就应该是被采用的内容。因为这里面既有理智的因素——经过多年考验而未遭弃置的课程与教学内容自有其存在的理由与价值，也有情感的因素——人类有怀旧的倾向，无论道德、学术，总喜引昔证今，追踪古人。而伦理、音乐、美术、文学等学科最易有此倾向。这个原则比较重视人类文化的保存与传递，但容易忽视学习者的本性、兴趣与需要，也容易忽视现实社会的需要。其最大的流弊是世代相传，缺乏知识更新。

（三）生活效用准则

生活效用准则或称社会效率原则。它以个人的社会生活为着眼点，认为对人生有用的内容是好的内容。斯宾塞、博比特等人持此观点。在他们看来，凡是能促进人生各类活动的课程与教学内容，即为具备社会效率的内容，也为有价值的课程教学内容。该原则的基本特点是重视学生的生活需要和实际效用，但是这种取向比较容易忽视知识学习中的系统性、连贯性、严密性和科学性。

（四）兴趣需要准则

这一原则以学习者当前的兴趣与需要为着眼点，认为凡符合学习者兴趣与需要的内容均为可取的内容。广而言之，凡是能帮助学习者个人实现其目的、解决其问题的课程与教学内容，均为可选内容。这个原则特别重视学习者在各年龄阶段所表现的兴趣与需要，即重视学习者的本性，其缺点是不易使学生获得系统的基础知识，更易遗漏成年人认为重要的课程与教学内容。

（五）社会发展准则

这一原则强调课程与教学内容应该帮助学习者了解民主社会的真义、民主社会个人的权利、民主社会个人的责任、民主的阻力以及获得民主的方法等，并能使学生养成在民主社会中履行个人责任的能力。同时注重把握民主社会的发展方向和促进民主社会的建设，以及注重对社会现状的了解与社会问题的研究。这一原则的不足在于忽视文化的积累与传递，以及学习者个人的需要与兴趣。

综合上述五大原则，我们认为，在选择课程与教学内容时，既要考虑学生和教学方面的因素，也要考虑学科知识的价值，以及知识掌握与能力发展的关系；既要注意学科知识的基础性、科学性，又要兼顾学生的需要、个性、兴趣以及学校教育规律；还要注重社会生活经验及社会发展的需要,坚持课程与教学内容选择的基础性、社会性以及与学生、学校教育特点相关联的适应性。

四、课程与教学内容的组织

为使学生的各种学习有效地联系在一起,使学习产生累积的效应,还需要对选择出来的课程与教学内容加以有效的组织编排,使其起到相互强化的作用。概括来讲,课程与教学内容的编排原则主要有"纵向组织与横向组织"、"逻辑顺序与心理顺序"、"直线式与螺旋式"等。

（一）纵向组织与横向组织

所谓纵向组织,或称序列组织,就是按照某些准则以先后顺序排列课程与教学内容。《学记》中"不陵节而施"、"先其易者,后其节目",就是强调按系列组织课程与教学内容。夸美纽斯曾提出按由简至繁的序列安排内容。这些都是强调学习内容从已知到未知,从具体到抽象。近年来,一些心理学家提出了新的序列组织原则。例如,加涅认为,人类学习的复杂性程度是不一样的,是由简单到复杂依次推进的。学习任何一种新的知识技能,都是以已经习得的、从属于它们的知识技能为基础的。布卢姆等人的《教育目标分类学》也是强调学习内容由简单到复杂按顺序排列的典型。

所谓横向组织原则是指打破学科的界限和传统的知识体系,用一些"大观念"、"广义概念"和"探究方法"作为课程内容组织的要素,使课程与教学内容和学生校外经验有效地联系起来。这种编排原则所强调的是知识的广度,而不是知识的深度,所关心的是知识的应用而不是知识的形式。当然,这种横向组织所面对的困难是教师要精通或熟悉各门学科的内容、学校课程表的安排以及目前的考试方式等。

（二）逻辑顺序与心理顺序

所谓逻辑顺序,是指根据学科本身的系统和内在的联系来组织课程与教学的内容。所谓心理顺序,是指按照学生心理发展的特点来组织课程与教学内容。在课程史上,"传统教育"主张按逻辑顺序来组织课程与教学内容,把课程与教学内容的重点放在逻辑的分段顺序上,强调学科固有的逻辑顺序的排列,至于这种逻辑顺序对学生有什么意义则不考虑。"现代教育"则强调根据心理顺序,即学生身心发展的特征以及他们的兴趣、爱好、需要、经验背景等来组织课程与教学内容。学生是课程的中心,是目的。对于学生的成长和发展来说,一切学科的逻辑都处于从属地位。

目前,人们倾向于把学科的逻辑顺序和学生的心理顺序统一起来。因为,一方面课程与教学内容应该考虑学科本身的体系。学科体系是客观事物的发展和内在联系的反映,通过学习科学的学科知识,可以使学生了解自然界和人类社会的发展过程。况且每门学科各部分内容之间都有其内在的逻辑联系。另一方面,课程与教学内容是为学生安排的,如果不符合学生认识的特点,学生就难以接受,那么再科学的内容也是无效的。

（三）直线式与螺旋式

所谓直线式是指把一门课程与教学的内容组织成一条在逻辑上前后联系的直线，前后内容基本上不重复。螺旋式（或称圆周式）则要在不同阶段上使课程内容重复出现，但要逐渐扩大范围和加深程度。

直线式和螺旋式这两种组织形式在现代课程与教学内容的编排中仍以不同的方式出现。赞科夫主张教师所讲的内容，只要学生懂了就可以往下讲，不要原地踏步。因为过多地重复同一内容会使学生感到厌倦。不断地呈现新的知识能使学生保持新鲜感和学习的兴趣。布鲁纳则主张采取螺旋式课程与教学内容。他认为课程与教学内容的核心是学科的基本结构，应该从低年级开始教各门学科最基本的原理，以后随着学年的递升而螺旋式地反复并逐渐提高。也就是说，课程与教学内容主要是要向学生呈现学科的基本概念和原理，以后不断在更高层次上重复它们，直到学生全面掌握该门学科为止。

这两种编排方式各有利弊，直线式可以避免不必要的重复，螺旋式则容易照顾到学生的认识特点而加深对学科的理解。两者各自的长处也正是对方的短处，它们在思维方式上对学生的训练有不同的要求，直线式要求逻辑思维，而螺旋式则要求直觉思维。在课程与教学内容的编排中，要综合运用两种方式。

除此之外，在课程与教学内容的编排中，还要注意直接经验与间接经验、重点与一般、知识与能力等方面的统一。

五、课程与教学内容选择与组织的基本环节

在分析了课程与教学内容选择和组织的理论基础、标准、原则等问题的基础上，可以概括出课程与教学内容选择的基本环节。

（一）确定课程与教学内容的价值观

所谓确定课程与教学内容的价值观，其核心问题是回答："什么是受过教育的人？"培养目标是什么？

（二）确定课程与教学的目标

课程与教学目标是教育目的和培养目标的具体化，也是课程与教学价值观的具体化，这是课程与教学内容选择的关键。

（三）确定课程与教学内容的基本取向

课程与教学内容的基本取向主要包括学科知识、当代社会生活经验、学习者的经验三个方面，因此要处理好这三者之间的关系。对三者关系的认识与处理，取决于特定的课程与教学价值观等。

（四）确定课程与教学的编排原则

以什么方式编排课程与教学内容，如何排列才能符合学生的需要，符合教学规律，这是选择课程与教学内容的基本准则与要求。

（五）确定具体的课程与教学内容

确定课程与教学内容，即确定与特定课程价值观和课程目标相适应的课程与教学内容要素，形成课程与教学内容的主要表征形式——教材。

当前课程与教学内容的发展趋势主要表现为尊重学习者的主体意识，强调学习者的探究精神和主动学习，以及学习者个性的发展。当代课程与教学内容选择的趋势，主要以学习者的经验为主导取向。因此，以学习者的经验为核心整合学科知识、社会生活实践的课程与教学内容，是当前重点考虑的价值取向。

【本章小结】

课程资源是课程目标实现及课程实施的基础和保障，课程资源的丰富性和适切性程度决定着课程目标的实现范围和实现水平。课程与教学内容是课程与教学问题中的集结点，是课程与教学研究中的重要内容。随着我国基础教育课程改革的力度不断加大，课程资源与教学内容的重要性日益显现出来。

学校教育的资源内容繁杂多样，但并不是所有的资源都是课程资源，只有那些真正进入课程，与教育教学活动联系起来的资源，才是现实的课程资源。为了提高其在实践中的可操作性及其有效性，必须处理好课程资源与教学内容、课程资源与课堂教学的容量限定以及课程资源与学生的可接受学习之间的矛盾，必须开发一切有可能进入课程，能够与教育教学活动联系起来的资源，必须充分挖掘被开发出来的课程资源的教育教学价值，必须对课程资源与教学内容进行整合。

课程与教学内容主要是解决如何选择和组织某一门课程的内容问题，也就是决定应该教什么和以什么样的方式呈现这些需要教的内容。课程与教学目标是选择和决定内容的依据，课程与教学设计是关于内容和组织安排，课程实施和教学是内容的逐步实现，课程与教学评价是判断内容产生的结果。

【思考练习】

1. 名词解释：课程资源、素材性课程资源、条件性课程资源、课程与教学资源整合、课程资源开发与利用、课程与教学内容的组织。

2. 课程资源与教学内容整合的策略与方法？

3. 一般课程资源开发与利用的途径？如何开发与利用教材？

4. 我国基础教育在选择与组织课程资源和教学内容时存在哪些问题？怎样有效地解决？

第五章 课程实施与教学过程

学习目标

1. 了解课程实施与教学的关系。
2. 理解课程实施的基本取向与基本模式。
3. 分析现代教学过程的基本结构及其功能。
4. 总结教学过程的基本规律。
5. 评述教学过程本质的不同主张。

【问题情境】

美国学者塞勒(J.G. Saylor)等人提出了关于课程与教学关系的三个隐喻。

隐喻一:课程是一幢建筑的设计图纸,教学则是具体的施工。作为设计图纸,会对如何施工作出非常具体的计划和详细的说明。这样,教师便成了工匠,教学的好坏是根据实际施工与设计图纸之间的吻合程度,即达到设计图纸的要求来测量的。

隐喻二:课程是一场球赛的方案,这是赛前由教练员和球员一起制订的;教学则是球赛进行的过程。尽管球员要贯彻事先制订好了的打球方案或意图,但达到这个意图的具体细节则主要由球员来处理。他们要根据场上具体情况随时作出明智的反应。

隐喻三:课程可以被认为是一个乐谱,教学则是作品的演奏。同样的乐谱,每一个演奏家都会有不同的体会,从而有不同的演奏,效果也会大不一样。为什么有的指挥家和乐队特别受人欢迎,主要不是由于他们演奏的乐曲,而是他们对乐谱的理解和演奏的技巧。

隐喻一隐含着教学是一门科学,体现了课程实施的忠实取向;隐喻二和隐喻三隐含着教学是一种艺术,体现了课程实施的相互适应取向和创生取向。

那么,课程实施与教学究竟是怎样的关系?应该如何看待课程实施的不同取向?教学又是一个怎样的过程,是否有规律可循?这是本章拟解决的主要问题。

第一节 课程实施与教学过程的含义

一、课程实施的含义

(一)课程实施的定义

20世纪70年代以前的课程文献中,很少有对"课程实施"的专门研究。20世纪

50年代末至60年代末进行的那场肇始于美国、影响波及全球的"学科结构运动"并未达到预期目的,到这场课程变革运动的后期,教育界内外怨声载道,人们纷纷谴责"学科结构运动"。但是,当人们深入研究、系统反思这场课程变革运动的时候,越来越感到评价课程变革计划不能只是根据最终的结果,因为许多被认为是失败的变革计划实际上压根儿就没有实施过。那种认为"只要课程变革计划完善就可以自然地在实施过程中达到预期结果"的假设受到普遍质疑。"学科结构运动"的一个重大失策就是囿于课程变革计划和假设体系的制定,而对课程变革的具体实施过程关注甚少。自此,对"课程实施"问题的研究日益引起人们浓厚的兴趣。由此看来,对"课程实施"问题的研究是在理解和评定课程变革的过程中兴起的。因此,要了解何谓课程实施,首先需弄清楚什么是课程变革。

课程变革(curriculum change)、课程改革(curriculum reform)与课程革新(curriculum innovation)基本上是同义词,相对而言,课程变革这一概念最常用。凡课程及相应的教学在有意识的教育安排下所发生的一切变化,皆可称为课程变革。这既可指单科的变化(如物理学科的变化),也可指综合性的课程变化(如对某一年龄阶段的学生所进行的综合性的课程变革),还可指学校体制的变化和课程的全面修正。课程变革是一项综合性的系统工程,既包括变革的计划,即课程计划,又包括变革的实施,即课程实施,还包括对课程变革过程及效果的评估,即课程评价。

课程计划(curriculum planning)是指制订课程变革的理想及实现这种理想的具体方案。课程实施(curriculum implementation)是将某项课程计划付诸实践的具体过程。课程计划与课程实施之间的关系是理想与现实、预期的结果与实现结果的过程之间的关系,这种关系是极其复杂的,对这种关系的不同认识形成了课程实施的不同价值取向。

从课程计划到课程实施还有一个过渡环节,这个环节通常称"课程采用"(curriculum adoption)。课程采用是指做出使用某项课程计划的决定的过程,它所关注的焦点是是否决定采用某项课程计划,这与课程实施是不同的。课程实施关注的焦点是课程实践中实际发生的变革的程度及影响变革的因素。在不断的实施过程中,课程变革被制度化(institutionalization)和常规化(routinization)。

课程变革的最后阶段是对变革总过程的评估,即课程评价。课程评价包括了课程变革的所有方面,其目的在于确定哪些因素与变革的研究和传播有关,怎样测定变革的实施程度,以及如何评估课程变革产生的预期或非预期的实际效果。

由此看来,一个完整的课程变革过程包括课程计划、课程采用、课程实施、课程评价几个环节,课程变革是这些环节之间动态的、复杂的交互作用过程,而非单向的由一个环节到另一个环节的线性运作过程,如图5-1所示。

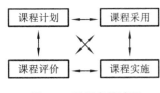

图5-1 课程变革过程

因此,如果从课程变革的视角看,课程实施是将课程变革的计划付诸实施的过程;而从课程开发的视角看,课程实施是课程开发的一个环节,是推行课程计划的过程。① 这是两种比较典型的对课程实施本质的认识。需要指出的是,课程实施本质观的不同,会导致课程实施的策略选择、课程实施取向以及实施过程中问题解决方式的不同。我们认为,最好从课程变革的视角看待课程实施,将其视为连续的、动态的创生过程,而不仅仅是对课程计划的忠实执行。

(二)课程实施的研究价值

从根本上讲,研究课程实施的意义在于深刻理解课程变革过程的实质,提高课程变革的成效。根据课程理论专家、"课程实施"问题研究的奠基者富兰和庞弗雷特(M. Fullan & A. Pomfret)的归纳,课程实施的研究意义可具体分解为如下四个方面。②

第一,为了了解课程变革的实际。一项课程变革方案付诸实施后究竟引起哪些课程实践的变化?这需要根据课程变革方案对课程实施过程进行直接测量和界定方能知晓。研究认为,大多数课程变革方案付诸实施后并不像方案设计者所预想的那样乐观。比如,国外一项研究报告指出,一项变革方案被采用后,研究者将方案所要求的行为模式分解为 12 种具体的行为,然后用测量工具对教师的行为进行观察测量,结果发现,方案实施量非常低,只有 16%,也就是说,教师的行为只有 16% 符合方案所要求的行为模式。③

第二,为了理解教育变革失败的原因。为什么在课程史上有如此多的教育变革惨遭失败?这需要研究变革的最困难的方面是什么,以便克服困难,提高变革的成效。综观国际上关于教育变革的研究,尽管对阻碍变革的因素尚未取得一致见解,但是,对以下这点已经达成共识:要想比较成功地推行一项变革,必须自始至终深入研究变革方案的实施过程,在实施过程中及时调整、修订方案,使之不断臻于完善。

第三,为了对学习结果以及影响学习结果的可能的决定因素作出解释。实施一项课程计划后,学生的学习成绩意味着什么?影响学生学习成绩的可能的决定因素是什么?为了对此作出解释,有必要对一项革新方案的具体实施过程单独进行检验。人们往往将采用新课程方案的学生取得优异成绩的原因归于新课程方案本身,而对新方案的实施过程和实施程度未作恰当的估计。采用一项新方案并不意味着实施方案的过程就如方案计划的那样。一项研究估计,学习结果的 35% 的差异可归因于实施过程的差异,也就是说,不同学校或班级的学生即使运用了同一方案,其成

---

① 吉标,吴霞:《课程实施:理解、对话与意义建构——一种建构取向的课程实施观》,载《西南师范大学学报(人文社会科学版)》2005 年第 1 期。

② See Fullan, Michael & Pomfret, Allan(1997), Research on Curriculum and Instruction Implementation, Review of Educational Research, 47(1):335-397.

③ See Snyder, J., Bolin, F. & Zumwalt, K. (1992), Curriculum Implementation, in Jackson, P.W. (ed.)(1992), Handbook of Research on Curriculum, New York: Macmillan Publishing Company, pp. 405-406.

绩的差异也有可能达到35%,这是由实施过程的差异所导致的。[①]

第四,为了不至于将课程实施与课程变革过程的其他方面(如课程采用)相混淆。人们对课程变革认识的理性化水平的提高过程,就是将课程变革过程分解为不同方面,深入理解每一方面的本质和功能,进而把这些方面有机联系起来的过程。为了把课程实施与相关的其他环节区分开来,就需要把课程实施从课程变革过程中分离出来,单独进行研究。

二、教学过程的含义

(一) 教学过程的定义

所谓教学过程,是指教学活动的启动、发展、变化和结束在时间上连续展开的程序结构。教学过程的概念有几个层面的指称:一是指以一节课为时间单位,从开始上课到下课的教学过程;二是指为完成一个教学单元或一个相对独立的教学课题的教学任务,从开始到结束的整个教学过程;三是指在一个教育阶段里,比如小学期间、初中期间等,从开学到毕业的教学过程;四是指贯穿在从幼儿园到大学的整个学校教育系统中的教学过程;五是指在人类历史发展进程中的教学过程。这里所论及的,主要关涉前三个层面的教学过程。

(二) 教学过程的特点

1. 历史性

教育、教学活动是自人类社会产生以来就具有的一种社会活动。新生一代通过接受、继承和发展上一代传授的生活经验和文化成果得以生存和发展。而随着人类社会的演进,社会需要及教育目的也在不断发生变化,导致了教学过程中各种因素的变化,使教学过程打下了深深的历史烙印。

在古代社会,教育、教学的目的主要是为国家或社会机构培养各种官吏,注重政治的、伦理的陶冶。在教学过程中,教师是绝对权威,教学材料内容是钦定的、不容置疑的,学生只能被动地接受,没有自己的思想和见解,只需呆读死记。到了近现代,随着机器生产和商品经济发展,科学技术在生产中的广泛运用,旧的教育传统受到冲击,学校教育不仅要为国家培养官吏,而且还要培养生产管理人员、技术人员和有一定文化与职业技能的熟练的工人。这样,在教学过程中,就不仅要求学生掌握基本知识和基本技能,还要求学生要有实际的动手操作能力和应用能力,教学活动也加强了同生活和实际的联系。但这时的教学过程基本上仍是一个单向的过程,教学目的是单向的把人培养成一定的工具,教学活动是单向的教师向学生传授知识。

第二次世界大战以后,出现了新的科学技术革命的浪潮,它带来了社会生产力的飞跃发展,引起了物质生产乃至生活方式、思维方式、价值观念的巨大变化。面对

[①] See Fullan, Michael & Pomfret, Allan (1997), Research on Curriculum and Instruction Implementation, Review of Educational Reasearch, 47(1):339.

新的科学技术革命的高潮,无论哪种社会制度的国家,都在寻求经济对策和社会对策,纷纷把教育提高到前所未有的重要战略地位。人的智力开发、个性发展和教育改革,已成为人们普遍关注的重要问题。这时的教学过程就变得丰富起来,它旨在把自然个体培养成富有个性的社会个体,不仅能运用知识,而且还能创造知识,不仅是教学过程的授受者,而且是主动的、积极的参与者。教学不再仅仅是教师教的活动,而是教师教、学生学的双边活动,教学过程变得越来越丰富化、生动化和个性化。

2. 周期性

现代教学活动是师生的双边活动。在这个活动过程中,师生之间相互作用,不断发生碰撞、交流和融合。通过碰撞、交流达到融合后,又出现新的矛盾,新知与旧知、未知与已知的矛盾,产生新的碰撞和交流,呈现出一种波浪式的前进。从低级到高级,经过碰撞、交流达到融合,就是一个教学周期的结束。教学周期的运转导致了教学过程的实现。诸周期的运转可以描述为一个螺旋体,于是每一单个周期就似乎是螺旋体的一圈螺线,教学过程在时间上就可以描述为它的各个教学周期的前进运动。教学周期是教学过程的一个结构单位,拥有教学过程的全部特征。

3. 整体性

教学过程的最终结果是使学生获得全面发展,它是一个培养人的过程,它和其他社会活动过程是不一样的。第一,教学论总是竭力把客体当做整体来认识,尽管这种认识水平有赖于本学科的发展水平。这是教学过程整体性的第一个体现。第二,教学过程内部存在着构成统一体的各个组成部分,即教学目标、教学内容、教学方法和手段、教学组织形式、教学评价等,它们总是与整体不可分割地联系着、运动着。第三,教学过程中的活动种类、学习者形成的个性品质等都具有整体性。

4. 个性化

教学过程与其他活动过程相比,具有无可比拟的复杂性。因为培养人的活动就是一个最复杂的系统活动。人的本质内涵有极大的丰富性和立体性。要培养、塑造一个人,就需要由具体的、个别的教学过程构成一个立体的、交叉的教学过程系统。这一个个具体的、个别的教学过程赋予教学过程以丰富的个性。第一,从学生的年龄阶段和教育系统内部来看,幼儿园、小学、中学、大学,都各自存在着自己独特的、不同于其他学段的教学过程,普通教育的教学过程也与职业教育的教学过程不尽相同。第二,教学过程要达到学生全面发展的目的,就需要进行智力、体质、品德等方面的教学,因此,形成了一些既相对独立的、富有个性的,又统整于教学过程的智育过程、体育过程、德育过程、美育过程、数学教学过程、语文教学过程等。正因为教学过程极具个性,所以我们不仅要从系统的层次上、方法论的层次上去认识研究教学过程,还要从具体的、个别化的层次上和操作化、应用性的层次上去认识研究教学过程。这样,我们对教学过程的理解和认识才能避免空泛和混乱,也才能真正实现对教学过程既有高度抽象和概括的认识,又有极其具体和特殊的把握。

(三)教学过程的组成

教学是学校实施全面发展教育的基本途径,是学校教育预期目标得以实现的重要保证。通过对教学活动的实际考察,我们不难发现,教学过程是由多个成分相互联系、相互作用而展开的动态运行过程。具体而言,教学过程包括以下几个组成部分。

1. 教学目标

教育是一种有目的的社会实践活动,目的性是人类实践活动区别于动物本能活动的根本所在。教学作为教育活动的重要组成部分,在活动开始之前关于活动的预期结果一定会存在于教育者的头脑之中,而教学活动的预期结果就是教学目标。在教学活动中,教学目标既是教学活动的起点,又是教学活动的终点,教学目标伴随着教学活动的始终。教学实践的经验表明,清晰明确的教学目标能够在教学活动中起着导向作用、调控作用、测评作用、激励作用等。

2. 教师和学生

教师和学生是教学活动的共同参与者,离开了任何一方,教学活动都不能开展,即所谓"教是为学而教,学乃从师而学"。教师和学生是教学过程中两个相对独立又密切联系的组成成分。首先,教师和学生是两个相对独立的成分,二者在教学过程中有着显著的差别,各自有着自己的职责和任务,双方不能相互替代。以教师的教代替学生的学或以学生的学掩盖教师的教的做法,都是违背教师和学生之间的相对独立性和不可替代性的。其次,教师和学生又是相互联系、相互制约的。教师的教引导着学生的学,而学生的学又影响着教师的教。这种真正意义上的"教学相长",推动着教学过程的运动、变化和发展,表现为在教师的引导和帮助下,学生的知识、能力、思想、情感等各个方面朝着积极的方向变化与发展。

3. 教学内容

在教学过程中,教师对学生的教育影响,主要是通过向学生传递人类已有的科学文化知识来丰富学生的认识,并以此为基础,促进学生的全面和谐发展。可以说,教师所传递的科学文化知识,是教师对学生施加教育影响的重要凭借,是必不可少的"中介"成分。而教师所传递的科学文化知识就是我们通常所说的教学内容。教学内容主要是对人类已有知识经验的反映,在学校教育中,教学内容主要体现在课程计划、课程标准(教学大纲)和教学材料等系列化的课程材料之中。

4. 教学方法和手段

教师要把教学内容传授给学生,并以此促进学生得到发展,还必须运用一系列的教学方法和手段,教学方法和手段是完成教学任务、实现教学目标的基本保障。这里所谈及的教学方法和手段包括观念形态的教学方法、教学策略、教学艺术,也包括物质形态的技术手段、教学媒体等。

5. 教学组织形式

教学活动的进行,还必须有一定的组织保证。教学组织形式是关于教学活动开展在人员搭配、时间和空间安排等方面形成的特殊方式、结构和程序。班级授课、小组教学、个别教学等不同的组织形式,对完成教学任务、实现教学目标有着各自不同的作用。在具体的教学活动中,将目标、任务、内容、方法手段和组织形式加以合理地配合运用,对于取得教学活动的实效,有着十分重要的意义。

6. 教学环境

教学环境是影响教学活动的客观条件,一般包括物质环境和精神环境两个方面。物质环境涉及教学场地、教学设备、图书资料、校园环境等内容;精神环境包括校风、班风、人际关系、教学氛围等。无论是物质环境,还是精神环境,都会对教学过程产生影响作用。精心设计的教学环境,能够对教学过程产生积极的影响作用。

7. 教学评价

教学评价包括教学检查、测量和评价。教学检查和测量是对教学活动的结果本身的事实判断,教学评价则是对教学活动的结果是否满足需要而进行的价值判断。教学测评所获得的有关信息,能够及时调控和改进教学活动,能够强化巩固教学效果,能够对师生产生激励作用,从而取得更好的教学效果。

三、课程实施与教学的关系

"课程实施"与"教学"是两个不同的概念,分属于不同的研究领域,但两者在内涵上又颇多重叠。研究两者的关系对深入理解这两个概念的内涵是有益的。

课程实施与教学的区别主要表现在两个方面。首先,课程实施在内涵上涉及的范围比教学更广。课程实施是执行一项或多项课程变革计划的过程,涉及教育行政管理体制的变化、课程知识的更新、教学过程的改变、校长和教师角色的更新、学生角色的变化、社区文化环境的相应改变等。可以说,课程实施涉及整个教育系统的变化以及对教育系统提供支持的社会系统的相应变化。而教学主要指教师与学生在课堂中的互动行为,它与课程实施相比在范围上来得更狭窄。其次,课程实施与教学分属于不同的研究领域,对二者进行研究的侧重点有别。课程实施的研究主要探讨课程变革计划的实施程度、影响课程实施的因素、课程变革计划与实践情境的相互适应机制、教师与学生创生课程的过程等。教学研究则主要探讨教师的"教授行为"(teaching)、学生的"学习行为"(learning)及二者之间的互动机制。所以,课程实施研究与教学研究在重心上有别。

课程实施与教学又具有内在的统一性和联系,主要包括两个方面。第一,课程实施内在地整合了教学,教学是课程实施的核心环节和基本途径[①]。离开了教学,课程实施是没有意义的。正因如此,许多人把课程实施与教学视为同义语。第二,课程实施研究与教学研究具有内在的互补性。教学研究有助于理解课程实施过程的内在机制;课程实施研究则有助于理解教学的本质,从而为教学设计提供新的视野。

---

① 余文森:《教学是课程实施的基本途径——新一轮课程教学改革应确立的几个基本观念》,载《现代中小学教育》2001年第7期。

第二节 课程实施的取向与模式[1]

一、课程实施的基本取向

课程实施的取向是指对课程实施过程本质的不同认识以及支配这些认识的相应的课程价值观。课程实施的取向集中表现在对课程计划与课程实施过程的关系的不同认识上。根据美国课程学者斯奈德、波林和扎姆沃特(J. Snyder, F. Bolin & K. Zumwalt)的归纳,课程实施有三个基本取向,即忠实取向、相互适应取向与课程创生取向。[2]

（一）忠实取向

课程实施的忠实取向(fidelity orientation,或称忠实观)认为,课程实施过程即是忠实地执行课程计划的过程。衡量课程实施成功与否的基本标准是课程实施过程实现预定的课程计划的程度。实现程度高,则课程实施成功;实现程度低,则课程实施失败。基于忠实取向的课程实施研究主要探讨两个问题:第一,测量一项特定的课程革新实现预定的课程计划的程度;第二,确定影响课程实施过程的因素(促进因素或阻碍因素)。

忠实取向是课程实施研究最初的也是主流的取向。忠实取向的基本特征集中体现在其对课程、课程知识、课程变革、教师角色的性质以及研究方法论的认识方面。

忠实取向认为,"课程"一词的含义是指体现在学程、教科书、指导用书、教师的教案或课程革新方案中的有计划的内容。课程是一些具体的东西,这些东西教师能够实施,也能够评价,通过评价来确定预定的目标是否已经完成。相应的,忠实取向视野中"课程实施"的含义就是指教师在实践中执行课程计划或课程方案等的过程。这个过程与课程变革初期的"课程采用"过程同等重要。

忠实取向认为,"课程知识"(curriculum knowledge)(课程内容)主要是由课程专家在课堂之外、用他们认为是最好的方法为教师实施课程计划而创造的。这些课程专家通常由学科教学法专家、学科专家、课程委员会成员、教育行政官员、出版商等组成。处于教育实践情境中的教师的知识经过课程专家的选择,也可成为课程知识的一个来源,但教师的知识仅被用于课程开发的过程,而不用于课程实施的过程。所以,被实施的课程无非是专家预先确立的课程知识的具体显现而已。忠实取向视野中的课程知识是由课程专家创造、选择并提供的,教师对课程知识的创造和选择没有真正的发言权。

---

[1] 参见张华著:《课程与教学论》,上海教育出版社2001年版,第335～353页。
[2] See Snyder, J., Bolin, F. & Zumwalt, K. (1992), Curriculum Implementation, op. cit., pp. 402-435.

与此相关,课程变革被视为一种线性过程:课程专家在课堂外制订课程变革计划,教师在课堂中实施课程变革计划。人们根据预先规划的结果是否达到来评价课程。当教师按原先的计划实施课程变革的时候,课程实施便是成功的。如果教师确实按原先的计划教学,那么就能够对课程变革本身作出公正的评价,不论其是优还是劣。如果教师没有充分地或正确地执行原先的课程变革计划,那么就不能对变革作出公正评价,因为它从来就没有被真正实施过。

毫无疑问,从忠实取向来看,教师这一角色的实质是课程专家所制订的课程变革计划的忠实执行者。教师就是课程的"消费者",他们应当按照专家对课程的"使用说明",循规蹈矩地实施教学。作为课程传递者,教师对课程的成功起着关键作用。如果教师不能按照预期的计划实施教学,那么课程的目的就不能达到,也不能对课程进行公正的评价。由于课程计划并不总是被忠实地实施,所以,持忠实取向的课程学者认为,在课程实施前,应对教师进行适当的培训,在课程实施过程中,应对教师的行为进行有效支持与监督。

由于忠实取向探究的基本问题是测量课程实施实现预定课程计划的程度及确定影响实现程度的基本因素,所以,忠实取向研究的基本方法论是量化研究,即课程实施研究要运用严格的教育与心理测试的方法。研究计划中的每一个概念都需要操作化的界定;要开发各类具有一定信度和效度的测验;研究的设计和实施要遵循常规标准。

由于忠实取向把课程变革视为从制订课程变革计划到实施计划、从课程变革计划的制订者到计划的实施者之间单向的线性过程,强调课程变革的决策者和计划制订者对课程实施者的有效控制,因此,这种取向在本质上是受"技术理性"("工具理性")支配的。

(二)相互适应取向

可以说,一直到20世纪80年代,人们对课程变革失败的原因远比对课程变革成功的方略了解得多。课程实施的忠实取向认为,课程变革就像技术一样,通过学习变革方案所要求的新的行为和新的组织模式,教师乃至整个学校体系就会自然而然发生变革。但众多研究一致认为,这种情况在课程实践中是极其罕见的。人们发现,课程变革的实施过程与其说是预定模式的径直实现过程,不如说是一种"讨价还价"过程。当实践者采用一项课程变革计划之后,他在实施过程中总是试图对既定方案加以改变,以适合自身的目的。

当研究者试图理解忠实取向失败的原因时,他们越来越倾向于信奉富兰的名言:"变革是一种过程(process),而非一个事件(event)。"[①]在变革过程中,"人们做了

---

① Fullan,M.(1982),The Meaning of Educational change,New York:Teachers College Press,p.41.

什么和没做什么是关键变量"。① 研究者发现,在课程变革过程中,实践者对课程作出修改是不可避免的。课程实施过程总是课程规划者与课程实践者之间相互适应的过程。鉴于此,美国课程学者伯曼和麦克劳林(P. Berman & M. Mclaughlin)在20世纪70年代中期最先提出"相互适应"(mutual adaptation)的理念。麦克劳林这样写道:"……课程计划本质上要求实施过程是应用者与学校情境之间的相互适应过程——具体项目的目标和方法是由参与者本人最终加以具体化的。"②

课程实施的相互适应取向(mutual adaptation orientation,或称相互适应观)认为,课程实施过程是课程计划与班级或学校实践情境在课程目标、内容、方法、组织模式诸方面相互调整、改变与适应的过程。一项课程变革计划付诸实施之后,可能会发生两个方面的变化:一方面,既定的课程计划会发生变化,以适应各种具体实践情境的特殊需要;另一方面,既有的课程实践会发生变化,以适应课程变革计划的要求。从相互适应取向来看,课程实施过程中发生的相互适应现象在某种意义上具有必然性。

相互适应取向的课程实施研究主要探讨两个问题。第一,借用社会科学中新的方法和理论以发现关于各种教育问题的详尽的、描述性的资料。如果说忠实取向的研究致力于测量课程实施过程实现预定课程计划的程度的话,那么相互适应取向的研究则致力于探讨课程实施过程中所产生的各种教育问题(educational problems)。通过对教育问题的研究,深入探讨课程变革过程的本质。第二,确定促进或阻碍课程按原计划实施的因素,特别是各种组织变量。这一点表面上与忠实取向的研究相似,但在出发点上有别。忠实取向探讨影响课程按原计划实施的因素是为了提高课程实施对原计划的忠实程度;而相互适应取向则着眼于提高课程实施过程与预定课程计划相互适应的效果。

我们依然从课程、课程知识、课程变革、教师角色的性质及研究方法论五个方面探讨相互适应取向的基本特征和理论假设体系。

相互适应取向认为,课程不仅包括体现在学程、教科书或变革方案中的有计划的具体内容,而且还包括学校和社区中的各种情境因素,这些情境因素会改变课程变革方案。课程实施决不是教育计划或技术在课程实践中的简单"装配",它应当包括变革方案在目标和方法上的调整,参与者在需要、兴趣和技能方面的变化,以及组织的适应。课程实施过程中的"相互适应"现象是必然的、不可避免的,也是必要的。

如果说忠实取向视野中的课程知识是由课程专家在学校或课堂外创造的话,那么相互适应取向则认为,课程知识是广大的、复杂的社会系统中的一个方面,实践者(教师)所创造的课程知识与专家所创造的课程知识同等重要。持相互适应取向的研究者对影响课程的各种情境因素相互作用的谱系感兴趣。不论课程是从哪里创

---

① Fullan,M.(1982),The Meaning of Educational change,New York:Teachers College Press,p.54.

② See Mclaughlin,M.(1976),Implementation of ESEA,Title 1:A Problem of Compliance,Teachers College Record,80(1):69-94.

造出来的,在实施过程中都必须不断作出调整。不断调整以求相互适应,这是课程知识的一个基本特性。

相互适应取向倾向于把课程变革过程视为一个复杂的、非线性的和不可预知的过程,而绝不是一个预期目标和计划的线性演绎过程。课程实施过程中所发生的一切,不论是否与预期目标一致,都是课程变革过程的有机构成部分。这样,课程变革就被视为一个"实施驱动的过程"(implementation-driven process)。因此,持相互适应取向的研究者对某项课程革新得以发生的社会情境感兴趣,主张通过对社会情境诸因素的剖析,揭示课程变革过程的深层机制。

如果说忠实取向视野中的教师不过是预定课程变革方案的被动"消费者"的话,那么相互适应取向视野中的教师则是主动的、积极的"消费者"。为了使预定课程方案适合具体实践情境的需要,教师理应对之进行改造。教师对预定课程方案积极的、理智的改造是课程实施成功的基本保证。[①]

忠实取向旨在测量课程实施的程度,所以要求精密的量化研究。相互适应取向的研究重心不是测量课程实施的程度,而是把握课程实施的具体过程,因此要求更为宽广的方法论,既包括量化研究,也包括"质的研究"(qualitative research)。持相互适应取向的研究者认为,忠实取向所采用的测量工具尽管在技术上是高度复杂的,但对把握课程实施的实际过程而言反而是缺乏效度的,因为这些测量工具具有预先确定的特点,试图用一种预定的模式来框定课程实施的过程是有问题的。"质的研究"方法,如"自我报告"式的问卷调查等,尽管比较模糊,但对把握课程实施过程的深层机理是有效的。

由于相互适应取向把课程变革视为课程变革计划与具体实践情境之间的交互作用过程,强调课程变革的决策者、计划制订者与课程实施者之间的相互理解和对变革意义的一致性解释,强调课程变革的过程性和复杂性,因此,该取向在本质上是受"实践理性"支配的。

(三) 课程创生取向

课程创生取向(curriculum enactment orientation,或称课程创生观)是课程实施研究中的新兴取向。这种取向认为,真正的课程是教师与学生联合创造的教育经验,课程实施本质上是在具体教育情境中创生(enact)新的教育经验的过程,既有的课程计划只是供这个经验创生过程选择的工具而已。[②]

[①] 例如,传统的课堂教学强调"讲教材",而课程改革之后的课堂教学提倡"用教材讲",就反映了不同的课程实施取向。教材毕竟只是有助于学生发展的课程资源的一部分,课程实施决不是"照本宣科",而应当包括教师对预定课程方案的积极改造。然而,这种对课程方案的改造能力是与教师的教学专长水平高度相关的,专家型教师往往能够根据学生的特征(如认知发展水平、认知需求、背景知识和个性特征)和学科本身的特点对预定课程方案进行合理的改造。

[②] See Snyder,J.,Bolin,F. & Zumwalt,K.(1992),Curriculum Implementation,op. cit.,pp. 418-427.

课程创生取向研究的主要问题有以下几方面。第一，创生的经验是什么？教师与学生是如何创造这些经验的？怎样赋予教师和学生权力以创生这些经验？第二，课程资料、程序化教学策略、各级教育政策、学生和教师的性格特征等外部因素对创生的课程有怎样的影响？第三，实际创生的课程对学生有怎样的影响？隐性课程对学生有怎样的影响？不难看出，这些问题使课程创生取向与忠实取向、相互适应取向迥然不同，显示该取向的研究重心已完全转移到教育经验的实际创造过程上。

课程创生取向的基本特征集中体现在对课程、课程知识、课程变革、教师角色的性质及研究方法论的认识方面。

既然课程创生取向视野中的课程是教师与学生联合创造的，并且是教师与学生实际体验到的经验，那么这种课程的性质就是地道的经验课程。这种课程是情境化的、人格化的，因此，课程采用、课程实施的技术化、程序化的特性就被彻底消除了，课程实施再也不是就原初的课程计划"按图索骥"的过程或稍事修改的过程，而是一个真正的创造过程。这使得"课程实施"一词在某种程度上背离了其原初的含义。

课程创生取向认为，课程知识不是一件产品或一个事件，而是一个"不断前进的过程"（on-going process）。这里，课程知识是一种"人格的建构"。当然，这种"人格的建构"必须既回答个人的标准，又回答外部的标准。这样，课程知识尽管是个性化的，但又不会落入相对主义的泥潭。人的心灵被视为需要点燃的火炬，而不是由外部的专家用知识来填充的容器。因此，外部设计的课程被视为教师用于创生课程的一个资源，只有当这个资源有益于课堂中教与学的"不断前进的过程"的时候，它才有意义。具体情境的课程知识是经由教师和学生深思熟虑的审议活动而获得的。尽管教师可能利用外部设计的课程，并有可能从外部专家处获益良多，但真正创生课程并赋予课程以意义的还是教师及其学生。教师和学生主要不是课程知识的接受者，而是课程知识的创造者。

课程创生取向认为，课程变革是教师和学生个性的成长与发展过程——思维和行为上的变化，而不是一套设计和实施新课程的组织程序。课程变革包含"真正的重构"，人的思维、感情、价值观都必须变革，而不只是变革课程内容和资料。因此，成功的课程实施（即个性的变革与发展过程）需要接受课程变革参与者的主体性，并给予充分理解。

课程创生取向还认为，教师的角色是课程开发者。教师连同其学生成为建构积极的教育经验的主体。课程创生的过程即是教师和学生持续成长的过程。如果人的心灵是一支需要点燃的火炬，那么课程专家就是教师的教师——他们点燃了教师的心灵之炬，教师再用其心灵之炬点燃学生的心灵，从而共同汇成熊熊的智慧之焰。

从研究方法论的角度看，持课程创生取向的研究者更倚重"质的研究"。由于研究的目的在于把握教师与学生从事课程创生的真实情况，而不同教育情境中的课程创生迥异，因此，研究者对个案性质的"深度访谈法"（in-depth interviews）倍加青睐。这种"深度访谈法"与相互适应取向研究常用的"自我报告"式的问卷调查相比，更能体现参与者的价值取向，因为问卷调查中，被调查者的价值观是受预先规定的问卷条目的约束的。当然,为了从对教师和学生有意义的角度深入考察课程创生过程,需要运用多种资料收集和分析的方法,但不论用哪种方法,都必须充分尊重和体现参与者的价值观,否则这种方法就是缺乏效度的。总之,课程创生取向反对所谓"价值中立"的课程研究,认为课程研究是一种"价值负载"、"价值赋予"的过程。

由于课程创生取向把课程变革、课程实施视为具体实践情境中教师与学生创造和开发自己的课程的过程,视为教师与学生个性成长和完善的过程,强调教师与学生在课程变革中的主体性和创造性,强调个性自由与解放,因此,该取向在本质上是受"解放理性"支配的。

（四）三种取向的比较

课程实施的忠实取向、相互适应取向、课程创生取向构成一连续体,如图 5-2 所示。

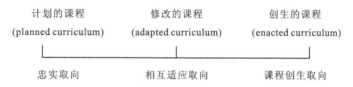

图 5-2　课程实施的三种取向的连续体

连续体的一端是"计划的课程",对应于课程实施的忠实取向。忠实取向把课程变革视为忠实地、一丝不苟地实现"计划的课程"的过程,因此,"计划的课程"成为课程实施的唯一标准和尺度。制定课程计划的课程专家和行政人员是课程变革的核心和主体。忠实取向研究的基本内容是精确测量课程计划的实现程度,并确定影响课程按预定计划实施的因素,从而为忠实地实施"计划的课程"提供决策。

连续体的另一端是"创生的课程",对应于课程创生取向。课程创生取向把课程变革视为变革的参与者(学生与教师)的个性变化、发展与成长的过程。因此,个性发展才是课程实施的标准。课程实施的过程是教师与学生共同创造适合其个性发展需要的积极的教育经验的过程。预定的课程计划不过是课程创生过程的资源之一,只有经过师生的共同解释,转化为真实体验到的教育经验的时候,它才有意义。具体教育情境中的教师和学生是课程变革的核心和主体。课程创生取向研究的基本内容是运用"质的研究"的方法论理解课程创生过程的实质,为课程实施过程中个性的发展和主体的解放提供指导。

连续体的中间是"修改的课程",对应于课程实施的相互适应取向。相互适应取向把课程变革视为变革的计划者与执行者相互改变、相互适应的过程,因此,根据特殊情境的需要把"计划的课程"变为"修改的课程"是成功的课程实施的基本要求。具体实践情境之外的课程专家及行政人员与具体实践情境中的教师共同推动着课程变革的进行。相互适应取向研究的基本内容是探讨课程变革得以发生的教育情境及社会情境中的诸种教育问题和因素,以把握相互适应过程的深层机制。显而易见,课程实施的相互适应取向兼容了忠实取向和课程创生取向的因素,是两种取向的"中介"。相互适应取向本身的研究观点因而也是复杂的,有些偏向于忠实取向,有些则偏向于课程创生取向。

如何评价课程实施的这三种取向？首先,三种取向各有其存在的价值,因为它们从不同方面揭示了课程实施的本质。忠实取向强化了课程政策制定者和课程专家在课程变革中的作用;课程创生取向则把处于具体教育情境中的教师和学生在课程开发、课程创造中的主体性解放出来;相互适应取向综合考虑了具体实践情境之外的专家所开发的课程与对这种课程产生影响的学校情境、社区情境的因素。所以,三种取向都有其存在的合理性。教育和社会情境是极其复杂的,教育变革的需求也是多种多样的,在不同的情境中,三种取向的价值都有可能得以体现。比如,为了适应抗洪抢险的紧迫需要,有关专家开发了"抗洪灾·防疫情"的课程,此时,忠实地传递这些基本信息和技能就显得格外重要,忠实取向因而是最适当的。但在另外的情境中,过于强化对专家开发的课程的忠实程度,有可能扼杀教师的主体性,剥夺学生应有的权利,因此,相互适应取向和课程创生取向可能更为恰当。

其次,三种取向各有其局限性。忠实取向把课程变革视为线性地实施预定的课程计划的过程,使课程变革成为一个机械的、技术化的程序,这就抹杀了课程变革的直接参与者——教师和学生的主体价值。相互适应取向本身是比较模糊的,带有折中主义色彩,它在兼具另外两种取向的优点的同时,也不可避免地具有它们的局限性。课程创生取向具有浓厚的理想主义色彩,它要求教师不仅善于对专家开发的课程作出正确的判断、选择和解释,更要善于根据具体情境的特殊需要创造自己的课程,并要求学生也成为课程的主体。这种取向对实践界的要求是很高的,因此推行的范围是有限的。

最后,从忠实取向到相互适应取向,再到课程创生取向,意味着课程变革从追求"技术理性"到追求"实践理性",再到追求"解放理性",体现了课程变革的发展方向。尽管三种取向各有其存在价值和局限性,但三种取向间的层次性是不容否认的。三种取向彼此之间不是绝对排斥和对立的关系,而是包容与超越的关系:相互适应取向是对忠实取向的超越,课程创生取向则是对相互适应取向及忠实取向的超越。课程实施研究从忠实取向经相互适应取向发展到课程创生取向,反映了人们对课程变革本质认识的不断深化。课程变革不是变革策动者对变革计划实施者的控制过程,而是参与者之间的民主交往过程。在这个民主交往过程中,每一个参与者的主体性都获得尊重与提升。教师和学生非但不会被排斥于课程变革过程之外,反而是课程变革过程的主体。衡量课程变革成败的基本标准是看教师和学生的主体性是否获得解放、教师和学生的个性是否发生理想的发展与变化。这种课程变革观体现了时代精神,是未来课程改革的发展方向。

(五)课程实施的新取向:基于课程标准的教学[①]

如图 5-2 所示,由斯奈德等人提出的课程实施的忠实取向、相互适应取向和课程

---

① 崔允漷:《课程实施的新取向:基于课程标准的教学》,载《教育研究》2009 年第 1 期。

创生取向构成了一个连续体,囊括了课程实施中一切可能与不可能的情况。事实上,对任何政策、方案或计划的实施都可以拿这个框架去分析,因此,在理论上它具有广泛的解释力。但是,回到我们课程实施的现实情况,一方面,忠实取向的课程实施是不可能存在的,因为课程实施中的两个主体——教师和学生都是活生生的人,教学离不开他们的情感、动机与价值观,何况学校与课堂在情境方面又存在着如此大的差异,教师势必要灵活地处理这种差异;另一方面,三种取向的划分缺乏现实的执行力,如"相互适应"如何适应,适应的依据与标准是什么,"课程创生"创生什么,创生的依据与标准又是什么,这些核心问题都是没有答案的,因此,它对教学缺乏实际的指导意义。更关键的是,它无法为回答我国当前正面临的课程实施问题提供适宜的概念工具。为此,有学者(崔允漷,2009)从我国的传统和现实出发,尝试提出了更加本土化的课程实施取向分类。

该观点认为,从历史的角度来看,我国的课程实施或教学主要有三种类型:一是基于教师经验的课程实施,二是基于教科书的课程实施,三是基于课程标准的课程实施(教学)。当前,尽管有了国家课程标准,倡导教师应该基于课程标准开展教学,但事实上绝大部分教师还是依据教科书来实施课程。基于课程标准的教学(课程实施)具有如下三个特征:①教学目标源于课程标准;②评估设计先于教学设计;③指向学生学习结果的质量。必须看到,真正实施基于课程标准的教学还有许多问题需要解决。首先,基于课程标准的教学的充分条件是课程标准本身的完善。其次,基于课程标准的教学的必要条件是教师具有基于课程标准开展教学的能力。

我们认为,基于课程标准的教学对于当前我国课程改革背景下的课程实施具有适切性和操作价值,能够在一定程度上规范教师的课程实施,保证课程实施的科学性。然而,也应当警惕,不要让国家课程标准成为束缚课程实施的"新八股"。作为教师,在教学实践中也要处理好忠实和创生的关系,避免陷入"唯忠实"的误区。

二、课程实施的基本模式

体现课程实施的基本取向的实践模式可谓多种多样,在此选取三个典型模式予以剖析,以深入理解课程变革与课程实施的本质。

(一)"研究、开发与传播"模式

20世纪60年代,美国联邦政府资助了"全美课程传播网络"(national diffusion network,NDN)项目,旨在有效传播可得到的最好的课程——不论这些课程是哪里开发出来的。"全美课程传播网络"致力于:第一,确认一些地区成功开发出的课程;第二,使人们意识到这些课程计划的价值;第三,提供必要的培训,以使这些课程计划在其他地区传播开来。所以,"全美课程传播网络"所采用的是"研究、开发与传播"模式(research, development and dissemination model),简称"RD&D"模式。① 这种模式所体现的即是忠实取向。

应当说,始于20世纪50年代的"学科结构运动"所采用的也是"研究、开发与传播"模式,但在这里,课程专家和学科专家是课程开发的主体,大学是教育改革的温床。而在"全美课程传播网络"所采用的"研究、开发与传播"模式中,教师和其他教育实践者是课程开发的主体。如果教育实践者想使他们的课程产品被"全美课程传播网络"接受,他们就必须证明其课程计划对学生是有效的,并可以在其他教育情境中有效采用。由此看来,"全美课程传播网络"项目充分发掘了实践者的知识,弥合了理论研究与实践之间的鸿沟,并提供了一种以最小的代价推进课程变革的方略。

"研究、开发与传播"模式把课程变革视为一种技术化、理性化的过程,包括如下四个分离的、有顺序的步骤。② 第一,研究(research):通过研究确立课程与教学的基本原理,这些原理是课程变革的基本价值取向和指导原则。第二,开发(development):将研究发现的基本原理运用于课程资料的开发过程中,由此获得新课程。第三,传播(diffusion):将研究开发出的新课程系统传播给具体教育情境中的教师,供其使用。第四,采用(adoption):具体教育情境中的教师使用新课程并将新课程整合于学校课程之中。

"研究、开发与传播"模式把课程变革视为"研究—开发—传播—采用"的线性过程。这种模式指向课程变革的技术本身,而不是学校与课堂中教学的性质。这种模式把教师视为一项新课程计划的被动消费者,其目标必须与课程开发者的目标相一致。该模式实际上是把课程变革过程视为一种工业生产过程:通过研究、开发获得新的"课程产品",然后在具体教育情境中由教育实践者进行"消费"。

尽管线性的"研究、开发与传播模式"获得广泛支持,但基于该模式的教育改革从未获得过完全的成功。该模式所开发出的课程既未充分传播,也未被教育实践者积极地实施过。据课程开发者所言,当实践者实施这些课程时,经常发生误用的情况。之所以如此,是由于"研究、开发与传播模式"存在两个根本缺陷。第一,该模式假设,教育改革是科学本位和技术驱动的,教师是专家(或相当于专家的人)所开发的课程计划的被动接受者,教学技术可以准确地从一个情境传递到另一个情境。基于这种假设所开发出的课程本质上是"排斥教师的",因此在教育实践情境中很难被理想地付诸实施。第二,该模式线性化的四个步骤——研究、开发、传播、采用——彼此之间是分离的、原子化的,结果导致这四者的功能日益专门化,每一个功能都发展自己的"专家群",这些专家与课堂中的教师的距离则与日俱增。结果,专家为教育改革中的问题提供了详尽的答案和解决问题的方略,而具体教育情境中的教师则

---

① See Snyder,J.,Bolin,F. & Zumwalt,K.(1992),Curriculum Implementation,op. cit.,p. 408.
② See Posner,G. J. (1992),Analyzing the Curriculum,New York:McGraw-Hill,Inc.,p. 208.

从未碰到过这些问题。①

(二)兰德课程变革动因模式

兰德社团于1973—1977年对美国联邦政府资助的教育变革展开研究,这项研究统称为"兰德变革动因研究"(the rand change agent study)。兰德课程变革动因模式即产生于该研究。该研究"可能是对所从事的大量教育革新的最具综合性的一项研究"。② 该研究报告共分八卷,主要作者为伯曼和麦克劳林。研究者考察了四项美国联邦资助的旨在促进学校结构或实践变革的项目以及大量的、多种多样的教育革新实践(包括班级组织、阅读项目、双语发展项目、生计发展项目等)。为了准确理解和把握教育变革的过程与动因,研究者进行了长达4年的研究。研究分为两个阶段:第一阶段(1973—1975年),在全国范围内进行调查,涉及18个州的293个单位。从这293个单位中又选出29个进行个案分析,从参与者所回答的问卷中获取补充资料。第二阶段(1975—1977年),研究者主要探讨在"启动资金"的支持下,教育革新计划开始之后的情况。经过缜密的调查分析,研究者发现革新计划的发起者并不能恰当地处理地方政策和组织的情况,从而导致革新计划实施过程和制度化过程的失败。

兰德变革动因研究发现,课程变革过程包括三个阶段。第一,启动阶段。在本阶段,课程变革的发起者致力于使人们支持课程变革计划,这需要对课程变革计划的目标作出解释,以使教育实践者理解与接受。第二,实施阶段。兰德模式认为,成功的课程实施取决于课程变革的特征、教学和行政管理人员的能力、社区环境以及学校组织结构等因素。因此,课程实施的关键是对既定课程变革计划作出适当调整,以适应具体教育实践情境的需要。第三,合作阶段。在本阶段,所实施的课程计划已成为现行课程制度的一部分,这需要课程专家、教育行政管理人员、教师、社区代表等密切合作、相互适应,以使变革计划不断进行下去。

通过课程变革动因的研究,伯曼和麦克劳林发现:直接应用教育技术并不是带来所期望的教育变革的有效途径;课程实施决定课程变革的过程和结果;成功的课程实施是以相互适应过程为特征的;课程变革的动因是课程专家、校长、教师等方面的相互适应。③

自伯曼和麦克劳林之后,"相互适应"成为研究课程实施问题的关键术语。兰德变革动因研究对理解课程实施的本质以及影响课程实施的因素作出了巨大贡献。

---

① See Posner, G. J. (1992), Analyzing the Curriculum, New York: McGraw-Hill, Inc., p. 218.

② Fullan, Michael, & Pomfret, Allan (1977), Research on Curriculum and Instruction Implementation, Review of Educational Research, 47(1):355-397.

③ See Snyder, J., Bolin, F. & Zumwalt, K. (1992), Curriculum Implementation, op. cit., p. 413.

(三) 课程变革的情境模式

美国学者帕里斯(C. Paris)对课程实施研究持课程创生取向,由此提出课程变革的情境观。[①] 帕里斯的研究基于以下三个假设:第一,课程知识包括情境知识,这些情境知识是教师在"不断前进的"教与学的实践过程中创造的;第二,课程变革是个体在思维和行动方面成长与变革的过程,而非课程设计与实施的组织程序;第三,教师不论是创造和调整他们自己的课程,还是对别人创造和强加的课程作出反应,他们的课程实践总是基于他们对特殊情境的知觉而发生变化。这些假设使帕里斯运用解释学的研究方法来理解课程变革的本质。

帕里斯认为,有必要把课程作为教师在复杂的情境中所创生的东西来考察,有必要用对教师有意义的观点来解释课程的过程、结果与情境。帕里斯对研究资料的收集与分析的方法是基于"人种学"的假设和程序之上的。他的研究资料取自对5位小学教师创造和调整的一种"文字处理课程"的两年的人种学研究。同样,若用对教师有意义的观点来探讨课程变革,则必然"强调课程变革的过程而非课程中的技术;强调课程变革过程的结果,而在这些结果中,教师是课程知识的创造者而非接受者;强调教师获得这些结果的过程的性质;强调改变课程变革的过程与结果的各种影响因素"。帕里斯在研究中把课程变革过程置于多元化的且通常是冲突的情境之中,这些情境包含组织及个人的"不断前进的"实践、历史和主流意识形态。而且,他还以对参与者有意义的观点对这些情境的影响作出解释。

帕里斯认为,从创生的观点看,教学(teaching)要求经由审议实践而获致的"具体情境的知识",这样,教学就不能是静态的真理。对于教师而言,创生课程所需要的技能、才能和知识是情境性和具体化的,个体需要通过探究实践而不断重新获取。创生课程的最佳途径是课堂探究、与同事讨论及共同观察、正规教学,通过这些途径获取课程与教学的理念,这些理念"隶属于教师在自己的课堂中所从事的不断前进的评价与修改实践。不要期望某一特定教师的知识能够强加于其他人,但其知识可以成为其他人寻求自己的途径的一个来源"。[②]

总之,帕里斯的研究证明:教师作为课程知识和课程变革的创造者而非接受者是可能的。他指出:"没有变革的指令,没有同质化的培训和标准化的课程资料或实施课程的时间表,研究项目中所涉及的5位教师及其众多同事学会了运用文字处理,创造了把文字处理教给其学生的他们自己的课程,发展了利用文字处理支持和拓展

[①] Paris, C. (1989), Contexts of Curriculum Change: Conflict and Consonance, Paper presented at the American Educational Research Association, San Francisco, CA.. Quoted from Snyder, J., Bolin, F. & Zumwalt, K. (1992), Curriculum Implementation, op. cit., pp. 425-427.

[②] Quoted from Snyder, J., Bolin, F. & Zumwalt, K. (1992), Curriculum Implementation, op. cit., p. 426.

自己不断前进的课程的方法。"①

第三节 教学过程的结构与功能

一、教学过程的结构

教学过程的结构是指教学活动内部各组成环节之间在时间方面有机联系或相互作用的方式或顺序。通常人们划分教学过程结构的依据是：在教师引导下学生学习一个相对完整的知识内容所需要经历的基本阶段。

（一）关于教学过程结构的不同观点

国内外教育家们提出了丰富多彩的关于教学过程结构的不同观点和主张。在此，我们根据有关文献②，整理如下。

（1）赫尔巴特（Herbart）：明了、联合、系统、方法。

（2）齐勒（Ziller）：分析、综合、联合、系统、方法。

（3）赖因（Rein）：准备、展示、联合、理解、运用。

（4）瑞勒珀弗尔特（Dǒ Rpfeld）：导入、观察、比较、综合、运用。

（5）凯勒（Kehr）：形象、感受、认识、练习。

（6）舒瓦勒茨（Schwartz）：提出目标、准备、讲授、掌握、体验。

（7）霍脱（Huth）：观察、呈现、思索、评定、活动。

（8）梅伊曼（Meumann）：确定方向、采取（方法）、理解、巩固、扩大。

（9）杜威（Dewey）：疑难、问题、假设、验证、结论。

（10）克伯屈（Kilpatrick）：提出目标、计划、进行、评定。

（11）凯兴斯泰纳（Kerschensteiner）：问题、假设、验证、结论。

（12）高迪克（Gandig）：①学习过程——观察、准备工作、解释和理解、模仿、练习、独立活动；②教授过程——提出目标、计划、进行活动、检查。

（13）弗赛勒（Fischer）：观察、假设、探究、检验。

（14）斯瓦特柯夫斯基（Svadkovsk）：观察、分析-综合、概念-规律-原则、检验、形成技巧。

（15）达尼洛夫（Danilov）：准备、感知、思维、巩固、在实践中运用、练习。

（16）伊万诺夫（Ivanov）：准备、观察、思维、巩固、在实践中运用、练习、检查、系统化。

---

① Quoted from Snyder, J., Bolin, F. & Zumwalt, K. (1992), Curriculum Implementation, op. cit., pp. 426-427.

② 参见鲍良克著，叶澜译：《教学论》，福建人民出版社1984年版，第61～62页；筑波大学教育教学研究会编，钟启泉译：《现代教育学基础》，上海教育出版社1986年版，第279～280页；施良方主编：《中学教育学》，福建教育出版社1996年版，第291～297页。

(17) 莫里逊(Morrison)：探索、揭示、类化、组织、巩固。

(18) 奥根(Oken)：秩序、提示、概括、巩固、熟练、实践、检查。

(19) 佐伯正一：预备、提示、巩固、实践课题的解决、检查。

(20) 水越敏行：抓住学习课题、提出假设、验证假设、确立假设、发展。

(21) 上海市青浦数学教学改革成果：诱导、尝试、归纳、变式、回授、调节。

(22) 维尔曼(Willmann)：①心理过程——接受、理解、巩固；②逻辑过程——分析和综合；③教学过程——呈现、解释、练习。

(23) 塔巴(H. Taba)：提出了归纳思维的教学过程，包括以下三个阶段九个步骤。

阶段一　形成概念：第一步，识别并列举与问题有关的材料；第二步，根据一定标准对这些材料进行分类；第三步，给这些类别标出名称或符号。

阶段二　解释材料：第四步，对材料作出区分，识别出主要的关系；第五步，探索各个类别之间的因果关系；第六步，作出推理，发现其内涵，并外推其结论。

阶段三　应用原理：第七步，预测结果，解释不熟悉的现象，提出假设；第八步，解释或证实预测和假设；第九步，验证预测。

(24) 萨奇曼(R. Suchman)：提出了探究训练的教学过程，包括以下五个阶段。

阶段一：让学生面临问题，教师要向学生解释探究的程序，呈现各种不同的事件。

阶段二：收集材料进行证实，即要证实对象和条件，证实出现的问题情境。

阶段三：收集材料进行实验，即要分离各种相关的变量，假设并检验因果关系。

阶段四：组织、阐述和解释，即要形成规则并作出系统解释。

阶段五：分析探究过程，即要分析探究过程中使用的策略，以便形成更有效的策略。

(二) 现代教学过程的基本结构①

现代教学过程应该包括六个基本环节：激发学习动机—感知教学材料—理解教学材料—巩固知识经验—运用知识经验—测评教学效果。值得注意的是，对教学过程环节的认识，不能停留在单一的维度上，或只考虑教师施教的一面，或只考虑学生学习的一面，应该将教师的教和学生的学有机统一起来。尽管对各个环节的概括是以学生的学习活动为主，但学习活动一定是在教师的引导和帮助下展开的。在教学过程中，每一个环节都是相对独立的，各自发挥着独特的作用，同时环节之间又是彼此关联、相互衔接的。

1. 激发学习动机

所谓学习动机，是指推动个体进行学习活动，维持已引起的学习活动，并引导学

---

① 参见黄甫全、王本陆主编：《现代教学论学程(修订版)》，教育科学出版社2003年版，第77~80页。

习行为朝向一定的学习目标的一种内在过程或内部心理状态。[①] 教学活动主要是学生的学习活动,而这种学习活动,总是在一定的思想、情感和愿望的影响下,在学习动机的支配下进行的。学习动机是引发学生学习行为的重要力量。心理学研究表明,学习动机与学习活动可以相互激发、相互加强。一方面学习动机可以通过学习活动逐步地引发和形成;另一方面,学习动机一旦形成,它就会自始至终贯穿于某一学习活动的全过程。学生的学习动机既可以由内驱力所激起,也可以由外部刺激引起。

在教学过程中,首先需要激发学生的学习动机。教师采取一些有效策略,可以激发学生的学习动机。如向学生提出学习要求、适当的奖励和惩罚、唤起学生学习的兴趣和求知的欲望、培养学生的责任感和使命感等,都能够在一定程度上激发和维持学生的学习动机。

2. 感知教学材料

学生在教学过程中,主要是以学习书本知识来认识客观世界的。书本知识一般以抽象的理性知识为主,具体表现为概念、定理、公式、原理等,而这些理性知识都是对客观世界各种事实和现象的抽象概括。学生要理解这些抽象的理性知识,必须以一定的感性知识为支撑。感知教学材料,就是对教学材料进行初步的把握,将教学材料承载的抽象的知识与直观、生动的形象结合起来,形成关于客观事物的正确表象,从而有利于学生对抽象知识的理解。

教学过程中学生获得感性知识的途径和形式是多方面的。一是直接感知。通过参观见习、实验实习等,对相关对象进行直接的感知,获得大量的感性认识和直接经验,为理解抽象的书本知识创造条件。二是间接感知。通过直观教具的使用、利用生动形象的语言描述、引导学生回忆、使记忆表象重现等办法,可以帮助学生用所获得的感性知识来理解抽象的知识。

3. 理解教学材料

在教学过程中,要实现感性知识到理性知识的上升,关键就是要使学生开展积极的思维活动。为此,教师工作的重心通常放在提示学生思路、引导学生自己探索、教给学生思维的方法、培养学生的思维能力等方面。在学生的认识活动中,除了思维这一核心要素之外,还有观察、记忆、想象等要素的参与,所以,在教学过程中对学生观察力、记忆力、想象力的培养也是不可忽视的。

4. 巩固知识经验

巩固知识经验,是指学生把所学的知识经验牢固地保存在记忆中。学生以学习书本知识、接受间接经验为主,如不及时地巩固强化,就会产生遗忘,不利于对后续知识经验的学习理解,也难以做到学以致用。

在教学过程中,教师不仅要向学生提出记忆的要求,而且要指导学生记忆的方

---

① 李伯黍等主编:《教育心理学》,华东师范大学出版社1993年版,第235页。

法。尤其要注意将巩固知识经验与死记硬背知识经验区分开来,帮助学生认识和掌握记忆的基本规律,帮助学生认清机械记忆和理解记忆的特点和作用,着重培养学生理解记忆的能力,帮助学生掌握或形成适合自己的记忆知识经验的方法。此外,通过加强复习和练习,也可以达到巩固知识经验的目的。

5. 运用知识经验

将所学知识经验运用于实践,是帮助学生加深对书本知识的理解、形成分析问题和解决问题能力的关键环节,尤其是在培养学生的独立性和创造性方面有着重要的作用。

在教学过程中,教师引导学生运用知识的形式是多种多样的,有练习作业、实验、实习等,另外,还可以与生产劳动、社会实践等活动联系起来,相互配合、相互促进。其中,练习作业是最经常的一种运用知识经验的形式,但一定要注意练习作业的内容、类型、方式,努力避免一味地简单重复和机械模仿的练习,力求练习作业的灵活多样性和创造性,发挥练习作业在培养学生独立性、创造性方面的积极作用。

6. 测评教学效果

教学效果检查、测量和评价,是保证教学过程良性循环,争取理想教学效果的重要环节。系统科学的反馈原理表明,任何系统只有通过信息反馈,才可能实现有效地控制,从而达到预期的目的。教学作为一个特殊系统,要保证课程与教学目标的有效达成,就必须通过信息反馈,实现对教学过程的有效控制。而教学效果的检查、测量和评价是获取反馈信息的重要来源。

教学效果的测评包括检查、测量与评价。教学效果的检查和测量是对教学过程及其结果进行事实信息的收集和判断,而教学效果的评价是对教学过程及其结果的价值判断,前者是后者的基础和前提。教师在教学过程中,一般可以通过观察、提问、家庭访问、检查书面作业、评阅单元测验和考试试卷等方式,还可以采用专门的测量方法,来了解学生掌握知识、智力水平、学习态度等方面的情况,获得有关的反馈信息,及时调控教学过程。在教学过程中,教师还应注意引导学生学会自我检查、测量和评价,促使学生自觉调控学习过程,强化学习动机,增强学习能力,从而保证教学取得更好的效果。

上述教学过程结构反映了教学过程时间连续性的特征,是各个学段、各门课程的教学一般都要经历的共同的环节,我们把它叫做"基本式"。在教学活动中,由于情况的复杂多样性,教学过程的基本环节也就不可能是一成不变的,会因时因地因人因课和因条件不同而衍生出若干的"变式"。在若干"变式"中,有的是对"基本式"的"适当改造"的结果,具体表现为有的环节可以省略,或者是环节之间的顺序可以调换。不过需要注意的是,在这样的"变式"中,尽管有的环节可以省略,但只能是形式上的省略,所省略环节的作用是不可忽视、不能省略的。例如,在某门课程的教学中,学生对即将学习的内容已经产生了浓厚的兴趣,那么教师在教学活动展开时,可以省略激发学习动机这一环节,但学生的学习动机对整个教学过程所起的作用是不能省略的。当然,在若干"变式"中,也有与"基本式"完全不同的形式,可以看做是

"基本式"的"变异"。具体的教学目标、教学任务和教学内容,以及所采用的教学方法、组织形式等具有较大的差异性,就使得教学过程的环节也有多种多样的表现形式。教师在教学过程中,引导学生学习一个相对完整的知识内容所需要经历的阶段,可以根据具体情况对教学过程的环节作出具体的安排。另外,有的教学过程并不一定以学习掌握一个相对完整的知识内容为目标,而可能是对某个问题进行思考和探索,对某种技能进行操练和巩固等,因此,教学过程的环节还会有更多的"变式"。

二、教学过程的功能

总的来说,教学过程的功能在于促进学生身心诸方面的和谐发展。具体而言,教学过程的基本功能可以从四个方面来考察:传授知识、形成技能、培养智能和发展个性。而这四个方面又是相互紧密联系、交互重叠和渗透,你中有我、我中有你的统一整体。

（一）知识传递功能

把传授知识看成教学过程的唯一功能的观点,是有片面性的。但是,忽视知识的传授同样也是不正确的。传授知识是形成技能、培养智能和发展个性的基础,因而是教学过程最基本的功能;而技能的形成、智能和个性的发展,又能够反过来促进知识的增长。而且,知识传授又是和技能的形成、智能和个性的发展互相交织在一起,相辅相成,互为因果的。

在教学中,教师主要通过教材向学生传授系统知识、间接经验。学生对教材的掌握,是一个感性认识和理性认识相结合的过程。感性认识是对事物表面和外部特点的认识,但对于学生领会知识来说是极其重要的。如果学生的感性认识丰富、表象清晰、想象生动,理解书本知识就比较容易。反之,如果学生缺乏必要的感性认识,要掌握书本上的概念、公式、原理等就很困难。

学生感性认识的来源是多方面的:有些是他们在生活中储备的;有些是在以往的学习中,借助教师的生动叙述或教材的形象描绘得来的;有些是通过直观教具、现代化教学手段或实验、实习、观察、参观等教学实践得来的;还可以通过参加生产劳动、社会实践和科学实验获得。教学中应根据教材的需要和学生的实际,使学生从多方面获得感性认识。

掌握教材必须以感性认识为基础,然而,这并不是要求每个课题、每节课的教学都一定要从感知具体的事物开始。教师应当根据学生具备感性认识的具体情况,有的放矢地组织学生领会教材,不必拘泥于一切都要去直接感知。

感知和表象是知识的个别形式,是事物和现象的外部特征的反映。认识的主要任务是要认识事物和现象的本质,揭示科学规律。因此,必须使学生的认识活动从感性阶段上升为理性阶段。为做到这一点,就需要教师通过讲解来引导学生理解教材的知识内容。在讲解中,教师应该引导学生,运用对照和比较、分析和综合、归纳和演绎等多种方法,深入理解知识内容,力争收到融会贯通、举一反三的效果。为此,教师要注意多种方法的配合和转换,发挥高度的教育机智,启发诱导,使学生开动脑筋,积极思考。

学生理解了知识以后,还需要巩固和运用。巩固的目的是运用,而运用又是最有效的巩固途径。一般说来,在向学生传授新知识以后,随即进行初步的巩固工作,如用提问、课堂测验和做习题的方法进行巩固,加深理解。在一段时间以后,还须进行系统的阶段性复习和总结性复习,强化学生对所学知识的记忆。而运用知识也主要在教学活动中进行,如完成各种书面作业、口头作业、实验和实习,等等。学生运用知识的能力,就是在这些作业练习中,逐步从不熟练、不精确到比较熟练、比较精确,按一定的顺序和阶段发展起来的。教师应该帮助学生明确作业练习的目的和要求,精选作业内容,由浅入深、由易到难,逐步加大难度和分量。此外,还可以适当地组织学生参加一些校内外的社会实践活动和生产劳动。在这些活动中引导学生综合地、灵活地运用所学知识,培养学生分析问题和解决问题的能力。但是,这类活动应服从教学的目的和需要,有计划、有组织地进行,切忌过多、过滥,以致扰乱正常的教学秩序。

(二)技能形成功能

形成技能的过程和传授知识的过程是统一的,技能和知识也是互为表里、互为依存的。技能可以分为智力技能和动作技能。前者如识字、数数、计算、推理等心智活动方式,后者如写字、实验、体操、演奏乐器、表演文艺节目等肢体或器官的活动方式。技能的形成要经过长期的反复练习,才能逐渐达到熟练程度。熟练的标志就是可以高度自动化地完成特定活动。也就是说,能够不假思索地依靠无意识控制完成一定的心智活动或肢体、器官活动。例如,在幼儿学习数数时,起初必须借助实物,或扳手指,或点石子、豆粒之类。经过一段时间的练习之后,便可以达到用"内部言语"数数的水平,即在心中数数,而不必借助实物和数出声来。再经过一段时间的练习,就可以达到高度自动化、不假思索就数出来的熟练程度。

在形成熟练的技能之后,便可以大大简化学生获得知识和运用知识的过程。例如,当学生能够熟练地掌握认字和写字的技能之后,就能够把注意力从认字和写字中解放出来,转而集中注意于更高级的思维活动,开动脑筋,发挥丰富的想象,进行组词、造句或者作文等智力活动。又如,在体操、舞蹈、器乐等方面,也只有当学生掌握了相当熟练的技能技巧之后,才能考虑到动作的艺术表现力,才能追求更多的美感和创新。由此可见,技能的形成是进一步学习知识和运用知识的可靠保障,是积极有效地参加社会实践并作出创造性贡献的先决条件。只有掌握了一定的熟练技能之后,才能更经济、高效率地学习新知识和运用已学到的知识。

技能的形成是有阶段性的。无论是心智技能还是动作技能,都要经过从不熟练到熟练、从简单到复杂的发展过程。比如练习写字的技能,首先要从结构简单的字开始,分解成一笔一画,让学生跟着老师模仿;老师要先从正确的握笔和坐的姿势教起,然后才慢慢地练习正确、连贯地书写结构比较复杂的字;最后才能追求速度和字体的优美。苏联心理学家加里培林把智力技能的形成划分为五个阶段：①动作的定向阶段；②物质或物质化阶段；③出声的外部言语阶段；④不出声的外部言语阶段；⑤内部言语阶段。[①] 动作技能的形成阶段，可以大致分为分解动作的模仿阶段、连贯动作的模仿阶段、连贯动作的独立完成阶段和连贯动作的自动化阶段。

技能形成的阶段性理论，要求教育者在训练学生掌握各种技能时，严格遵循循序渐进原则，稳步前进，防止"陵节"、"躐等"和进行"拔苗助长"式的训练。在技能训练的初期，教师首先应配合示范动作，力求讲清每个动作的要领和方法、顺序，使学生在心中有数的情况下去模仿和练习；每次练习之后，教师应及时分析和评价，使学生了解其练习的结果，有错误及时纠正；练习的次数和时间应适当安排，过少达不到巩固提高的目的，过多又会引起疲劳、丧失兴趣，同样不会有好的效果。另外，在每次练习前，教师应提出明确的目的和要求，以便引起学生练习某一技能的动机，并能够自行检验，正确估价自己的练习效果。

（三）智能培养功能

培养智能是在传授知识和形成技能的基础上，在传授知识和形成技能的统一过程中进行的，三者之间有着极为密切的联系，是互相促进、互相依存着的统一体。知识一方面是智力活动的内容，另一方面，获取和运用知识的活动本身就有锻炼智力和能力、促进智力和能力发展的作用；技能则能够大大简化智力活动过程，使智力活动更经济、更有效，提高智力活动的水平。实际上，基础知识和基本技能历来被看做智力和能力的构成要素，离开了知识和技能，智能就成了无源之水、无本之木。

但是，知识和技能的掌握并不意味着自动地培养了智能。大量事实证明，只是靠死记硬背学到的知识和单凭机械训练获得的技能常常缺乏生命力。仅有这样的知识和技能，而没有较高水平的智力和能力的学生，在学习和工作中都缺乏创造性和灵活性，往往做了大量无用功，却没有实效，结果浪费了时间和精力。所以，现代教学论认为，要培养学生的智能，就不仅要强调传授知识和形成技能，而且要考虑怎样传授知识和形成技能。一般认为，学生从探索中通过独立思考获得知识，在解决各种理论问题和实际问题的探索活动中运用已经获得的知识、技能，是培养智能的最好途径。但是，由于学生尤其是中小学学生，是未成年的少年或儿童，知识和经验有限，独立判断的能力还不成熟，因而他们的探索活动要限定在一定的范围内有选择地进行，并且要很好地发挥教师的启发、诱导和检测、评价的作用。要求学生用独立探索的方法学习一切教学内容的想法，是不切合实际的。独立探索的方法只有在适合学生的心理特征和个别差异的条件下，由教师精心选择，正确引导，才能够取得发展智能的积极效果。另外，有选择、有计划、有指导地参加各种社会实践活动，例如运用在学校里学到的知识和技能去解决个人、家庭和社会生活中的具体问题，进行科学实验，参加生产劳动，参观工厂、农村、军营，开展社会调查等，也是培养学生

---

① 冯忠良著：《智育心理学》，教育科学出版社1981年版，第123～132页。

智能的重要途径。

培养智能的另一个重要途径,就是要注意教给学生学习的方法、思考的方法和解决问题的方法。就学习的方法来说,很多优秀教师很注意从小培养学生阅读课文、记笔记、查字典的方法,有的教师还指导学生怎样利用公共图书馆查找有关的资料,这都是很有意义的经验。但是,对思考的方法,大多数中小学教师似乎不很重视。有的教师虽然也在教学中用到,但往往缺乏有意识的、系统的练习。其实,像比较、类比、归纳、演绎、分析、概括这样一些基本的思维方法,教师和学生随时随地都能用到,如果能有意识地做一些练习,使学生对此有明确的认识,就可以使他们在以后的学习中或实践中有意识地加以运用,从而使他们的思维更清晰、更精确、更有效。遗憾的是,很多教师却只是让学生自发地运用这些方法,而没有进行必要的指导和训练。

教给学生学习方法和思维方法,是培养他们解决问题能力的先决条件。但是,解决问题又有它自身的逻辑顺序和方法,也需要经过有意识的训练才能够掌握。例如发现问题,提出问题,设想解决问题的各种方案,为解决问题而搜集各种资料、事实和实验证据,最后经过仔细的研究和思考,选择正确的解决方案,并得出最后结论。这整个过程的每一步都涉及一些具体的方法。要让学生熟悉各个步骤以及有关的方法,教师就应当有意识地创设问题情境,引导学生自己提出问题,设想解决方案,搜集资料或实验,运用多种方法研究和思考,得出自己的结论,并且通过师生共同讨论,对各种不同的结论作出评价和检验。这种解决问题的活动,对培养学生的智能有着极为重要的意义。

(四)个性发展功能

传授知识、形成技能和培养智能,也是发展个性的重要方面。每个学生都有可能在一定的原有经验背景和生理条件的基础上形成独特的知识、技能和智能结构,成为个性发展的基础。但是,学生个性的发展还取决于另外几个方面,即思想、品德、价值体系、情感、动机、态度、意志的培养。身体素质的健美,也是个性发展的一个重要组成部分。教学过程对发展学生个性的这几个方面,也有着积极的影响作用。

知识、技能、智力、能力、思想、品德、价值观,以及情感、动机、态度、意志和体质等方面的千差万别,综合地反映出每个学生各不相同的个性特征。组成完整个性的这些不同侧面,形成了一个有机的整体,互相间有着密切的联系。而且,在很多情况下是互相重叠、互相渗透、相辅相成的。例如,道德品质包括"知、情、意、行"四种因素,要以一定的道德知识为基础。但是,只有道德知识,了解某种道德观念的意义,却并不接受它,不准备身体力行,那就还不能算是有了这种道德品质。要形成相应的道德品质,就不仅要理解这种道德观念的内涵,把它吸收到自己的知识结构中去,而且还要对它进行价值评判,直至稳定地引起相应的情感、动机、态度和意志,并且表现在日常行为之中。

由此可见,要在教学过程中培养学生的思想、品德和价值观,教师就必须注意传授有关的知识和观念,诸如辩证唯物主义和历史唯物主义常识、科学社会主义理论、国际共产主义运动和中国革命的历史知识、爱国主义和国际主义观点及社会主义和共产主义的道德观念,等等。然而,又不能仅仅满足于传授这些知识和观念,还应当引导学生以已有的知识和经验为参照系,运用各种心智技能进行积极的思维活动和价值评判,以形成自己相应的理想、信念和道德品质,进而外化地表现为学生的情感、动机、态度、意志和言行。

身体素质的锻炼同样需要以一定的知识、技能、智力和能力为基础,并依靠一定的情感、动机、态度和意志的调节。教师不应该只注意知识、技能和方法的传授,还应该培养学生对体育锻炼的爱好和热情,养成经常坚持锻炼的习惯和吃苦耐劳、坚忍不拔的毅力。

在教学过程中,要顺利完成各项教学任务,教师就需要从激发和培养学生的学习动机入手。没有一定的学习动机作为内驱力,学生就不会积极、主动、全身心地投入到学习活动中去。然而,学习动机又不是凭空产生、孤立存在的东西,它以学生的兴趣、态度、志向等为基础,而兴趣、态度、志向又与学生的理想、追求,以及人生观、价值观的培养联系在一起。要培养学生的学习动机,首先要引导他们形成积极、进取的生活态度,树立远大的理想和抱负,把学习同自己所要承担的社会义务和责任联系起来,用这种间接兴趣来支持其学习动机。其次,学习动机也需要直接兴趣的支持。如果学生对某一学科有特别的兴趣,他一定会更积极主动地去学习这门学科。另外,如果教材内容丰富、编写合理、适合学生的心理特点、学起来饶有趣味,也能激发学生学习的动机。更为重要的是教师的教学方法、教学艺术、教学态度和热情,对激发学生学习的动机有着更为重要的作用。如果教师仪表端正、整洁,教法灵活、机智,关心和尊重学生的意愿,能与学生沟通感情,善于启发诱导、设疑、解惑,对学生既能严格要求又不强迫压制,那么,毫无疑问,学生一定会对他的教学科目产生强烈的学习动机。最后,健康、清新、生动、活泼的课堂气氛和校园文化环境,对引起学生的学习动机也有着不可估量的作用,所以还应在美化环境,培养积极的舆论,形成具有鲜明特点、奋发向上的校风和严明校纪等方面下一番工夫。

此外,培养学生的动机还需要与意志的培养结合起来。如果仅有动机、兴趣和志向,而没有坚强的意志,一旦遇到困难和挫折,就会放弃努力、随波逐流。所以,在教学中教师还有必要引导学生认识磨炼意志的重要性,并以一些著名科学家、运动员或英雄模范人物锻炼意志的事例教育学生,要求他们在学习知识、增长才干和锻炼身体的过程中,克服困难,养成坚忍的毅力和不达目的决不回头的决心,以及不怕挫折与失败的耐心。

培养学生的价值、兴趣、态度、志向、动机、情感和意志的工作,在很大程度上要受隐性课程的影响。鉴于隐性课程中大量的内容无法预先计划,只能在随机出现时因势利导,及时巧妙地加以利用,所以,教育工作者有必要研究这方面的问题,并有意识地利用隐性课程特有的教育作用,为培养学生健全的个性服务。

第四节 教学过程的本质与规律

一、教学过程的本质

（一）我国对教学过程本质的探讨

自20世纪80年代以来，我国教育界对教学过程的本质问题进行了激烈的讨论，表达了许多不同的观点，概括起来大致有以下几种。

1. 特殊认识说

王策三是特殊认识说的代表人物，他认为："教学过程确实是一种特殊的认识过程。其任务、内容和整个活动，都是认识世界或对世界的反映。它的特点就在于是学生个体的认识，主要是间接性的，有领导的，有教育性的。"[①]换言之，特殊认识说认为，学生在教师指导下认识人类积累的经验是教学的全过程。这种认识简捷、经济，与人类总体认识不同。教学过程还要兼顾儿童的年龄特征，要做到培养儿童的智力和品德。所以说，教学过程是学生在教师指导下的特殊认识过程。

2. 发展说

教学本质发展说的基本观点：教学过程是促进学生发展的过程。典型的表述如"教学过程是一个发展过程，是在教师的培养教育下，学生心理活动的发展过程，这个活动和发展又是多方面的"[②]，以及"教学过程的本质就是受教育者在教师的引导下，有计划有目的地积极主动发展自己，使自身的发展水平逐步达到培养目标要求的过程"[③]，等等。

3. 双边活动说

双边活动说认为，教学过程实质上是教师的教与学生的学的双边活动相统一的过程，其他的论断并不能表达教学过程的"双边性"这一真实本质。

4. 认识-发展说

认识-发展说认为，教学过程既是一个认识过程，也是一个发展过程，实质上是儿童认识与发展相统一的过程，认识与发展两者相辅相成，缺一不可。

5. 认识-实践说

教学本质的认识-实践说认为，教学过程是认识和实践统一的过程。有学者提出，完整的教学过程，主要是由教育者的"教"和受教育者的"学"构成的双边活动的过程。在这一过程中，教育者的"教"属于一种特殊的社会实践活动，而受教育者的

[①] 王策三：《教学论稿》，人民教育出版社1985年版，第135页。
[②] 贾锟武：《有关教学过程理论的研究》，载《河北师范大学学报》1984年第4期。
[③] 洪宝书：《教学过程本质若干问题之我见》，载《教育研究》1984年第11期。

"学"则是一种特殊的认识活动。教学是一种具有双重本质的社会活动。①

6. 层次类型说

蒲心文是层次类型说的提出者,他从多视角、多学科探讨了教学过程的本质。②③层次类型说认为,教学过程是多层次、多类型的结构,从认识论角度看,是特殊的认识过程;从心理学角度看,是发展过程;从生理学角度看,是成熟过程;从伦理学角度看,是思想意识、行为习惯形成过程等,不能从单一角度去寻找教学过程的本质。

7. 交往说

交往说认为,教学过程是一种特殊的交往过程。但交往与教学的关系各不相同:交往或为单纯的教学背景条件④,或为教学手段和方法⑤⑥,或为教学内容、对象和目标⑦,或为教学本身⑧。

(二)教学过程的本质特征

认识教学过程的本质关键在于弄清教学过程的内在规定性,参考以上不同的见解,我们认为,教学过程的内在规定性应从以下几个方面去把握。

第一,教学过程是师生交往的动态过程。教学过程的基本要素是学生、教师、教学内容。这其中教师与学生是有意识的主体,双方除直接互动外,还借助教学内容开展活动,活动的出发点和归宿都是学生的成长,无论是同时互动,还是异时活动,都离不开沟通和交往。

第二,教学过程是教师指导下学生的特殊认识过程。教学过程主要是引导学生掌握人类长期积累起来的知识的认识过程。学生循序渐进地学习和运用知识的活动是贯彻于教学过程始终的主要活动。因此,教学过程必须受人类认识的普遍规律所支配,必须遵循"从生动的直观到抽象的思维,并从抽象的思维到实践"的认识规律。同时,教学过程又是一种特殊的认识过程,这是因为学生的个体认识与人类总体认识及非学生的个体认识均不同,这就形成了教学过程中的认识具有以下特殊性。①间接性。学生先学习人类知识、经验、技能,然后主要借助书本知识和间接经验去认识客观世界,而人类总体则是从一开始就直接地接触和认识客观世界,在实践中出真知。在这一过程中,学生的认识目标是掌握人类长期的历史积累经验,而

---

① 顾平:《教学——一种具有双重本质的社会活动》,载《南通师范专科学校学报》1987年第2期。
② 蒲心文:《教学过程本质新探》,载《教育研究》1981年第1期。
③ 蒲心文:《教学过程本质再探(兼与陈觐熊同志商榷)》,载《教育研究》1982年第6期。
④ 吴也显:《教学论新编》,教育科学出版社1991年版,第35页。
⑤ 肖川:《简论教学与交往》,载《教学与管理》1998年第10期。
⑥ 辛继湘:《论交往教学模式与学生主体性发展》,载《湖南师范大学社会科学学报》1999年第6期。
⑦ 柳夕浪:《交往教育:当代教育实验的重要课题》,载《教育研究与实验》1994年第4期。
⑧ 叶澜:《教育概论》,人民教育出版社1991年版,第41页。

人类总体认识和非学生个体的认识目标主要是探索未知的事物。学生的认识对象和认识方式也是特殊的。②引导性。学生的认识需要在教师的引导下进行。教师的引导可使学生在认识道路上少走弯路,减少或避免认识上的失误。③简捷性。学生的认识走的是一条捷径,是一种科学文化知识的再生产之路。马克思说得好:"再生产科学所必要的劳动时间,同最初生产科学所需要的劳动时间是无法相比的,例如学生在一小时就能学会二项式定理。"①

第三,教学过程是一个促进学生身心发展的过程。教学过程中学生的认识活动是从全面培养人的角度出发的,学生的认识结果也是以学生个体是否得到全面发展来检验和评价的,由此可见,教学的出发点和目标就是要促进青少年德、智、体等方面的充分发展,成长为符合社会需要的人。

第四,教学过程是教书与育人紧密结合的过程。由于教学文本的编制和解释存在着不同的价值观,这是思想教育因素,教师与教学环境具有潜在的思想影响,学生的学习也有不同的思想动机和态度,因此,教学过程渗透思想品质教育因素。

综上所述,我们将教学过程的本质特征归纳为交往性、认识性、发展性和教育性。

1. 交往性

教学过程是教师的教和学生的学所组成的交往活动过程,即在教学过程中既包括教师教的一面,又包括学生学的一面。两者相辅相成,各自都以对方的存在为自己存在的前提条件,两者构成教学过程结构的主体并贯穿于教学过程的始终。教与学的交往活动,是一种特殊的社会交往活动。教学交往在目的、主体、媒介、方式等方面都区别于一般交往。在这个交往活动中,教和学都是能动的因素,它们之间互相影响而又互相促进,彼此进行着多方面的交流传递和交往反馈。

长期以来,教学理论一直把教学过程理解为简单的单向性联系,只讲教师的输出信息与学生的接受信息,极少看到双向交流和相互交往的一面,因而仅看到教师主导地位的方面,很少注意对学生主动性的引导。

2. 认识性

教学过程是学生的认识过程。列宁说:"从生动的直观到抽象的思维,并从抽象的思维到实践,这就是认识真理、认识客观实在的辩证的途径。"②教学过程正是通过各门学科知识的学习使学生沿着人类认识真理的这条途径逐步达到认识客观世界的目的的。

在教学过程中,学生的认识经历着从不知到知,从知之甚少到知之颇多,从知之不全面到知之全面,从知之不确切到知之确切的过程。在知与未知的矛盾循环中,在知与用的交替递进中,认识水平由浅到深、由低到高、由简单到复杂不断地向前发展。与此同时,教师在引导学生解决知与不知的矛盾过程中,也在不断丰富自己的知识体系,积累教学经验,摸索教学规律,使自己的教学技能更加成熟。

---

① 《资本论》,见《马克思恩格斯全集》,第 26 卷,人民出版社 1959 年版,第 337 页。
② 《列宁全集》,第 38 卷,人民出版社 1959 年版,第 181 页。

3. 发展性

教学过程是学生的认识过程,但又不仅仅局限于认识过程。教学过程也是促进学生多方面发展的过程。苏联学者认为:"教学理论的一个核心问题是确定教学的发展这一基本方针。"[①]这种发展,赞科夫称其为一般发展,它包括智力的发展,情感、意志、道德品质和个性的发展,身体的发展等。

教学过程的认识性与发展性是相互联系的,具体有如下表现。①教学是一种创造性的认识活动,是发展智力与能力的基础。学生主动掌握知识和运用所学知识,会促进学生智力与能力的发展。②人的认识活动是心理活动的组成部分,在教学过程中,学生认识活动是同他们的情感、意志等心理活动联系在一起的,是知、情、意、行的相统一过程。认识水平的提高会使各方面心理特征得到发展,而良好的心理特征,如情感、意志、习惯等会促进学生认识能力的提高。

4. 教育性

教学过程的教育性在任何时代、任何历史条件下都是一个不容否认的客观事实。任何阶级办学都首先考虑用本阶级的意识形态通过一定的教学目的、内容、方法、组织形式、校园文化等影响学生,把学生培养成为本阶级所需要的人。教师本人也时时处处以自己的思想、言论、行为影响和教育着学生。在教学过程中,学生不仅增长知识,发展能力,而且在思想感情、道德品质、观念意识等方面也在发生着变化,需要加强教育和引导。

二、教学过程的基本规律

在教学过程中,内部的各种因素相互依存、相互作用,形成了一些稳定、必然的联系,这是教学过程规律性的体现。[②]

(一) 间接经验与直接经验相统一规律

学生的认识来源有两条途径:一条是获取直接经验,即学生通过亲身活动、探索获得的经验;另一条是获取间接经验,即前人的认识成果,这里主要指人类历史经验的沉积。在教学中,学生在学习两种经验的同时,两种经验之间也有着不可忽视的联系。

学生认识的重心必须是间接经验。作为后继者的青少年学生,要适应生来就必须适应的高度发展的社会,首先应掌握人类积累起来的基本科学文化知识,否则,个人不可能在短暂的时间内达到人类长期认识世界所达到的水平。以间接经验为主组织学生学习,这是学校为青少年学生精心设计的认识世界的捷径,其主要特点是将人类世代沉积的科学文化知识加以选择,使之简明化、洁净化、心理化,建构而成课程,引导学生循序渐进地学习,用最短的时间、最高的效率来掌握人类所创造的基

---

① 李建刚:《现代教学的理论与实践》,山东教育出版社1993年版,第250页。
② 参见李方主编:《课程与教学基本理论》,广东高等教育出版社2002年版,第184～188页。

本知识。

学习间接经验必须以学生个人的直接经验为基础。书本上的知识一般表现为概念、原理、定律和公式所构成的系统,是理性的知识,这种知识对于学生而言,是抽象且不容易理解的东西。学生要把这种书本知识转化为自己理解的知识,就必须依靠自己以往积累或现时获得的感性经验。个人只有依靠已知的经验,才能认识尚未知晓的知识;只有引导学生把个人的感性经验、已有知识和所学的新知识有机联系起来,学生的学习才能顺利进行。所以,教学中要充分利用学生已有经验,增加学生学习新知识所必须具有的感性认识,处理好间接经验和直接经验的关系。教师的教学要做到理论联系实际,学生的学习要做到知与行的统一。

（二）掌握知识与发展智力相统一规律

智力的发展依赖于知识的掌握。智力的发展是在掌握知识的过程中实现的。系统的知识是智力发展的必要条件,人们的智力发展离不开知识与经验。常言道"无知必无能",是很有道理的。不爱学习,知识与经验都很贫乏的人,他的智力不可能发展得很好。离开知识这个前提条件,发展智力就成为空中楼阁。掌握知识本身要求学生去不断地观察、想象、思考、记忆和操作,这个过程正是智力发展的过程,因此,我们的教学要用系统的科学文化知识去武装学生的头脑,发展他们的智力。列宁在阐述这一问题时深刻地指出:"我国需要用基本事实的知识来发展和增进每个学习者的思考力。"①

知识的掌握又依赖于智力的发展。个体的智力发展水平直接影响和制约着知识掌握的快慢、难易、深浅与巩固程度等,知识的掌握受智力水平的制约。特别是在科学技术迅猛发展的当今时代,教学内容迅速增多,难度与深度不断加大,尤其需要在教学中培养和提高学生的智力,发展学生的创造才能。只有这样,他们才能胜任学习,较好地掌握现代科学知识,并在以后的工作中能够胜任各种来自科技革命的挑战。因此,我们的教学必须十分重视发展学生的智力。由此可见,掌握知识与发展智力是相互联系、相互依存、辩证统一的。

（三）掌握知识与提高思想相统一规律

思想的提高以知识的掌握为基础。人们的思想品德、世界观与人生观的形成,都离不开他自身所占有的知识,都要以一定的自身经验和理性化知识为前提。在学校,教师传授的各门系统文化知识,使学生对人生、社会有了新的认识,这不仅增加了学生的知识量,发展了他们的智力和才能,而且也为陶冶学生的心灵,使学生形成高尚的思想品德和科学的世界观打下基础。教学中的知识传递,不仅可以促进学生的认识,增加知识、智慧与才能,更加可以帮助学生明辨是非、评判善恶,提高学生的思想觉悟。

教学内容带有教育性。学校教学总是在传递知识的同时,又以某种思想、观点

---

① 《列宁选集》,第 4 卷,人民出版社 1959 年版,第 348 页。

和道德精神影响着学生。这就是说,教学内容总带有教育性。教学的教育性是指教师发挥教学内容中蕴含的思想影响,使受教育者在学习科学知识的同时,接受一定的思想、道德和世界观方面的教育。学校教育中各科教学的内容都渗透着丰富的思想、道德和世界观教育的因素,不仅诸如思想品德课、语文课、历史课等是如此,即使数学、生物、物理、地理、化学等自然科学的学科也是如此。这些学科知识为学生形成科学的世界观打下基础,对学生的人生观、价值观、审美观的形成,以及情感、意志、兴趣的发展有着极为重要的影响。

学生思想的提高又推动他们积极地学习知识。学生学习的过程是一个能动的过程,他们的思想状况、学习态度与理想对他们的学习起着十分重要的作用。如果教师能够在教学中不断提高学生的思想,使学生树立远大的理想,端正学习的态度,把个人的学习与文化的昌盛、科技的发展、祖国的建设、人类的幸福联系起来,那么,就能给学生的学习灌注巨大的动力,推动他们自觉地学习。可见,学生的思想提高又能推动他们更积极、自觉地学习。

(四) 智力因素与非智力因素相统一规律

教学活动是学生在教师指导下逐步认知的过程,不仅有师生的智力因素参与活动,也有师生的非智力因素参与。因此,如何正确处理智力因素与非智力因素的关系,是直接关系到教学质量的一个重要问题。

非智力因素依赖于智力因素,并积极作用于智力因素。教学中的智力因素主要指学生认知事物、掌握知识而进行的观察、记忆、思维、联想等心理因素;教学中的非智力因素主要指学生在认知事物、掌握知识过程中的兴趣、情感、情绪、意志和性格等心理因素。在教学过程中两种因素同时存在,相互作用,相互渗透。首先,智力因素活动是非智力因素活动的基础。学生掌握知识,认知事物时首先是智力因素的活动,只有通过智力因素的活动,才能使学生顺利认知,若离开观察、记忆、思维、想象等活动,认知是不可能发生的。而学生的非智力因素也都是经过智力因素活动的过程培养而成的,只有通过积极认知,通过认识丰富多彩、富有价值的知识,通过曲折艰辛的认知过程,才能培养学生浓厚的兴趣、丰富的情感、坚强的意志和独特的个性。离开智力因素活动,学生的非智力因素就难以培养。其次,非智力因素活动又积极作用于智力因素活动。由于学生是能动的人,是从自发到自觉的人,他们已有的兴趣、情感、意志、性格等心理因素,常表现为强大的内驱力量作用于智力因素活动,对学生的学习产生巨大影响。很难想象,一个没有求知欲、没有信念、没有上进心、缺乏毅力的学生能够攀登科学的高峰,因此,教学中也必须重视学生的非智力因素。

适时地按教学需要调节学生的非智力因素,确保有效地进行智力因素活动。由于学生在认知过程中的注意力是容易转移的,兴趣容易发生变化,情感与性格复杂多样,因此,在教学过程中,学生的智力因素与非智力因素的关系是复杂的。当学生的非智力因素活动与智力因素活动不一致时,如由于知识的枯燥乏味、教学过程的单调死板而造成学生无兴趣、注意力分散等现象,这就干扰了他们的学习与认知,这时就需要调节学生的非智力因素使其与学生的智力活动相统一。调节非智力因素应从两个方面着力:一是通过改进教学本身,使教学内容丰富多彩,教学方法新颖独特,教学手段先进科学,教学组织形式灵活多样,从而调动学生的非智力因素;二是通过学生自我教育能力的提高,逐步培养他们的求知欲、兴趣、毅力、信心和理想,增强学生的学习积极性和自觉性。

学生的智力因素与非智力因素配合一致是成功教学的重要条件,根据教学需要,及时引导和调整学生的智力因素与非智力因素,使两者协调一致、相互统一、共同发展,这也是教学过程的目标。

(五)教师主导作用与学生主体作用相统一规律

教师在教学过程中起主导作用。教师的指导是学生学习和发展的基本条件,也是学生的认识过程与人类总体认识过程在条件上的根本区别。教师受社会的委托,是教育的代理人,代表社会意念,执行教学要求。教师受过专门训练,精通专业,了解教学规律与学生发展规律。只有借助于教师的教导和帮助,学生才能简捷有效地掌握人类历史累积的经验,迅速提高自己的身心发展水平。教师的思想品德、学识水平、业务修养是教学质量提高的关键性条件。在教学过程中,教师的教是矛盾的一极,教师发挥主导作用是学生学习和发展的基本条件和保证。同时,教师的主导作用又是针对能否引导学生学习积极性而言的,主要体现在能否善于按照教学规律对学生进行启发引导,因此,衡量教师主导作用发挥得好坏的主要标志是学生主动性、积极性的启动和学生学习的效果。

学生是学习的主体,必须发挥主体的能动作用,这是教学成功的必要条件。学生是认识的主体,要把人类的历史经验和认识成果转化为学生的财富,把知识转化成学生的智力和才能,必须通过学生自己的认识和实践,这是其他任何人都无法替办的。辩证唯物论告诉我们:事物的发展依靠内外因的相互作用,外因是条件,内因是依据,外因通过内因起作用。学生对于教师的影响,并非消极被动地接受,而是以能动的姿态去思考和抉择,既可能是积极吸收,也可能是批判扬弃,如果没有学生的主观能动性,就不可能有真正意义上的学习发生。另外,学生的学也是教师教的出发点和归宿,教师的教是为学生的学而服务的,学生的学习情况和学习效果是检验教师业绩的主要依据,教师的主导作用发挥得好坏主要看学生学习的主动性、积极性、独立性和创造性发挥得如何,没有学生的积极配合,教师的主导作用也必然落空。

教师主导作用与学生主体作用具有内在的联系,在教学过程中,既要发挥教师的主导作用,又要保证学生的主体作用。只有教师主导与学生主体两方面积极配合,才能获取教学的最佳效果。

【本章小结】

一个完整的课程变革过程包括课程计划、课程采用、课程实施、课程评价几个环节,课程变革是这些环节之间动态的、复杂的交互作用过程,其中,课程实施是将某项课程计划付诸实践的具体过程。研究课程实施具有重要意义：一是有助于了解课程变革的实际；二是有助于理解教育变革失败的原因；三是有助于对学习结果以及影响学习结果的可能决定因素作出解释；四是有助于区分课程实施与课程变革过程的其他方面。教学过程是指教学活动的启动、发展、变化和结束在时间上连续展开的程序结构，具有历史性、周期性、整体性和个性化等特点，它由教学目标、教师和学生、教学内容、教学方法和手段、教学组织形式、教学环境、教学评价等因素构成。课程实施与教学关系密切：课程实施内在地整合了教学，教学是课程实施的核心环节和基本途径；课程实施研究与教学研究具有内在的互补性。但两者又有区别：课程实施在内涵上涉及的范围比教学更广；课程实施与教学分属于不同的研究领域，研究的侧重点不同。

  课程实施有三大基本取向，即忠实取向、相互适应取向、课程创生取向。课程实施的三种取向构成一个连续体。连续体的一端是"计划的课程"，对应于课程实施的忠实取向。忠实取向是把课程变革视为忠实、一丝不苟地实现"计划的课程"的过程。连续体的另一端是"创生的课程"，对应于课程创生取向。课程创生取向是把课程变革视为变革的参与者（学生与教师）的个性变化、发展与成长的过程。连续体的中间是"修改的课程"，对应于课程实施的相互适应取向。相互适应取向是把课程变革视为变革的计划者与执行者相互改变、相互适应的过程。三种取向彼此之间不是绝对排斥和对立的关系，而是包容与超越的关系。近期有研究者提出了课程实施的新取向——基于课程标准的教学。体现课程实施的基本取向的实践模式多种多样，有"研究、开发与传播"模式、兰德课程变革动因模式、课程变革的情境模式等。

  教学过程的结构是指教学活动内部各组成环节之间在时间方面有机联系或相互作用的方式或顺序。关于教学过程的结构存在很多不同观点和主张，但普遍认为，现代教学过程包括六个基本环节，即"基本式"：激发学习动机—感知教学材料—理解教学材料—巩固知识经验—运用知识经验—测评教学效果。各个环节都有自己的独立地位，发挥着独特的作用；彼此之间又是有机联系、相互衔接的。由于教学情境的复杂多样性，教学过程的基本环节不可能是一成不变的，会因时因地因人因课和因条件不同而衍生出若干的"变式"。总的来说，教学过程的功能在于促进学生身心诸方面的和谐发展。具体而言，教学过程的基本功能包括传授知识、形成技能、培养智能和发展个性。这四个方面是相互紧密联系，交互重叠和渗透，你中有我、我中有你的统一整体。

  目前，关于教学过程本质的看法存在多种学说，如特殊认识说、儿童发展说、双边活动说、认识-发展说、认识-实践说、层次类型说和交往说等。我们认为，教学过程是师生交往的动态过程，是教师指导下学生的特殊认识过程，是促进学生身心发展的过程，具有交往性、认识性、发展性和教育性等特点。教学过程的内部要素相互依存、相互作用，体现出五大教学规律：一是间接经验与直接经验相统一，二是掌握知识与发展智力相统一，三是掌握知识与提高思想相统一，四是智力因素与非智力因素相统一，五是教师主导作用与学生主体作用相统一。

【思考练习】

1. 名词解释：课程实施、教学过程、忠实取向、相互适应取向、课程创生取向。
2. 联系实际谈谈课程实施的不同取向及其对教育实践的影响。
3. 评述教学过程本质的不同主张及其对教育实践的影响。
4. 结合所学知识，评述我国课堂教学的主要功能并提出改进意见。

第六章 教学模式与教学方法

 学习目标

1. 掌握教学模式、教学方法、讲授法、讨论法、研究法等概念。
2. 理解教学模式的特点和结构。
3. 了解杜郎口中学与洋思中学的教学模式。
4. 掌握以语言传递信息为主的教学方法的含义、特点和基本要求。
5. 从理论基础、教学目标、操作程序、教学评价等方面比较分析当代国内外主要教学模式。

【问题情境】

情境一:我国有一位历史教师被邀请到美国去上一堂历史课。这位教师去时只带了一个盾牌和一把水枪。来到美国的课堂上,学生对这位来自中国的教师非常感兴趣,于是向他提出了许多有关中国的问题,如长城有多长,饺子如何做,等等。教师就根据学生的提问,分别给他们打了分数。因为所打的分数都很低,学生一个个都垂头丧气,然后教师告诉学生如果要想加分,只要交上10美元就行,但是必须是白种人的学生。班上不只是有白种人,学生们都愤怒喊叫,拼命跺脚,把课本、书包扔向教师来表示抗议。教师就用早已准备好的盾牌来抵挡,并用水枪向学生扫射。学生们累了坐下歇一歇的时候,教师严肃地说:"刚才就是当年黑人领袖马丁·路德·金反对种族歧视,组织示威游行的情境。他倒在统治者的真枪实弹下,献出了自己宝贵的生命,但给我们留下了《我有一个梦》。今天我们一起来学习这篇文章。这是一堂成功的历史课。

问题:你认为这位历史教师采用了什么教学模式?采用这种教学模式时有哪些具体要求?

情境二:有一位教师在讲授《植物的果实》一课时,课前曾布置作业,要求学生把自己认为是果实的东西带到教室里来。学生带来的有梨、苹果、香蕉、花生、核桃、葵花子、胡萝卜等。上课一开始,学生就对胡萝卜是不是果实,进行了激烈的争论,双方谁也说服不了谁,气氛异常活跃。教师因势利导地指出:"当你对一个事物拿不准的时候,你就拿一个和它类似的东西作比较,看它们有哪些相同?哪些不同?答案就很容易找出了。"他拿起一个苹果和一个梨,问道:"它们有哪些地方相同?为什么它们是果实呢?""都能吃。"一个学生回答。"能吃。对,但不一定所有的果实都能吃。"教师说。"都是树上长的。"又有一个同学说。"苹果和梨都是树上长的,但不是所有的果实都长在树上,花草也有果实。"教师说。"都是开完花结的果。"又有一个同学说,教师立即加以肯定。"都有核儿。"一名学生猛然想起,脱口而出。"是吗?那就要观察它们的构造了。"教师说,"好,切开来研究研究。"切开后,教师问:"那核儿是什么?知道吗?""是种子。"同学们回答。教师说:"它的内部构造都有种子,种子是繁殖后代的,那么,种子以外这一大部分叫什么呢?""叫果肉。"一个同学答。这时,教师总结道:"对,平常我们叫它果肉,最外面一层叫皮,但科学的叫法,把种子以外的都叫果皮。"我们都知道开花结果,果实都有两部分,那就是果皮和种子。是不是果实,主要看里面有没有种子。又问:"胡萝卜里面有没有种子呀?""没有种子,不是果实。"学生回答。[1]

提问:这位教师主要运用了什么教学方法?这种教学方法的基本内涵是什么?结合材料分析这种教学方法有何价值?运用这种教学方法需要具备什么条件?

第一节 教学模式和教学方法的含义

一、教学模式概述

(一)教学模式的含义

模式是英文"model"的汉译名词,是一种经过抽象和概括出来的操作程序,它是理论的具体化和程序化,人们可以通过这种给定的结构方式和运行程序得出近似的结果。"model"还可翻译为"模型"、"范式"、"典型"等,首先将"模式"一词引入教学领域,并加以系统研究的人,当属美国的乔伊斯(B. Joyce)和韦尔(M. Weil)。他们在1972年出版的《教学模式》一书中指出:教学模式是构成课程和作业、选择教材、提示教师活动的一种范式或计划。实际上教学模式并不是一种计划,因为计划往往太具体,从而丧失了理论色彩。将"模式"一词引入教学理论中,是想以此来说明在一定的教学理论指导下建立起来的各种类型的教学活动的基本结构或框架,表现教学过程中的程序性策略体系。

从这个意义上讲,教学模式是在一定的教学思想指导下和丰富的教学实践经验基础上,为完成特定的教学目标和内容而围绕某一主题形成的稳定而简明的教学结构理论模型及其具体操作的实践活动方式。[2] 这一定义比较清楚地区别了教学模式、教学方法和教学原则,也指出了教学模式与教学理论和实践的关系,即将教学模式定位于联系理论与实践的中介,从而保证了教学模式的科学性、合理性和可操作性。

(二)教学模式的特点

在教学理论和实践中,虽然存在各种不同的教学模式,但各类教学模式仍然具

---

[1] 王道俊,王汉澜主编:《教育学》,人民教育出版社 2009 年版,第 241 页。
[2] 黄甫全,王本陆主编:《现代教学论教程》,教育科学出版社 2003 年版,第 331 页。

有共同的特点。①

1. 完整性

教学模式是联系教学理论与教学实践的桥梁，它由多种要素组成，需要有一套完整的结构及一系列的运行要求，体现出理论上的自圆其说和过程上的有始有终。因而必须从整体上把握其理论原理与操作方法。

2. 针对性

任何一种教学模式都是围绕着一定的教学目标设计的，各种教学模式的有效运用也都需要一定的条件，因此，不存在适用于任何教学过程的普适性教学模式，也谈不上哪一种教学模式是最好的。任何一种教学模式只有在其适用的范围内才能发挥其最大效用，因而评价最优教学模式的标准是在一定的情况下能够达到特定目标的最有效的教学模式。

3. 可操作性

教学模式往往能把某种教学理论或活动方式中最核心的部分用简化的形式反映出来，具体地规定了教师和学生的教与学的行为，使得师生双方在课堂上有章可循，便于理解、把握和运用。

4. 简约性

教学模式是简化了的教学结构理论模型，一般采用精练的语言、象征性的图式、明确的符号表达出来，如条文式、框图式、公式等。教学模式简洁明了，便于记忆、掌握和操作，因而又被人们称为"小型的教学理论"。

5. 稳定性

教学模式在一定程度上揭示了教学活动的普遍性规律，是大量教学实践活动的理论概括，具有一定的稳定性。但教学模式的稳定性是相对的，随着一定历史时期社会政治、经济、科技、文化和教育的变化发展，教学模式也需要做出调整或改变。

6. 灵活性

教学模式的运用需要根据学科特点、教学内容、现有教学条件和师生的具体情况而定，具有较强的灵活性。

（三）教学模式的结构

根据教学模式的特点及其功能，我们认为，教学模式由以下六个要素构成②：主题、理论依据、教学目标、操作程序、实现条件和教学评价。

1. 主题

主题是教学模式赖以成立的教学思想或理论。主题犹如一根主线，贯穿整个模式，主导着整个模式，支配着模式的其他构成因素，并产生出与主题相关的一系列范畴。如问题（发现）教学模式的主题是"问题"，探究教学模式的主题是"探究"。在教

---

① 李如密：《关于教学模式若干理论问题的探讨》，载《课程·教材·教法》1996年第4期。
② 李森著：《现代教学论纲要》，人民教育出版社2005年版，第225～227页。

学模式结构中,主题既可以成为独立的因素,又渗透或蕴含在其他因素之中。主题不但影响着教学模式中其他因素的确立,而且控制着教学模式运行的方向。

2. 理论依据

理论依据是教学模式赖以建立的理论或思想,是支撑教学模式这座大厦的基石。教学模式的构建必须有一定的理论做指导,在不同的教学理论指导下会形成不同的教学模式。比如,问题(发现)教学模式的理论基础是发现学习理论,而情境教学模式的理论依据则是人的意识与潜意识心理活动、理智与情感活动在认知中的统一。

3. 教学目标

任何教学模式都指向一定的教学目标,是为完成一定的教学目标而创立的。在教学模式的结构中,教学目标往往处于核心地位,并对构成教学模式的其他因素起着制约作用,它决定着教学模式的操作程序和师生在教学活动中的组合关系,也是教学评价的标准和尺度。

4. 操作程序

操作程序即教学的环节或步骤。操作程序确定了教学活动的先后顺序及具体的教学步骤或阶段,具有明显的时间性、顺序性和可操作性等特点。任何教学模式都应详细说明其特定的逻辑步骤、实施顺序及各阶段的具体任务,它规定了在教学活动中师生先做什么、后做什么,以及各步骤应当完成的任务。

5. 实现条件

实现条件即支持系统,是指能使教学模式发挥效力的条件因素,如教师、学生、教学内容、教学工具、教学手段、教学环境、教学时间等。

6. 教学评价

教学评价是指各种教学模式所特有的为完成教学任务、达到教学目标而制定的评价方法和评价标准等。由于不同的教学模式所要完成的教学任务和达到的教学目标不一样,使用的程序和条件不同,因而其评价的方法和标准也有所不同,任何教学模式都有自己的评价标准和评价方法。

以上六个因素相互依存、相互作用,构成一个完整的教学模式。一般说来,任何教学模式都包含这六个因素,但因教学模式不同,各因素的具体内容也有所不同。

二、教学方法概述

教学方法有三个层次的含义:广义的教学方法包括各种为实现教育教学目的所采用的途径、措施、操作程序和技术,包括教学原则、教学组织形式、教学技术、教学策略、教学模式,甚至还包括特定的教学内容;中间层次的教学方法介于广义教学方法与狭义教学方法之间,类似于教学模式、教学方法的组合,如人们通常讲的发现教学法、暗示教学法、异步教学法等;狭义的教学方法是与教学原则、教学技术手段、教学组织形式同一层次的范畴,也就是一般教育学教材中提到的讲授法、谈话法等具体方法。我们这里所说的教学方法主要是指第三层含义。

(一)教学方法的含义

教学方法是指为完成教学任务而采用的方法。它包括教的方法和学的方法,是教师引导学生掌握知识技能、获得身心发展而共同活动的方法。[①] 爱因斯坦说过,"教师应成为教育工作的艺术家,其责任就是用良好的方法向学生展示知识与科学的魅力,点燃他们好奇的火花,激起他们的探索精神,让他们的素质和谐而自由地发展"。这指出了在教学中教学方法的重要性。

学习者在理解教学方法时需要注意以下几点。一是教学方法包括教师和学生共同进行的教与学的双边活动,这是教学方法的重要特征。比如教师讲授时要求学生聆听、思考、做笔记;教师演示时要求学生观察、分析;教师示范时要求学生模仿、练习;学生讨论、研究、作业时要求教师辅导、检查、批改等。二是在特定的情况下,或以教为主,或以学为主,但必须有另一方面的积极参与。三是具体采用何种方法,应视具体情况而定。俗话说:教学有法,教无定法;一法为主,多法相辅。

(二)教学方法的发展

教育活动产生伊始,教学方法的研究就成为人们讨论的重要问题。教学方法随着社会的发展、科技的进步,以及教学实践与理论的发展而发展,每一时代都有具代表性的教学方法。回顾教学方法的发展历程,有助于我们把握教学方法内在的发展规律,为教育教学实践提供充分的理论依据。

1. 国外教学方法的发展

古代教学是以传授文化知识,保存祖先积累的经验为基本目的,因此,在古代西方教育中与此相适应的教学方法即是口耳相传、行为模仿与记忆,教学中主要采用背诵、问答、串讲、练习等方法。古代西方早期的教学方法中已出现了启发式教学思想,如苏格拉底的"产婆术",也称为"苏格拉底法",包括"讽刺、助产术、归纳和定义"四个基本步骤。苏格拉底在教育学生时,首先摆出一副很无知的样子,向学生请教一个问题,然后顺着学生的思路一步步地发问;当学生有了迷惑时,他并不急于告知答案而是举出一些实例,引导和启发学生从中得出正确的结论。这种方法以学生为主,注意调动学生的主动性和积极性,促使他们独立地思考问题,有利于锻炼学生的思维能力,并使学生自觉地从多方面思考人类社会的普遍原则,从而辩证地、具体地看待问题而非绝对地、笼统地对某个问题下结论。苏格拉底的"产婆术"教学法是西方启发式教学的开端,对后世影响很大。

到了近代资本主义社会,伴随着普及义务教育热潮的兴起,教育的价值观发生了很大的变化,教学方法沿着感觉唯实论到情感教学、实物教学,再到活动教学的历程前进。如夸美纽斯的直观教学法,是通过感官发展智力,裴斯泰洛齐的"实物教学法"是借助实物提高理解力,福禄培尔的"游戏教学"是通过学生的自我活动来进行教学创新,第斯多惠的"直观教学"则是通过一系列直观规则来激发学生的智力活

---

① 王道俊,王汉澜主编:《教育学》,人民教育出版社2009年版,第234页。

动。尤其值得一提的是,赫尔巴特的"四段教学法"及其学生席勒、赖因的"五段教学法"也对教师的教学工作产生了积极的影响。可以说,反映新的教学思想的综合性教学方法的不断提出,是近代西方教学方法发展的一个显著特点。①

随着科学技术的进步,新的教学方法层出不穷,但在西方教学方法的发展历程中最引人注目的还是一些综合性教学方法的出现。特别是欧洲的一些新教学方法经巴纳德、贺拉斯·曼和帕克等人的引进、推广,在美国掀起了跟新教育运动相呼应的进步教育运动,在教学方法领域里先后出现了德克乐利教学法、杜威的"活动教学法"、莫里森的"单元教学法"及克伯屈的"设计教学法"等许多新的教学方法。② 其中,以杜威的"活动教学法"影响最为显著。第二次世界大战以后,随着国际政治、经济、教育等全方位的竞争日趋激烈,现代教学方法出现了一些新的特点,"教学方法改革的趋势呈现出个别化、自主化、合作化、效率化和综合化的特征"。③ 教学方法的改革实验也呈现出多样化的特征,具体表现在以下几个方面:①侧重加强基础知识的教学方法改革实验,包括程序教学、范例教学、奥苏贝尔的"接受学习法"、沙塔洛夫的"纲要信号法"等;②侧重提高智能的教学方法改革实验,包括布鲁纳的"发现学习法"、赞科夫的"实验教学新体系"、兰本达的"探究研究法"等;③侧重认知因素发展的教学方法改革实验,包括罗杰斯的"非指导性教学"等;④侧重个性全面发展的教学方法改革实验。④

2. 我国教学方法的发展

中国古代的教学方法中已出现了有利于开启智力的教学方法——启发式教学。"启发"一词来源于我国古代教育家孔子教学中的名言——"不愤不启,不悱不发。"其原意是指教师教导学生,不到他心想求通而不得明白的时候不去开导他,不到他想说却说不出来的时候不去启发他。《学记》发展了孔子的这一教学思想,提出了"道而弗牵,强而弗抑,开而弗达"的教学原则,即强调教师要引导学生,大力地促进学生思考,开导学生,而不应把结论和盘托出。由此可见,中国古代的教学方法比较注重"问话"、"启发"、"循序渐进"、"因材施教"、"知行合一"。⑤ 但自隋唐科举制兴起以后,《四书》、《五经》成为特定的教学和考试内容,于是教学方法过于强调机械记忆和背诵,并逐步失去活力。

中国现代教学方法的发展既受到传统教学思想的影响,也受到西方近现代教学思想的影响,许多教育家针对传统教学方法的弊端,努力探索教学方法改革的新路子,出现了如陶行知的"教学做合一"、陈鹤琴的"活教育"等教学方法。应该说,在教学方法方面,17世纪的欧洲在总体上超过中国,近代中国只是被动地接受西方教育思想的影响,通过派遣留学生、翻译国外教育著作、邀请国外教育专家学者访华讲学等途径将赫尔巴特的教学法和杜威的活动教学法先后介绍到中国,并在一定程度上

---

①④ 靳玉乐主编:《现代教育学》,四川教育出版社2011年版,第221页。
②⑤ 曾天山,郑炯:《教学方法的比较研究》,载《西北师范大学学报》1993年第2期。
③ 李定仁主编:《教学思想发展史略》,青海人民出版社1993年版,第289页。

结合中国的实际进行革新。20世纪50年代,在教学方法上,我国照搬苏联学校实行的旨在以传授系统知识为目标的教学方法。20世纪60年代,我国教学方法研究中值得一提的就是提倡启发式,反对注入式。20世纪80年代以来,我国在教学方法的改革过程中进行了许多有益的探索和尝试,教学方法的研究开始进入科学化、理论化和学术化的新阶段,形成了许多有代表性的教学方法,例如,黎世法的"异步教学法"、卢仲衡的"自学辅导教学法"、上海育才中学的"八字教学法"、魏书生的"六步教学法"、邱学华的"尝试教学法"、李吉林的"情境教学法"、上海青浦县的"回授式教学法"、马芯兰的"四性教学法"、钱梦龙的"语文导读法"等,这些教学方法对推动我国的教育教学改革起到了积极的作用。[1]

第二节 教学模式的生成、选用与发展

一、教学模式的生成

教学模式的生成即教学模式的建构或形成,这既是一个理论问题,也是一个实践问题。教学模式形成的途径主要有两个方面,即归纳式和演绎式[2]。前者是在对教学实践经验进行概括和总结的基础上形成的教学模式。这种模式在古代社会尤其突出。后者是指从一种科学教学理论或哲学观的假设出发,推演出一种新的教学模式,然后用严密的实验验证其科学性和有效性。这种模式在近现代社会表现明显。

依据教学模式的形成、发展、完善、应用过程的规律,近现代社会制约教学模式的主要因素有教学理论、哲学观、实践因素等三个部分。

1. 教学理论

教学模式是教学过程系统中的一个子系统,因此,它必然受到教学理论的指导与影响。教学理论是制约教学模式形成、发展、完善、应用的浅层因素。教学理论是通过教学模式的发明者或倡导者作为中介环节,以此来指导和影响教学模式的形成、发展、完善及应用。例如,活动教学模式就是受美国实用主义教育家杜威的"从做中学"的教学理论的指导而形成和发展起来的,程序教学是根据行为主义心理学的原理演绎而成的。也就是说,一种教学模式的发明者或倡导者的教学思想,制约着该模式的设计、提出和推广。从这个意义上说,各种教学模式的差异,是各种教学模式的发明者或倡导者的教学思想上的差异。由此可见,教学模式是教学理论的一种表现形式。一种教学模式的形成、发展、完善和应用,是制约该教学模式的教学理论趋于成熟的标志。教学理论的发展推动了教学模式的发展,而教学模式的发展又促进人们提出新的教学理论。两者相互促进,相辅相成。

---

[1] 靳玉乐主编:《现代教育学》,四川教育出版社2011年版,第222页。
[2] 王本陆主编:《课程与教学论》(第2版),高等教育出版社2009年版,第179页。

2. 哲学观

教学模式的发明者或倡导者在设计、推广教学模式时,除受某种教学理论指导外,还受自己所持哲学观的影响。哲学观是影响和制约教学模式的深层因素。例如,赫尔巴特受德国哲学家莱布尼兹的"单子论"影响比较深。因此,赫氏在哲学上吸取了莱布尼兹的"单子论"基本观点,认为宇宙是由无数绝对的"实在"(精神实体)所构成。这些不变的"实在",相互之间有着各种不同的关系,并相互发生影响。显然是赫氏这种哲学观促使他把教学分为四个阶段,并在此基础上提出了四段教学模式,将其应用于各科课堂教学中。而杜威的教学模式基本上是他的经验主义认识论的反映。

3. 实践因素

任何一种教学模式都不是万能的,它必须随着教师、学生、教学内容、教学设备、教学环境等实践条件的改变而进行适当的调整。广大一线教师在教学实践活动中,根据某种教学理论所揭示的教学规律,并根据自己的理解对教学流程进行系统设计,在选择与运用教学模式的实践中,总结出构建教学模式的原则。这些原则在一定意义上也是教学规律的反映,对教学模式的构建具有指导意义。

二、教学模式的选择与运用

正确地选择与运用、学习和借鉴各种教学模式,不仅是充分地发挥模式的功能并提高教学质量的重要一环,而且也是教师提高自身的教学水平与教学能力的捷径。但教学模式本身只为教师的教学提供了一个教学活动框架,而不是教师机械模仿或模拟的样板。作为一名教师,如果不从实际出发,死搬硬套,就会如同东施效颦,难以取得好的教学效果。在选择与运用模式的过程中,除了要弄清楚每种模式的本质特征、基本结构、实现条件外,关键还是教师发挥自身的创造才能,善于依据不同的教学任务、教学内容、班级学生和自己的教学特长,适度地进行调整与创新。因此,学习与借鉴各种教学模式必须要考虑以下五个要素。①

1. 目标

目标是目的的具体化,所以在借鉴他人的教学模式前,作为教师必须清醒地认识到自己这样做的目的是什么,是为了改变教学进度总是落后于他人的状况,还是为了引进现代化的教学手段,从而提高教学效率,减轻劳动强度?是为了使自己的学生具有扎实的基础知识和基本技能,还是为了加强其能力的培养?是为了加强对学生自学能力的培养,还是为了着重培养其发现问题、解决问题的能力?是为了使教学活动成为轻松愉快的游戏化活动,还是为了将教学过程组织得更加严密?只有带着明确的目的去学习和借鉴他人的教学模式,才能获得满意的效果。

2. 教材

不同性质的学科,不同的教学内容,对教学模式有不同的要求。在多数情况下,

---

① 李敏主编:《优化课堂教学方法丛书——教学模式》,学苑音像出版社2004年版,第18页。

一个学科的教学模式,是不能随便就搬用到别的学科的教学中去的。即使在同一学科的教学中,也没有可以一直沿用的教学模式。某一学科的教学进行到某一阶段,就有其特定的教学内容,必须要有与之相适应的教学模式与方法。

3. 学生

在教学过程中,学生是教师教学的着眼点和落脚点,因此,教学模式要适应学生学习的基础条件、群体特征甚至个别特征。由于受传统教学模式和教学方法根深蒂固的影响,学生已经习惯于被动地学习,当教师采用新的教学模式时,学生往往很难主动适应。因此,当一名教师运用某种新的教学模式时,应该首先考虑到学生有一个适应的过程。教师必须与学生共同努力,创造条件,从学生的实际出发,努力培养学生主动学习、探索的习惯,这样,才能保证教学模式的有效性。

4. 教师

当一名教师要学习某种教学模式时,除了考虑教材、学生的因素外,还应当考虑自身的条件。例如,运用李吉林的情境教学模式,就必须具有非常强的口头表达能力和一定的表演能力,必须要有激情。如果不具备这些条件而硬要采用这一模式,至少教学效果会打折扣,说不定还会使教学过程中的某些做法显得滑稽可笑。因此,教师应谨慎选择和运用各种教学模式,切忌简单模仿、盲目照搬。

5. 时间

借鉴他人的教学模式,还要考虑所花费的教学时间。采用某种教学模式,你也许能正好用完你的教学时间;采用另一种教学模式,你的教学时间也许显得充裕;而采用第三种教学模式,你的教学时间可能十分紧张,不能从容地完成教学任务。这是就一学期或一学年总的教学时间来说的。此外,还得考虑每一教学过程所花费的教学时间。

总之,教学模式有多种理论和实践的积累,但任何一种教学模式都应考虑特定的教学目的、教学内容、学生的学习特点、教师的教学风格和教学技能。

三、教学模式的发展趋势

21世纪是个充满挑战和机遇的时代,科学技术的发展,教育理论的成熟,都为教学模式的发展创造了条件。探索教学模式改革的新路子,必然会带动教育思想、教学观念、教学理论等根本性问题的改变。笔者以建构主义理论和教育的四大支柱等观点为基础,试图从现实的课堂教学来看教学模式的发展趋势。

(一)从总体种类看,趋向多样化

20世纪50年代以前,教学实践中基本上由赫尔巴特的教学模式和杜威的教学模式先后占主导地位,教学模式单一。50年代以来,出现了教学模式的空前繁荣景象,新的教学模式层出不穷,与传统的教学模式结合形成了庞大丰富的"教学模式库",为教学实践提供了优选教学模式的广阔范围。

(二)从理论基础看,趋向多元化

当代国内外教学模式的理论基础非常广泛,已不再单纯依据哲学认识论和教育学了。随着现代心理学的迅猛发展,教学模式的心理学色彩越来越浓厚。此外,系统论、控制论、信息论、社会学、管理学、工艺学、美学等,也对教学模式产生了深远的影响,使得当代教学模式呈现出多元化、融合化的发展趋势。

(三) 从形成途径看,趋向演绎化

20 世纪 50 年代以后产生的教学模式,如非指导性教学模式、集体性教学模式等,大都属于演绎教学模式。这与归纳教学模式起点于经验、形成于归纳的特点不同,演绎教学模式起点于理论假设,形成于演绎,它更加强调教学模式的科学理论基础。这为人们自觉地利用科学理论作指导,主动设计和建构一定的教学模式来达到预期的目的提供了可能。

(四) 从师生地位看,趋向合作化

20 世纪 50 年代以来,师生在教学过程中的地位和作用发生了深刻的变化。随着学生主体地位的确立、师生合作关系的形成,传统教学论中的"教师中心论"逐渐被现代教学论的"教师主导,学生主体"所取代。这种新的教学观导致了由教师中心教学模式向师生合作教学模式的转变。

(五) 从目标指向看,趋向情意化

当代国内外教学模式的发展,顺应 20 世纪 50 年代以来教学改革的深入发展和社会需要人才规格的不断变化,其目标不仅指向认知领域和技能领域,而且指向以往教学模式所忽略的情意领域。情意型教学模式的出现和完善,将为现代教学带来一场革命。它以互补思维方式融合认知为一体,强调教学的科学性和艺术性的高度统一,在教学实践中有着很好的发展前景。

(六) 从操作程序看,趋向灵活化

当代教学模式在操作程序上,都强调视具体教学情况和需要而定。如吴也显主编的《我国中小学常用教学模式》一书中涉及的多数教学模式,都专门列出若干"变式"作为对"基本式"的补充。此外,有的教学模式甚至没有一个固定的程式,尤其是艺术化、创造性、情意型的教学模式。

(七) 从技术手段看,趋向现代化

当代教学模式越来越重视引进现代科学技术的新成果,日益现代化。随着电子技术的飞速发展,像广播、电视、教学机器、电子计算机等,正在越来越多、越来越成功地介入教学过程。程序教学模式首开机辅教学的先河,信息加工教学模式引进了信息加工、人工智能、计算机等新的科技成果。

(八) 从研究发展看,趋向精细化

当代教学模式研究精细化的表现之一,就是除继续研究一般教学模式外,将主要精力用于研究学科教学的课堂模式。《实用课堂教学模式与方法改革全书》中的"下篇",就分别对语文、数学、外语、思想政治、历史、地理、物理及其他各科(包括生物、自然、音乐、美术、体育等)教学的课堂模式与方法进行了系统收录。教学模式研

究精细化趋势的出现,必将促使教学模式的研究向纵深发展。①

第三节　几种典型的教学模式

随着教学模式研究的不断深入,人们对教学模式的认识也不断增加,不同教学模式有着不同的价值取向及教学策略,下面我们就国内外几种有着较大影响的模式进行简要分析。

一、国外当代主要教学模式

多年来,国外学者从不同的角度对教学模式进行了深入的研究和探讨。到目前为止,产生重大影响的主要有以下几种教学模式:着眼于认知发展的掌握学习模式、范例教学模式;着眼于非理性主义的暗示教学模式;着眼于探究的发现学习模式。

（一）掌握学习模式

掌握学习教学模式是美国当代著名教育心理学家本杰明·布卢姆(Benjamin Bloom)系统提出来的,旨在提高学习质量、促进个别化指导的一种教学模式。这一模式是在"所有学生都能学好"的思想指导下,以集体教学为基础,辅之以经常、及时的反馈,为学生提供个别化帮助及所需的额外学习时间,从而使大多数学生达到课程目标所规定的掌握标准。②

1. 理论基础

掌握学习模式是建立在卡罗尔关于能力倾向性的观点之上的。传统观点将能力倾向看做与学生成绩相关的一种特性,并以为一个人的能力倾向性越高,他越有可能学得更多。而卡罗尔则将能力倾向性看做学习者达到掌握学习任务所需要的时间量,而不是掌握这些材料的能力。他认为:①如果学生在某种学科中的能力呈正态分布,且同时提供与个别化特征相一致的适当的教学时,大多数学生能够很好地掌握这门学科;②假如一个学生没有花上足够的时间学习内容,那么,他就不可能掌握它。不同学生完成同一学习任务所需的时间不一样。之后,布卢姆基于"任何教师实际上都能帮助他的所有学生获得优异成绩"这一信念发展了卡罗尔的理论并提出了掌握学习模式。布卢姆认为,"只要有足够的时间,可以相信所有学生都能掌握一项学习任务……只要能够找到帮助每个学生的方法,那么从理论上说,所有学生都能学会掌握。"③在布卢姆看来,我们如果给学生提供所需的个别化帮助及所需的必要学习时间,并辅之以经常、及时的反馈,就可以使大多数学生达到课程目标所规定的掌握标准。

---

① 李如密:《关于教学模式若干理论问题的探讨》,载《课程·教材·教法》1996年第4期。
② 吴立岗主编:《教学的原理、模式和活动》,广西教育出版社1998年版,第260页。
③ [美]布卢姆著,邱渊等译:《教育评价》,华东师范大学出版社1987年版,第75页。

2. 教学目标

布卢姆认为,以往的教学只注重少数所谓有才能的学生,以牺牲大多数学生为代价,去促进一小部分学生的发展,这种思想是不可取的。他指出:"教育的首要功能是去发展个人,教学的中心任务是去发展学生身上那些将使他们在复杂的社会环境中有效地生活下去的特性。教学应关心所有青年与儿童最充分的发展。旨在寻求能使每个学生达到其可能达到的最高学习水平的学习条件,使他们充分发展。"[①]

3. 操作程序

掌握学习教学模式的基本程序有以下几个步骤。

1)学生的心理定向

在掌握学习的起始阶段,教师应调动全体学生学习的积极性,培养他们对所学课程的亲近感。教师要向学生介绍"掌握学习"的一般程序,使学生适应掌握学习的方法。要让学生明确该教学是一种帮助全体学生的新教学法,每个学生都将得到学习上所需的一切帮助。

2)学前诊断与矫正

学前诊断即在学生学习新单元之前进行的摸底测验,一般侧重于考查学生学习新单元的基础性知识与技能,应注意不要贪多求全,出偏题、难题。学前矫正是针对测验的结果离起点目标过远所进行的补偿性学习,其目的是使学生统一学习起点。

3)实施单元教学

教师运用讲座、阅读和其他方法,使全体学生都参与到学习活动中。在课堂教学开始时,教师应告诉学生每节课的学习目标,介绍学习方法,使学生明确该学什么及怎样学;在课堂教学过程中,教师要随时进行课堂评价,即通过观察学生表情、态度的变化、举手发言及作业等做出即时的反馈与调节,以最大努力实现既定的目标;在课堂总结时,对目标达成情况做小结,并部署课后的努力事项。

4)形成性测验与评价

教师完成一个单元的教学后,应立即对全体学生进行一次形成性测验与评价。测验的答卷一般可由学生自批或互批,在教师提供答案后通过举手或试卷抽样等方式了解学生的正误,并将其填入事先编制的形成性测验的情况统计表中,作为评价学生水平的依据。形成性测验与评价应注意以下几个方面的要求:①测题的编制须对应于单元教学目标,避免命题的随意性;②测验的目的不是一般地了解教学情况,而在于诊断学生的掌握程度;③测验的结果不是用于给学生排队,而是以规定的标准说明学生是否达标;④测验结束后不是一般性质的集体补课,而是采用多种形式对学生的知识缺陷进行针对性的补救与矫正。

5)总结性测验与评价

总结性测验与评价即一学期结束时由教师指导梳理知识系统,对照总目标查漏

---

① [美]布卢姆著,邱渊等译:《教育评价》,华东师范大学出版社1987年版,第76页。

补缺,给学生评定成绩,确定后续教程的起点。

4. 实现条件

首先,师生双方对"掌握学习"要有信心,能够以良好的心态进行这种教学活动,尤其是教师对每个学生应有真诚的期待,相信大多数学生都能学好。其次,让学生了解教学模式的特征,包括教学内容、学习方法和允许的学习时间等。再次,教师要明确掌握教学的过程,并有能力进行掌握教学的设计和指导学生运用掌握学习的策略,诸如确定所教学科的内容、目标和测量手段;确定学习内容,明确学科学习范围,并概括地加以表述;明确掌握目标,并编制教学目标;准备终结性测验等。最后,学校需要为开展掌握学习提供支持。

5. 教学评价

掌握学习是一种教与学的乐观主义教学理论,它主张任何教师都能帮助所有的学生很好地学习。掌握学习也是一套有效的因材施教的教学实践尝试,它把集体教学、小组教学与个别教学融为一体,寻求三者之间的最佳组合,并以明确具体的教学目标作为导向,使师生双方都在充满期待中朝着教学目标迈进,从而避免传统教学由于目标模糊不清所带来的随意性和盲目性。[①]

(二) 范例教学模式

范例教学模式是由德国教育家瓦·根舍因、克拉夫基等创立的。该模式认为,教学中需要重构教学内容,因此,需要选择最典型的学科教材,并从日常生活中选取蕴含着本质因素、基本因素、基础因素的典型范例,使学生能够依靠特殊(例子)来掌握一般,理解带有规律性的经验性的知识,进而提高学生的独立学习能力。

1. 理论基础

范例教学模式是在批判传统教学弊端基础上提出来的。传统教学往往通过提供学科知识的系统材料,让学生试图毫无"缺漏"地掌握某一学科领域的全部知识;但这种做法混淆了材料的系统性与学生的认识系统性之间的关系,其结果是学生既不能掌握所谓的全部学科的知识,也不能消化、理解这些知识,头脑中只是充塞了一大堆杂乱无章的材料,不能形成一种统帅全局的概观。针对传统教学的这种弊端,范例教学提出了这样的基本假设:任何一项教学活动都不能穷尽整个知识领域和精神世界,更不可能让学生将这些知识全盘接受;教学应该选择学科材料中最典型的材料,为学生提供一种"范例",每个范例都是学科知识体系整体的一种反映,它不是个别、孤立的,而是相互联系的,学生通过对这些范例的探究、思考,形成一种整体的认识结构,从而达到把握其他各种材料的目的。

2. 教学目标

范例教学主张把知识、能力、态度这三大目标统一起来,旨在使学生通过自己的理解、发现与学习,做到主动地掌握基本概念、基本范畴和获取知识的基本方法来获得一

---

① 吴立岗主编:《教学的原理、模式和活动》,广西教育出版社1998年版,第260~269页。

般的知识,并帮助学生获得独立、批判性认识、行动及自发的继续学习的能力和态度。

3. 操作程序

范例教学模式的操作程序主要分为以下四个阶段。

1) 通过范例阐明"个"的阶段

这一阶段的教学,要求精心地筛选出那些能用典型事实和现象说明事物本质特征的范例,并运用直观的方法将它们展示在学生面前。展示的方法可以多样,例如,可运用多媒体的方式将与范例有关的一些背景资料、图片等展示给学生。

2) 通过范例阐明"类"的阶段

通过第一阶段的个例分析,对同类事例进行归类,从而认识一类事物的普遍特征,从"个"向"类"迁移。在方法上,主要用对比讨论的方式来完成。

3) 通过范例掌握规律的阶段

通过对"个"和"类"的分析,使学生的认识上升为对普遍性规律的认识,从而把握事物发展的客观趋势。

4) 通过范例引导迁移的阶段

在上述三个阶段教学的基础上,使学生获得关于世界、生活的经验,并通过对知识与经验的运用与训练,教师可以了解学生对规律和原理的掌握程度,获得反馈信息,并帮助学生认识更为抽象的规律。

4. 实现条件

要使范例教学发挥最大效用,需要教学内容具备以下三个质的规定性。

1) 基本性

所选择的范例应该体现学科的最基本要素,诸如基本概念、基本原理、基本规则、基本规律等,使学生掌握学科的基本结构。

2) 范例性

范例性要求在设计教学时,需要精心地挑选基本的、基础的知识和特别清楚的、典型的事例,以帮助学生以点带面、举一反三、触类旁通、融会贯通地掌握知识。

3) 基础性

基础性即教学内容对学生来说应是基础的东西,教学内容的选择必须从学生的实际出发,适合学生的知识水平和智力发展水平,切合学生的生活经验,既要有一定的难度,又不能高不可攀。

5. 教学评价

范例教学理论涉及面广,内容丰富,侧重从"范例"这一角度建立了一套以传授知识与发展相并重为主要目标的教学论体系,是教学理论发展史上的一座丰碑。[1]

(三) 暗示教学模式

暗示教学模式是于1966年由保加利亚心理学家乔治·洛扎诺夫(G. Lozanov)创立的一种通过各种暗示手段的有机结合,激发学生的学习兴趣和自信心,提高教

---

[1] 吴立岗主编:《教学的原理、模式和活动》,广西教育出版社1998年版,第228～235页。

学效果的教学模式,主要运用于语言教学。这种教学方法比传统方法进度快,并在不加重学生负担的情况下提高记忆力,且对低能者和聪明的学生,对青年和老年都适用,也不需要任何特殊的设备。20世纪70年代以后,在东欧、北美、西欧、日本及我国一些国家和地区进行过这方面的实验。

暗示教学模式具有上课时常伴以音乐和悦耳的鸟鸣声、运用权威增强暗示、正确设置教学外部环境、运用电影戏剧舞蹈等综合艺术形式,激发学习潜力等特点,并通过心理、教育、艺术等多种途径的结合,能在五个星期内使成人学会说外语,一个月内使儿童读外文文章,足以证明该法在开发人的心理潜能方面,确有异常的功效。

1. 理论基础

暗示教学模式的理论基础为暗示原理。暗示原理重点强调了意识的作用,认为人的学习活动是意识和潜意识共同参与下的一种心理活动。只有当人的意识和潜意识处于和谐的状态下,学习的效益才会成倍增加。基于这种理论假设,洛扎诺夫认为,如果让学习者心理放松,使其处于没有紧张的状态(如害怕、紧张、疲劳、厌烦或激动),最终可以通过暗示消除学习障碍,激发学习潜能,促进学生学习效率的提高。

2. 教学目标

这种教学模式提倡愉快而不紧张的教学,将认知与情感、意识与潜意识结合起来,配合音乐的背景,利用暗示促进师生之间的自然交流,让学习者形成全大脑共同参与学习的状态。这样,不仅能使学生学得又快又好,而且使学生能够学会充分发展自我,提高记忆力、想象力和创造性解决问题的能力,从而促进学生在充满乐趣、没有心理压力和学习负担的良好状态下掌握大量的知识,得到充分的发展,提高教学的效果。

3. 操作程序

暗示教学模式的基本操作程序包括以下几个阶段。

1)准备阶段

对教师来说,准备阶段是课前5分钟需要教师利用自身优势、学校环境等因素营造一种有利于学习的氛围,可通过播放学生喜欢听的歌曲或轻快的音乐,进行几次缓慢的深呼吸,然后想象自己一生中最愉快的事情和最美好的形象和学习中成功的乐事。其目的在于消除学生上节课的疲劳,能营造出以轻松愉快的心情进行新课的学习氛围。

2)暗示阶段或讲授阶段

该阶段包括检查复习、预习和生动讲授等环节,每个环节都配以不同形式的音乐,通过音乐节奏使学生身心放松,并让学生积极参与活动,从而开发其大脑潜能。教师在引导复习(提问小测验等)要求学生回答问题和做练习时,做到"大方、大胆、大声"并让学生进行自我暗示,如"我的记忆力强"、"我一定回答得好"、"我一定能行"等。在讲授阶段教师可随音乐的旋律节奏,有声有色地讲授课文内容,声调时高时低,时快时慢,与音乐密切配合。

3）操练阶段

在学生全身放松、安静平和的状态下，教师根据一定的音乐节奏进行形式多样的练习和自我改正的测验。课堂练习时可通过播放节奏缓慢匀称而流利的歌曲，使学生从容地审题思考和回忆分析，教师巡回辅导及时点拨，并不断向学生通报情况。在课堂讨论时可通过播放曲调活泼、节奏稍快的音乐，创造一种欢快活泼的气氛，使学生内心自由，能大胆地发表自己的见解。课后小结时可通过播放节奏欢快的音乐，激发学生情绪高涨，能纷纷发表自己独到的见解，从而有效地提高知识系统化条理化的效果。

4．实现条件

暗示教学模式的实现必须符合以下基本要求。

1）创设愉快而不紧张的教学外部环境

暗示教学十分强调教师在整个教学过程中通过多种方式和途径，营造轻松、愉快、和谐的教学气氛，激发学生的积极情绪，促进学生主动学习。

2）注重意识和潜意识心理活动的统一

这要求教师要正视潜意识心理活动的存在并且巧妙地利用它，利用二者的和谐统一促进学生记忆力、理解力、想象力和个性的充分发展。既要激发学生的情感活动，也要促进其思维活动，通过多向思维共同促进学生发展。

3）采用各种暗示手段

在不同的教学环境中，当面对不同的教学任务时，需要教师利用权威、可接受性的动员、语调节奏、音乐等多种暗示手段的相互作用，建立一种教师与学生的相互信任、相互尊重的关系，以有效地控制学生的情感，且能使之与理智相一致。

5．教学评价

暗示教学模式的创立及其运用，充实了相关的教学理论，并在实践中取得了一定的效果。它确立了学生的主体地位，激发了学生自主参与学习的兴趣，使学生的学习过程变成一个快乐轻松的旅程而不是痛苦的经历和枯燥无味的精神负担，从而使学生体会到学习的欢乐，能够在学习过程中保持良好的学习动机和求知欲。[1]

（四）发现学习模式

美国认知心理学家布鲁纳（Jerome Bruner）所倡导的发现教学模式，又称问题教学模式。是以培养探究性思维方法为目标，利用基本教材使学生通过一定的发现步骤进行学习的一种模式。其主要特点是强调学生的认知结构和认知能力的发展在教学中的核心地位，注重学生学习的主动性和创造性，强调学习的主要内容必须由学生自我发现，特别重视学习中发现的方法和过程。

1．理论基础

布鲁纳的发现教学是建立在其发现学习理论基础上的，他开诚布公地表示自己

---

[1] 吴立岗主编：《教学的原理、模式和活动》，广西教育出版社1998年版，第283～290页。

的教学理论思想来源于结构主义,即认知学派。布鲁纳认为,知识是过程,而不是结果,所以教师在教学的时候应该培养学生的探究性思维,使学生通过体验所学概念、原理的形成过程来发展其思维能力。根据这一理论,布鲁纳的发现教学模式重点强调的是学生获得知识的过程是一个积极主动的过程,是学生将新的信息同原有的认知结构联系起来而不断地构建并发展其认知结构的过程。

2. 教学目标

布鲁纳认为,学习的直接目标在于掌握学科的基本知识,同时还要重视发展学生的智力。因此,教师在引导学生学习概念和原理时,只是给他们一些事实(例)和问题,让学生积极思考、独立探究,从已知事实或现象中推导出未知,形成概念,从中发现事物发展变化的规律,自行发现并掌握相应的原理和结论;帮助学生掌握科学研究的方法,发展其探究思维能力,培养学生的科学态度和独创精神。

3. 操作程序

发现教学模式的基本程序包括以下几个步骤。

1) 创设问题情境

教师选择一个令人困惑的情境或问题,这一问题可以是疑难的科学问题,可以是一个令人困惑的事件,也可以是一段喜剧或故事的情节,但这个问题必须引起学生的兴趣,让学生对现象进行观察分析,将注意力集中在某些要点上去寻找正确的答案。

2) 作出假设

教师尽量在诱发性的问题情境中引导学生通过分析、综合、比较、类推等方法对各种信息进行转换和组合,不断提出假设,并围绕假设进行推理,从中发现必然联系,逐步形成正确的概念。

3) 验证假设

用其他类似的事例来对照检验已获得的概念,依靠进一步的定性分析使自己有一个较明确的判断。

4) 得出结论

引导学生对认识的性质及发展的过程作出总结,从中找出规律。

4. 实现条件

布鲁纳提倡学生主动探究,并不否定教师的作用。从教师的角度讲,要想更好地实施发现学习,教师要运用以下策略,才能发挥发现学习模式应有的作用。

1) 关注学习过程

布鲁纳认为,只有学生自己亲自发现的知识才是真正属于他自己的东西,所以发现学习强调的是学习过程,而不是学习的结果。教学目的强调的不是要学生记住教师和教科书上所陈述的内容,而是要学生亲自参与所学知识的体系建构,自己去思考、发现知识并在这一过程中培养自身发现知识的能力和卓越的智力。

2) 强调直觉思维

在发现学习的过程中,学生的直觉思维(intuitive thinking)对学生的发现活动显得十分重要。所谓"直觉思维",就是要求学生在学习过程中不要用正常逻辑思维的方式进行思维,而是要运用学生丰富的想象,发展学生的思维空间,去获取大量的知识。

3)激发内在动机

学生的内在动机是促进学生学习活动的关键因素。布鲁纳十分重视内在动机对学生学习心向的影响作用。因此,布鲁纳反对运用外在、强制性的手段来刺激学生的学习,主张教师要把教学活动尽可能地建立在唤起学生学习兴趣的基础上,充分调动学生的学习积极性,才能取得良好的学习效果。

4)注重信息提取

人类的记忆功能是学习活动中必不可少的条件。针对许多人把"储存"(storage)看做是记忆的主要功能,布鲁纳却认为,人类记忆的首要问题不是对信息的"储存",而是对信息的"提取"(retrieval)。提取的关键在于组织,在于知道信息储存在哪里和怎样才能提取信息。因此,他强调按照自己的兴趣和认知结构来组织材料,以使记忆过程成为一个解决问题和发现的过程。

5. 教学评价

发现学习是学生相对独立的探索、发现的学习活动,它可以提高学生的智慧潜力。发现学习不是告知学生现成的结论,而是引导学生自己体会发现、发明与创造的过程,它可以培养学生对科学知识的兴趣,形成内部动机。发现学习可以提高学生的思维能力,包括直觉思维和分析思维,能增强学生对知识的迁移能力。①

需要说明的是,除了已经介绍的上述几种有影响的国外主要教学模式之外,奥苏贝尔的有意义接受学习和斯金纳的程序教学也非常值得一提,但由于受篇幅所限,此处不再赘述。

二、我国当代主要教学模式

经过长期的努力,我国对教学模式的建构有了长足的发展,形成了多种教学模式。特别是20世纪80年代以来,大多学者对教学过程的研究,主要是以学科课堂教学过程的具体组织为对象,并形成了相应的课堂教学模式。从实际产生的教学效果和社会影响来看,以下几种改革实验及其教学模式在国内最具有代表性。②

(一)"尝试教学法"模式

尝试教学法是我国当代教学改革中出现的较有成效的典型教学法之一,又叫"五步教学法"、"小学数学尝试教学法"。1980年,常州师范学校的邱学华在当地试验"先练后讲"教学方法,1982年正式提出"尝试教学法"理论并开始在全国各地

---

① 吴立岗主编:《教学的原理、模式和活动》,广西教育出版社1998年版,第310~322页。
② 陈佑清:《教学过程的本土化探索——基于国内著名教学改革经验的分析》,载《当代教育与文化》2011年第1期。

推广。

1. 理论基础

尝试教学法主要借鉴了布鲁纳的发现学习思想,重视教师指导下的学生的探索发现学习。其核心原则是"有指导的尝试原则",即教师不把现成的结论教给学生,而是引导学生先自己去尝试解决问题,在解决问题的过程中去获得教材上的知识技能。学生尝试后,教师再有针对性地进行讲解。"先练后讲"是其基本精神。

尝试教学有其哲学、教学论及心理学基础。从哲学角度看,尝试活动是实践活动与认识活动的有机结合。迁移规律和"最近发展区"理论为尝试教学提供了心理学基础。因此,教学中需要充分利用原有知识,并帮助学生找到"最近发展区",促使学生的潜在发展水平向现有发展水平转化,这需要学生在活动中通过不断的尝试而得以实现。

2. 教学目标

尝试教学法摆脱了"教师只管教,学生只能听"的束缚,它强调学生在教师指导下先自学课本,再动手尝试练习,最后再听教师讲解,以有效地培养学生独立获取知识、运用知识、自学的能力,促进学生智力的发展,培养学生积极的探索精神和态度。

3. 操作程序

尝试教学法包括以下几个步骤。

1)出示尝试题

通过出示尝试题,激发学生的好奇心及探究问题的愿望。尝试题主要有三种类型:同步尝试题,即同例题相仿的尝试题;变化尝试题,即把教材例题的内容、形式、条件略作变动,但与例题难度大致相同的尝试题;发展尝试题,即要求略高于教材例题,但仍属于教材要求范围的尝试题。在大多数情况下均采用第一种同步尝试题。

2)自学课本

在出示尝试题的基础上,可要求学生带着问题自学课本,鼓励学生在遇到困难时会及时地提出问题。

3)尝试练习

当大部分学生对尝试题有了解决办法并急于想解决这些问题时,让学生进行练习。教师在设置练习题时,要注意把握练习题的难度,要求练习题源于书本,又要高于书本。

4)学生讨论

尝试练习结束后,教师根据学生的练习情况,引导学生讨论,允许学生各抒己见,注意培养学生的语言表达能力及分析推理能力。

5)教师讲解

当学生的讨论进入迫切想要了解结论的时候,需要教师讲解。教师的讲解应突出重点,抓住前后知识之间的联系,对教材关键的地方进行重点和有针对性的讲解,帮助学生掌握知识的内在联系。

4. 实施条件

尝试教学要想取得成功,需要具备以下几个条件。

1) 确保学生的主体地位,发挥学生的主体作用

只有充分发挥学生的主动性,学生才能够积极尝试、大胆探索,这是尝试教学成功的基础。

2) 充分发挥教师的主导作用

尝试教学不是学生的单边活动,需要教师的及时和认真指导。具体而言,教师在学生尝试之前,应认真制订课时计划,规定学生尝试的步骤,编拟准备题和尝试题;在尝试过程中,教师应及时辅导学生,为不同层次的学生完成尝试任务提供帮助;在学生尝试后,教师仍需要充分发挥指导作用,确保学生获得系统的知识体系。

3) 充分利用课程教材的示范作用

每一阶段的尝试教学都需要利用课本的作用,课本是尝试教学过程中重要的中心媒介,是学生提出问题、解决问题的重要支持,只有通过课本的示范作用才能促进学生自学能力的增强。

4) 充分发挥集体效率

尝试教学需要通过学生之间的相互启发、相互帮助,共同去解决尝试题,学生尝试之后组织讨论,发表自己的看法,进而激发其思辨意识。从这个意义上说,尝试教学也是集体尝试的结果。

5) 灵活运用尝试教学程序

"先练后讲"是尝试教学的基本精神,在把握基本精神的基础上,应根据具体情况灵活运用,扬长避短,切实提高课堂效率。

5. 教学评价

尝试教学法是在针对传统教学中学生具有一定的自学能力但缺乏探索精神的弊端而提出来的,重在培养学生的尝试精神、探索精神和创新精神。它有利于大面积提高教学质量,培养学生的创新精神,促进其智力发展,有利于提高课堂教学效率,减轻课外作业负担,有利于教师教育思想的转变,提高自身的综合素质。①

(二)"自学六步法"教学模式

1. 理论基础

"自学六步法"教学模式是由辽宁盘锦中学特级教师魏书生首创。为了增大教学功能,魏老师致力于课堂教学结构的改革,运用信息论原理提出了一套由定向、自学、讨论、答疑、自测、自结六个步骤构成的教学程序,其中第一步建立信息量,第二、三、四步处理信息,第五、六步获得反馈信息。

2. 教学目标

"自学六步法"重在突出学生的主体地位,调动学生学习的积极性,通过定向、自

---

① 吴立岗主编:《教学的原理、模式和活动》,广西教育出版社1998年版,第361~367页。

学、讨论、答疑、自测、自结等六个步骤的展开,培养学生掌握良好的学习方法,完善学生的自主学习能力。

3. 操作程序

1) 定向

在这一阶段要让学生明确本节课(本课书)学习的重点难点,如学到哪几个字词句,理解或熟练到何种程度,文章表达和内含着什么样的思想感情等。

2) 自学

学生根据学习的重点、难点,自学教材、独立思考、自己解决问题。学习进度可由学生根据自身的能力来把握。

3) 讨论

前后左右每四人为一小组,以小组为单位对自学中不能解决的问题进行讨论,先小组后全班。

4) 答疑

立足于让学生自己去解答疑难问题,由每个学习小组回答一部分,最后由教师解答仍未解决或结论存在分歧的问题。

5) 自测

根据"定向"提出的要求,学生自我测试,或自己出题,或相互出题,或教师出题。题量限制在10分钟以内,当场评分,让学生及时地知道自己的学习成效。

6) 自结

下课前几分钟让学生总结这节课的收获,哪个环节满意或不满意,让各类学生中都有一两名出来讲讲,使全班学生学习的信息都能得到及时的反馈。

以上六步可灵活变通,可依课文本身的特点和学生理解课文的难易程度形成若干变式。

4. 实现条件

这种教学模式的顺利开展,首先强调在教学过程中要突出学生的主体地位,调动学生的学习积极性;其次是教师要注重培养学生良好的学习方法,完善学生的自主学习能力;最后要重视教学规律,提高学生的自主创新能力。

5. 教学评价

"自学六步法"是按照语文的教学规律进行的,抓住了语文课文的整体性,分步骤进行突破。它强调以学生为中心,凸显了学生的主体地位,既有利于培养学生掌握良好的学习方法,提升学生的自学能力,也有利于提高学生的语文基础知识和水平,使学生德智体全面发展,从而提高学生的素质,提高升学率,使得学生的成绩与进步显著。[①]

---

① 郭一平主编:《中小学教学模式探索》,学苑音像出版社2004年版,第33～36页。

(三) 异步教学模式

1. 理论基础

异步教学模式也称为"六因素(课型)单元教学模式",是20世纪80年代由湖北大学的黎世法教授所提出的一种将学生学习的个体化和教师指导的异步化加以有效统一,以突出学生的个体自学,强调教师根据学生自学的情况和存在问题的涉及面,按班、部分学生和个别学生进行分类指导的一种教学模式。

黎世法认为,传统的班级授课制是"同步教学",即一个班全体学生的学习速度与一个教师的讲课速度同步,教师讲到哪里,学生就学到哪里。为了区别于同步教学,并突出最优化教学方式和教学理论的特点,黎世法将其更名为"异步教学方式"和"异步教学理论"。此种教学模式的特点是将学生的自学程序化,学习主要是学生的自学(包括阅读教材,自己解决问题、作业、小结、改错等),教师的指导也将程序化,并突出了学生与教师之间的研讨学习。

2. 教学目标

黎世法认为,传统教学中"满堂灌"、"注入式"的教学方式,阻碍了学生知识的掌握与智能的培养,他极力强调把学生掌握知识的过程,变成培养学生自学能力和创造才能的过程。因此,这一模式的教学目标在于使学生高效率地获得新知识和技能,培养学生的自学能力,发展学生的创造才能。

3. 操作程序

异步教学有严格设计的学习程序和指导程序,并将两者糅合在一起。学生学习的程序有六步,即"六步学习法":自学—启发(指学生自己对自己的启发)—小结—作业—改错—总结。教师指导的程序有五步,称为"五步指导法":提出问题—启发思维—明了学情—研讨学习—强化效应。学习程序和指导程序耦合为异步课堂教学程序:提出问题—启发思维—学生学习(自学—启发—小结—作业—改错—总结)—明了学情—研讨学习—强化效应。

异步教学模式适用于中学,在异步教学实践中,学生的"个体化学习"是一条主线,教学过程就是教师指导学生按照"自学—启发—复习—作业—改错—小结"等阶段进行学习的过程。其具体教学步骤如下。

1) 自学

自学是在教师的指导下,通过独立思考和作业,有目的、有计划、主动地掌握新知识和新技能的过程。这个环节包括以下几方面:①教师向学生布置自学参考提纲;②教师运用自学提纲进行指导谈话,启迪学生的学习思路;③学生开始自学,教师巡回了解学情并有重点地指导学生进行自学与学生研讨学习问题;④学生做参考练习,以检查自学成果。

2) 启发

启发是在教师指导下解决学生在自学中遇到的难以解决的问题,提高学生分析、解决问题的能力的过程。其主要目的在于有效地加强新旧知识的联系,寻求和提供恰当的解决问题的认识条件。其实质是启发学生自己启发自己。教师可以向全班学生提出在自学过程中多数学生难以解决的带有共性的问题,可以组织全班学生针对难度比较大的共性问题进行讨论。

3）复习

复习是学生在教师的指导下,运用科学的学习方法和思维方法,继续解决在新单元学习中尚未解决的问题,并在此基础上,对所学的新知识进行初步的系统化、概括化,加深和巩固对所学知识的理解和记忆,为将所学的新知识应用于实际,形成新的技能做准备的过程。这个环节包括教师布置复习参考提纲,学生按照教师布置的复习参考提纲进行复习,要求学生记住最基本的东西,以锻炼记忆力。

4）作业

作业是学生在教师的指导下,独立地将所学的新知识灵活运用于实际,进一步加深和巩固对新知识的理解,促进学生智能发展的过程。这个环节包括教师布置作业,进行作业指导谈话;学生独立作业,教师巡回检查和指导。

5）改错

改错是学生在教师的指导下发现错误,认真分析作业错误的原因,改正作业错误,掌握正确作业方法的过程。这个环节包括学生在教师的指导下,先进行自改;在全班学生都进行了认真自改的基础上,同学之间进行互改作业;师生共同改作业,教师请学生上讲台演示作业并讲解;全班学生在教师带领下进行讨论,共同指出作业中的错误。

6）小结

小结是学生在教师指导下,运用科学的学习方法和思维方法,使所学的知识进一步系统化、概括化,使所学的技能进一步综合化、熟练化,以进一步提高学生的自学能力,发展智力的过程。这个环节包括教师布置小结参考提纲并进行小结指导谈话;学生根据小结参考提纲进行独立小结;强化小结,学生宣讲自己的小结,教师加以评论和评分。

4. 实现条件

异步教学的目的是培养学生独立学习的能力,教师的作用在于指导、引路与帮助。因此,这种模式要取得更大的发展,以下几个问题不容忽视:第一,教学形式多样化;第二,集体指导与个别指导相结合;第三,要处理好运用操作模式与复杂的教育教学现实的关系;第四,必须重视对学生(特别是对学困生)的自学方法的训练;第五,实施异步教学不仅仅涉及课堂教学问题,还涉及学校教学管理和要求按需组织教学等问题。它是一项系统工程,必须建立各种必要的教学制度,以保证其顺利实施。

5. 教学评价

异步教学是以学生的个体独学为基础,充分运用一切教学条件,根据学生的具体学情组织课内外教学活动,通过培养学生的自主学习能力,达到高效率、大面积提高教学质量的目的。①

（四）情境教学模式

1. 理论基础

情境教学模式是江苏省南通师范第二附属小学特级教师李吉林同志所提出的，是指在教学过程中教师通过有目的地引入或创设具有一定情绪色彩的、以形象为主体的生动具体的类似于课文所描绘的情境，以引起学生一定的态度体验，从而帮助学生更好地理解教材，以此推动学生认知活动进行的教学模式。这种模式主要是受到外语教学中运用情境进行语言训练的启示，借鉴我国古代文艺理论中的"境界学说"，吸取传统教学注重读写结合及近代西方直观教学的有效经验，根据课文所描绘的情境创设出形象鲜明的图片，辅之以生动的文学语言及音乐的艺术感染力，再现课文所描绘的情境表象，达到使学生如闻其声、如见其人、如临其境的效果。

2. 教学目标

情境教学注重情感的积极作用，把儿童的情感活动与认知活动结合起来，以生动形象的场景，激发学生的学习情绪，促使他们主动而又积极地投入到整个学习活动中去，使学习成为他们的主观需要，从而有效地促进学生对知识、技能的掌握，启迪学生的思维，激发学生的真情实感，培养学生丰富的想象力。

3. 操作程序

一般说来，需要经过感知、理解、深入等三个过程。由于情境教学主要是在小学语文教学中提出的，下面就以阅读教学为例，展现情境教学的程序。

（1）感知——创设画面，引入情境，形成表象。这是教学一篇课文的起始阶段，即通过生活展现、实物演示、图画再现、音乐渲染、表演体会、语言描述等直观手段创设一定的情境，激起学生的兴趣，促使学生形成努力探究的心理，从而获得鲜明的表象。

（2）理解——深入情境，理解课文，激发情感。通过感受课文所描绘的具体情境，使学生主动地阅读全文，弄清作者的思路和情感，并抓住图文相通之处，以图导文，把课文与图融为一体，教师结合使用点拨、设疑、对比的方法，引导学生理解关键词句，形成一定的审美情感和道德情感。

（3）深化——再现情境，丰富想象，深化感情。教师在学生理解的基础上需重视对课文语言的形象、节奏、气势的推敲，引导学生体会语感，领悟情境中的神韵，张开想象的翅膀，细心品味"情中之境，境中之情"，推敲情境中的感情色彩，用自己的语言描述情境，抒发内心的真切感情。

4. 实现条件

情境教学是围绕"情境"而展开的，在这一过程中教师扮演"创设者"、"设计者"的角色，他可以通过创设情境、设计教学、引导探究等活动来调动学生学习的积极

---

① 吴立岗主编：《教学的原理、模式和活动》，广西教育出版社1998年版，第349～354页。

性。另外,学生是情感的"陶冶者"、"体验者"、"被激发者",他必须通过积极的情感体验、角色扮演等活动,去应答教师的活动,这样,师生才能在协调配合中顺利地完成教学任务。

5. 教学评价

情境教学不仅能够陶冶人的情感,净化人的心灵,而且可以为学生提供积极的暗示或启迪,有利于锻炼学生的创造性思维能力和适应能力。[①]

(五)杜郎口中学教学模式

杜郎口中学教学模式也称为"三三六"模式或"10＋35"模式。"三三六"即课堂自主学习的三特点:立体式、大容量、快节奏;自主学习三大模块:预习、展示、反馈;课堂展示的六环节:预习交流、明确目标、分组合作、展现提升、穿插巩固、达标测评。"10＋35"即教师讲解≤10分钟,学生自主≥35分钟。所谓"立体式"就是教学目标、任务是新课程要求的三维立体式,将学习任务落实到每个人、每个小组,充分调动每个学生的主体性,发挥每个学习小组的集体智慧,产生不同层次、不同角度的思考与交流;所谓"大容量"就是以教材为基础,拓展、演绎、提升教学内容,通过多种课堂活动形式展现,如辩论、小品、课本剧、诗歌、快板、歌曲、绘画等,倡导全体学生参与体验;所谓"快节奏"就是在单位时间内,紧扣目标任务,通过周密安排和师生互动,达到预期效果。

1. 理论基础

我国第八次课程改革提出了"为了中华民族的复兴,为了每位学生的发展"的新课程的核心理念[②],而杜郎口中学的教学模式恰恰是基于这种朴素的教育理念:为学生的一生发展奠基,培养自主发展的人、具有终生学习能力的人。杜郎口中学的师生们创造了"动态的课堂、情感的课堂、成果的课堂",在这样的课堂里,学生做到了"我参与、我快乐、我自信、我成长",从而集中体现了新课程改革的价值追求。

2. 教学目标

杜郎口中学的教学改革始于1998年。其教学目标是一切为了学生的发展,一切适应学生的发展,一切促进学生的发展。关注全体学生的生存能力,注重培养学生良好的学习习惯,帮助学生建立明确而持久的学习动机,引领学生掌握科学的学习规律和学习方法,提高学习效率,关注全体学生的生命价值,为学生的生命质量负责,为学生的终身发展奠基。

3. 操作程序

杜郎口中学模式是按照预习课、展示课、反馈课这三个环节来进行的,具体操作步骤如下。

---

① 吴立岗主编:《教学的原理、模式和活动》,广西教育出版社1998年版,第354～361页。
② 钟启泉等著:《为了中华民族的复兴 为了每位学生的发展》,华东师范大学出版社2001年版。

第一步是预习课。预习课是教育教学的重要起点。在预习课中,教师首先分发预习学案,学案的内容包括预习的重难点、方法、提纲、反馈、小节等,然后要求学生以个人、小组等多种形式结合教师所分配的学习任务,通过阅读文本知识、提出问题、讲解、交流等多种途径去解答问题。最后,教师综合学生在本节课的知识掌握情况,对下一节课的内容提前做好预设。预习模块的主要任务是让学生明确学习目标,生成本课的重点、难点,教师联系与课文相关的背景、场景、情感、过程与方法,先进行集体备课,然后指导学生自学,学生在学习中统一用双色笔作预习笔记,通过自主学习与组内交流合作完成学习任务。

第二步展示课。展示课是指展示预习模块的学习成果,进行知识的迁移运用和对规律进行提炼。首先是展示内容的选取,主要是围绕重点、难点、有争议、一题多解及学生能力拓展与延伸的问题;其次是选取有价值、有代表性的问题进行展示。一般是遵循展示课上的六环节,即预习交流(1~2分钟)、确立目标(1分钟)、分组合作(6~8分钟)、展示提升(20分钟)、穿插巩固(3分钟)、达标测评(5分钟)等环节来完成的。预习交流、明确目标的环节,是通过学生交流预习情况,明确本节课的学习目标;分组合作即教师口述将学习任务平均分配到小组内,一般每组只完成一项即可;展现提升即各小组根据组内讨论情况,对本组的学习任务进行讲解、分析等;穿插巩固即各小组结合组别展示情况,对本组未能展现的学习任务进行巩固练习;达标测评即教师以试卷、纸条的形式检查学生对学习任务的掌握情况。

第三步反馈课。新授课的反馈,一般当做下一节预习前的一个环节,教师抽取上一节课展示不理想或重、难点题目,反馈偏科生及待转化生的掌握情况,也可选取与其相类似的题目,考查学生的迁移运用能力,目的是查缺补漏,促进提高,是促优补差的一种好方法。各小组长在黑板上对自己组的板演同学分板块进行指导,随时发现与解决问题,并在学生反馈完后,点评自己组员的板演情况,教师对于出错多的共性问题进行强调、点评,并根据学生的实际情况或进一步训练、强化一节课,或进入下一节课的预习。

这三个环节的辩证关系如下:预习是展示课的基础,具有基础性;展示是对学生预习的延伸与检测,具有激励性。反馈是对展示过程中的死角进一步解决,具有保障性。

4. 实现条件

杜郎口中学的教学改革强调课堂不仅要改,而且能改好,强调教师备课是关键。教师要充分相信学生的能力。教学中突出强调课堂是舞台,学生是演员,教师是导演,学生要在参与中学习,快乐地学习,使用正确有效的学习方法,注意培养良好的学习习惯,要围绕任务、突出表现、小组合作,必须"让说",让学生"敢说"、"会说"。作为教师要相信学生,转换角色,做到放而不乱。

5. 教学评价

杜郎口中学模式的构建不但具备一定的理论基础,而且还通过了教学实践的检验,因而是一种有效的课堂教学模式。一方面这一模式不仅真正地体现了学生的主体地位,有效地缩小了学生间的差异,而且较好地发挥了教师的主导作用,从而使得教师的教和学生的学都有很大的灵活性,另一方面这一模式也有效地提高了课堂教学质量和效率。①

(六)洋思中学教学模式

洋思中学原是江苏省泰兴市一所偏僻的村联办中学,创办于1980年。该校原来物质条件、师资水平都十分薄弱。自20世纪80年代中期以来,在校长蔡林森的带领下,开展"先学后教,当堂训练"的课堂教学结构改革,至1991年,该校学生的入学率、巩固率、合格率和优秀率连续九年居泰兴市首位,其中入学率、巩固率、合格率一直为100%。②

1. 理论基础

教师的责任不在于教,而在于教学生学。先学后教,以教导学,以学促教。洋思中学课堂教学改革的核心是提出了"先学后教,当堂训练"的课堂教学结构。"先学后教,当堂训练"教学模式的基本特征是教师教得少,而学生学得多,即"教少学多"。

2. 教学目标

洋思中学教学模式是督促"学生当堂完成作业"这一改革具体目标的落实。这一目标要求教师上课坚持用"示标—导标—测标—补标"的目标教学法,特别强调课堂"教学目标"必须素质化,特别强调"当堂训练"宜不少于15分钟,重视课前的预习、课后的作业和课外辅导,力争"堂堂清"、"日日清"、"周周清"。这一做法大胆地跳出了单纯"认知"的圈子,坚持不超课程标准、不超教材,凡课标教材中已删去的内容不教,练习册、复习资料一律不用,不增加教学内容,不加大教学难度。

3. 操作程序

洋思中学从上课抓起,建立了一套能让学生人人都会学,人人都肯学,人人都能学好的教学模式。其基本程序如下③。

1)揭示教学目标(辅助环节1,占1分钟左右)

此程序主要是在上课开始通过投影仪等多媒体教学的方式简明扼要地讲述本节课的教学目标,让学生总体把握本节课的学习内容和要求。同时,激发学生的兴趣,调动学生的学习积极性。

2)指导学生自学(辅助环节2,占2分钟左右)

教师布置自学任务,指导学生明确自学的内容和自学的方法,明确自学后的要求。

3)学生自学,教师巡视(5～8分钟)

学生选择适当的方法自学解决思考题。教师要特别关注每个学生的自学状况,

---

① 李炳亭主编:《杜郎口旋风》,山东文艺出版社2006年版,第1~52页。
② 李如齐主编:《洋思教学模式》,河海大学出版社2002年版,第31~41页。
③ 周德藩主编:《一个朴素的教育奇迹》,南京大学出版社2003年版,第73~80页。

确保每个学生都能紧张、高效地实施自学。对于教师所发现的自学中的问题要及时地采用各种方法引导纠正。

4) 检查学生自学效果(5～8 分钟)

主要是围绕自学的目标用选择题、练习题的形式抽查学生的学习效果。

5) 学生讨论、更正,教师点拨(8～10 分钟)

通过评判、点拨、补充、更正、归纳,使学生所学知识进一步深化与条理化,最终形成运用所学知识去分析问题、解决问题的能力。

6) 当堂训练(不少于 15 分钟)

教师布置课堂作业,并要求学生独立完成后由教师当堂巡视批改,及时反馈信息,对作业中出现的典型或个别问题随时解决,确保人人达标。

4. 实现条件

要保证这一模式的顺利实施,必须做到以下几点。

1) 要有严明的责任制

严明的责任制即以常规管理要求为准则,以教学为中心,制定各类人员的岗位责任制、各项工作管理考核评比奖罚制度,逐步形成民主、科学、严密的调控机制。既有备、讲、改、辅、考的过程管理目标,也有学生巩固率、合格率、毕业率、优秀率的"四率"指标,更有学生德育、教师业务进修和传帮带的工作要求。

2) 要用正确的学生观

洋思中学的每位教师都相信"没有教不好的学生",他们也没有放弃任何一个学生,通过合理分班、结对帮扶、特别关注这三个"锦囊",给予每位学生学习、生活、思想、情感等全方位的人文关怀,以激励学生奋发向上,增强学习的信心。

3) 要有有效的执行力

有效的执行力是保证"三清",即"堂堂清、日日清、周周清",就是要求学生做到"课堂上能掌握的不留到课后"、"今日事今日毕"、"适时温故知新,巩固提高"。

5. 教学评价

洋思中学教学模式能发现学生的不足,并加以解决,能帮助学生真正地理解知识,不断提升教学质量,能最大限度地调动学生学习的积极性和主动性,能培养学生运用知识解决问题的能力,能培养学生的创新精神、思想品质和好学的学习习惯,从而全面地提高全体学生的素质,最有效地"培尖补差",能确保减轻学生的负担。

第四节 教学方法的分类与组合

一、教学方法的分类

我们在借鉴国内外教学方法的经验,并结合我国常用的教学方法情况的基础上,主要是根据李秉德教授按照教学方法的外部形态和这种形态下学生认识活动的特点,从我国学校教育教学实际和有利于教师选择运用的角度出发,将中小学常用的教学方法分为以下五个类别。①

（一）以语言信息为主的方法

这类方法主要是指在教学过程中教师运用口头语言向学生教授知识、技能，以及学生独立阅读书面语言为主体的教学方法。其特点是能较为迅速、准确而大量地使学生获得间接经验。这也是我国目前中小学教学过程中应用最为广泛的一类方法。这类教学方法在教学过程中主要有讲授法、谈话法、讨论法以及读书指导法等。

应用以语言传递信息为主的教学方法的基本要求是教师要认真钻研教材并科学地组织教学内容，教师的语言要清晰、简练、准确、生动，并富有感染力，要多用设问和解疑，恰当地配合和运用板书。

（二）以直接感知为主的方法

这类方法是教师在教学过程中通过对实物、直观教具的演示、组织教学参观等教学活动，使学生利用自己的各种感官直接感知客观事物或现象而获得知识信息的方法。其突出特点是生动形象、具体真实，学生视听结合，记忆深刻。这类方法在教学中与以语言传递信息为主的方法结合运用，会使教学效果更佳。演示法和参观法是这类方法中的主要的教学方法。

应用以直接感知为主的方法的基本要求是教师首先必须根据教学内容和教学任务的需要事先做好准备工作，其次是要提出问题并引导学生有目的、有重点地进行参观考察，最后是活动结束后要组织和引导学生通过问答、练习、讨论等方式做好总结工作。

（三）以实际训练为主的方法

这类方法是以学生的实践活动为主，通过练习、实验、实习等实践性教学活动，使学生的认识向深层次发展，巩固和完善学生的知识、技能和技巧的方法。其特点是学生在获取知识的过程中可以做到手脑并用，学以致用。这类方法主要有练习法、实验法、实习作业法等。

运用以实际训练为主的方法的基本要求如下：作为教师首先是对学生实际训练的活动要进行精心设计和指导；其次是调动学生实践的积极性，培养他们动脑、动手的实际操作能力；最后是对实际训练的结果进行总结和反馈，以培养学生自我监督、自我检查和自我评定的良好习惯。

（四）以欣赏活动为主的方法

这类方法是教师在教学活动中利用教材内容和艺术形式创设一定的情境，使学生通过体验客观事物的真、善、美，陶冶情操、兴趣、理想和审美能力的方法。其特点主要是通过教学中的各种欣赏活动，使学生在认识所学事物的价值之后产生积极的情感反应。欣赏法在各学科教学中表现为三种不同的类型：一是艺术美和自然美的

---

① 李秉德主编：《教学论》，人民教育出版社1991年版，第188页。

欣赏，如对音乐、美术、文学作品和大自然的欣赏，有助于培养学生的审美能力，丰富学生的精神生活；二是道德行为的欣赏，如对政治、历史、语文等教材中有关某个人物或某件事所表现出的道德品质或社会品德的欣赏，有助于培养学生高尚的理想和情操；三是理智的欣赏，如对科学研究中追求真理、严谨求实、发明创造、大胆探索精神的欣赏，有助于培养学生浓厚的求知欲、科学态度和缜密的思考能力。欣赏法是这类方法中的主要教学方法。

运用以欣赏活动为主的方法的基本要求如下：要求教师首先要通过讲述或者讲解某种文学或者艺术作品的创作背景、作者生平、故事等激发学生欣赏的动机和兴趣，引起学生强烈的情感反应；其次是教师要善于利用情境、描绘或者充沛的情感激发学生强烈的情感反应；最后是要注意学生在欣赏活动中的个别差异，并指导学生的实践活动。

（五）以引导探索为主的方法

这类方法主要是教师组织和引导学生通过独立的探究和研究活动而获取知识、培养能力、开发潜力、形成研究意识和探究精神的方法。其特点在于在探索与解决认识任务的过程中，学生具有较大的活动自由，他们的独立性与主动性得到了比较充分的彰显，从而逐步达到培养和发展学生的探索、研究、创新等方面的能力。这类方法主要是发现法（也称探索法或研究法）。

运用以引导探索为主的方法的基本要求如下：教师首先要依据教材特点和学生的实际来确立探究发现的课题和过程；其次是要严密地组织教学，积极地引导学生的发现活动；最后是努力地创设一个有利于学生进行探究发现的良好情绪，使学生在发现学习的过程中，始终保持注意力高度集中、思维极其活跃，探索精神十分旺盛的最佳状态。

二、教学方法的组合

在实际的教学中，教师绝不可能只用一种教学方法，而往往是根据教学指导思想与习惯的经验模式，将若干种方法组合起来加以运用。到目前为止，影响较大、比较有代表性的教学方法组合主要有以下几种。[1]

（一）传授-接受式教学

传授-接受式教学是指通过教师的系统讲授和示范操作而使学生获得系统知识和技能的教学[2]。这是我国中小学常用的一种组合教学方法，它源于赫尔巴特及其弟子席勒、赖因所提出的"五段教学法"，后经前苏联凯洛夫等人重新加以改造后传入我国。该教学法主要用于系统知识、技能的传授和学习，其功能是能使学生在短时间内掌握大量的知识。

---

[1] 郭一平主编：《中小学教学模式探索》，学苑音像出版社2004年版，第28～33页。
[2] 王道俊，王汉澜主编：《教育学》，人民教育出版社1989年版，第257页。

这种组合方法的程序是按学生认识活动的规律来加以规划的,其基本程序如下:组织教学—导入新课—讲授新课—巩固新课—布置作业。其中讲授新课是中心环节,因此,做好这一环节的工作至关重要。操作时要注意以下几点[①]:一是避免面面俱到、四面出击的讲授,而应变"多讲"为"精讲",着重处理好"三点",即教学重点、教学难点和教学关键点;二是弄清教学思路,了解和引导学生思考,教给学生科学的思维方法,理清思路,开拓与活跃思路;三是选用合适的讲授方式,有讲解、讲述、讲演、讲读等。

在讲授-接受式教学中,教师是讲授活动的组织者,在教学中扮演组织表达、维持学生注意的角色。学生在教师的启发引导下积极地学习。因而,这一组合方法能充分发挥教师的主导作用,但往往因缺乏教学民主、启发诱导而压抑学生的主动性,而且教学的内容容易脱离学生的实际生活,从而导致学生活动过少,出现注入式教学和学生死记硬背等现象。

(二)自学-指导式教学

自学-指导式教学是指在教学过程中以学生的自学活动为主,教师的指导始终贯穿于学生的自学活动,以培养其自学能力。这里的自学是指在教师引导下学生主动地学习,包括读、写、算、练等活动。指导是指教师对学生的学习活动进行一系列指导、辅导等活动。这一组合方法重在培养学生强烈的自学兴趣和良好的学习态度,掌握自学的方法,形成良好的自学习惯和一定的自学能力。

这种组合方法的程序一般如下:提出要求—学生自学—讨论启发—学生训练—评价小结。在这一教学中,教师扮演着指导者的角色,负责对学生的学习进行全面的指导。学生是教师指导下的自学者,学生应学会读书并善于读书,并在自学过程中不断积累、总结自己的学习方法。

(三)引导-探究式教学

引导-探究式教学也可称为"问题-发现式教学"[②],是指教学活动以解决问题为中心,学生在教师的指导下通过发现问题,提出解决问题的方法并通过自己的活动找到答案的一种教学组合形式。这种教学比较注重学生独立钻研,着眼于学生的思维能力,尤其是创造性思维能力的培养。这种方法比较适合于自然学科,能使学生养成积极的学习态度和自信、进取、坚韧等个性特征,有利于激发学生探索问题的兴趣和求知欲,培养学生提出问题、收集资料、提出假设的思维能力。

这种组合方法的程序一般如下:提出问题—分析问题—创造性地解决问题。在引导-探究式教学中,教师的主要作用是为学生探究提供线索,多给学生进行创造性思考的机会。教师要熟悉探究领域的内容,随时指导学生。学生则是探究的主体,要具有强烈的问题意识、积极的个性特征和超前的学习意向。

---

① 郭一平主编:《中小学教学模式探索》,学苑音像出版社2004年版,第22~33页。
② 饶玲主编:《课程与教学论》,中国时代经济出版社2004年版,第195页。

教学方法组合的形式,除以上三种外,另外还有情境-陶冶式教学、示范-模仿式教学等在我国影响比较大,这里不再赘述。

三、教学方法的选择与运用

要有成效地完成教学任务,调动师生双方参与教学的主动性和积极性,使学生掌握知识,提高能力,必须正确地选择和运用教学方法。现代教学对教学方法的要求日益提高,提倡以系统的观点为指导来选择和运用教学方法和手段,以便使教学过程最优化,发挥出最佳整体功能。俗话说"教学有法,但无定法,贵在得法"。每个教师应根据教学内容与学生的实际,了解每一种教学方法的特点和基本要求,恰当地选择和运用教学方法,以使所采用的方法发挥最大的效益。①

（一）教学方法选择的依据

1. 与教学目标和任务相适应

不同的教学目标要求选用不同的教学方法。如果强调知识学习,应采取以语言传递信息为主的教学方法;如果强调学生掌握动作技能,可以采用以实际训练为主的教学方法;如果强调多方面的目标,则应该综合运用多种教学方法。

2. 与教学内容相适应

教学内容是制约教学方法的重要条件,由于每门课程和每节课的教学内容不同,教学方法也应随之变化。另外,不同学科的性质也各不相同,其教学方法的选择也有区别。如果是传授新知识,例如概念性内容,就要选用讲授法;如果上复习课和巩固以前所学的知识和技能,就可用谈话法和练习法;如果是为了阐明事物的特性,揭示事物发生、发展与变化的规律,则可选用演示法。

3. 与教师自身的素质相适应

教师素质主要是指教师的表达能力、思维品质、教学技能、个性特长、教学风格特征、组织能力及教学控制能力等。教师自身的素质直接关系到所运用的各种教学方法的作用发挥。教师应对自身素质进行实事求是的分析,选用最适合自己的教学方法,扬长避短。同时,教师在教学过程中要不断提高自身的素质,丰富和改造现有的教学方法,创造独具个性的教学风格。

4. 与学生的年龄特征、知识水平相适应

教师的教是为了学生的学,所以教学方法要考虑学生的年龄特征、知识水平、学习态度、智力发展水平等因素。学生不同的心理特征,体现学生发展的具体性和特殊性,因此,要根据学生的个别心理差异选择不同的教学方法,才能满足学生个性化发展的需要。

此外,教学环境、教学手段、教学设备、教学进度、教学时间及各种教学方法的特点等都是教师选择教学方法所应考虑的因素。

---

① 李秉德主编:《教学论》,人民教育出版社1991年版,第202页。

（二）教学方法的运用

1. 坚持启发式的指导思想

启发式是教学方法的指导思想，它强调教师应从学生实际出发，采取各种有效的方法去调动学生学习的积极性、主动性，引导学生通过自己的智力活动去掌握知识、发展认识能力。启发式是相对于注入式而言的，它强调尊重学生的主体地位，指导学生的学习方法，重视学生的技能形成、能力发展和个性展示。

各种教学方法既有启发性质，又有注入性质，这取决于教师如何运用教学方法。例如：讲授法，一味地讲，枯燥地讲，就是注入式，而以提出能引起学生积极思维的问题和案例开头，激发学生的学习动机，再配之以形象、风趣的讲解等，就具有启发的意义。因此，教师应以启发式为指导来具体运用各种教学方法，以唤起学生的学习兴趣，激发学生的求知欲，启发学生独立思考，使学生通过教师的教学达到举一反三、触类旁通的学习效果。

2. 坚持优化组合和综合运用

实践证明，在教学过程中，学生知识的获得、能力的培养、智力的发展，不可能仅仅依靠一种教学方法，必须把多种教学方法合理地结合起来。另外，心理学研究也表明，单一的刺激容易使人产生疲劳，所以教师应当根据具体教学实际，努力做到博采众长、扬长避短，注意将各种教学方法加以有机地配合，综合地运用，以调动学生各种感官参与教学活动，提高学生学习的积极性。

第五节 中小学常用的教学方法

我国中小学常用的教学方法主要有讲授法、谈话法、读书指导法、练习法、演示法、参观法、实验法、讨论法和研究法等。[①] 各种方法都具有不同的特点和作用。

一、讲授法

（一）含义及特点

讲授法是教师运用智慧，动用情感，通过语言系统连贯地向学生传授知识和开发智力的方法。它包括讲述、讲解、讲读、讲演等具体形式。讲述是教师简明、生动、形象地描绘事物现象，叙述事件发生、发展的过程，使学生头脑中形成鲜明的表象和概念，并从情绪上得到感染的方式；讲解是教师向学生说明、解释或论证一些比较复杂的问题、概念、原理、公式、定理等的方式；讲读的主要特点是讲与读的交叉进行，有时还加入练习活动，是讲、读、练相结合的活动；讲演是教师对一个主题进行系统的分析、论述并作出科学结论的方式。

讲授法是一种最常见、最主要的教学方法。讲授法能够充分地发挥教师的主导

---

① 王道俊，王汉澜主编：《教育学》，人民教育出版社 2009 年版，第 238 页。

作用,在较短的时间内使学生获得较多的间接经验,并可以有目的、有计划地对学生进行思想品德教育。但是,学生的积极性、主动性不易发挥,学生的智能发展往往受到局限。因此,教师在讲授中既可通过分析和比较、归纳和演绎、综合和概括,又可通过讲重点、讲关键、讲难点、讲思路、讲规律、讲方法等多种形式来促进学生掌握知识、认识知识的价值,并将其内化为一种学习的动力。然而,由于许多教师在课堂教学中不能恰当地运用这些方法,易形成满堂灌、填鸭式、注入式的僵死局面,所以讲授法遭到许多学者的批判。但到目前为止,大多数教师仍然在使用讲授法。所以,我们应该把科学的、积极的、有意义的启发式讲授与传统的、被动的、无意义的灌输式讲授区别开来。

(二)运用讲授法的基本要求

(1)讲授的内容要有科学性、系统性、思想性。既要依据课程标准把握教材的难点与重点,又要系统全面,观点与材料要统一。既要使学生获得可靠的知识,又要在思想上有所提高。

(2)讲授的过程中要善于启发学生。在讲授中教师要在组织安排上有系统性和逻辑性,要善于提出有价值的问题并引导学生分析和思考,使他们积极地开展认识活动,自觉地领悟知识。

(3)讲究语言艺术。使用讲授法要求教师有较强的口头表达能力,讲授时要做到生动性与启发性的结合。语言要清晰、准确、简练、形象,条理清楚,通俗易懂。讲话的速度不快不慢,声音不高不低,情绪不急不缓,既要在关键的时候有激情,又要注意讲课的大部分时间需做到心平气和。

(4)板书工整大方,字迹清晰简要,可使用有色粉笔。[①]

二、谈话法

(一)含义及特点

谈话法又称问答法,是教师根据一定教学目的的要求和学生已有的知识和经验,通过师生间的问答对话而使学生获得新知识或巩固知识、发展智力的教学方法。谈话法分为复习谈话和启发谈话两种形式。复习谈话即巩固或检查知识的谈话,是教师根据学生已经学过的知识提出问题,要求学生通过回忆进行回答,借以帮助学生将已学知识加以深化与系统化,达到巩固和检查知识的目的;启发谈话是教师根据教学的进程提出一系列前后连贯而又富有启发性的问题,引导学生运用已有知识经验,经过独立思考,得出结论,借以获得新知识。

谈话法可使教师直接了解学生的学习状况,既有利于集中学生的注意力,激发学生的兴趣,又有利于培养学生独立思考和口头表达的能力。但一般来说,谈话法花费的教学时间较长,对学生知识准备情况的要求较高,所以在教学中,谈话法一般

---

① 王道俊,王汉澜主编:《教育学》,人民教育出版社2009年版,第239页。

应与其他的教学方法配合使用。

(二)运用谈话法的基本要求

1. 问题要清楚,目的要明确

提问要使学生一下子就能听懂,经过思考知道如何回答。教师要确定好问的范围、深度和广度,并组织好语言,然后才能发问。

2. 要讲究问的顺序

提问时教师要胸有全局,先问什么后问什么,应有条理地进行。提问时一般由浅入深,由表及里,这样,学生才能顺着教师的思路作层层深入的回答。

3. 要善于启发诱导

教师所提出的问题要能促进学生积极地思考,不要问简单的对不对、好不好,要善于启发学生利用他们已有的知识经验或对直观教具获得的感性认识进行分析与思考,得出正确的结论。

4. 要做好归纳与小结

当问题基本解决时,教师要及时地归纳或小结,使学生的知识系统化、科学化,并注意纠正一些不正确的认识。[1]

三、读书指导法

(一)含义及特点

读书指导法是教师指导学生通过阅读教科书、参考书及课外读物以获取知识、发展能力的一种方法。它包括指导学生预习、复习、阅读参考书和自学教材等形式。这些形式都要求教师提出明确的要求或任务,并给予学生知识上和方法上的指导,从而更好地调动学生学习的主动性,培养和提高学生的自学能力。

读书指导法是加深理解和牢固掌握知识,扩大学生的知识领域,培养学生读书的兴趣及自学的能力,从而具备终身学习条件的一种很好的方法。但使用这一方法时如果缺少教师明确的指导与帮助,就会导致学生耗时耗力,得不偿失。

(二)运用读书指导法的基本要求

1. 教师要提出明确的教学目标和要求

在读书的过程中要让学生带着任务、问题去学习,这样才能提高学生学习的自觉性、主动性,自主地调节自己的行为去实现学习目的。

2. 教师要教给学生读书的方法

在学生阅读的过程中,教师要引导学生掌握朗读、默读和背诵,以及浏览、通读和精读的方法,要帮助学生利用读物本身的目录、序言、注释、图表和工具书来理解,并学会做记号、提问题、做摘要、写提纲和读书心得等。

---

[1] 王道俊,王汉澜主编:《教育学》,人民教育出版社 2009 年版,第 240 页。

3. 教师要组织学生交流读书的感受

当学生读书完毕后,教师还要根据实际情况组织学生相互交流,加深对学习内容的理解。①

四、演示法

(一) 含义及特点

演示法是教师通过展示各种实物、直观教具或做示范性的实验和动作,使学生通过观察获得感性知识或印证所学书本知识的方法。随着教学手段的现代化,这种方法在中小学各科教学中被广泛地采用。演示法分为三种形式。第一,为了使学生获得对事物的感性认识,主要通过实物、挂图、模型等演示。第二,为了使学生了解事物发展变化的过程,主要使用幻灯片、投影仪、多媒体等现代化的教学媒体。第三,教师身体力行的示范性动作,例如体育课中的示范性动作。演示法是通过视觉刺激来完成的,所以要养成学生有目的的知觉习惯,促进学生的思维能力的发展。使用演示法,要依赖一定的物质条件,同时,作为一种辅助性的教学方法,要与讲授法、谈话法等结合使用。演示的特点在于加强教学的直观性,使学生获得丰富的感性材料,帮助学生感知、理解书本知识,加深对学习对象的认识,有助于正确地理解概念,掌握书本知识。

(二) 运用演示法的基本要求

1. 做好演示前的准备

演示前要求根据教学的需要,检查视听设备、实验器材、音像资料是否正常,特别是演示实验,作为教师应该先试做一遍。

2. 讲究演示的方法

演示时要引导学生配合教师的讲解与谈话注意观察演示对象(教具)的主要特征和重要方面,不把注意力分散到其他方面去,并注意作出结论。

3. 适时地展示直观教具

展示直观教具要把握最佳时机,如果过早地拿出或用完后不收藏好都会分散学生的注意力。②

五、参观法

(一) 含义及特点

参观法是教师根据教学内容的需要,组织学生去实地观察学习,从而获得知识或巩固、验证已学知识的方法。参观法有准备性参观、并行性参观、总结性参观三种形式。参观法可使课堂教学与实际生活紧密联系起来,有利于学生更好地理解所学

---

① 王道俊、王汉澜主编:《教育学》,人民教育出版社2009年版,第241页。
② 王道俊、王汉澜主编:《教育学》,人民教育出版社2009年版,第244页。

知识,丰富感性经验,开阔视野,又可以在现实中受到生动的思想品德教育。

(二)运用参观法的基本要求

(1)参观前要做好计划与准备。参观目的与参观时间的确定、交通工具的安排、参观地点的拟定,以及安全等注意事项的强调,这些都需要提前做好计划与安排。

(2)参观过程中不仅要求学生感知事实,更重要的是引导学生透过现象认识本质。在参观过程中,教师要给予具体的指导,要引导学生通过自己的讲解或者参观场所讲解员的讲解,仔细地观察事物,透过现象去揭示事物发生、发展及变化的规律,从而认识事物的本质及其特征。

(3)参观结束后教师要组织评议,讨论参观中带来的问题并加以总结。参观结束后,教师要及时地引导学生进行多种形式的总结,并把所获得的感性认识上升为理性认识。

六、实验法

(一)含义及特点

实验法是指学生在教师的指导下,利用一定的仪器设备,控制一定的条件进行独立操作,通过观察事物的发生和变化,以获取知识,培养技能、技巧的方法。实验法可分为感知性实验和验证性实验两种形式,被广泛应用于中学的物理、化学、生物等自然学科的教学中。实验法不仅有助于理论联系实际,培养学生手脑并用的操作能力、观察能力,而且有助于培养学生热爱科学的情感和实事求是的科学态度。[①]

(二)运用实验法的基本要求

1. 实验前要做好充分的准备

实验前的准备工作包括制订实验计划,准备好实验用品,检查有关器材,分配好实验小组并要求学生做好充分的理论准备。

2. 进行时要具体指导

在学生做实验的过程中,教师要巡视全班的实验情况并给予具体的指导与帮助,针对共同的问题还应及时地向全班做好讲解与说明。

3. 结束时要进行总结

教师在实验结束后应该根据学生的实验情况,指出存在的问题,分析问题产生的原因,并提出改进的意见。要求学生写好实验报告,并将实验用品收好放好。

七、实习作业法

(一)含义及特点

实习作业法是学生在教师的组织和指导下,在校内外的一定场所,综合运用所

---

① 王道俊,王汉澜主编:《教育学》,人民教育出版社2009年版,第244页。

学的理论知识进行实际操作或其他实践活动,以掌握知识,形成技能技巧的方法。这种方法的特点是感性、综合性、独立性和独创性,适用于操作性、实践性较强的学科,因而在自然科学和技术学科中占有重要地位,如数学课的测量实习,物理、化学课的生产技术实习,生物课的植物栽培和动物饲养实习,地理课的地形测绘实习,劳动技术课的生产技术实习等。实习作业法有利于贯彻理论联系实际的原则,培养学生操作实践及独立工作的能力,但如果不注重指导则易流于形式。

(二)运用实习作业法的基本要求

1. 做好前期准备

教师要制订好实习作业的计划,选好实习的地点,准备好仪器,编定实习作业小组。还要给学生讲明实习作业的目的、任务、程序、组织领导与管理的制度、纪律和安全等注意事项,以提高学生的自觉性。

2. 注重实习作业过程中的全面指导

在学生实习作业时,教师要认真巡视,掌握学生各方面的情况,对于发现的问题要及时地交流与辅导,以保证实习的质量。

3. 做好后期的总结

实习作业结束后,教师要指导学生以个人或小组的方式写出全面或者专题的总结,以巩固实习的效果。

八、练习法

(一)含义及特点

练习法是学生在教师指导下运用知识反复地完成一定的操作以加深理解和形成技能技巧的教学方法。练习法分为口头(说话)练习、书面练习、解题练习、操作练习、动作练习、声乐练习、字画练习等形式。练习法以一定的知识为基础,具有重复性特点,在各科教学中被广泛使用。它不仅能使学生巩固和运用所学的知识,形成一定的技能、技巧,而且还有利于培养学生克服困难的毅力和一丝不苟的工作态度等优良品质。

(二)运用练习法的基本要求

(1)练习前教师要提出练习的任务,说明练习的目的与要求,并作必要的示范。进行练习,要使学生明确练习的目的与具体要求,掌握练习的原理、程序、规范、要领与关键,这样,才能防止练习的盲目性,提高练习的自觉性,从而保证练习的质量。

(2)在学生独立练习的过程中,教师要做好个别辅导。在学生练习的过程中,针对学生的疑难问题要进行个别解答,针对学生的共性问题要向全体学生进行讲解。

(3)在学生练习的过程中教师要进行检查,纠正错误,给予评价。学生练习时,教师要进行观察和检查,如果发现错误要给予及时的纠正,对于学生在练习时的表现要给予恰当的评价。①

九、讨论法

(一)含义及特点

讨论法是教师引导学生以小组或班级的形式,围绕某一中心议题发表自己的看法,进行辩论与研究学习,从而获得知识的方法。实践证明,在中小学教学中,通过对一些重要问题的讨论,如基本概念和原理、人物形象与性格、复杂难解的题目、令人关注的社会问题等,可以使学生们集思广益,取长补短,加深对所学知识的理解并增长新知识,有利于活跃课堂气氛,发挥学生的主动性、积极性,发展学生的思维能力和口头表达能力。同时,也有利于培养学生相互协调人际关系的技能及合作解决问题的能力。

(二)运用讨论法的基本要求

1. 讨论的问题要有吸引力

找到一个有价值的、能激起学生兴趣、值得讨论的问题是保证讨论成功的前提条件。

2. 明确讨论的目的

讨论可以为多种目的服务。作为教师,一定要明确讨论的目的到底是复习和扩展学生所学到的内容,是测查学生的观点和想法,还是解决政治、经济或社会问题。

3. 做好讨论的前期准备

讨论法的运用需要学生具备一定的知识、独立思考的能力和思维的热情,因此在讨论前教师应该向学生提供有关讨论问题的信息,提醒他们讨论的规则,要指导学生阅读和查找充分而翔实的资料、安排分组和座位、确定最佳的讨论时间。

4. 做好讨论的组织工作

在讨论的过程中教师要调动每个人参与讨论的积极性,要启发学生独立思考,勇于发表自己独到的见解,要为每位学生提供公平参与的机会,要鼓励学生展开辩论,并做到言之有物,言之成理,要引导讨论向纵深发展,研究关键问题,以便使问题得到有效的解决。

5. 做好讨论小结

讨论结束时,教师要简要地概括讨论的情况,科学地指出讨论中存在的不足,并公正地进行评价。②

---

① 王道俊,王汉澜主编:《教育学》,人民教育出版社 2009 年版,第 242 页。
② 王道俊,王汉澜主编:《教育学》,人民教育出版社 2009 年版,第 245 页。

十、研究法

（一）含义及特点

研究法是在教师指导下学生通过独立的探索、创造性地分析和解决问题，以获取知识和发展能力的方法。这种方法突出的优点是能最大限度地发挥和发展学生的认识和主观能动性，能使学生在研究和解决问题的过程中得到极大的锻炼和提高，从而逐步掌握研究问题的方法和培养自身独立而创造性地分析和解决问题的能力，养成实事求是、精益求精的工作作风。①

（二）运用研究法的基本要求

1. 正确地选定研究课题

课题要有一定的难度和研究价值，需要学生创造性地运用已学的知识和技能，要经过多种假设、猜想和尝试，通过克服困难才能解决。

2. 提供必要的研究条件

社会科学的研究课题需要有必要的图书资料、网络资源、调查研究的对象；自然科学的研究课题则要有仪器、药品、素材、资料等。

3. 引导学生独立思考与探索

在研究活动中教师不能包办代替，不能越俎代庖，应以学生为主体，大胆放手地让学生去独立思考、探索与研究，并让学生在这一过程中得到锻炼和提高。

4. 注意循序渐进，因材施教

教师要引导学生从半独立研究逐步过渡到独立研究，从单一问题的研究过渡到复杂问题的研究，从参与局部研究过渡到掌控全局的研究。在研究实施的过程中，要帮助学生将自己的兴趣、爱好、特长等尽情地展现出来。

【本章小结】

（1）教学模式是在一定的教学思想指导下和丰富的教学实践经验基础上，为完成特定的教学目标和内容而围绕某一主题形成的稳定而简明的教学结构理论模型及其具体操作的实践活动方式。教学模式的特点有完整性、针对性、可操作性、简约性、稳定性和灵活性。教学模式由主题、理论依据、教学目标、操作程序、实现条件和教学评价等六大要素组成。选择和运用教学模式时应考虑特定的教学目的、教学内容、学生的学习特点、教师的教学风格和教学技能。

（2）教学方法是指为完成教学任务而采用的方法。它包括教的方法和学的方法，是教师引导学生掌握知识技能、获得身心发展而共同活动的方法。教学方法有分类和组合的形式。我国中小学常用的教学方法主要有讲授法、谈话法、读书指导法、练习法、演示法、实验法等，各种方法都具有不同的特点和优缺点，也有它不同的作用。要有成效地完成教学任务，调动师生双方参与教学的主动性和积极性，必须

---

① 王道俊、王汉澜主编：《教育学》，人民教育出版社2009年版，第247页。

恰当地选择和运用教学方法。要注意结合教学目标和任务、教学内容、教师自身素质、学生的年龄特征和知识水平等多方面因素综合考虑,并要坚持启发式教学的指导思想。

(3)目前,国外有着较大影响的教学模式主要有发现学习模式、掌握学习模式、范例教学模式,国内比较有影响的教学模式主要有尝试教学法、自学六步法、异步教学法、杜郎口中学模式与洋思中学模式。这些教学模式在理论基础、教学目标、操作程序等方面都有各自的特点,在选择与借鉴运用时必须结合教学实际、教师自身的实际以及学生的实际,不能盲目地照抄照搬。

【思考练习】

1. 名词解释:教学模式、教学方法、讲授法、讨论法、研究法。
2. 如何理解教学模式的结构。请联系实际说明如何恰当地选择和运用教学模式。
3. 述评国外的发现学习、掌握学习、范例教学等几种教学模式。
4. 述评国内的尝试教学法、自学六步法、异步教学法等几种教学模式。
5. 请联系实际谈谈如何恰当地选择和运用教学方法。

第七章 学习策略与教学策略

 学习目标

1. 理解学习策略和教学策略的含义及特征。
2. 了解学习策略与教学策略的价值取向。
3. 比较学习策略的异同与适用性。
4. 分析教学策略的构成及其运用。
5. 学会运用相关知识进行学科教学的策略设计

【问题情境】

情境一:

据说有一个私塾先生,每天让学生背诵圆周率(π=3.1415926535897932384626……),自己却到山上寺庙里与一和尚饮酒。学生们总背不会,一天,有一学生编了一顺口溜,学生们很快就背会了。结果使先生大吃一惊,这个顺口溜如下:"山巅一寺一壶酒,尔乐苦煞吾,把酒吃,酒杀尔,杀不死,乐尔乐。"

情境二:

初一语文教材中有形声字的教学内容,本是比较枯燥的,但有位教师在课堂上却巧妙组织教学内容,先在黑板上让学生打一字谜:"有水能养鱼虾,有马跑遍天下,有人不是你我,有土能长庄稼。"这一对教学材料的处理,出乎学生预料,令学生大感兴趣,课堂气氛顿时活跃起来,连平时学习不好的同学也跃跃欲试。动了一番脑筋,终于找到了答案:也。教师这才引出正题:"形声字由'形'旁和'声'旁组成,'形'旁代表字义,'声'旁代表字音,并且大部分字都有一定的规律,我们今天就来学习这些规律。"于是便使学生怀着盎然的兴趣投入新材料的学习之中。

情境一中,学生背诵圆周率时采用了谐音联想记忆法,对数字串进行了精细加工,极大地提高了记忆效率。情境二中,教师教授形声字时采用"趣中出奇"的超出预期策略巧妙处理教材,极大地激发了学生学习的兴趣与热情。

事实表明,适当的学习策略与教学策略的使用能够有效提高学习与教学成效。那么,究竟什么是学习策略与教学策略呢?它们具体包括哪些内容?如何在教学中选择、运用适当的学习策略与教学策略?这构成了本章要探讨的主题。

第一节　学习策略与教学策略的含义

一、策略的含义

在古汉语中对策略有这样的说法:"术谋之人,以思谟为度,故能成策略之奇。"① 可见,策略的突出特点在于对手段方法的计谋性思考。《现代汉语词典》对策略的解释如下:①根据形势发展而制定的行动方针和斗争方式;②讲究斗争艺术,注意方式方法。②《牛津高阶英汉双解词典》对策略的解释如下:①在战争或战役中计划和指挥军事行动的艺术;②将任何事务计划或管理好的技能;③为某一特定目的设计的计划或对策。③ 中英文的解释都将策略与军事战略、战术相关联,指出了策略具有明确的指向性和艺术性。从中可以看出,策略既具有目标性、计划性,同时又具有一种类似艺术的、在具体情境中显示直觉性特征的行动方式。从宏观角度出发,策略具有战略的意思;在具体的情境中,策略又是一种施行战术和方法的过程。比如,战国时的"合众弱以攻一强"与"外联横以斗诸侯"之间的对抗,都是一种策略,同时,也显示出了一定的战略思想。在这两种思想的筹谋下,可以产生很多具体的国与国之间的交往对策。又如,诸葛亮的"空城计"既是一种战术,更是"兵不厌诈"战略思想的具体体现。无论从实际情况还是辞典的语义定义看,策略都具有战略和战术的特征。

《学会生存》一书中提到:"策略的概念包括下面三个观点:①把各种要素组织成为一个融会贯通的整体;②估计到在事物开展的过程中会出现偶然事件;③具有面对这种偶然事件而加以控制的意志。策略的目的就是要把政策转化为一套视条件而定的决定,根据将来可能发生的不同情况,决定所需要采取的行动。"④这里对一般策略的性质描述表明,策略是介于比较抽象的更高水平的目标与具体行动之间的转换。策略不同于具体的方法,策略的立意要高远一些,它对具体行动有整体的考虑和规划,是在主观意识控制之下施行具体方法的过程。

心理学界在认知研究中也频频提到策略,涉及的是一些认知加工策略和监控策略,如注意策略、记忆复述策略、编码策略等。加涅认为,认知策略是学习者用以调节自己内部注意、记忆、思维等过程的技能,其功能在于"调节与控制概念与规则的使用"⑤。布鲁纳在研究概念获得的策略时认为:"策略是指学生为达到某种目的,在

---

①　《辞海》(下),上海辞书出版社1989年版,第4929页。
②　中国社会科学院语言研究所词典编辑室编:《现代汉语词典》,商务印书馆2002年修订第3版(增补本),第127页。
③　[英]霍恩比著,李北达编译:《牛津高阶英汉双解词典》,商务印书馆、牛津大学出版社1997年版,第1509页。
④　国际教育发展委员会编著:《学会生存》,上海译文出版社1979年版,第210页。
⑤　熊川武著:《学习策略论》,江西教育出版社1997年版,第39页。

习得、保持和利用信息的过程中决策的方式。"[①]我国心理学者张庆林等人认为:"认知策略不是着眼于具体的知识内容,它在很大程度上并不依赖于内容,而是能一般地应用于一切种类的信息。因此,策略就是一种抽象的、一般的方法。"[②]心理学界更多强调的是策略的技能特性和框架特点,是一种能够普遍用于具体操作情境的技能和规划。

综合各种观点,有学者(张大均,2003)主张将策略这样定义[③]:根据活动目标和形势的特点及其变化需要而制定的行动方针和活动方式。我们认为,这一定义较为确切地反映了策略的内涵,同时也体现了策略的灵活性和可操作性特征,有助于加深人们对策略这一概念的理解。

二、学习策略的含义及特征

(一)学习策略的含义

关于学习策略(learning strategy)的含义,国外主要有如下观点:①学习策略是内隐的学习规则系统(Duffy,1982);②学习策略是学习者有目的地影响自我信息加工的活动,是在学习活动中用以提高学习效率的任何活动(Mayer,1988);③学习策略是用于提高学习效率,对信息进行编码、分析和提取的智力活动,是选择、整合、应用学习技巧的一套操作过程(Nisbett,1986)。国内主要有如下观点:①学习策略是指在学习活动中有效学习的程序、规则、方法、技巧及调控方式,它既可以是内隐的规则系统,也可以是外显的操作程序与步骤(刘电芝,1999);②学习策略是学习者用以提高学习效率的一般性的整体策略或谋划(张大均,1999);③学习策略是指在学习情境中,学习者对学习任务的认识、对学习方法的调用和对学习过程的调控(蒯超英,1999);④学习策略是学习者为了提高学习的效果和效率,有目的、有意识地制定的有关学习过程的复杂的方案(陈琦,1997,刘儒德,2007)。上述观点从不同侧面揭示了学习策略的特征。综合上述观点,我们认为,学习策略是指在特定的学习情境中学习者指向学习目标并结合自身特点而采取的学习活动方式,并具体化为有关学习的计划和采取的学习措施。它既可以表现为内隐的规则系统存在,也可表现为外显的操作程序或步骤。

全面理解学习策略的含义,应把握以下几点:①学习策略总是指向特定学习情境和目标的,不存在无情境、无目标的学习策略;②凡是有助于提高学习质量、学习效率的计划和学习行为方式均属学习策略范畴;③学习策略既有内隐、外显之分,又有水平层次之别;④学习策略与学习行为密切联系,是会不会学的标志,是衡量个体学习能力的重要尺度,是影响学习效果的重要因素之一。

---

① 施良方著:《学习论》,人民教育出版社1992年版,第210页。
② 张庆林主编:《当代认知心理学在教学中的应用》,西南师范大学出版社1992年版,第140页。
③ 张大均主编:《教与学的策略》,人民教育出版社2003年版,第4页。

(二) 学习策略的特征

1. 意识性

一般学习者采用学习策略都是有意识的心理过程。学习时,学习者先要分析学习任务和自己的特点,然后,根据这些条件,制订适当的学习计划。对于较新的学习任务,学习者总是在有意识、有目的地思考着学习过程的计划。只有对于反复使用的策略才能达到自动化的水平。

2. 有效性

所谓策略,实际上是相对效果和效率而言的。一个人在做某件事时,使用最"笨"的方法,最终也可能达到目的,但效果不会好,效率也不会高。比如,记忆一列英语单词表,如果一遍又一遍地朗读,只要有足够的时间,最终也能记住,但是,保持时间不会太长,记忆也不会很牢靠;如果采用分散复习或尝试背诵的方法,记忆的效果和效率一下子会得到很大的提高。

3. 过程性

学习策略是有关学习过程的策略。它规定学习时做什么不做什么、先做什么后做什么、用什么方式做、做到什么程度等诸方面的问题。

4. 程序性

学习策略是学习者制定的学习计划,由规则和技能构成。每一次学习都有相应的计划,每一次学习的学习策略也不同。但是,相对同一种类型的学习,存在着基本相同的计划,这些基本相同的计划就是我们常见的一些学习策略,如 PQ4R 阅读法[①]。

三、教学策略的含义及特征

(一) 教学策略的含义

目前,教育理论界对教学策略(teaching strategy)含义的理解见仁见智。由于概念上的模糊,研究领域比较含混,缺乏有针对性的实证研究,教师很难从现有教育书刊中获得有关在教学各环节中何时采取什么样的教学策略的信息,教师在教学中制订或选择有效的教学策略时普遍感到困难。因此,要探讨教学策略,必须首先正确理解教学策略的含义。

探讨教学策略的科学含义,首先应明确教学策略的范畴。关于教学策略的范畴,目前,学术界主要有两类看法:一是将教学策略视为教和学的策略,认为二者是一致的,在概念使用时也不加区别(教学策略和学习策略通用);[②]二是将教学策略视为教的策略,认为学的策略虽然与教的策略有目标上的一致性,但两者的侧重点是

---

① 国外广为使用的一种帮助学生理解和记忆阅读内容的学习策略,首字母 PQ4R 分别代表:预习(Preview)、提问(Question)、阅读(Read)、反思(Reflect)、背诵(Recite)和复习(Review)。

② 胡捷利,杨杨:《关于有效教学策略思想的阐述》,载《教育研究与实验》1992 年第 1 期。

不一样的,其研究领域也相对独立,使用时应加以区别。本章所用的教学策略概念主要是指教的策略。

目前,研究者对什么是教学策略的看法大致有以下四类。①把教学策略看成是为实现某种教学目标而制定的教学实施的综合性方案。① ②把教学策略作为一种教学思想的体现,认为"教学策略可以看成是一种教学观念或原则,通过教学方法、教学模式和教学手段得以体现"。② ③认为教学策略与教学方法、步骤、教学模式同义。④把教学策略看成是为达到一定的教学目标而采取的一系列教学方式和行为。③ 上述四种看法,都从不同角度对教学策略的含义作了描述或界定,对我们理解教学策略的基本含义有一定启发。

在此,我们认为,教学策略是教师对教学实施过程进行的系统决策活动,是在特定教学情境中为实现教学目标和适应学生学习需要而采取的教学行为方式或教学活动方式。

(二) 教学策略与相关概念的关系

1. 教学策略和教学设计的关系

探讨教学策略和教学设计的关系时,首先应分析目前关于教学策略的一种容易和教学设计混淆的观点:教学策略是建立在一定理论基础上,为实现某种教学目标而制定的教学实施总体方案。这种观点将教学策略视为实现教学目标的方案。诚然,实现教学目标必然包括对策略的设计和选择,但对整个教学目标的实现的总体方案却主要属于教学设计的范畴,而教学策略只属于教学设计的一部分,不能取代教学设计的全部功能。上述观点更符合对教学设计的描述。如 R. M. 加涅把教学设计分为鉴别教学目标、进行任务分析、鉴别起始行为特征、建立课程标准、提出教学策略、创设和选择教学材料、执行形成性和总结性评价等几大部分。④ 国内有的学者也将教学策略的选择和制定视为教学设计的四大领域之一,即确定教学目标、了解学生的初始特征、教学策略的选择和制定、教学评价的设计与执行。⑤ 由此可见,教学设计与教学策略是整体与部分的关系。教学目标的整体性实施方案是教学设计的内容,教学策略仅为教学设计的有机组成部分。教学策略主要涉及课堂教学中教师怎样教以及实现怎样教所必需的课堂教学组织、实施、管理等方面的活动方式或行动方针。

2. 教学策略和教学观念的关系

有的研究者认为,教学策略属于一种教学观念,介于教学原则与方法之间;有的

---

① 李康:《教学策略及其类型探析》,载《西北师范大学学报》1994 年第 2 期。
② 时俊卿:《教学策略——当今教学改革的新热点》,载《教育·管理·社会》1995 年第 1 期。
③ 车文博:《心理咨询大百科全书》,浙江科学技术出版社 2001 年版,第 649 页。
④ R. M. Gagne, et al. (1992), *Principles of Instructional Design*. New York: Holt, Rinehart and Winston.
⑤ 杨琦:《教学设计的四个环节》,载《教育研究》1994 年第 5 期。

学者甚至认为,在教学策略中,观念和技巧的关系应该说是绝对统一的,教学观念支配、决定着教学技巧,教学技巧则从属于一定的教学观念和教学目的。诚然,教学策略和教学观念存在着千丝万缕的联系,教学策略支配着教师怎样教,对教师的教学行为具有指导作用,但将教学策略和教学观念视为一体却值得商榷。我们认为,这种观点在逻辑上起码有两点站不住脚。①教学观念是一个很宽泛的概念,如学生观、教师观、教学原则等,均可属于教学观念的范畴。而教学策略的外延却没有那么宽泛,它本身的制定或选择也受教学观念的制约。②将教学策略视为教学观念者的主要理由是,教学策略同教学观念一样具有支配教学行为的功能。这种简单推理显然忽视了教学策略更具有可操作性的特点。若把教学策略等同于教学观念,不但抹杀了教学策略具有可操作性的特点,而且也间接否定了教学策略存在的必要性。因此我们认为,教学策略绝不是一个"为赋新词强说愁"的时髦术语,它和教学观念是有实质区别的。

3. 教学策略和教学方法、教学模式的关系

这三个概念之间的关系较为复杂,目前,在教育文献中等同、交叉、混用的现象并不鲜见。不但有人将教学策略视为教学方法或教学模式,[①]而且把教学方法和教学模式视为相互包容,其具体内容重叠、交叉的就更多了。先看教学策略和教学方法。教学方法被视为教与学之间交互作用的方式,它暗含有教学程序,特别是在更广泛的层次上将教学方法当成教学方式时,更是如此。虽然教学方法和教学策略均涉及具体的教学进行方式,但教学策略的外延比教学方法宽广,层次比教学方法高。教学策略不仅包括对教学方法的选择,还包括对教学组织形式、教学媒介的选择等内容,而且在具体的教学方法及其组合上也存在着策略问题。再看教学策略和教学模式。教学模式是一种简化的、理论化的教学范式,各种具体的教学模式一般包括理论依据、教学目标、操作程序和操作策略四部分。一般说来,教学模式规定着教学策略和教学方法,居于三者的最高层次,策略、方法的选择均遵循模式要求。教学策略和教学模式都反映某种教学程序,但教学策略对教学程序的反映比教学模式更加详细和具体,因而,教学策略的内涵比教学模式更丰富。教学模式是一种比较定型的教学范式,一经确定则相对稳定;教学策略则是比较灵活的调控技巧,可以随教学情境、目标、对象的变化而调整或变动。它常常打破既定教学模式的束缚,根据教学目标的具体需要和学习者的实际情况进行不断的补充、调整,因此,教学策略更具有变通性。但教学策略一旦制定并执行,也具有相对的稳定性。可见,这三个概念的逻辑关系如下:教学模式(上位)—教学策略(中位)—教学方法(下位)。

通过对上述三对基本关系的粗略分析,我们认为,对教学策略的基本含义的理解应着重把握以下几点:①教学策略从属于教学设计,确定或选择教学策略是教学设计的任务之一;②教学策略的制定以特定的教学目标和教学对象为依据;③教学

---

① 赵树铎:《教学策略浅谈》,载《教育改革》1994 年第 3 期。

策略既有观念驱动功能,更有实践操作功能,是将教学观念或模式转化为教学行为的桥梁。

(三)教学策略的特征

1. 综合性

选择或制定教学策略必须对教学方法、步骤、媒体和组织形式等要素加以综合考虑。应当看到,在教学实践中,每个教师都在自觉不自觉地运用或执行着某种教学策略;我们的教学理论也或多或少地涉及与教学策略有关的问题。但教学理论是从静态的单一因素的角度分别研究了诸如教学方法、教学手段、教学组织形式等构成教学策略的要素。这种单一的、细致的分析研究是必要的,它为教学策略的选择与制定提供了理论依据和经验。然而,在教学活动中,上述几种因素毕竟是综合、密不可分地共同在教学活动中发挥作用。因而教学策略的选择与制定必须采用系统科学的理论和方法,针对具体的教学需求和条件,对构成教学策略的几种因素进行综合考虑,组成切合实际的最佳的实施教学的方案。

2. 可操作性

教学策略不是一项抽象的教学原则,也不是在某种教学思想指导下构筑起来的教学模式,而是可供教师和学生在教学中参照执行或操作的具体方案。它有着明确具体的内容,是具体实施教学活动的基本依据。而教学原则和教学模式均不涉及这一层次的问题。教学模式只是规定了某种教学内容的一般教学程序,并不涉及每步如何做的具体指导;教学原则更脱离了具体教学内容,只是笼统地表述一些教育规律。因此,教学模式、教学原则侧重的是指导性、理论性,而教学策略则提供了教师怎样才能教好学生的实用技术与方法,因此,教学策略具有可操作性、实用性,通过培训更容易为教师理解、掌握,也更容易外化到自己的教学实践中。

3. 灵活性

尽管教学策略要涉及教学过程中的多种因素,但试图建立一个具有广泛适应性的教学策略是不可能的,也是没有实际意义的。不能把教学策略看成是"万金油"式的"教学处方",不管教学对象、内容及其他条件如何变化,都用一个"处方"去应对。教学策略的灵活性表现如下:根据不同的教学目标、内容和任务的要求,并参照学生的初始状态,将最适宜的教学方法、媒体和教学组织形式组合起来,保证教学活动的进行,以便实现特定的目标,完成特定的教学任务。每当教学目标、内容和教学对象发生变化,教学策略也将随之而改变。同一个教学策略对不同的学习群体会产生不同的教学效果;而不同的教学策略面对同一学习群体也会产生不同的教学效果。这就需要教师依据特定情境灵活应变。

4. 层次性

教学策略是有层次的,不同层次的教学策略具有不同的功能。从教学实践来看,教学策略至少有两个不同的层次,一个层次是建立在元认知基础上的教学监控策略,它以反思性为自己的特征,将对教学各方面因素的考察提高到一个一般策略性认识的水平。它体现于教学过程的方方面面。另一个层次则更多地侧重于具体教学目标,有着极强的针对性。具体教学策略总是针对具体教学目标而精心制定的,离开具体教学目标、盲目使用教学策略也就无最佳策略可言,也就不会收到事半功倍的良好教学效果。①

四、学习策略与教学策略的价值取向

(一)需根据特定情境和目标选择、应用学习与教学策略

学习策略是在特定的学习情境中学习者指向学习目标并结合自身特点而采取的学习活动方式,并具体化为有关学习的计划和采取的学习措施。教学策略是教师对教学实施过程进行的系统决策活动,是在特定教学情境中为实现教学目标和适应学生学习需要而采取的教学行为方式或教学活动方式。从学习策略和教学策略的界定不难看出,两者的共同点如下:①两者都是与特定情境相联系的,不存在脱离具体学习情境或教学情境的抽象的策略;②两者都是目标(任务)导向的,不存在无目标(与任务无关的)的策略。各种具体的学习策略或教学策略虽然都旨在提高学习或教学效率,但均有各自适用的情境和目标。因此,需根据特定情境和目标选择、应用学习策略与教学策略。另外,在评估学习策略与教学策略的价值时,也不能游离于情境和目标,简单以高低优劣来评估其有效性。

(二)需根据学习策略选择、应用教学策略

当前,世界范围内的教育研究和改革都正在从"教师中心"转向"学生中心","为学习设计教学"的思想已经深入人心。教会学生学习、教会学生思考已成为近年来世界各国关注的焦点问题。一方面,作为指向认知目标的一种心理操作,策略既是学生问题解决的重要组成部分,又是促进学生认知发展的重要途径。能否使用策略以及使用什么样的策略解决问题是学生认知能力发展的重要标志。另一方面,对学生心理发展(认知和语言发展、情感和社会性发展)和学生学习的心理过程的充分了解是教师从事有效教学的前提和关键。比如,什么时候采用直接教学策略(如讲授、反馈等),什么时候采用间接教学策略(如小组合作学习、讨论等),往往是以学生的学习策略掌握情况为前提的。如果学生缺乏小组合作学习的策略(如提问、向他人求助等),那么,教师就要调整自己的教学策略去适应学生的实际情况。因此,教师在教学过程中,要善于发现、鉴别学生已经习得的学习策略以及尚未学会的学习策略,采用适当的教学策略进行教学。换言之,教学策略的选择和应用应以对学生学习策略的充分了解为基础和前提。

(三)需注意学习策略与教学策略的可教性

学习策略是不断发展变化的。其发展可以分为四个阶段:第一阶段为无策略阶

---

① 参见周军著:《教学策略》,教育科学出版社2003年版,第18～19页。

段,即学生根本不会使用策略;第二阶段为部分使用或使用策略的某一变式,即有些场合学生会使用策略,有些场合学生又不会;第三阶段为完全使用但不受益阶段,即学生能够在各种场合使用某一策略,但策略的使用并没有提高成绩;第四阶段为使用且受益阶段,即学生使用策略,且策略的使用会导致成绩和策略有效性的提高。[①]
教学策略也是不断发展变化的。一位教师从新教师成长为专家型教师,其教学策略的使用也经历了一个从自发、无意识到自觉、有意识的发展过程。教师教学策略的发展既源于自身日常教学经验的积累,又源于向他人的学习以及教育教学理论的培训或学习。诚然,学习策略和教学策略的发展变化都反映了学生和教师智力或创造力的高低,但这种发展变化也是学习的结果,即学习策略和教学策略都是可以通过学习而掌握、习得并优化的。

目前,关于如何教授策略,主要有如下两点建议。①注重实践。学习策略与教学策略的教学都不应只是停留在"说说而已"的水平,而是要达到"说得出,做得到"的水平。教师在教授某种学习策略时,除了向学生解释这种学习策略的定义之外,最好亲自示范这种学习策略怎么用,并且提供大量的机会让学生充分练习这种策略。而教师在学习某种教学策略时,最好也是以专家型教师为榜样,观摩他们的教学行为,与他们讨论某种教学策略的有效性,并在自己的课堂中主动加以应用。②注重策略有效性的自我评价[②]。研究表明,经过策略有效性自我评价训练的学生能长期运用训练过的策略,并能迁移到类似情境中,而在其他训练条件下,策略训练仅有短期的效果。我们认为,策略有效性的自我评价能够促进策略的迁移,实际上反映了策略的选择和使用是一个有意识的过程,不可能达到完全自动化,否则,人的行为就会失去灵活性,变得相当刻板。所以,教师在教授学生学习策略时,一定要引导他们对学习策略的有效性进行自我评价,明确学习策略的适用范围和条件;而教师在自己的教学中使用某种教学策略时,也要经常对所用教学策略的有效性进行自我反思和评估。

第二节 学习策略的分类与运用

一、学习策略的分类

许多学者对学习策略的成分和层次提出了自己的看法,从不同的角度对学习策略的类型进行了划分。

（一）温斯坦的分类

温斯坦(Weinstein,1985)认为,学习策略包括以下几个方面:①认知信息加工策

---

① 转引自刘电芝、黄希庭:《学习策略研究概述》,载《教育研究》2002年第2期。
② 参见皮连生主编:《教育心理学》,上海教育出版社2004年第3版,第285~289页。

略,如精加工策略;②积极学习策略,如应试策略;③辅助性策略,如处理焦虑;④元认知策略,如监控新信息的获得。她与同事们编制的学习策略量表包括以下十个分量表:信息加工、选择要点、应试策略、态度、动机、时间管理、专心、焦虑、学习辅助手段和自我测查。

(二)丹瑟洛的分类

丹瑟洛(Dansereau,1985)认为,学习策略是由相互作用的两种成分组成的:基本策略(primary strategies)和支持策略(support strategies)。基本策略被用来直接操作文本材料,包括获得和存储信息的策略(领会和保持策略)及提取和使用这些存储信息的策略(提取和利用策略)。领会和保持策略又包括理解(understanding)、回想(recall)、消化(digest)、扩展(expand)、复查(review)五个子策略。提取和利用策略又包括理解、回想、详述(detail)、扩展和复查五个子策略。

支持策略被用来维持合适的进行学习的心理状态,如专心策略。支持策略包括三种策略:计划和时间安排(planning and scheduling)、专心管理(concentration management)及监控与诊断(monitoring and diagnosing)。专心管理进一步分为心境设置(mood setting)和心境维持(mood maintenance)两种。这些支持策略帮助学生产生和维持某种内在状态,使学生有效地完成基本策略。

(三)迈克卡的分类

迈克卡等人(Mckeachie,et al,1990)将学习策略区分为三种,并对它们之间的层次关系进行了分析。他们认为,学习策略可以分为认知策略(cognitive strategies)、元认知策略(metacognitive strategies)和资源管理策略(resource management strategies)三种,其中每一种又包含不同的成分。如认知策略包括复述策略、精加工策略和组织策略,元认知策略包括计划策略、监控策略和调节策略,资源管理策略包括时间管理、学习环境管理、努力管理和寻求其他人支持等策略。这种学习策略分类具体如图7-1所示。

不难发现,以上对学习策略的分类存在一些共同点,即都认识到学习策略既包含有直接影响对学习材料的信息加工的成分(认知策略),又包含有影响信息加工过程的成分(元认知策略),并且还包含有对学习环境、时间及工具等进行管理的成分(资源管理策略)。因此,学习策略的内涵比认知策略的内涵要宽泛,认知策略是学习策略的一个下位概念或子成分。

此外,值得注意的是,所有这些对学习策略种类和层次的分析都是基于对文本阅读这样一种学习活动的研究,这种学习多属于自学。而学校学习活动种类繁多,如听讲、讨论、看录像、使用计算机、解决问题等,这些学习活动的策略所包含的成分是否与阅读一样,是值得进一步研究的。

二、认知策略及其运用

加涅(R. M. Gagne)认为,认知策略是对内组织的技能,它们的功能是调节和监

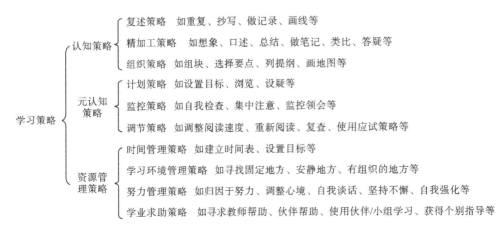

图 7-1 学习策略分类

控概念与规则的使用。信息加工观点认为,认知策略是加工信息的一些方法和技术,这些方法和技术能使信息较为有效地从记忆中提取。认知策略可以分为复述、精加工和组织三种。

(一)复述策略及其运用

复述策略(rehearsal strategies)指在工作记忆中为了保持信息,运用内部语言在大脑中重现学习材料或刺激,以便将注意力维持在学习材料之上的策略。在某些简单的任务中,如查找一个电话号码,人们会用到复述策略。为了在长时记忆中建立信息,人们也需要复述策略。

1. 利用记忆规律

工作记忆的容量有限,要想尽可能多地复述内容,需要了解并合理利用一些基本的记忆规律。

1)抑制和促进

前后所学的信息之间的消极影响称为抑制(inhibition)。后面所学的信息对先前所学信息的干扰叫做倒摄抑制(retroactive inhibition);先前所学的信息对后面所学的信息的干扰叫做前摄抑制(proactive inhibition)。前后所学信息之间的积极影响称为促进(facilitation)。类似的情况,促进也可以分为前摄促进(proactive facilitation)和倒摄促进(retroactive facilitation)。在所有遗忘的原因中,倒摄抑制可能是最重要的。在安排复述时,学习者要尽量考虑抑制和促进的作用。

2)系列位置效应

工作(短时)记忆和长时记忆中均存在系列位置效应。系列位置效应(serial position effect)是指学习一系列项目之后(比如单词),对这一系列开始和结尾的项目回忆效果好于对中间项目的回忆效果(系列位置曲线的形状为U形)。系列开始处的项目回忆成绩好称为首因效应(primacy effect),而系列结尾处的项目回忆成绩好则称为近因效应(recency effect)。出现首因效应的原因在于系列开始处的项目储存不受前摄抑制的影响而只受倒摄抑制的影响。出现近因效应的原因可能是由于在最后呈现的项目和测验之间几乎不存在其他信息的干扰,即不存在倒摄抑制。中间的项目之所以记忆效果最差是由于既受到前摄抑制,也受到倒摄抑制。教师可以利用系列位置效应,精心组织课堂教学,把最重要的新概念放在一节课的开头,并在课的最后对它们进行总结。

2. 合理复习

1) 及时复习

对于遗忘的进程,心理学家们很早就表现出了极大的兴趣,并作了大量的研究。艾滨浩斯通过实验,发现遗忘的进程是不均衡的,具有先快后慢的特点,绘制出了著名的遗忘曲线。先快后慢的遗忘规律提醒学习者,复习最好要及时进行。

2) 集中复习和分散复习

集中复习(mass practice)就是指集中一段时间重复学习许多次;分散复习(distributed practice)是指每隔一段时间重复学习一次或几次。分散复习能极大增强所有信息和技能的长期保持,其效果优于集中复习。分散复习开始时时间间隔要短,以后可以长些。这一规律已得到了许多实验的证明。

3) 过度学习

过度学习(overlearning)又称过度识记,是指达到一次完全正确再现后仍继续识记的记忆。一般说来,过度学习有利于知识的保持,但过量的过度学习也会降低学习的效果。过度学习对那些必须能长期准确地回忆或自动化执行的知识或技能的学习最为有用,最典型的例子就是背诵乘法口诀表,汉字书写和英语单词的拼写也需要一定的过度学习。

4) 情境相似性和情绪或生理状态相似性

俗话说"触景生情"、"睹物思人"。在一定的情境下,人能联想起在这一情境下所发生过的事,这说明情境的相似有助于回忆。此外,情绪或生理状态相似性也极大地影响人的记忆。研究发现,人们在愉快的情绪或生理状态下学习的项目在愉快的状态下更容易回忆出来,在悲伤的情绪或生理状态下学习的项目在悲伤的状态下更容易回忆出来,不过前一种情况下回忆的成绩更好。如果学习者能够回复到与自己学习某种知识时同样的情绪或生理状态,就易于回忆起这种知识。这种现象称为状态依存的学习(state-dependent learning)。

因此,不妨考虑分别在不同的情境、不同的情绪/生理状态下进行复习,以求回忆时(如考试)的情境与情绪/生理状态和复习时的情境与情绪/生理状态相似的可能性更大。假如,你在晴天、下雨天都复习过;在教室、图书馆、实验室都复习过;在清醒、感冒、紧张状态下都复习过,那么,就能保证考试时的情境和状态与复习时的情境和状态相似的概率大一些,从而有比较好的回忆。

3. 画线

在复杂知识学习中,复述策略包括边看书边讲述材料,在阅读时做摘录、画线或圈出重点等。其中,心理学家对画线的作用做了许多研究。例如,有人比较了在不同画线条件下的回忆效果,当要求学生自由划出一段文章中的任何句子比只要求他们划出最重要的句子的回忆效果好。原因是在自由画线条件下,被试可以将文中已有的结构联系起来。研究还发现,高年级学生比低年级学生更善于画线,更能确定哪些信息是重要的,但教师可以逐步教会低年级学生如何画线。

画线与其他符号注释相结合,更有助于学生思考文章的内容。符号注释包括文后用数字如1、2、3……标出文中的要点、论据或事件等;在书页旁做上各种记号,如用"?"表示有疑问的句子,用箭头指出句子之间的逻辑关系,写简要评语以表示自己的看法,等等。

4. 自动化

随着操练或练习次数的增加,对知识或技能的掌握越来越好,从而在执行任务时所要求的注意力越来越少的现象称为自动化(automatic)。自动化是非常重要的,它能把一些诸如写字、计算等低水平的知识技能,变成我们的第二天性,以便腾出我们的工作记忆去完成更复杂的任务。需要高度思维的任务,如果已被学得非常透彻,同样也不需要许多注意就能进行。

上述复述策略能影响信息加工系统对信息的注意和编码,但其作用有限。复述策略往往要配以其他一些能有助于学习者组织新信息,以及整合新信息和长时记忆中已有知识的学习策略,才会更有效。这些策略就是精加工策略和组织策略。

(二) 精加工策略及其运用

所谓精加工策略(elaboration strategies),就是通过把所学的新信息和已有的知识联系起来,以此来增加新信息的意义,也就是说,我们应用已有的图式和已有的知识使新信息合理化。例如,学习"医生讨厌律师"这句话时,我们附加一句"医生被律师起诉了",如此一来,以后回忆就相对容易一些。和其他信息联系的越多,能回忆出信息的原貌的途径就越多,也就是提取的线索越多。几种常用的精加工策略如下。

1. 记忆术

对于一般的学习,记忆术(mnemonics)是一种有用的精加工技术,它能在新材料和视觉想象或语义知识之间建立联系。记忆术指一种通过给识记材料安排一定的联系以帮助记忆,并提高记忆效果的方法。在记忆名词、种类、系列或项目组等信息时,记忆术非常有用。下面介绍一些比较流行的记忆术。

1) 位置记忆法

位置记忆法(loci method)是一种传统的记忆术,最早被古希腊演讲家使用。它是通过与你熟悉的某种地点顺序相联系起来记忆一些名称或者客体——对于演讲家来说,就是一篇长长的演讲稿——顺序的方法。古代罗马元老院的政治家们常常用此法记住自己演说的要点。他们常常在自己的身体上、房间里确定出许多特定的点来加以利用。位置记忆法对于记忆有顺序的系列项目特别有用。例如,为了记住一个杂货单,你可以在内心中将其中的某个条目沿着你从家到学校的路线顺序排列。以后要回忆这个清单的时候,只要在内心走过这条路线,找到与每个地点相联系的条目即可。

2) 首字联词法

首字联词法(acronyms)是利用每个词的第一个字母(或字)形成一个缩写。例如,美国心理学协会(American Psychological Association)可缩写为"APA";学生要记住"Father and mother,I love you"这句话,只需记住"family"这个单词。再如,二十四节气歌:春雨惊春清谷天,夏满芒夏暑相连,秋处露秋寒霜降,冬雪雪冬小大寒。这样,就把二十四个节气都记住了。

3) 谐音联想法

学习一种新材料时运用谐音联想,假借意义,对记忆也很有帮助。早年威廉·詹姆斯(W.James)曾用比喻来说明,联想可有助于学习和记忆。他将联想比作钩子,可以将像水中的鱼一样的新知识,用钩子钓起来,挂在一起,就可以在学生的记忆系统中,保留不忘。例如,有位历史老师教中学生记忆明朝迁都北京的历史年代,指导学生把1421记成"一事二益"。

4) 琴栓词法

琴栓词法(pegword method)类似于位置记忆法,要把序列中的项目与一系列线索而不是熟悉的地点相联系。例如,为了按顺序记住一个项目清单——Apple、Bread、Toothpaste、Carrots、Pie,学习者需要做到以下几点:①学习一系列与数字押韵的琴栓词,如 One is a sun、Two is a shoe、Three is a tree、Four is a door、Five is a hive;②将清单上的每个项目与对应的琴栓词相联系,并形成两个事物相互作用的奇特的心理表象(Sun+apple、Shoe+bread、Tree+toothpaste、Door+carrots、Hive+Pie),如将牙膏与树干叠加,好像牙膏长出了枝叶;③要想回忆项目清单,只需要从1开始数数字,每个数字会提示它的琴栓词的回忆,而琴栓词接着又会提示与它相联系的项目的回忆(如,数 Three,想到 tree,继而想到 toothpaste)。

5) 视觉联想法

许多有力的记忆术的基础都是通过形成心理表象来帮助人们对联想的记忆。如前面所说的位置记忆法实际上就是一种视觉联想法,利用了心理表象。琴栓词法也利用了视觉表象。联想时,想象越奇特越合理,记忆就越牢。可以使用夸张、动态、奇异的手段进行联想。例如可以将"飞机—箱子"想象为"飞机穿过箱子","橘子—狗"可以想象为"一个比狗还大的橘子砸中了一条狗",将"计算器—书"想象成"计算器印在书的封皮上"等。有一种用想象来增强记忆的古老方法,就是创造一个故事,将所有要记的信息编在一起。例如,人们一直在用希腊有关星的神话来帮助回忆星的名字。

2. 灵活处理信息

精加工,除了采用记忆术之外,很重要的还要采用一些方法主动对信息进行加工,如写概要、创造类比、用自己的话做笔记、解释、自问自答等。

1) 做笔记

记笔记(note taking)和做笔记(note making)是心理学中研究较多的精加工技

术,维特罗克称之为生成技术。研究表明,笔记有助于指引个人的注意,有助于发现知识的内在联系,有助于建立新知识与旧知识之间的联系。

心理学家认为,笔记有两步:第一步是记下听讲中的信息(即 note taking);第二步是使记下的信息对你有意义,即理解它们(即 note making)。如果笔记只停留在第一步,对学习并无多大的帮助。重要的是进入第二步,对笔记进行加工。有人建议采用如下三步做听课笔记:①留下笔记本每页右边的1/4或1/3;②记下听课的内容;③在整理笔记时,在笔记的留出部分加边注、评语等。第三步非常重要,这些边注、评述或其他标志不仅可以促进学生的理解,而且可以为他们今后的回忆提供线索。

为了培养学生做笔记的良好学习习惯,教师讲课时应注意如下几点:①讲课速度不宜过快;②重复比较复杂的材料;③把重点写在黑板上;④为学生提供一套完整和便于复习的笔记;⑤为学生记笔记提供结构上的帮助,如列出大、小标题,表明知识的层次。

2) 利用背景知识

精加工强调在新学信息和已有知识之间建立联系,对于某一事物,你到底能学会多少,最重要的一个决定因素就是你对这一方面的事物已经知道多少。科奇玛等人(Kabara-Kojima & Hatano,1991)的研究证实了这一点。大学生学习棒球和音乐方面的信息,结果是,那些熟悉棒球但不熟悉音乐的学生,棒球方面的信息学得多一些。相反,那些熟悉音乐而不熟悉棒球的学生,音乐方面的信息学得多一些。因此,教师一定要把新的学习和学生已有的背景知识联系起来。

总之,和逐字逐句学习的学生相比,那些能在学习时进行精加工的学生一般能更好地理解信息。因此,要引导学生在学习时使用一些精加工策略。

(三)组织策略及其运用

组织策略(organizational strategies)是指整合所学新知识之间、新旧知识之间的内在联系,形成新的知识结构的策略。下面就介绍几种重要的组织策略。

1. 列提纲

列提纲(outlining)是以简要的词语列出文章大小标题及其层次和序号、写下文章的主要和次要观点的方法,它有利于学习者清晰地知觉课文的内在逻辑关系。在教列提纲技能时,教师可以采用逐渐撤出支架的方式来分步对学生进行训练:①给学生提供较完整的结构提纲,其中留出一些下位的细目空位,要求学生通过阅读或听讲填补这些空位;②提供一个只有大标题的提纲,要求学生填写所有的小标题;③提供一个只有小标题的提纲,要求学生填写所有的大标题。实践证明,如果给予学生适当的练习,他们就能学会写出很好的提纲来。

2. 作图表

1) 层次结构图

认知心理学认为,存储在长时记忆中的信息是以金字塔式的结构组织的,即表现为一种层次网络结构。在这种金字塔式的层次结构里,具体的东西归在较一般的概念之下,这种结构对学生的记忆和理解特别有帮助。

鲍尔等人(Bower,et al.,1969)做了这样一个研究,他们教学生 112 个矿物方面的词。一组学生是以随机的顺序进行的,一组学生是以一定的顺序给出的(如图 7-2 所示)。

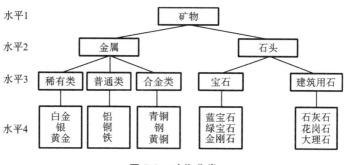

图 7-2 矿物分类

结果,后面一组学生平均回忆出 100 个词,而前面一组学生平均只能回忆出 65 个词,这说明了组织呈现材料的效果。

这提示我们,在教复杂概念时,教师不仅要有序地组织材料,而且,重要的是要使学生清楚这个组织性的框架。以图 7-2 为例,教师要不时地回顾这个框架,并且要标明从一部分向另一部分的过渡。例如:"回想合金是两种以上金属的结合。""我们已经讲了稀有金属、普通金属和合金类金属,这些都属于第一类矿物——金属,下面我们来看第二类矿物——石头。"

2) 概念图

概念图(concept maps)是用节点表示概念、用连线及其连接词表示概念之间关系的一种图示方法(如图 7-3 所示)。概念图本质上是一种思维可视化工具,建构概念图的过程(concept mapping)是一个把自己头脑中的知识结构外显化、可视化的过程,它需要遵循一定的步骤:①选择核心概念(或中心主题);②选择与核心概念相关的概念,放在不同的层次上;③添加概念之间的连线,并标明文字说明;④反思。与概念图类似的一种思维可视化工具称为思维导图(mind maps),它的形式更加灵活,画面更加丰富(除文字外,常常还包括符号、图片等),视觉效果更好,但其语义丰富性不及概念图(如图 7-4 所示)。

不仅如此,对于程序性知识的学习采用流程图的形式,对于复杂的信息采用各种形式的表格,都可以对信息起到组织的作用。有利于形成信息的视觉化,能促进对信息的记忆和理解。

3. 运用理论模型

对于复杂的课题,可以采用图解的方式来说明某个过程之间的要素是如何相互联系的,建立相符的理论模型。电子学、机械、计算机程序及遵循某个规律的过程都可以利用理论模型加以说明。当某一课中含有模型时,学生不仅学得好,而且能运

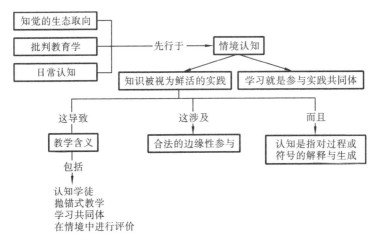

图 7-3 概念图示例

图 7-4 思维导图示例

用他们的学习去创造性地解决问题。

上面讲了三种认知策略,教师要教会学生分析他们所使用的认知策略,考虑在什么情况下使用复述策略、精加工策略和组织策略。

三、元认知策略及其运用

元认知策略负责评估学习中的问题,确定用什么学习策略来解决问题,评价所选策略的效果,并且在必要时改变策略以提高学习效果。

(一) 元认知的结构

根据弗拉维尔的观点,元认知(metacognition)就是对认知的认知,具体地说,是关于个人认知过程的知识和调节这些过程的能力,也就是对思维和学习活动的知识和控制(Flavell,1976)。弗拉维尔认为,元认知具有两个独立但又相互联系的成分:①对认知过程的知识和观念(存储在长时记忆中);②对认知行为的调节和控制(存储在工作记忆中)。基于弗拉维尔的研究,许多研究者提出元认知由元认知知识、元认知体验和元认知监控三种成分组成。[①]

1. 元认知知识

元认知知识是指主体通过经验积累起来的关于认知活动的一般性知识,即对影响认知活动的因素以及各因素之间的相互作用的认识。元认知知识主要包括以下三方面的内容。

(1) 关于个人作为学习者的知识,即有关自己或他人作为认知加工者的一切特征的知识。其中既包括对个体内和个体间差异性的认识,也包括对个体间相似性的认识。认识自己的知识主要有三个方面:①认识自己的认知水平,如能力水平、智力水平、知识基础、认知方式等;②认识自己的个性特征,如性格、兴趣、爱好等;③认识自己认知与个性发展的优势与不足。了解别人的知识主要包含以下两个方面:①了解别人的长处与短处;②对个体之间认知与个性差异的认知,如认识到同班同学之间、同龄伙伴之间和异性同学之间的共性与差异。

(2) 关于认知任务的知识,即主体关于认知活动的任务要求等方面的知识。其中包括对认知材料的性质、长度、难度、结构特点、呈现方式、逻辑性和熟悉度等方面的认识,还包括对认知任务的目的、要求的认识。如学生在学习语文、数学等课程时,对课程内容的性质(图形的、文字的)、对学习材料的结构、逻辑性及材料的呈现方式(视觉的、听觉的)的认识。

(3) 关于学习策略及其使用方面的知识,即习得的、有关哪种策略对达到什么目标及在哪种认知任务中有效的知识。例如,在配对联想中运用表象对材料进行编码就是一种有效的策略。

2. 元认知体验

元认知体验是指伴随认知活动产生的情感体验,包括知和不知的体验。情感体验既可能发生在认知活动之前,也可能发生在认知活动之后。例如,预感失败会产生焦虑,预感成功会产生喜悦。元认知体验一般发生在能够激发高度自觉思维的工作或学习之中,因为这种工作或学习要求事先有计划、事后有评价,并要求进行策略的选择,所以整个过程中都伴随着情感体验。

3. 元认知监控

元认知监控是指人们能够积极自觉地对认知活动进行计划、监视、控制和调节,

[①] 参见沈德立主编:《高效率学习的心理学研究》,教育科学出版社2006年版,第141~143页。

包括选择、评价与修正认知策略(详见以下"元认知策略及其运用")。

4. 元认知各成分之间的关系

在实际的认知活动中,元认知各成分之间是相互联系、相互影响和相互制约的。

首先,元认知知识和元认知监控之间的关系十分密切,具体表现如下:元认知知识只有通过元认知监控的具体操作才能发挥效用;通过元认知监控的实验环节,可以检验、修正和发展有关的元认知知识,使元认知知识更加完善。

其次,元认知知识和元认知体验之间也是相辅相成的关系,具体表现如下:元认知体验有助于元认知知识转入长时记忆之中,成为元认知知识结构的组成部分;元认知知识影响元认知体验,同时又在一定程度上成为元认知体验的内容。

最后,元认知监控对元认知体验有直接的影响,相反,元认知体验对元认知监控具有动力作用。

(二) 元认知策略及其运用

1. 计划策略

计划策略(planning strategies)指根据认知活动的特定目标,在一项认知活动之前计划各种活动,预计结果、选择策略,想出各种解决问题的方法,并预估其有效性。包括设置学习目标(如案例1)、浏览阅读材料、产生待回答的问题及分析如何完成学习任务。成功的学生并不只是听课、做笔记和等待教师布置作业,他们会预测完成作业需要多长时间,在写作前获取相关信息,在考试前复习笔记,在必要时组织学习小组,以及使用其他各种方法。

案例1 数学学习活动计划策略的案例

以下是小学三年级《角和直角》一课的部分课堂实录:

陈老师:今天,我们大家一起来研究角和直角。(出示课题《角和直角》)

陈老师:你们想研究角的哪些知识呢?

俞陈洁:角是怎么样的?

俞杰:角的边怎么是直的?

吕冰心:角是三角形的。

陈金:角是尖尖的。

俞杰:角是平平的。

陈金:角是有一个端点两条边的。

陈老师:也就是说大家想研究角的形状(板书:角的形状怎么样?)

吕冰心:角的大小是怎么样的?(板书:角的大小?)

陈老师:今天我们研究角与直角,你想知道直角的什么知识?

俞陈洁:直角的形状是什么样的?(板书:直角的形状是怎样的?)

梁伟:直角与角有什么不同?

陈碧辉:怎么来判断这个角是不是直角?(板书:怎样判断直角?)

2. 监控策略

监控策略(monitoring strategies)指在认知活动的实际过程中,根据认知目标及时评价、反馈自己认知活动的结果与不足,正确估计自己达到认知目标的程度、水平;根据有效性标准评价各种认知行动、策略的效果。监控策略包括阅读时对注意加以跟踪、对材料进行自我提问,考试时监控自己的速度和时间。下面介绍两种具体的监控策略——领会监控和集中注意。

1) 领会监控

领会监控是一种具体的监控策略,一般在阅读中使用。熟练的读者在头脑里有一个领会的目标,诸如发现某个细节,找出要点等,于是,为了该目标而浏览课文。随着这一策略的执行,达到目标会体验到一种满意感;反之,则会产生一种挫折感。如果领会监控最终显示目标没有达到,读者就会采取补救措施,比如更仔细地阅读课文。

一些研究表明,从幼儿到大学生有许多人都缺乏这种领会监控技能。德文(Devine,1987)通过研究提出了提高领会监控策略的方法,该方法主要包括以下几点。①变化阅读的速度,以适应对不同课文领会能力的差异。对于比较容易的章节读快点,要抓住作者的整体观点,对于较难的章节,则要放慢速度。②中止判断。如果某些事不太明白,继续读下去。作者可能会在后面填补这一空隙、增加更多的信息或在后文中会有明确说明。③猜测。当所读的某些事不明白时,养成猜测的习惯。然后继续读下去,看看自己的猜测是否正确。④重读较难的段落。重新阅读较难的段落,尤其是当信息仿佛自相矛盾或模棱两可时。

2) 集中注意

注意是一种有限的资源,在某时刻,人只能注意有限的事物。在课堂中,有些学生往往很难把注意集中在教学任务上,而分心于那些有吸引力的、能分散注意力的事物。教师常常埋怨课堂上那些不能维持注意力的学生不成熟、注意力有缺陷或不想学习。然而,使用这些不同的标签去描述问题无助于提高学生的学习。柯诺(Corno,1987)指出,注意力关系到自我管理的问题。她认为,需要教学生一些抑制分心的学习策略,来帮助他们对行为进行自我管理和自我调节,如注意此刻自己正做什么、避免接触能分散注意力的事物等。学生无论在家还是在学校,都能使用这些策略来提高他们的学习。

有效地选择课本或讲演中的重要信息加以注意,是某些学习者常常使用的一个策略。而教师要做的第一件事就是帮助学生挑选重要的材料,鼓励他们对其加以注意,减少能分散注意力的事物,并且教他们处理那些能分散注意的事物的技巧。要做到这一点,教师可以采用提前告知学习目标、重点标示、增加材料的情绪性、使用独特的刺激、告知学习材料的重要性等方法。

案例2　数学学习活动监控策略的案例

2001年5月17日,四年级学生俞××向陈××老师提出问题:

生：陈老师，这几天学习应用题，上课听懂了，当天作业也做对了。但回家做课外作业时，好像无从下手，也不知为什么？如题目："同学们参加建校劳动，陈刚4次搬砖20块。照这样计算，他再搬3次，一共搬砖多少块？"

师：读题时要学会自问：这道应用题告诉我们什么条件？什么问题？条件与问题有什么关系？

生："陈刚4次搬砖20块"、"他再搬3次"。

师：这些条件可以知道什么？

生：（想了一会儿）明白了，前面的可求出每次搬了20÷4＝5（块），后面的（又思考了一会儿）可知共搬了7次。

师：不要急于列式，要学会理解题意，去分析条件与问题的关系。

3. 调节策略

调节策略（regulating strategies）指根据对认知活动结果的检查，如发现问题，则采取相应的补救措施，根据对认知策略的效果的检查，及时修正、调整认知策略。调节策略与监控策略有关。例如，当学习者意识到他不理解课文的某一部分时，他们就会退回去重读困难的段落、在阅读困难或不熟悉的材料时放慢速度、复习他们不懂的课程材料。测验时跳过某个难题，先做简单的题目等。调节策略能帮助学生矫正他们的学习行为，补救他们理解上的不足。

需要注意的是，元认知策略总是和认知策略一道起作用的。如果一个人没有使用认知策略的技能和愿望，他就不可能成功地进行计划、监控和自我调节。元认知过程对于帮助我们估计学习的程度和决定如何学习是非常重要的；认知策略则帮助我们将新信息与已知信息整合在一起，并且存储在长时记忆中。成功的学习者不仅要掌握大量的可资利用的认知策略，而且要具备必要的元认知技能来帮助他们决定在何种情况下使用何种策略或改变策略。

四、资源管理策略及其运用

资源管理策略是辅助学生管理可用环境和资源的策略，包括时间管理策略、学习环境管理策略、努力管理策略、学业求助策略。其中，学习环境管理策略主要是善于选择安静、干扰较小的地点学习，充分利用学习情境的相似性等。努力管理策略主要指掌握一些方法来排除学习干扰，使自己的精力有效地集中在学习任务上。这里主要阐述时间管理策略和学业求助策略。

（一）时间管理策略

时间是极其重要的学习资源，有效的时间管理可以促进学习，并增强自我效能感；无效的时间利用则削弱信心，降低学习效率。时间管理策略（time management strategies）就是通过一定的方法合理安排时间，有效利用学习资源。一般认为，时间管理行为包括分辨任务需求、根据其重要性来排序，以及据此分配相应的时间和资源。

1. 时间排序

时间管理的方法因人而异，你可以给自己制定每个小时的详细计划，也可以仅就一天的纪事排序。排序的依据一般为事情对我们的重要程度和紧急程度，通过这两个维度可以把事情分为四种类型（如图7-5所示），然后再按照分类得到的四类事情，合理分配时间。

图 7-5　时间管理象限图

一般人在哪个象限里耗费的时间最多呢？答案是第三象限（既不重要又不紧急），因为处理这类事务没有任何压力。比如削铅笔、整理文具盒之类可做可不做的工作。其次是第二象限（紧急但不重要），因为"会响的轱辘有油喝"，紧急的事情总是吸引人们的注意力。处理这些事情耗费了大量的时间，这种以减少处理一、四象限事情的时间为代价的做法，成了一种变相的拖延。这就解释了为什么有的人总是显得很忙，却毫无效率可言。高效的时间管理需要把精力放在一、四象限。

处理既重要又紧急的事情（第一象限），普通人和成功的人都要投入一定的精力（20%～30%）。而造成时间管理效果差异的秘密在第四象限（重要但不紧急）。成功的人花60%～68%的时间（普通人只有20%左右）来处理重要但是不紧急的事情，不断地提高自己，有规律有计划地完成任务，做有创造性的工作。与此同时，也极力地压缩了在第二、三象限停留的时间。这就等于掌握了时间的主动权，保持生活的平衡，减少未来可能出现的危机。

2. 有效时间管理策略的使用

了解该把精力主要放在哪里，不等于进行了有效时间管理，必须进行实践，并且持之以恒。一些有效的时间管理策略包括确立有规律的学习时段、确立切合实际的目标、选择适宜的学习环境、分清任务的轻重缓急、学会拒绝分心的事物、自我奖励学习上的成功等。

（二）学业求助策略

1. 学业求助的界定与分类[①]

学习不是一个人的事情，必须与他人进行有效的合作，在遇到自己解决不了的

---

① 李晓东：《关于学业求助的研究综述》，载《心理学动态》1999年第1期。

问题时,更需要向他人寻求帮助。学业求助策略(academic help-seeking strategies)指当学生在学习上遇到困难时,向他人请求帮助的行为。它是一种重要的社会支持管理策略。尼尔森-黎高(Nelson-Le Gall,1985)按照求助者的目的将学业求助划分为执行性求助和工具性求助两大类(见表 7-1)。

表 7-1 学业求助策略的分类

求助形式	特点	目的
执行性求助(非适应性求助)(executive help-seeking)	他人替自己解决困难	只想要答案或者希望尽快完成任务,自己不做任何尝试就放弃了获得成就的努力,选择了依赖而非独立掌握
工具性求助(适应性求助)(instrumental help-seeking)	他人提供思路和工具	为了独立地学习,借助他人的力量以达到自己解决问题或者实现目标的目的

2. 学业求助策略的使用[①]

正确、有效地运用学业求助策略应注意若干问题。例如,要让学生认识到学业求助并非是自身能力缺乏的表现,它是一种如参考书、工具书一样的学习资源;确立以掌握知识和发展能力为内容的学习目标,而不是以显示能力、赢得尊重为内容的目标,这样,就能减少在求助他人时存在的顾虑;应该主要采用工具性求助,获得他人的点拨、启发或帮助,而不是让别人代替自己解决问题;注意形成良好的人际关系,没有平等、融洽的人际关系,在求助他人时就没有充分而有效的互动;学会决定何时需要向别人求助、谁是合适的求助对象、如何提问才能得到需要的帮助;等等。

第三节 教学策略的分类与运用

一、教学策略的分类

目前,国内外较有影响的对教学策略的分类主要有如下几种。

鲍里奇(G. D. Borich,2007)根据学生的两类学习结果(知识获得和发现)将教学策略划分为直接教学策略(direct instruction strategies)和间接教学策略(indirect instruction strategies)。[②] 直接教学策略是教师以尽可能直接的方式(如讲授)将事实、规则和行动序列传达给学生的策略,它是以教师为中心的;而间接教学策略是借助于教学中的物质环境和人际环境让学生自己探究、发现概念、模式和抽象理论的策略,它是以学生为中心、以问题为内容、以探究为过程、以发现为结果的教学策略。

---

① 参见陈佑清著:《教学论新编》,人民教育出版社 2011 年版,第 432 页。
② G. D. Borich, *Effective Teaching Methods: Research-Based Practice* (6th), Pearson Education Inc., 2007, pp. 221-300.

常用的直接教学策略包括以下几个方面：①日常复习、检查前一天的作业，必要时重新教学；②呈现新内容并使其结构化；③指导学生练习；④反馈与矫正；⑤学生独立练习，以使反应确定并达到自动化；⑥每周和每月的复习。常用的间接教学策略包括：①提供先行组织者组织教学内容；②概念转变（归纳和演绎）；③提供正例和反例；④提问；⑤利用学生的经验；⑥学生自我评价；⑦讨论。

施良方、崔允漷1999年根据课堂教学过程的展开，将课堂教学策略分为课堂教学准备策略、主要教学行为策略、辅助教学行为策略、课堂管理行为策略和课堂教学评价策略。[①] 其中，课堂教学准备策略涵盖了课堂教学的基本要素：教学的目标、内容、行为和组织形式。主要教学行为是教师在课堂上为完成某一目标或内容定向的任务所表现出来的行为，包括呈示、对话和指导等。辅助教学行为是指教师在课堂上为完成那些以学生学习状况或教学情景问题为定向的任务所表现出来的行为，比如学习动机的培养与激发、有效的课堂交流、课堂强化技术和积极的教师期望等。课堂管理是指教师为了保证课堂教学的秩序和效益，协调课堂中的人与事、时间与空间等各种因素及其关系的过程，包括课堂中的行为管理和时间管理等。教学评价策略发生在课堂教学之后，是教师或他人对教学过程作出价值判断的策略，主要涉及学生学业成就的评定与教师教学工作业绩的考评，此外，还涉及家庭作业的布置等。

张大均在2003年根据教学活动的不同环节或时段将教学策略分为教学准备策略、教学实施策略和教学评价策略。[②] 教学准备策略是教师根据教学目标要求，钻研教材，组织教法，分析自我和学生，制订教学计划的策略。主要包括确定教学目标的策略、设计教学内容的策略、选择教学方法和媒体的策略、安排教学环境的策略。教学实施策略是教师在教学过程中使用的策略，包括先行组织者策略、概念教学策略等。教学评价策略是指教师为保证达到预期的教学目标，而对教学全过程实行主动的计划、反馈、控制、评价和调节等采取的策略，主要包括监控和评价两个方面的教学策略。

综合施良方、崔允漷（1999年）和张大均（2003年）的观点[③]，结合我国课堂教学实际，我们认为，可将教学策略划分为教学准备策略（课前）、教学实施策略（课中）和教学评价策略（课后）。

二、教学准备策略及其运用

（一）表述教学目标的策略

教学目标是对教学结果的明确表述，反映的是在学习和教学之后学习者将发生

---

① 参见施良方、崔允漷主编：《教学理论：课堂教学的原理、策略与研究》，华东师范大学出版社1999年版，第137～364页。
② 参见张大均主编：《教与学的策略》，人民教育出版社2003年版，第38～126页。
③ 施良方、崔允漷提出的主要教学行为策略、辅助教学行为策略和课堂管理行为策略基本上可以对应于张大均提出的教学实施策略。

的变化。传统教学目标一般是用描述内部心理状态的词语来表述的,比较含糊。如常用的教学目标的陈述是"培养学生的××能力","加深对××的理解"等。这些目标提到的"××能力"、"理解"都是指内部心理状态,是难以观察到的。因此,需要采用以下策略来克服教学目标表述的含糊性。

1. 目标关键词化策略

1) 含义

目标关键词化策略是指教师在制订某一学科的课时目标时,用明确、具体、有针对性的关键词来表述预期的学生认知、情感和动作技能的学习结果,使教学目标不仅结构化,而且具有定向、强化、适应和评价功能。

2) 操作程序

(1) 建立教学目标倒树状结构。

教学目标从层次上来说是分明的,从社会的教育目的和国家的教育目标到省、地区、学校教学目标和班级、课堂教学设计,形成一个完整的系统。在这个系统中,下一级的目标必须和上一级目标相匹配。每一位教师应领会每一级目标,在自己备课时形成一个倒树状的分类结构(如图7-6所示)。

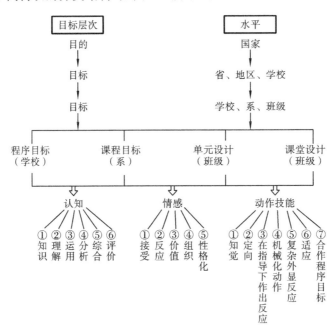

图 7-6 教学目标倒树状结构图

(2) 寻找目标关键词。

目标关键词化是使每一具体目标由关键词表达,使目标具有可操作性、可检测性。表述认知领域教学目标的每一水平经常用到的关键词见表7-2。

表 7-2　教学目标关键词化——认知领域

教学目标	关　键　词
a. 知识(knowledge)	定义、区别、鉴定、回忆、再认
b. 领会(comprehension)	转换、阐述、准备、阅读、表征、变化、重述、释义、重组、改造、不同的、解释、提示、总结、预测、决定
c. 应用(application)	运用、概括、相关、选择、研究、组织、使用、变式、重构、分类
d. 分析(analysis)	区别、检测、鉴别、分类、再认识、分析、比较、推演
e. 综合(synthesis)	写出、创造、建议、计划、研究、结合、组织、综合、推理、公式化
f. 评价(evaluation)	判断、讨论、有效性、评估、决定、考虑、认为、比较、标准化

以初中历史课中"明朝建立"为例，对其教学目标关键词化如下。

a. 知识。学生能回忆明朝建立和迁都北京这两个历史事件中的时间、人物。

b. 领会。学生能解释明朝建立和迁都北京这两个历史事件的原因、经过和结果。

c. 应用。学生能运用已有的知识在未标明的地图上标出长城的起讫点以及山海关的位置。

d. 分析。学生从建造原因、时间、起点、长度等六个方面比较明长城和秦长城的不同点。

e. 综合。参考教材和有关史书，学生能归纳出朱元璋和刘邦这两个开国皇帝的相似之处。

f. 评价。学生讨论朱元璋实行的发展生产与休养生息政策的原因和作用。

3）实施要求

根据教育目标分类学，认知、情感、动作技能三大领域教学目标的分类是从低级到高级来描述目标水平的，每一水平是假定建立在先前水平的技巧获取之上的。如在认知教学目标方面，学生处理"分析"以前，他们必须有能力处理"知识、领会、应用"前三个水平。这提醒教师应把教学目标的分类作为一个整体来考虑，注意区分相邻分类的关键词。此外，并不是一堂课的教学就能使学生达到最高一级水平，最高一级水平的达到往往需要精心组织一系列课堂教学。由于学科特点及学生的年龄特征，某些教学内容只要求达到一定水平。如小学数学基本运算法则的教学一般不要求进行评价，只要求达到领会水平。

2. 目标行为化策略

1）含义

目标行为化策略是指用预期学生学习之后将产生的行为变化来陈述教学目标的策略。这是一种行为主义的观点，提出者是梅杰(R. F. Mager)。梅杰认为，行为目标应包括以下三个部分。①行为。描述通过教学后，学生能做什么，如知道、使用、鉴定等。②条件。描述在什么环境或条件下某种行为发生，如"假如……"、"基于……"。③流畅水平或标准。国家可接受的标准、能力和成就水平，如 80%、9/10、教师的正确判断等。好的行为目标便于观察、测量和评价。

2）操作程序

根据行为目标的构成成分,教师可遵循以下步骤实现教学目标的行为化(见表7-3)：

(1) 问自己,什么是学生将要做的；

(2) 鉴别和描述在什么条件下,学生的行为将发生什么变化；

(3) 规定期望学生达到的行为标准或成就水平。

表7-3 行为目标的构成及示例

部分	中心问题	例子
学生行为	做什么	用字母F标出陈述文字中的事实,用字母O标出其中的观点
行为条件	在什么条件下	给一篇报纸中的文字
行为标准	有多好	标对了陈述中的75%

3）实施要求

实践表明,行为目标虽有明显的优点,但教师应用起来普遍感到困难。原因在于目标一旦行为化以后,他们反而不理解已列出的行为蕴涵着怎样的心理变化,而仅把教学局限于改变学生的表面行为。如果教师要有效地将行为目标策略应用于自己的教学之中,就必须具备三个基本条件：①进行较为系统的认知心理学理论的学习和行为心理学理论与应用技术方面的训练；②掌握目标行为化策略操作的要求；③坚持在教学准备时自觉运用该策略。

3. 目标演绎策略

1）含义

鉴于目标行为化策略的优势与弊端,格伦兰德(N. E. Gronlund)提出,应采用描述内在心理与外显行为相结合的目标演绎策略来陈述教学目标,即教学目标从一般目标到一系列特殊的学习结果,每一特殊结果又和一般目标相联系(即目标演绎)。[①] 这里的一般教学目标实际上是课程和年级目标,而特殊学习结果是课堂和单元目标。格伦兰德的目标演绎策略经常被用来表述认知目标(见表7-4)。

表7-4 目标演绎的构成及示例

部 分	例 子
一般目标	理解元认知的一些术语
子目标A	用自己的话定义这些术语
子目标B	在上下文背景中识别这些术语的意义
子目标C	区分那些在意义上相似的术语

---

① Gronlund & Linn(1990), *Measurement and Evaluation in Teaching*. New York: Macmillan, pp. 41-42.

2) 操作程序

(1) 确立一般教学目标。一般教学目标包括以下几点：

① 建立每个一般目标和相应的期望的学习结果(如学生期末行为)；

② 用动词开始每个一般目标(如知道、使用、翻译等)；

③ 规定每个一般目标仅包括一个一般学习结果(如不是"知道和理解")；

④ 用一般性水平规定每个一般目标，8~12个一般目标足够；

⑤ 保持每个一般目标对于课程内容的足够自由，使一般目标适合各种单元的学习；

⑥ 一般目标之间应尽量不要重复。

(2) 确立特殊学习结果。特殊学习结果包括以下几方面：

① 在每个一般目标下列出期望学生达到的特殊学习结果(行为)的例子；

② 每一特殊学习结果的开始用特殊可观察的行为动词，检查每个特殊学习结果与一般目标的描述是否相关；

③ 用足够数量的特殊学习结果来描述学生应达到目标的行为；

④ 保持特殊学习结果对于课程内容的足够自由，使能适合各种单元的学习；

⑤ 为难下定义的复杂结果的特殊成分查阅参考资料(如批判性思维、科学态度、创造)；

⑥ 假如需要，对所列的结果加上特殊的第三水平。

3) 实施要求

在建立了一般教学目标后应尽量使教学目标陈述得足够具体，达到可观察和可测量的目的，在描述内在能力和情感变化之后，要提供足以证明预期的内在变化已经出现的行为样例。

(二) 教学设计的策略

教学设计策略是指教师在对教学系统诸要素进行优化安排时所采用的策略。在此着重探讨教师经常运用的两种教学设计策略，即任务分析策略和单元水平设计策略。

1. 任务分析策略

1) 含义

任务分析也称认知任务分析或作业分析，是罗伯特·加涅(R. M. Gagne, 1988)首次引入到教育心理学领域的，指在开始教学活动之前，为了教学目标取得期望的结果，需要对学生习得的能力或倾向的构成成分及其层次关系详加分析，为学习顺序的安排和教学条件的创设提供心理学依据。

2) 操作程序[①]

(1) 确定学生的起点能力。

---

① 皮连生著：《智育心理学》，人民教育出版社1996年版，第235~238页。

起点能力是指学生在接受新的学习任务之前原有知识技能的准备。起点能力是学生习得新的能力的内部前提条件,它在很大程度上决定教学的成败。教师可以通过诊断测验、平时作业批改和提问等方式确定学生的起点能力。

(2) 分析中介目标。

从起点能力到终点能力之间,学生还有许多知识技能尚未掌握,而掌握这些知识技能又是达到终点目标的前提条件。从起点到终点之间的这些教学目标被称为中介目标。从起点到终点之间所需要学习的知识技能越多,则中介目标也越多。

(3) 分析学习的支持性条件。

中介目标是保证达到终点目标的必要的先决条件。有效的学习除了必要条件之外,还要有支持性的条件。认知策略常常是促进学习的支持性条件,如把新知识转化为已知的知识就是一条有用的认知策略。在进行任务分析时,教师要对学习的支持性条件加以分析。

3) 实施要求

就目前学习理论发展状况来看,任何一种学习理论都不能说明如此复杂的知识和能力的结构,以及其习得的先后顺序和必要条件与支持性条件。根据皮连生的观点,宜根据不同的教学内容和教学目标的特点分别采用或兼用各家的理论对教学任务进行分析。[①]

2. 单元水平设计策略

1) 含义

单元水平设计的关键是在一个单元内教师清楚教什么内容和用什么方法去教,它是教学计划的片段。研究单元水平教学设计是基于整体学习比部分学习更有效的理论;另一个原因是需要教师在设计过程中提前考虑教学目标中的困难,这促使教师去进行全面调查,从而使教学设计更有效。

单元水平设计包含六个基本的成分,即目标、内容、技巧、活动、手段和材料、评价。这六个成分在单元计划中都应一一考虑。①目标。目标包括行为目标、主题词和问题式的非行为目标。②内容。内容应是整个单元教学内容的轮廓,而不是具体的知识点、技巧等内容。③技巧。技巧基于教学内容提出而且区别于内容,重要的基本技巧包括批判性阅读、略读和速读技巧、工作和特殊交流技巧;写作、记笔记技巧;参考书技巧、报告和研究技巧、询问技巧、社会技巧、合作和竞争技巧等。④活动。活动是指学生的学习活动,应是实现目标及满足学生兴趣、需要的基础。在做单元设计时,只是特殊的活动如演讲和解释、练习和训练、分组讨论、研究、写计划、实验、实地考察等写出来,常规或普通活动应作为每天课堂设计的一部分。⑤手段和材料。根据教学活动和教师、学生的特点选择的阅读材料、视听设备、程序或计算机材料、图表和模型等均属于手段和材料。⑥评价。评价应包括形成性评价和总结

---

① 皮连生著:《智育心理学》,人民教育出版社1996年版,第239页。

性评价,如学生演示和展览、讨论、小测验、考试、讲评、订正和特殊训练等。评价由学生、教师或两者共同完成。评价的目的是评估目标是否实现和为改进单元水平设计获得信息。表 7-5 是一个语文课单元水平设计的例子。

表 7-5　单元水平设计示例(语文)

主题:正确使用逗号
目标:这个单元完成,学生将完成以下目标。 ① 在语法课中正确运用逗号规则; ② 在作文中正确使用逗号; ③ 能改正一篇短文中使用错误的逗号。
内容(概念): ① 在三个或更多的词条、地点、人物中使用逗号(一节课); ② 在并列句中使用逗号(一节课); ③ 在成语、状语中使用逗号(一节课); ④ 在短文中使用逗号(两节课)。
技巧(辨别和应用,体现在内容、活动和评价等环节之中)。 活动: ① 预测,简短回答问题和描述性段落; ② 在测验和课文基础上讨论和解释逗号规则; ③ 练习写句子和段落; ④ 分组编辑信件和作文; ⑤ 讨论编辑的信件和作文; ⑥ 测试; ⑦ 复习。
材料(媒介): ① 课文; ② 学生写的句子、段落、信件和作文。
评价: ① 预测,10 个句子,2 篇学生写的短文; ② 测试,20 个句子至少 80% 正确,学生作文中至少 80% 正确。

2) 操作程序

(1) 在头脑中用一个特殊的学生年级组来研究单元水平设计。

(2) 清楚显示课程、年级水平、这一单元的上课时间。

(3) 用普通的主题列出单元标题。

(4) 鉴别单元的一般目标、问题和主题。每一目标、问题或主题应与课堂水平设计相一致。

(5) 内容应包括以下几方面:①内容和活动;②认知加工和技巧;③运动技巧;④态度和评价。

(6) 使目标与具体内容、活动和技巧匹配。

(7) 为单元的学习结果评价设计方法,一般应包括预测和测试来鉴定学习结果或改进学习。

(8) 补充课文的材料和媒体。

(9) 设计一个有效的教学方法,如提问、观察、讨论当前事件。

(10) 为低、中、高成就的学生设计单元教学。

(11) 与其他课程和单元进行横向和纵向联系。

(12) 考虑学生的生活经历、校外活动如实地考察、实验室或社区工作。

(13) 为学生复制单元设计,使学生能明白教师的目的。

(14) 定期改进单元水平设计为将来使用。

(三) 教材加工的策略

在教学活动中,教师对教材的加工处理,会直接影响学生对教学内容信息的接受和加工状况,是教学准备的一个重要环节。那么,怎样加工教材呢?在此主要介绍教材结构化策略和超出预期策略。

1. 教材结构化策略

1) 含义

教材结构化策略是指教师根据学生的知识水平、自己的教学风格和教学环境,分析教材内容,使其具有逻辑意义和逻辑结构的策略。奥苏伯尔提出了学生在进行意义学习时所需要的外部条件和内部条件。外部条件主要指新学习材料本身应具有逻辑意义,即对学生具有潜在意义。内部条件有两项:一是学习者头脑中具有同化新学习材料的适当的认知结构(原有观念);二是学习者具有对新材料进行有意义学习的心向。从这里可以看出,对教材的加工应进行以下三个方面的工作:第一是如何使新学习的材料本身具有逻辑意义来满足外部条件;第二是如何在认知维度上进行教材加工来达成内部条件的第一个方面,对此奥苏伯尔提出了先行组织者策略,我们会在下文中讨论;第三是从情感维度上来思考教材加工,来保证内部条件的第二个方面。

2) 操作方式

教师最常用的结构化方法有以下几个。

(1) 图解。教师可用图解的方法表征基本概念或观点与概念之间的关系。

(2) 框架。教师可根据课文内容列出主题词,形成框架,让学生能从整体上把握课文内容。

(3) 分类。教师可以使用以下几种方法:①比较/对照,表现出相似点和不同点;②问题/解决,呈现问题,努力解决;③原因/结果,表述结果和事件的阶段;④表述/列表,表述主要的概念或论点,再列出每一概念的支持观点和每一观点的材料。

值得注意的是,教师最好一次只强调一个策略方法,让学生练习,提出问题,教师作出评论来使学生理解。一个策略方法的使用,要使学生获得更多的信息、解释、资料等,不要让策略方法成为形式。

2. 超出预期策略

1) 含义

超出预期策略是教师在教学过程中从情感维度上处理教材,使之呈现的教学内容超过了学生的预期,引发学生的兴趣和热情,以有效调节学生的学习心向,提高其学习积极性的一种策略。这个策略的理论基础之一来源于奥苏伯尔提出的意义学习的两个内在条件,即学习者有同化新材料的认知结构和有意义学习的心向。前者涉及教学中的认知因素,与学生对新学习材料的可接受性有关;后者涉及教学中的情感因素,与学生对新学习材料的乐接受性有关。同时,超出预期策略又基于情感心理学原理,即客观事物超出个体预期达到一定的程度就产生惊奇情绪;客观事物能满足个体的认知需要时,就能保持对它的注意和探索。这一策略运用的关键在于巧妙组织教学内容,使新教材呈现在符合学生认知需要的基础上,尽可能超出他们的预期,产生惊奇感,达到"出奇制胜"的效果。

2) 训练方式[①]

(1) 引发探究。

教师应尽可能将看上去似乎是比较平淡的教学内容,出乎意料地与奇异现象联系起来,使学生惊奇地发现其中所存在的不可思议的事实,产生欲进一步探究的兴趣情绪。

(2) 趣中出奇。

教师应尽可能将看上去似乎是枯燥乏味的教学内容,出乎意料地与生动的事例、有趣的知识联系起来,使学生惊奇地发现其中所蕴涵的趣味性,产生学习的兴趣情绪。

(3) 问题启思。

教师应尽可能将看上去似乎是简单易懂的教学内容,出乎意料地与学生未曾思考过的问题、未曾接触过的领域联系起来,使学生惊奇地发现其中所具有的深层内涵,产生欲进一步琢磨、推敲的兴趣情绪。

(4) 巧妙联系。

教师应尽可能将看上去似乎是"教条性"的内容,出乎意料地与现实社会、生活实际、生产实践和未来工作与事业联系起来,使学生惊奇地发现其中所显示的实用价值,产生要深入领会、掌握其要义的学习兴趣。

(5) 贴近时代。

教师应尽可能将看上去似乎是经典性的内容,出乎意料地与现代社会、高新科技联系起来,使学生惊奇地发现其中所折射出的时代气息。

[①] 卢家楣:《教学心理学情感维度上的一种教材处理策略——超出预期》,载《心理发展与教育》1998年第3期。

三、教学实施策略及其运用

(一) 组织教学的策略

组织教学是指教师依据教学目标和学生特点将教学内容有效处理的过程。它一方面要符合教材的知识序列,另一方面又要符合学生的认知序列。下面主要介绍先行组织者策略、学习动机激发策略和问题教学策略。

1. 先行组织者策略

1) 含义

先行组织者是奥苏伯尔提出的一种教学策略,是在学习新材料之前教师向学生呈现的一种引导性材料,它在抽象概括和包容水平上高于新的学习材料,并能清晰地与学生认知结构中原有的观念和新的学习材料相关联。它在学生已知的知识与需要知道的知识之间构建了一个认知的"桥梁"。

先行组织者具有"教学定向"的作用,是帮助学生理解这节课要学习什么,并提供学习的参考结构框架,也就是说,给学生一个要领或概括的框架,并把这节课的观点、概念和事实以一种有组织的方式放入结构框架之中。

2) 操作程序

(1) 提出先行组织者。

在总结论点或导入新课时,首先是阐明本课的目的,这是吸引学生注意并使他们指向学习任务的途径之一;接着呈现"组织者","组织者"的呈现不必详细,但它必须能被学生意识到;最后形成"学习者"先前的知识与"组织者"的知识和经验的联系,为学生进一步组织学习内容做好准备。

(2) 逐步分化。

逐步分化是通过结构提纲和层次展示材料来完成,形成一种逻辑组织,以便学生有个整体的方向感。一般有三种形式:一是将较大范围的要领或概括逐步分化为较小范围的概念或概括,但不是一次展示整个分化层次;二是用实例说明概念或概括,以检查学生的理解,如理解了就可往下进行;三是识别或讨论概念所包含的特征。

(3) 综合贯通。

综合贯通是由教师帮助学生确定在事实、概念和概括之间重要的相似点和不同点,并使概念或概括之间能协调一致。综合贯通的具体途径有四个:一是要学生回忆认知结构中的有关观念;二是要学生概括新学习的材料的主要特征;三是要学生复述精确的定义;四是要学生说出材料的各个方面的差异。

3) 实施要求

要区分两类先行组织者。一类是陈述性组织者,用于学习不太熟悉的材料,可为新的学习提供最适当的类属者,与新的学习产生一种上位关系。如学习各种地形,可用"地形是具有各种独特形状和结构的地面"作为先行组织者,引导学生讨论地形的特征,用地形模型识别平原、山地、丘陵、盆地、高原。另一类是比较性组织者,用于学习比较熟悉的材料,目的在于比较新材料与认知结构中相类似的材料,从而增强似是而非的新旧知识之间的可辨别性。如把河流系统与血液循环系统进行比较。

2. 学习动机激发策略

1) 含义

学习动机是指激励并维持学生朝向某一目的的学习行为的动力倾向。动机是由需要与诱因共同组成的。需要是人体组织系统中的一种缺乏、不平衡状态,是激发人们进行各种活动的内部动力;而诱因是能够激发起有机体的定向行为,并能够满足其某种需要的外部条件或刺激物。学习动机激发策略是指教师针对学生的心理需要,合理使用各种教学手段,提高学生学习兴趣、维持学生注意、激发学生学习行为的策略。

2) 操作程序

(1) 激发学生的内部学习动机。

为了激发学生的内部学习动机,教学活动必须能保证学生学懂知识,即做到学习活动对学生来说是有意义的和有价值的。具体来说包括以下五点:一是学习任务本身应该是(潜在的)有意义的;二是学习任务对于学生来说应该难度恰当;三是教学方法应该使学生进行不同水平的加工;四是通过引发适当的概念冲突或惊奇感[①]来引发内在动机;五是让学生积极投入学习活动过程。

(2) 把握教学难度,创造可教学时刻(teachable moments)。

最有利于激发内部动机的任务是将个体放到一个旧知和新知之间具有冲突的情境之中,并且,这种新旧知识之间的差距必须程度合适,是经过个体努力之后能够消除的差距。按照维果茨基的观点,新知识应该与学生的"最近发展区"吻合。

但学生基础知识掌握的程度因人而异,因此,把握教学难度对教师来说十分棘手。有人提出了一个术语"可教学时刻",是指学生愿意学习新知识的那一时刻。每个教师都能创造自己的可教学时刻,只要用心去发现和思考。从学生的切身经历或体验出发去教新知识,而不是仅仅以枯燥的书本文字为出发点,那么,任何学科都会变得更加令人感兴趣。

(3) 促使学生"卷入"(involvement)学习任务。

如果学生对学习没有兴趣,是不能通过外部奖赏使他们变得富有内在动机的。只有设法使他们"卷入"任务之中,才能达到激励内在动机的目的。

如何才能促使学生"卷入"到学习任务之中去?首先,教师应设法使学生"卷入"学习任务的过程至少不会受到失败的威胁,相反应使学习任务变得更加容易完成,学习因此受到促进。其次,是抓住每一个机会向学生指出完成特定学习任务的价

[①] 研究证明,运用一些庸俗、低级趣味的东西来活跃课堂的做法,虽然会使学生感到听课"有趣",但并不能促进学科知识的学习和调动学习的内在动机,因此应尽量避免使用。这里的惊奇感是指由内容的内在特点引发的惊奇感。

值,当学生相信他们完成的学习任务与他们个人的需要、兴趣和目标相关时,学生的学习热情就容易被激发。

3)实施要求

(1)保证教学舒适、有序和愉快。可从教室温度、灯光、桌椅安排、图画的张贴和清洁等方面入手。

(2)认识学生的不同焦虑水平和高级的需要,给予支持和帮助。

(3)帮助学生设置合理目标,鼓励学生设计现实的、短期的目标。

(4)提供多样的学习活动,改变教学方式,帮助学生维持注意和更新兴趣。

(5)使用合作学习的方法,让成绩好的学生去帮助成绩差的学生。

(6)监控学生的学习,提供及时、具体、经常的反馈与指导。

3. 问题教学策略

1)含义

课堂教学实际上是一种提问和回答的循环,教师每节课要提上百个问题。有人把教师称为"职业问题者",认为提问题是教师刺激学生思维和学习的一种基本方式。好的教师总是能提出好的问题,特别是在给大班上课时,巧妙的问题能激发学生的好奇,刺激他们的想象和促使他们去寻找新的知识。问题的形式(聚合性问题和发散性问题)和顺序以及学生对问题的反应直接影响课堂讨论的质量和教学效果。

2)操作方式

(1)问—答间隔时间。

问一个问题和学生作出回答的时间间隔称为问—答间隔时间。玛丽·罗(Mary Rowe)研究发现,问—答间隔时间平均为1秒。问—答间隔时间增加到3~4秒,对学生反应有以下几个益处:①回答长度增加;②主动回答且合适回答增加;③失败的回答减少;④自信增加(反映在坚定自己的问题、说话语气);⑤推理回答增加;⑥学生—学生回答增加;⑦证据—推理回答增加;⑧学生问题增加。[①]

(2)直接提问。

直接提问就是先提问题再点学生的名字的方法。这样,就会使更多的学生考虑所提的问题。研究表明,这种方法比先点学生的名字再提问题效果好。但是,在低年级和低成就学生中,先点名、后提出问题的效果更好。

(3)变换问题和探讨问题。

一个学生的回答不正确或不合适时,一个有效的策略是教师不提供答案,而是与这个学生共同探讨或者变换问题让别的学生回答。共同探讨问题适合低成就学生,而变换问题更适合高成就学生。

(4)表扬和批评。

[①] Slavin(1978), Student Teams and Comparison Among Equals: Effects on Academic Performance and Student Attitudes. *Journal of Educational Psychology*, 8, pp.532-538.

表扬的使用是很复杂的,通常认为真诚的表扬能增加成就动机,肯定的反应(简单的微笑、点头)或简短的评论("好"、"正确"、"这是对的")表示赞同或接受。甜蜜的表扬或过多的表扬会产生被伤害的效果。然而,在提问或使用别的教学方法时,许多教师没有使用足够或真诚的表扬。对10项研究的总结发现,在一般的班级,教师平均使用表扬的次数不超过提问总次数的6%。

此外,对于批评的研究结论并不一致。一项研究表明,如果教师使用批评(比表扬次数还少),就会造成学生有被伤害的感觉。但是批评也能激发学生问问题或增加对教师的问题的回答。[1]

(5) 教师应考虑将问题附加在课文中。

据理查兹(Richards)和戴夫斯塔(Divesta)的研究,课文中附加问题,学生测试成绩最好;瓦茨(Watts)和安德森(Anderson)的研究发现,运用附加问题能把学生学到的有关概念和原理的知识迁移到新的情境。这是因为附加问题能引起学生的注意,能引导学生选择学习策略,有利于学生学习的迁移。

(6) 教师应诱导学生自我提问。

学生要成为积极理解和独立思维的主体,就必须自己提出问题来引导注意力和促进思维活动。但研究发现,学生自我提问中90%的问题只需要字面上的回答,是低水平问题。只有高水平的自我提问才能优于教师的提问和更深刻地理解课堂教学内容,所以训练学生提出高水平的问题非常重要。

3) 实施要求

(1) 注意提问的时机。

从教学内容来说,提问应选在知识的重点、难点和关键处。从教学过程来说,课始、课中、课尾都是提问的好时机。一般来说,复习旧知识时,应问在后进生易获成功处;传授新知识时,应问在知识迁移处;巩固练习时,应问在后进生易错处。

(2) 问题的难度应适中。

提问不能过难,只面向少数尖子生;也不能过易,连后进生不动脑筋都能回答。

(3) 问题应有不同层次。

有认识—记忆的问题,如"说出"、"什么是"、"是什么";有聚合问题,如"概括……";有发散问题,如"请说明"、"如果……会怎样";有评价性问题,如"请分析"、"为什么"等,以满足不同层次的学生的需要。

(二) 传输教学内容的策略

课堂教学的基本任务是将教学内容传递给学生。如何有效传输教学内容呢?下面我们主要探讨两个有效传输教学内容的策略,即教学言语循环策略和板书结构化策略。

---

[1] Elfrieda Heibert(1983), An Examination of Ability Grouping in Reading Instruction. Reading Research Quarterly, 12, pp. 231-255.

1. 教学言语循环策略

1) 含义

课堂教学言语是整个课堂教学构成的关键要素之一。没有课堂教学言语,就没有课堂教学;没有使用有效的教学言语策略,也不可能产生有效的课堂教学。因此,"教师的语言修养在极大程度上,决定着学生在课堂的脑力劳动效果"[①],教师必须掌握一定的教学言语策略。教学言语的分类方法很多,根据教学内容特点不同或教学信息传递的要求不同,教学言语常分为讲述性口语、解说性口语、议辩性口语。根据教学中教师-学生交互作用的形式,可以将教师言语分为情节言语和独白言语。

2) 操作程序

(1) 辨别情节言语行为和独白言语行为。

情节言语行为是在两个或多个说话人之间的言语交换。如教师提问题,学生回答问题,这就构成了一个情节。独白言语行为是站在一组人面前,说话人单个说话的行为。有效的教学言语行为应是情节言语行为,尤其是教师与几个学生之间的情节言语行为。

(2) 将言语行为系列化。

将情节言语行为或独白言语行为系列化,分成以下八个成分。

① 定义:用单词怎样去界定一个物体。

② 描述:对某事寻找一种解释或描述。

③ 名称:用名字确认某事。

④ 陈述:对事实、证据、规则、理论、总结、信仰等的陈述。

⑤ 报告:对一本书或文件写出摘要或报告。

⑥ 替代:获得一种符号的操作行为,通常是教学或科学评价。

⑦ 评价:对某物的价值进行判断或估计。

⑧ 观点:根据证据得出肯定或否定的结论,并说明为什么。

教师特别是新教师可以将以上八种成分系列化,将自己的课堂教学言语定格,让自己的课堂教学语言在一个圈内进行循环(a→b→…→h→a→…)。这有利于教师把课讲得生动活泼,把一个问题讲透,使交流显得逻辑性强。

3) 实施要求

(1) 表达技巧。教师在讲课时,讲话要明白完整,要有适当的表情、声调、语言、表情乃至动作。

(2) 提高对自己言语活动的意识及对学生反应的敏感性。教师在讲授中要善于"察言观色",提高对学生反应的敏感性,从中获得反馈信息,不断调整言语交往活动的方式和内容。

(3) 尽可能为学生提供词义理解的机会。

---

① [苏]苏霍姆林斯基著:《给教师的建议》(下),教育科学出版社1981年版,第289页。

(4)建立合作、默契、和谐的师生关系。

2. 板书结构化策略

1)含义

课堂教学中,教师可以将要讲述的问题在黑板上一个一个书写出来,以增强学生的直观印象,也可将重难点问题步步推演,形象地突现出来,这种用黑板帮助讲课的书写手法称之为板书。课堂教学中的板书,不是孤立的教学活动,而是和讲解、分析、提问、讨论等教学活动联系在一起的。板书要根据教学内容的逻辑结构、课程教学的设计程序、学生的认知结构和教师风格等方面协调统一的需要,有计划、有步骤地灵活运用。为此,板书既要有科学性,又要有艺术性。要达到科学性和艺术性的高度统一,使板书结构化,就是其主要的策略。该策略适合以讲授为主的班级课堂教学情境。

2)实施要求

(1)充分理解、加工教学内容。

(2)设计与教学内容相符、有利于学生记忆和思考、匠心独运的板书。

板书设计是教学艺术化的表现之一,其设计方法或形式多种多样,示例如下。①

① 对比式板书设计,指将内容相互对立而彼此对应的两部分集中在一起而设计的板书。这种板书可使教学内容形成鲜明的对照,使学生清楚地看到其间的区别和联系。如《司马光》一课的板书,如图7-7所示。

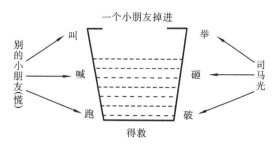

图7-7 《司马光》板书

② 情节式板书设计,指将故事情节用板书展示出来的形式。如《驿路梨花》板书,如图7-8所示。

③ 雁行式板书设计,指把内容设计成鸿雁排阵飞行的板书形式。如《卖火柴的小女孩》一课板书,如图7-9所示。

(3)规范操作。规范操作包含以下几个方面。

① 板书字迹要清楚且要能让所有学生都看见。

② 板书应从左到右,在黑板的四周留空,保持结构美观。

③ 书写板书时,应站在一边,尽可能让你的视线与学生接触,不要对着黑板

---

① 闫承利著:《素质教育课堂优化艺术》,教育科学出版社2000年版,第164页。

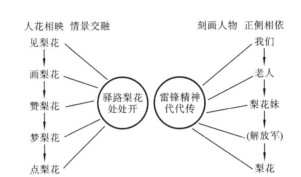

图 7-8 《驿路梨花》板书

图 7-9 《卖火柴的小女孩》板书

说话。

④ 使用彩色粉笔,使结构化板书更有效,更具有艺术性。

⑤ 尽量形成将黑板分成几块的习惯,一块是教学内容结构化栏,一块是作业栏,一块是问题或教学目的栏等。

(4) 突出启发性。

不管什么样的板书,首先都应考虑是否有助于教学内容的传输,其结构化后是否与学生认知结构相容,并不是越结构化越好。所以,教师要研究板书,掌握板书的策略,突出启发性。

四、教学评价策略及其运用

教学评价是指教师通过收集教学过程中的信息,进行判断和决策、反馈和调控的过程。教学评价不仅能为教师调整和改进教学提供充足的反馈信息,而且是学校、家长和社会了解学生学习情况,鉴别学生成绩的主要方式。下面主要探讨认知领域不同层次教学目标的评价策略,并且由于教学评价常常是通过测验进行的,所以也将介绍评价性试题编制的策略。

(一) 认知领域不同层次教学目标的评价策略

布卢姆把教学目标分为认知、情感、动作技能三大领域,其中认知领域又分为知识和智慧能力与技能[①]两大类。智慧能力与技能的教学目标从简单到复杂、由低级到高级又分为领会、应用、分析、综合、评价五种。限于篇幅,以下简要探讨认知领域

---

① 这里的"知识"类似于安德森(J. R. Anderson)所讲的陈述性知识,而"智慧能力与技能"类似于安德森所讲的程序性知识。

不同层次教学目标的评价策略。

1. 知识目标的评价策略

1) 含义

知识目标是根据课程和教学的要求,对某一科目范围内特定要素(事实、原理、方法、过程、式样、结构、环境等)的回忆(recall)或再认识(recognition)。从测试和评价要求看,知识目标仅限于在头脑中想起或识别合适的材料,它最强调的心理过程是记忆。知识目标可分为以下三类:一是具体事物的知识,主要涉及术语的知识和具体事实的知识;二是处理具体事物的方式方法的知识;三是学科领域中的普遍原理和抽象概念的知识。这些知识往往是学习掌握后续学习内容的基础工具,为了了解学生的情况,对知识进行测评是必要的。

2) 操作程序

(1) 知识目标的表述。

为了便于测试的操作,知识目标的表述不仅应准确地陈述对象和内容目标,而且应通过适当的动词或隐含动词准确地陈述行为目标,即注意行为的可观察性。在表述知识目标时,常用"回忆"、"再认"、"记住"、"记忆"、"说出"、"知道"、"区分"、"辨认"等动词,有助于内在记忆能力目标的外显和可观察。

(2) 测试知识目标的试题编制。

测试知识目标的试题主要有两种类型:建构反应题(constructed-response items)和选择反应题(selected-response items)。① 对知识的回忆通常以建构反应题测量,对知识的再认通常以选择反应题测量。建构反应题的形式包括填空题、名词解释题、简答题等。选择反应题的形式常见的有选择题、正误判断题、匹配题等。

3) 实施要求

不论何种类型的知识试题,都应具备两个显著特征:一是试题的准确程度和辨别程度与初始学习水平很相近,不能要求学生回答得比所教的知识更清楚、准确,否则,就超出了知识范畴;二是在试题中不应出现学生没有学过的术语或情境,否则,就不是在测试所教的知识,而是在测试不熟悉的词汇。

2. 领会目标的评价策略

1) 含义

领会是最低层次的理解,是指个人不必把某种材料与其他材料联系起来,也不必弄清它最充分的含义,便知道正在交流的是什么,并能够运用正在交流的这种材料或观念。领会按其作用的不同可分为由低到高的三级水平,即转化、解释和推断。转化是指变换信息形式而使其内容保持不变,解释是关于信息的说明或概述,推断是指把趋势或倾向延伸到已知数据范围以外,以求确定与原有信息所述条件相符合

---

① 建构反应题和选择反应题基本可以对应于以往主观题和客观题的划分,但也有例外。比如,填空题因为没有提供备选答案,需要学习者生成答案,所以是建构反应题,但由于其答案具有唯一性,所以又是客观题。

的含义、后果、必然结果、效应等。

2）实施要求

实施要求包含以下几个方面。

（1）领会目标的表述常用"变（转）换"、"翻译"、"领会"、"解释"、"预测"、"推导（论）"、"估计"等行为动词或隐含行为。

（2）测试领会目标的材料不应与教学中所用的材料一样，但在语言、符号、复杂性和内容方面都应有类似的特征，要防止把领会目标降低为知识目标或拔高为应用目标和分析目标两种错误倾向。

（3）测试领会的试题既可以用选择反应题，也可用建构反应题。在测试领会时，可给出一段叙述或图表等，然后向学生提出各种不同的问题，这种综合题大多涉及转化、解释和推断三级水平，对评价领会目标很有用。

（4）领会目标的三级水平在教学与测试中既有联系又有区别。在编制试题时，转化只包括信息的各种要素，而不包括要素之间的关系；解释除包括要素外，还包括要素间的内在联系；推断既涉及转化，又包括解释，要求超越文字信息的限制。

3. 应用目标的评价策略

1）含义

应用指将所学知识用于新情境，即在特殊、具体情境中使用抽象概念、原理、理论、定律、规则等。应用被视为学生真正掌握知识的标志，只有将概念或原理应用于新的情境才能算是真正"理解"了它。

2）应用能力的鉴别

布卢姆根据学生的行为，把应用能力分为以下八类。

（1）判断哪些原理和规则适合于处理新疑难情境。

（2）重述问题，以判断哪些原则和规则对于解决问题是必要的。

（3）确定某个特定原理或规则成立的限度。

（4）识别某个特殊规则的例外情况，并说明理由。

（5）运用已知原理解释新现象。

（6）运用适当的原理或规则对新情境中可能发生的情况作出预测。

（7）运用适当的原理或规则去确定或认可新情境中某项特殊的行动或决策过程。

（8）说明在既定疑难情境中运用某个或几个原理或规则的理由。

2）实施要求

实施要求包括以下几点。

（1）疑难情境必须是在教学中未遇见过的新的、不熟悉的。

（2）新问题或情境应当是可以运用已学原理或规则来解决的。

（3）对不同类型应用能力的测试有不同的要求、策略和技术，问题类型要选用适当。

4. 分析目标的评价策略

1) 含义

分析即分解,指把对象分解为若干的组成要素或部分,以明确其层次、组成成分或内在联系。分析是高层次的理解,它包括要素分析、关系分析和组织原理分析。分析能力是一种复合能力,它要利用知识、领会、应用等能力,但又不受其限制,这种能力是"领会"发展的更高阶段,是进行复合评价的前提,也是创造性综合的先决条件。

2) 分析能力的鉴别

根据学生的行为不同,分析能力可以分为以下六类。

(1) 运用给定的分析准则,对单词、短语、表述进行分类。

(2) 根据已知线索,推断没有直接阐明的特性或特征。

(3) 根据一定的准则关系推断出其中必然蕴藏着的、必不可少的内在性质、假设或条件。

(4) 运用一定准则推断材料的式样、次序或排列。

(5) 识别作为整个材料或活动的基础的原理或形式。

(6) 推断出材料以之为基础的特殊结构、目的和观点。

以上六类分析行为中,第(1)、(2)类属于要素分析;第(3)类属于关系分析;第(4)、(5)、(6)类属于组织原理分析。教师可针对不同的分析能力选择适当的题型进行测试。

3) 实施要求

实施要求包含以下几个方面。

(1) 试题给出的疑难情境、文献、材料等必须是新的、不熟悉的或在某些方面不同于教学中使用过的。

(2) 各类分析行为应通过测试题目进行抽样挑选,试题应由易到难排列,较难的试题的难度(或复杂程度)至少应等同于教学中所用材料的难度。

5. 综合目标的评价策略

1) 含义

综合是指把各种要素和组成部分组合成一个整体。综合是通过对各片断、部分和要素的加工,把它们组合成一个原先不那么清楚的模式或结构的过程。在综合中,对问题的回答不能预先确定,每个学生都可以对问题作出独特的回答。教师则按学生所展示的过程、作品的质量或者支持这种综合的证据和理由的质量来评价优劣。

2) 综合能力的层次

根据在综合活动中所创造的产品的质量,综合可分为以下三个层次:

(1) 作出独特的信息交流;

(2) 制订工作计划或打算进行的成套操作;

(3) 推导一套抽象关系。

3）实施要求

实施要求包含以下几个方面。

（1）需要综合的问题、任务、情境对学生来说应该是新的，或者在一定程度上不同于教学中已采用过的。

（2）综合目标的测试题型可以采用选择反应题，但更宜采用论述等建构反应题。

（3）综合目标可以开卷考核，在需要的时候，学生可以运用各种参考资料帮助解决问题，在时间、工作条件和其他规定方面应尽可能不同于典型的、受控制的课堂考试情境。

（4）对学生活动产品的评价，可从三个方面进行：一是完成任务的适合性；二是制定过程适合性的根据；三是对读者、观察者、观众等的影响。

6．评价目标的评价策略

1）含义

评价是指为了特定目的对材料和方法进行的价值判断。判断可以是定量的，也可以是定性的，判断的准则可以是给定的，也可以是学生自定的。评价目标可以分为两个层级范畴：一是依据内在证据作判断，主要是从逻辑上的准确性、一致性和其他内在准则来判断；二是依据外在准则作判断，主要是通过挑选出来的或回忆出来的准则对资料、方法等进行评价。

2）评价的分类

根据学生的行为，评价可以分为以下六类：

（1）判断材料、作品等的准确性、精密度和谨慎程度（内在准确性判断）；

（2）判断材料、作品等的论据的连贯性，假设、证据和结论之间的关系，以及逻辑和组织的内在一致性（内在一致性判断）；

（3）识别用于作品中某特殊判断所持的价值观和观点（内在准则判断）；

（4）通过与其他作品比较对一作品作出判断（外在准则判断）；

（5）用给定的准则和规格来判断一作品（外在准则判断）；

（6）用自己制订的准则和规格来判断一作品（外在准则判断）。

3）实施要求

实施要求包含以下几个方面。

（1）提供给学生评价的问题情境或材料必须是新的、学生不熟悉的或在一定程度上有别于教学中用到的。

（2）应根据教学大纲的要求来确定评价测试的难易程度。

（3）评价准确性的判定从两方面进行：一是与专家评价对照比较；二是要看对这个评价的解释、论证、辩护是否充分。

（4）测试题既可是选择反应题，也可是建构反应题。

（二）评价性试题编制的策略

试题编制是教学评价不可缺少的工作环节。一套试题的科学性和适用性（通常用信度、效度、难度和区分度来衡量),往往会对教学评价结果带来直接的影响。

1. 含义

在教学中教师虽可借用一些已由专家编制好的标准化测验,但大多数测验却是由教师自己编制的。这种由教师自己编制的、适合临时教学目的的测验,其客观性和标准化程度虽都不如标准化测验,但却是每一个教师都必不可少的日常工作。由于教学内容不同、教学和评价目标不同,因此,试题也就不同,但就一套测验题而言,往往包含选择反应题和建构反应题两大类。

选择反应题通常有选择题、是非题、匹配题等形式,它适于测量知识、领会、应用、分析几个层次的认知目标。选择反应题能使学生在限定时间内回答足够的试题数量,保证对知识内容的覆盖率;选择反应题备有明确的标准答案,评分准确、简单、可靠,可采用计算机阅卷;但选择反应题不易编制,测验时也易受考生阅读能力的影响,而且不能排除考生对答案的猜测。建构反应题是向学生提出一些问题,要求学生自己生成答案来回答,其特点是学生可以相对自由地反应。建构反应题通常包括名词解释题、填空题、简答题、论述题、论文题等多种形式。建构反应题适于测量较高层次的认知目标,特别是综合、评价两级认知目标。建构反应题容易编制,但评分困难,而且可靠性差;建构反应题不易回答,耗时长,在限定时间内答题数量有限,对知识的覆盖率低,无法保证内容效度,测验成绩易受学生写作能力影响。此外,操作测验也是常用的,操作测验是指模拟在一些自然情境下的实际操作情况所进行的测验,包括纸笔操作测验、辨认测验、模拟的操作测验、工作样本操作测验等。操作测验本质上是一种问题解决行为,既适于测评认知技能目标,也适于测评动作技能的目标,但编制较难,准备和实施费时,记分较难且不易控制测验,也不容易标准化。

2. 操作程序

1) 选择反应题的编制

(1) 是非题的编制。

是非题是判断某个陈述是否正确的题目类型。其编制要求如下:

① 叙述的概念必须单一,避免两个以上的概念在同一题中出现;

② 措辞必须明确,答案必须明确;

③ 叙述要简短、明了,避免使用复杂的语言结构;

④ 应避免使用可能暗示答案的特殊词汇;

⑤ 应正面叙述,避免使用否定叙述和双重否定叙述;

⑥ 对和错的题数应大致相等,且应随机排列。

(2) 多项选择题[①]的编制。

多项选择题是由题干和几个选项构成的试题,其题干可用单词、问句、陈述句表

---

① 多项选择题(multiple-choice item)是国外教材通行的说法,是指由一个题干和一组可能反应组成的一种客观测验项目,这里的"多项"是指题目选项有多个,它涵盖了国内教师通常所说的"单项选择题"、"多项选择题"和"不定项选择题"。

示,选项可用短句或词组表示。其编制要求如下:

① 题干意义必须完整;
② 题干陈述要明确;
③ 各选项要简短;
④ 各选项在形式上应协调一致,字数大体相当,诱答要有迷惑性;
⑤ 题干和选项之间应注意逻辑和语法上的联系,避免提供正确答案的暗示或线索;
⑥ 同一组题中,各题的选项数目要相同,正确答案的位置应随机排列。

(3) 匹配题的编制。

匹配题是由一列问题和一列答案所构成的,其中,问题相当于多项选择题的题干,答案相当于选项。其编制要求如下:

① 各题干或各选项在性质上必须相近,不能混合交叉;
② 指导语要讲清匹配的依据,并告知每个反应(选项)可用几次;
③ 选项数目应多于题干数目,以降低猜测率;
④ 同一组材料的题干和选项尽可能印在同一页上,题干和选项前分别用不同的符号编码。

2) 建构反应题的编制

(1) 填空题的编制。

填空题是由回答者对删去的句中关键词或段落中的句子进行补充填答的题目类型,其编制要求如下:

① 答案最好唯一确定,不要有两个或多个;
② 要求填充的必须是具有重要意义的词句;
③ 空格不宜太多,以免破坏完整的题意;
④ 空格尽量放在中间或最后,且每个字空格的长度要一致;
⑤ 测题不宜直接抄录教材,以强调知识的应用而避免学生死记硬背。

(2) 简答题、论述题或论文题的编制。

简答题、论述题或论文题的编制有如下几个要求:

① 应根据测量目标和材料的性质来确定试题的适当限制程度;
② 陈述的问题应明确,具有启发性,并提出作答的具体要求;
③ 用若干个小问题代替一个大问题,既便于学生作答,又便于教师评分;
④ 在命题时应拟好评分规则和标准,并应将各种可能出现的答案情况尽量列出。

3. 编制要求

1) 明确测验目的,分析测验目标

首先应明确测什么,有何用途和性质;其次,借鉴前文所述"认知领域不同层次教学目标的评价策略"来分析测验目标。

2) 编制命题双向细目表

双向细目表中的"双向"一是指测验的目标或学习结果,另一是指具体测验的内容(如表 7-6 所示,表中数字为各种测验的分值)。

表 7-6 中学生物测验双向细目表

测验内容	测验目标			合计
	知识	理解	应用	
生物特点分类	9	12	9	30
生命历程	12	16	12	40
环境生态	6	8	6	20
生物实验	3	4	3	10
合计	30	40	30	100

3) 命题并拟定标准答案、评分细则

根据双向细目表的规范和要求命题。命题的一般要求如下:①试题的取样应有代表性,试题应当覆盖该学科全部重要的教学内容;②注意难度分布和整套试题的难度;③试题的文字要浅显、简短、明了,不要遗漏必要的条件;④各试题应彼此独立,不应有暗示本题或其他题目正确答案的线索;⑤选择反应题的答案应当唯一,建构反应题的答案应有相当的弹性(填空题除外);⑥试题类型应根据测验的用途、材料的性质和学生的年龄特征而定,一般宜采用多种类型;⑦试题应测量原理的应用,而不应单纯测量学生的记忆;⑧试题数目应当充足,以备删除、淘汰和选用。

4) 试测与分析

对初步拟定的题目应进行测试,并分析题目的性能,从而为进一步筛选题目提供客观依据,试测之后要及时进行项目分析。编制一套测验往往要经过多次试测与分析,最后才能筛选出令人满意的题目。

5) 编制试卷

选出性能优良的题目加以适当的编排即组合成一套试卷。在试卷的编排上,应尽可能将同一题型组合在一起,并将试题按由易到难的顺序排列。每一题都应测量到双向细目表中的一项重要的学习结果,全套试卷应当覆盖整个双向细目表的内容。

【本章小结】

学习策略是指在特定的学习情境中学习者指向学习目标并结合自身特点而采取的学习活动方式,并具体化为有关学习的计划和采取的学习措施。它既可以内隐的规则系统存在,也可以外显的操作程序或步骤表现。学习策略具有意识性、有效性、过程性和程序性。教学策略是教师对教学实施过程进行的系统决策活动,是在特定教学情境中为实现教学目标和适应学生学习需要而采取的教学行为方式或教学活动方式。教学策略具有综合性、可操作性、灵活性和层次性。学习策略与教学策略的价值取向有三个:一是需根据特定情境和目标选择、应用学习与教学策略;二是需根据学习策略选择、应用教学策略;三是需注意学习策略与教学策略的可教性。

学习策略可分为认知策略、元认知策略和资源管理策略。认知策略又可分为复述策略、精细加工策略和组织策略。其中,复述策略要求有效利用抑制和促进、系列位置效应等记忆规律,同时也要求合理进行复习,如及时复习、集中复习、分散复习和过度学习等。精加工策略一方面要求合理利用位置记忆法、首字联词法、谐音联想法、琴栓词法、视觉联想法等记忆术,另一方面也要求采用多种方式,如做笔记、写概要、利用背景知识等灵活处理信息。组织策略则包括列提纲、作图表和运用理论模型等策略。元认知策略具体可分为计划策略、监控策略和调节策略,它总是和认知策略一道起作用。资源管理策略是辅助学生管理可用环境和资源的策略,包括时间管理策略、学习环境管理策略、努力管理策略、学业求助策略。

教学策略可分为教学准备策略、教学实施策略和教学评价策略。教学准备策略包括表达教学目标的策略、教学设计策略和教材加工策略。在表述教学目标时,可采取目标关键词化策略、目标行为化策略和目标演绎策略。在进行教学设计时,可采取任务分析策略和单元水平设计策略。在加工教材时,可采取教材结构化策略和超出预期策略。教学实施策略包括组织教学策略、传输教学内容的策略。在组织教学时,可采取先行组织者策略、学习动机激发策略、问题教学策略。在传递教学内容时,可采用教学言语循环策略和板书结构化策略。教学评价策略包括认知领域六种水平目标(知识、领会、应用、分析、综合和评价)的评价策略和评价性试题(选择反应题和建构反应题)的编制策略。

【思考练习】

1. 名词解释:学习策略、教学策略、认知策略、元认知策略、资源管理策略。

2. 以某一学科教学内容为例,运用目标关键词化策略、目标行为化策略和目标演绎策略进行教学目标设计。

3. 以某一学科教学内容为例,运用板书结构化策略进行板书设计。

4. 设计一堂课,试说明在这堂课中拟采用的学习策略、教学策略及其合理性。

第八章 课程与教学评价

学习目标

1. 了解课程与教学评价的基本含义、历史与功能。
2. 认识课程与教学评价的对象与类别。
3. 掌握课程与教学评价的主要模式与方法。

【问题情境】

"一课两教"引出的思考①

刘老师和张老师都是某小学五年级的语文老师,使用同样的教材上课。在一次教研活动中,他们俩使用不同方法教了《鲸》这一篇课文,引出诸多思考。

刘老师教《鲸》这一课文的过程如下。①填一填。学生读第一自然段,画出有关数量词,然后出示幻灯片,让学生将数字填在空格里。②说一说。让一个学生把自己当成鲸,用第一人称形式向同学们转述课文第二自然段关于鲸进化的内容。③比一比。引导学生读描写鲸的生活习性的第四、五自然段,学生找出描写鲸生活习性的语句,然后填表。④画一画。让学生想象鲸睡觉的样子并画下来。⑤演一演。就"鲸不属于鱼类,是哺乳动物"这一问题,举行模拟记者招待会。⑥课后练习。描述"记者招待会"的情况。

张老师教《鲸》这一课文的过程如下。①读书质疑。引导学生读课文,归纳出三个问题:课文怎样来说明鲸是很大的?鲸的生活习性怎样?为什么说鲸是哺乳动物?②合作探究。让学生从上述三个问题中选择一个进行自主探究,根据学生所选问题进行分组。每个小组4~5人,分工合作,有的读书,有的展示材料,有的画画,有的表演,有的评议。③积累内化。师生对话,漫谈感受;抄写美词佳句。④学以致用。从作业"超市"中任选一题完成,例如,动笔画出鲸睡觉的样子;写一封建议书,建议人们不要随意捕杀鲸;运用课文的说明方法,写一种动物,等等。

两位老师上完课后,参与教研活动的各位老师展开了激烈的讨论:同样一篇课文,怎么会产生两种截然不同的教学活动呢?这一课文,究竟怎样教学才恰当?如果是你来教的话,又会怎样处理课文和安排教学活动呢?

刘老师和张老师的"一课两教"现象,各有什么优势?如何评价两位教师的教学?这是属于课程与教学评价的问题。什么是课程与教学评价,它是如何发展的,课程与教学评价包括哪些基本内容,有哪些基本方法,这些问题就是本章所要回答

---

① 危德雄等:"一课两教"学生收获了什么?载《小学语文教学》2003年第11期。

的基本问题。

在课程实施与教学活动的过程中,评价既是一个十分重要的环节,又是一个不可或缺的要素。在教育领域,课程评价与教学评价的知识和理论是异常丰富的,本章主要从课程评价与教学评价的发展与功能、对象与类型、模式与方法等几方面作些简要介绍和探讨。

第一节　课程与教学评价概述

一、课程与教学评价的含义

基于人们对课程与教学这两个概念关系理解的不同,在研究课程与教学评价时,人们对其所进行的研究也一般分为两种。一种是把课程评价与教学评价分开来谈,这时课程评价,就是以一定的方法、途径对课程的计划、活动及结果等有关问题的价值或特点作出判断的过程,课程评价研究包含了课程目标、课程设计、课程实施、课程效果等整个过程。而教学评价则是对教学活动的准备、过程和结果进行测量、分析和价值判断的过程,涉及教学整体及教学的每一个方面和环节。教学评价不仅要评价学生的学习结果,还要对教学的各个方面,如教学目标、教学过程、教学方法、教学管理、课程设置、教师授课质量等进行评价。另外一种是把课程评价与教学评价整合在一起来谈,称为课程与教学评价。

我们认为,随着美国学者韦迪(R. Weade)"课程教学"概念的提出,随着人们对课程与教学关系的深入理解,人们越来越认识到课程与教学不可分离的关系,认为课程在本质上是一种教学事件,而教学在本质上是一种课程开发与实施过程,课程与教学最终是要融合在一起的。因此,我们认为把课程评价与教学评价整合在一起来谈,称为课程与教学评价比较适宜。课程与教学评价并不是课程评价或者教学评价的另一种简单的称谓,而是既包含了课程评价又包含了教学评价。概括起来说,课程与教学评价是指评价主体基于自己的需要、理想及价值观等而确定一定的评价标准,依据课程与教学目标,采用合适的方法与手段收集、整理、分析必要的课程与教学信息,并根据一定的评价标准对课程与教学的设计、活动实施过程及结果等问题进行价值判断的活动。[①] 课程与教学评价既是课程与教学过程的重要环节,又是课程与教学活动的重要要素。正确理解这一概念,需要明晰以下几个方面的问题。[②]

第一,课程与教学评价的对象是课程与教学的计划、活动及其结果,它主要包括学校课程方案评价、教师教学评价与学生发展评价。它属于教育评价的一个重要组成部分,与整个教育评价对象之间是部分与整体的关系。

[①] 徐继存等主编:《课程与教学论》,山东人民出版社2010年版,第267页。
[②] 夏庆瑞主编:《课程与教学论》,安徽大学出版社2002年版,第215页。

第二,要对课程与教学的评价对象做出科学、正确的判断,就需要运用多种方法系统、全面收集反映评价对象属性的资料,不仅包括考试、测验等量化的方法,还包括观察、调查、文献分析等定性的方法。

第三,课程与教学评价从本质上讲是一种价值判断的过程,它是依据一定的课程与教学目标评价准则来衡量课程与教学的计划、活动与其结果的价值和作用的。

第四,课程与教学评价不能等同于教育测量。教育评价与教育测量是既相区别又相联系的。两者的区别表现如下。首先,两者的着眼点不同。所谓测量是根据某种规则给事物或属性赋值的过程。教育测量就是根据某种规则对教育领域的事物、属性赋予数字的过程,教育测量是为了取得数字;教育评价则是要进行分析与解释,对教育现象作出价值判断。其次,两者的特点不一。与教育评价相比,教育测量是一种纯客观的过程,它要求测量者尽量排除各种主观因素的影响;而教育评价则是主观性与客观性相统一的活动,它既要针对教育活动的客观状态收集信息资料,又要依据主体的需要和目标进行判断,评价者的价值观直接制约着评价的结果。最后,两者的复杂程度不同。教育测量是对教育的某种状态的数量化的描述,它所关心的是量的获得,而由于教育对象的复杂性,单纯的量化难以把握教育对象的属性;教育评价还需要做定性的、质的分析,在程度上较教育测量复杂。两者的联系表现如下。教育测量是作为对教育领域的对象进行的量的测定,它所获得的结果是教育评价所需要的、主要的、可靠的来源,是对教育的状态和价值进行客观判断的前提。如果没有教育测量所提供的资料,教育评价就成了无源之水,就失去了进行教育价值判断的依据和源泉,即教育测量是教育评价的重要基础。另外,教育测量的结果只有通过教育评价环节才能获得实际的意义,否则,测量所获得的结果就是一堆抽象、枯燥的数字,并无任何有意义的价值可言。

由此可见,课程与教学评价是一种主、客观统一的活动。其客观性表现在它要运用多种科学方法全面收集反映评价对象情况的客观信息,把握评价对象"是什么";其主观性表现在对评价信息的判断要依据一定的价值标准来进行,这与评价者对评价对象"该怎样"的主观判断、需求密切相关。

二、课程与教学评价的历史发展

课程与教学评价和整个教育教学系统一起经历了漫长的历史发展过程。总的来说,课程与教学评价的历史发展可以分为古代和现代两个不同的时期。[①]

(一)古代的发展

古代的课程与教学评价产生于我国西周时期,据有关文献记载,我国在西周时期就已建立了考核学生学业成就的制度,有关文献还记载了周王命令静在学宫中掌管射猎,并在一段时间后考验其效果和赏赐他的史实。《礼记·学记》记载:"古之教

---

① 黄甫全主编:《课程与教学论》,高等教育出版社2007年版,第601~605页。

者,家有塾,党有庠,术有序,国有学。比年入学,中年考校。一年视离经辨志,三年视敬业乐群,七年视论学取友,谓之小成。九年知类通达,强立而不反,谓之大成。"这表明《学记》既规定了1~9年的课程内容和课程与教学程序,也提出了在不同的课程与教学阶段,对课程与教学效果进行评价的内容和标准。

汉代以后推行不同的选士制度,课程与教学评价就反映在人才选拔的评价上。汉代的察举制度,是由地方政府的长官,在他们各自管辖的地区内进行考察评论,选拔人才,再经过年试,就可以任官。考试的方法主要是试用,在试用时进行评价,表现好的就可以做官,不好的就放回乡里,有时也采用文字考试的方法。察举制度注意考察和评价实际才能和实际表现,但评价的方法基本上是凭主观判断。魏晋南北朝时期的"九品中正"制是一种不需要考试的主观评定制度。评价和选拔人才由地方上的"中正"官进行。评价的等级分九品,上品可任大官,下品只能任小官,评定品级的标准是门第的高低和官阶的大小。这是一种完全定性式的评价制度,不但具有相当多的主观因素,而且评价的标准非常不合理、不科学,因而不太可能选拔到有真才实学的人才。

隋唐至清末的科举制度为我国教育评价积累了丰富的经验。隋炀帝大业六年(公元606年),开设进士科,用考试的方法来选取进士,考试成为评价人才的唯一手段。到了唐朝,考试的科目就有秀才、明经、进士、明法、明字、明算等科,最常用的是明经、进士两科。唐朝以后,进士科也一直是最有代表性的。科举制的特点是通过各级考试的办法来挑选人才。考试的内容和方法有帖经、墨义、时务策、诗赋杂文等。宋朝为了防止考官认出考卷上的姓名,还创造了考试密封姓名的办法;为了防止考官认出考生的笔迹,还实行专派人员逐卷抄写,然后送考官看卷的办法。明朝和清朝以八股取士,那时对八股文也有一套评价的标准。在内容上要循规蹈矩,以孔子的思想观点为准绳。解释经义时,要以朱熹的《四书集注》为准则,五经要以宋元人注疏为标准。格式上,在一篇文章里,要遵循"八股"要求,字数不能少于300字多于700字,这一套评价的标准,客观上成了当时读书人思维的桎梏。但总的来说,科举制比起汉代的察举制及魏晋南北朝的九品中正制,对人才的测评较为严格和客观,它经历了1300多年的历史,虽然也出现很多弊端,但积累下来的经验是丰富的。科举制度尽管只是一种选拔人才的考试制度,但是其考试内容与形式影响了学校课程设置与教学内容的安排,对当时的课程与教学评价起着导向作用,是教育评价历史上的一份珍贵的遗产。诚然,课程与教学评价的产生是多源头的,除了我国较早地出现教学评价外,在世界其他国家也先后出现了教学评价,为教学评价的发展奠定了基础。古代课程与教学评价的方法主要是通过口试、笔试或观察来判定效果,一般采用主观判断和文字记分,缺乏信度和效度。

(二) 现代的发展

现代课程与教学评价是在改造古代课程与教学评价的基础上,借助于教育科学化运动,通过借鉴和运用心理学、统计学等学科的原理和方法而逐步确立的。它大致形成于19世纪末20世纪初,并在随后的岁月中不断得到完善和发展。根据不同的特点,现代教育评价经历了四个不同的发展阶段,形成了四代不同的教育评价理论和方法。与此相联系,现代课程与教学评价的发展也可以区分为相应的四个基本阶段。

1. 测量阶段

1900—1930年是现代课程与教学评价的测量阶段,它的特点是测量理论的形成和测验技术在课程与教学中的广泛应用。美国有人从1894年开始研究儿童学习拼音的学业成就测量问题,并于1897年发表了测量量表;20世纪初,各种学科学习量表先后问世,形成教育测量热,例如,1908年和1909年发表了算术学业成就测量量表,1910年发表了书法学业成就量表,有关拼字、作文、语文等方面的学业成就量表也纷纷出现。各种学业成就量表产生后,很快为许多学校所采用,例如,1911—1912年,纽约市曾对3万名儿童进行了多种学科的学业成绩测验。俞子夷于1918年编制《毛笔书法测验》,开我国编制教育测量量表的先河。20世纪20年代,教育测验和心理测验,尤其是智力测验量表的编制和试验工作在我国取得了较大进展。总的来看,这一时期的课程与教学评价,基本等同于教育测量,评价者在评价中仅扮演测量技术员的角色,评价的中心任务是"用科学的方法,求客观的标准,以矫正主观方法的弊端",对课程与教学评价中如何科学地解决课程与教学信息的收集问题作出了贡献。

2. 目标模式阶段

1930—1940年是现代课程与教学评价发展的第二个阶段。在美国的"八年研究"中,由泰勒领导的评价委员会的工作是这一阶段课程与教学评价领域最有代表性的工作。这一阶段的特征是对测验结果作描述,评价的目标不再是学生本身,而是研究什么样的学习目标模式对学生学习最有效。例如,泰勒他们编制了许多测验去测量学生是否掌握了教师要求他们学习的那些东西,据此辨别、区分有效的目标模式。

3. 目标参照测验阶段

现代课程与教学评价发展的第三个阶段是20世纪50年代至70年代。这一阶段注重了真正的价值判断问题,目标参考测验开始发展起来。目标参考测验以课程与教学目标为评价标推,关注的是对课程与教学结果是否达到了目标进行判断,它和教育目标分类学的出现联系在一起。关心课程与教学目标的实现,注重以目标为参照系进行价值评判,是课程与教学评价第三个发展阶段的突出特色。这一阶段对评价标准的发展作出了积极贡献。

4. 人本化阶段

20世纪80年代以来,课程与教学评价又有了新发展。项目反应理论把课程与教学评价引向了计算机化和因人施教的方向,模糊评价法发展了课程与教学评价的数据处理技术。人们提出的"第四代教育评价",突出了评价中的人文主义精神,强调评价者和评价对象之间的不断交互作用、共同建构、全面参与,对课程与教学评价做了有益的反思和建设性构想。实质性评价理论也在实验的基础上诞生,实质性评价是贯穿于课程与教学过程始终的特殊课程与教学活动,包括教师的评价、在集体的学习-认识活动中的评价、在学生个别独立的学习-认识活动中的评价三种形式,它特别重视学生自我评价能力的形成及课程与教学评价的良好心理氛围的设计,强调了课程与教学评价中的定性和描述等方面。总的说来,20世纪80年代以来的课程与教学评价,比较关注课程与教学评价的人文精神和教育作用,被视为现代课程与教学评价的第四个发展阶段。

(三)课程与教学评价的发展趋势

考察课程与教学评价的历史发展和现实状况,有助于我们观察课程与教学评价的未来走势。就当前课程与教学评价改革所显示的信息看,结合世界范围课程与教学评价的发展分析,今后一段时间内课程与教学评价发展可能会呈现出以下若干重要趋势和特征[①]。

1. 课程与教学评价指导思想的变化

就对学生的评价而言,过去的评价是为了"选拔适合于教育的儿童",评价就是一种甄别的手段,因此,评价注重其鉴定、选拔的功能,目的在于筛选出适合于接受高一级教育的学生,淘汰另一部分学生。在这一评价过程中,只有少数学生能够获得鼓励,体验成功带来的快乐,大多数学生成了失败者。现代课程与教学评价则与此不同,它把评价看成是整个课程与教学过程的一个有机组成部分,目的在于最大限度地促进每个儿童的发展,"创造适合于儿童的教育",力求发现并选择一切可能的教育方式,形成一种适合于每个学生的教育教学,使教育评价为改进课程计划和教学过程、提高教育教学质量服务、促进每个学生的个性发展服务。当今,一种以促进学校发展、教师发展、学生发展的评价理念已经成为占主导地位的评价思想。我国基础教育新课程改革体现了评价的这种发展变化,课程改革纲要强调课程与教学评价不仅要关注学生的学业成绩,而且要发现和发展学生多方面的潜能,了解学生发展中的需求,帮助学生认识自我、建立自信。我们要发挥评价的教育功能,促进学生在原有水平上的发展[②]。

2. 课程与教学评价范围的变化

课程与教学评价的范围突破了仅仅评价学生学习效果的狭窄范围,对象逐步扩展到课程与教学的计划、课程内容及其结果,既包括学生的学习与素质全面发展的状况,又包括课程的设置、教学计划与设计、教学的实施状况以及课程与教学的组织与管理机构。课程与教学评价从仅仅作为考察教学成效的措施与手段,进而发展成为对课程与教学进行全面评价的必要措施。《基础教育课程改革纲要(试行)》明确

---

① 夏庆瑞主编:《课程与教学论》,安徽大学出版社2002年版,第220~221页。
② 《基础教育课程改革纲要(试行)》,《中国教育报》2001年7月27日。

指出:"建立促进课程不断发展的评价体系。周期性地对学校课程执行的情况、课程实施中的问题进行分析评估,调整课程内容、改进教学管理,形成课程不断革新的机制。"①

3. 课程与教学评价方法的变化

课程与教学评价的方法从现代教育评价产生之初的单一的定量分析,趋向定量与定性的结合。早期的课程与教学评价主要使用测量、统计等定量分析的方法,这相对于古代考试的主观评定来说,其在客观性、公正性方面是一种进步。但是随着课程与教学对象研究的深入,人们认识到对复杂的课程与教学现象,仅仅依靠单纯的测验、统计等量化方法难以恰当地反映实际情况,而且单纯的定量分析也达不到评价目的的要求。因此,人们从实际情况出发,把定量的测验、统计方法与定性的调查、观察、交流讨论等方法结合起来,以对课程与教学对象做出更为科学、有效的判断。《国家中长期教育改革和发展规划纲要(2010—2020年)》强调要"根据培养目标和人才理念,建立科学、多样的评价标准。开展由政府、学校、家长及社会各方面参与的教育质量评价活动。做好学生成长记录,完善综合素质评价。探索促进学生发展的多种评价方式,激励学生乐观向上、自主自立、努力成才。"②

4. 评价对象在课程与教学评价中的作用日益受到重视

实践证明,任何评价如果没有评价对象的积极参与,都很难达到预期的目的。现代课程与教学评价已不再把评价对象看成是被动接受检查的客体,而是把他们看成是参与评价的主体,采取多种途径和方法,使之积极参与评价过程。在许多课程与教学评价中,自我评价都成了重要的组成部分,重视评价对象的主观能动性,把评价过程看成是评价对象自我检查、自我分析、自我提高和自我教育的过程。

三、课程与教学评价的功能

课程与教学评价的功能可以从不同角度去考察。从领域上分,有教育性功能和管理性功能;从性质上分,有正功能和负功能;从评价对课程与教学活动产生的作用上分,可以把课程与教学评价的功能分为以下几个方面③。

(一)导向功能

课程与教学评价总是要依据一定的标准来展开,而这个评价标准通常就是课程目的或教学目标。课程与教学评价通常以教育目的、评价目的和评价理论作为价值判断的标准,设置评价指标体系,然后根据评价标准进行评价。在指标体系的指导和定向下,通过评价我们能进一步明确课程开发的原则,了解课程与教学的价值,澄

---

① 《基础教育课程改革纲要(试行)》,《中国教育报》2001年7月27日。
② 《国家中长期教育改革和发展规划纲要(2010—2020年)》,新华网2010年07月29日。
③ 裴娣娜主编:《教学论》,教育科学出版社2007年版,第292页。

清对课程与教学的模糊认识,纠正课程实施过程中的不恰当做法。评价标准像一个方向盘,指导课程开发和使用的方向与过程,左右着教师和学生的教学活动的准备、展开和结果。通过课程与教学评价,不仅教师能判断自己的教学活动与目的或目标之间的"距离",而且学生也能够获得自己"达标"的水平与层次,有利于教师的教与学生的学指向或转向课程目的或教学目标,有利于导向课程实施的方向与教学过程的进程。因此,在课程与教学活动中,课程与教学目标就像"指挥棒"一样,为评价对象指明了方向。

(二)诊断功能

通过课程与教学评价,师生不仅可以了解自己的教学和学习的变化与进展,而且还能够发现其中事实上存在或可能存在的问题,而这些现实的或潜在的问题就是思考和改进课程实施的依据,也是促进教与学的出发点与依据。课程与教学评价是检查课程和教学工作的重要手段,根据评价标准对搜集的课程与教学现象和信息进行整理分析,能够发现课程方案、教学计划、教学方法与手段、学生学习中的优缺点和存在的问题,从而为修改课程方案,选择适当的教材、方法、手段,改善学生的学习提供重要的信息。评价能够对课程与教学的各个因素或各个方面的优良程度进行鉴定,确定其价值的大小,衡量是否达到了应有的标准,具有诊断、鉴定的功效。

(三)激励功能

课程与教学评价要做出区分水平高低、评定等级的结论,这往往直接影响评价对象的形象、利益、荣誉等,因此,评价往往有助于激发评价对象的成就动机,使他们追求好的结果,激励他们全力以赴做好工作,研制出好的课程方案,设计出好的教学计划。课程与教学评价可以给教育工作者提供反馈信息,为课程决策者和教学活动实施者进一步做出决策服务,也为课程实施者和教学活动中师生双方不断自我调节和改进服务。评价常常可以激发被评价者的成就动机和工作积极性,能在某种程度上获得精神上的满足和心理上的成就感,给人以发扬成绩和继续努力的动力,从而促进人的主动性和工作热情。

(四)调节功能

课程与教学评价不仅能够诊断问题,而且能够运用反馈信息原理,通过评价及时获得课程与教学过程中的有关信息,并以此为依据及时调整教育活动,对形成有效的课程方案、教学设计、教学材料与工具发挥积极的作用。在"八年研究"的实验中,泰勒指出,"评价过程实质上是一个确定课程与教学计划实际达到教育目标的程度的过程",为此,他把评价作为课程编制的一个重要步骤。通过评价,了解目标与计划之间的差距,不断地修改教育目标与教育计划,从而实现"通过评价改进教程"的目的。

(五)鉴定功能

通过课程与教学评价,人们可以区别、鉴定一定的组织(学校)、方案(课程与教学计划)和个体(学生、教师)等对象的某些方面或各方面水平的优劣程度,确定其价值的有无与大小,衡量其是否达到了应有的标准、是否实现了国家和社会所赋予的任务,为其评定相应的等级。科学、合理、公正的课程与教学评价所区分的优良和鉴定的等级,是教育管理科学化的基础。

总之,评价不但能发现和诊断问题,而且是课程与教学活动的重要环节。通过对信息进行鉴别、筛选、分析、综合、加工,课程评价能真实地反映课程现状与目标的偏离度、现存问题及有待修正的方面,能及时提供反馈,使课程不断得到改正和完善,从而最终收到促进课程发展的效果。当然,也需要认识到,评价是一把"双刃剑",它虽有上述积极的功能,但也会产生一些消极的效应。特别是当评价的标准本身设置不当时就可能产生负面效应。因此,教育工作者要关注课程与教学评价中可能产生的各种消极效应,研究如何预防、减弱和消解这些消极作用。

第二节 课程与教学评价的对象及类型

一、课程与教学评价的对象

课程与教学评价的对象是十分广泛的,既可以是对课程与教学整体进行评价,也可以选择一个或某个方面、环节进行评价,课程与教学从设计到实施的整个过程都可以列入评价范围。课程与教学评价涉及的对象包括学生、教师、课程与教学计划、课程与教学大纲、教材及教学过程等。但从根本上来说,课程与教学评价的对象中最主要的是课程与教学设计、教师实施课程的教学活动、学生学业成就、课程与教学系统及课程与教学评价等方面。[①]

(一)课程与教学设计

把课程与教学设计作为评价对象,是要考察课程与教学目标、指导思想和实施路径等问题。对课程设计的评价主要是对课程要素的评价。课程的具体要素包括课程计划、课程标准、教材、课程实施和课程成果等。下面主要就课程计划、课程标准、教科书评价作些简单介绍[②]。

1. 课程计划评价

课程计划是在教育目的规范下对不同学校的课程进行全方位规划的指导性文件。课程计划评价就是对课程设计的指导思想、培养目标、课程设置等方面的价值评判。课程计划评价主要有课程编制的指导思想评价(包括对现行课程的问题的诊断性评价、社会各界对课程客观需求的评价以及课程改革的必要性与可能性评价)、课程目标评价(包括课程目标与培养目标的一致性、课程目标的全面性与充分性、课

[①] 李方主编:《课程与教学基本理论》,高等教育出版社2002年版,第345~347页。
[②] 王本陆主编:《课程与教学论》,高等教育出版社2009年版,第126~129页。

程目标实现的现实可行性、课程目标表述的准确性)、课程设置评价(包括课程设置与课程目标的一致性程度,课程结构、课时安排的合理性)、课程基础建设评价(包括对教学思想建设、师资队伍建设、教学条件建设、实验室建设和教材建设等的评价)。

2. 课程标准评价

课程标准是根据课程计划,以纲要的形式编定的有关学科教学内容的指导性文件,它反映某一学科的教学目的、任务,教材内容的范围、深度、结构,进度和方法上的基本要求。课程标准评价的目的是依据学科培养目标,审查标准所规定的教育内容是否提供了实现培养目标所必需的知识,是否有助于学生的发展。学科教学目标的评价,主要应考虑如下问题:学科教学目标与课程计划的一致性,如学科教学目标是否重复,是否在总体上涵盖了课程计划的整体目标;学科目标与学科性质的一致性,预定的学科目标必须符合该学科的性质;学科教学目标和学生身心发展现有水平的关系。一方面,目标的设置要以学生现有身心发展水平为基础,并且是学生通过努力能够达到的,即学科目标要有可接受性;另一方面,学科目标应具有一定的挑战性,以便最大限度地促进学生发展,即学科目标要有促进作用。学科内容的评价涉及所选内容与学科目标的一致性、内容的深度和广度、内容与学生需要和年龄特征的关系等问题,它是课程标准评价的核心内容。

3. 教科书评价

教科书是根据教学大纲,系统表达学科内容的教学用书。一般由目录、课文、练习、实验、注释、图表、附录等部分组成,其中,课文是教科书的主体核心部分。教科书评价包括以下几个方面:课文内容材料与教学大纲规定的教学目标之间的一致性评价;课文内容材料的科学性与思想性评价;课文内容的继承性与时代性评价;课文内容材料与发展学生迁移能力的关系的评价;课文内容组织的合理性评价;课文内容材料及组织形式对学生的适宜性评价等。这些都是评价和衡量教科书的重要方面。

对教学设计的评价主要包括对教学目标、教学内容、教学策略、教学媒体、教学环境的评价。评价是教学设计的有机组成部分,它使教学设计更趋有效,并能调节教学设计人员的心理因素。由于教学设计的成果较多地体现在课堂教学方案、媒体和教学材料之中,所以教学设计评价的指标,主要是课堂教学的评价指标和教学材料的评价指标两大类。课堂教学的评价指标又包含与目标因素有关的指标、与学生因素有关的指标、与教师因素有关的指标、与教材因素有关的指标、与教学方法和管理有关的指标等;而教学材料的评价指标,则强调教育性、科学性、技术性、艺术性和经济性等基本标准。

(二) 教师实施课程的教学活动

教师实施课程的教学活动包括备课、上课、课外辅导、作业评改指导和考查考试等环节,主要是教师钻研和使用课程与教学材料的活动和教师运用相关的教学方法、手段的活动。教师实施课程的教学活动的评价,是考察教师是否以课程作为其教学策略的出发点,是否以课程材料(课程计划、课程标准、课本和其他教学材料)作为课程与教学活动的基本依据。同时,也考察课程材料对教师实现课程与教学目标的适应性、可行性和有效性。此外,教师实施课程的教学评价,还体现在为适应学生不同的需要,对课程与教学材料所作的补充、删节和适应,以及对课程与教学环节、方法、策略、媒体的调节和运用上。

(三)学生学业成就

学生的学业成就,也是课程与教学评价的主要对象之一。学生学习活动的结果主要反映在学业成就上。课程设计和教学活动的目标和效果,是通过学生的学业成就直接反映出来的。学生学业成就的评价,是课程与教学评价中最核心、最基本的活动。一般而言,在校生的学业成就的评价,包括平时学业成就和最终学业成就的评价,评价的领域包括认知领域、情感领域和动作技能领域,常以认知领域为主,认知领域包括识记、理解、应用、分析、综合、评价等六类。

目前,我国推行的素质教育十分重视对学生整体素质的全面评价,其中又以创新意识和实践能力为核心。为了全面而准确地评价学生的学业成就,必须正确地确立学生学业成就评价的标准和方式方法。评价标准的确定,必须贯彻有利于学生全面发展、减轻学生负担的指导思想,要依据课程与教学的目标,从学生的实际情况出发,注意做到社会标准与科学标准相结合、效能标准与素质标准相结合。作业是学生平时学业成就的重要组成部分,对作业的评价,要善于个别指导,因材施教,评分评语要准确中肯,恰如其分。对学生进行考评包括命题、考评的组织实施、记分和评定评语等环节,衡量考评质量的基本指标有信度、效度、难度、区分度、标准差等。学业成就要根据学校规定的记分法和合成法来评定,评分和分数合成时应做到公平合理,还可要求学生对学习质量进行自我评价。

(四)课程与教学系统

把课程与教学系统作为评价对象,主要是考察系统中各有机组成部分的整体效应,以及环境的作用。课程系统与教学系统是学校教育中比较重要的两个相对独立的子系统。课程系统是课程决策和课程实施的系统,它有编订课程、实施课程、评价课程三项基本职能。课程系统的主要职能是编订课程规划,使它通过课程与教学系统得到实施,并使它根据评价的反馈信息来加以修改。课程实施包含课程改革、课程与教学策略和影响课程实施的因素等。无论如何,任课教师都是主要的能够实施课程的人员。评价课程包括评价教师使用课程、评价课程设计、评价学生学业成就和评价课程体系。

对课程与教学系统的评价,必须考察系统的各部分及其整体流程。课程与教学系统由教师、学生和教学内容、反馈信息组成。评价课程与教学系统的运作是否优化,需涉及教学时间、教学量、负担、成本、学业成就等变量,要实现课程与教学系统的最优化,必须对与教学成就有关的各种变量实行最优化控制,即对课程与教学过程的诸因素实行最优化的控制,使花的时间尽可能短,使学生在同等时间内课程与教学量尽可能多,负担最轻,成本最低,而学业成就最好。

(五)课程与教学评价

课程与教学评价本身也是评价的对象。判断课程与教学评价的价值与效果,即对课程与教学评价的评价,称为元评价(meta-evaluation)。元评价,就是在评价过程中,为了检讨评价方案的实施过程与结果,借以总结成功经验和纠正评价工作之不足,而对正在进行或已完成的评价进行价值判断。元评价的关键是如何确定元评价的标准,即用什么样的标准来评价一项评价活动。

二、课程与教学评价的类型

课程与教学评价有许多不同的类型,评价的依据与标准不同,对课程与教学的评价分类就会不同。下面介绍几种主要的分类[①]。

(一)以评价主体为依据的分类

以评价主体为依据,可将课程与教学评价分为他评价与自评价。

1. 他评价

他评价,是指作为非评价对象中的其他主体对评价对象的评价。例如,对教师教授质量评价,他评价主要是学校方面(包括同行教师、学生和领导)对教师授课质量的评价,还有家庭评价和社会评价。

他评价是一种外部的显性评价,它通过外人对评价对象进行明显的(或看得见的众所周知的)统计分析或文字描述。他人评价比较客观、真实,可信度较高,更容易看到成绩与问题所在,也更有益于评价对象总结经验及相互学习,达到共同提高的目的。他评价可以作为一面镜子,从外部反映评价对象的客观情况。俗话说"旁观者清,当局者迷",在人们的行为中,有许多东西是自己难以看清楚的,必须通过别人的评价才能看清,才能做出正确的判断。从这个意义上说,他评价是课程与教学评价的最主要方面。他评价从外部反映评价对象的客观情况,对课程设计和实施有更宏观和理性的把握。

2. 自评价

自评价,是指评价对象作为评价主体对自我进行的评价。自我评价的过程有时是内隐性的,它通过思想内部的"反省"、"自查"、"检讨"、"总结"、"自判"等方式来进行。自评价有时也具有外显性,如给自己的课程与教学工作评分,或者写出自评报告,给自己的思想品德写出自我鉴定,等等。对于某些隐性的评价内容,他评价往往难以发现,只有自评价才能反映出来,因此自评价可以弥补他评价的某些局限性。理性的自评价通常有较高的准确性,有利于增强自我评价意识和自我评价能力,及时调节和改进工作,有利于培养自我判断和自我发现的能力,有利于促进自我教育和自我完善。当然,由于自我评价缺少外界参照系,评价者往往高估或低估自己,使

---

① 黄甫全主编:《课程与教学论》,高等教育出版社 2007 年版,第 612~618 页。

自我评价的结果可能对成绩与问题的估计发生偏差。

(二) 以评价标准为依据的分类

依据评价标准的不同,课程与教学评价有相对性评价、绝对性评价与个体内差异评价。

1. 相对性评价

相对性评价是一种依据评价对象的集合来确定评价标准,然后利用这个标准来评定每个评价对象在集合中的相对位置的评价类型。它的基本特点是:由评价对象组成的群体的整体状况,决定着每个群体成员的水平,标准源于该群体,也只适用于该群体,标准依群体变化而变化。相对性评价的标准常常以群体的平均水平为基点。在现实生活中,智力测验和标准化测验是常见的相对性评价。

2. 绝对性评价

绝对性评价是在评价对象的集合之外确定一个标准,评价时把评价对象与客观标准进行比较的评价。绝对性评价具有标准比较客观的特点,特别适用于以鉴定资格和水平为宗旨的课程与教学评价活动。只要评价过程是科学合理的,那么,绝对性评价的结果就可以在很大程度上表现出评价对象达到客观标准要求的水平。在实际工作中,确保评价标准的稳定性、客观性和准确性,是提高绝对性评价科学化水平的关键。

3. 个体内差异评价

个体内差异评价是一种把每个评价对象个体的过去与现在进行比较,或者把个体的有关侧面相互进行比较,从而得到评价结论的评价类型。它以评价对象个体的自身状况作为参照系,有两种具体的方法。一种是把评价对象的过去与现在进行比较。例如,某学生期中考试语文成绩为 75 分,期末考试语文成绩为 85 分(假定两次考试的难度相当),通过比较,可断定该生的语文学习有进步。另一种是把评价对象的某几个方面进行比较,考察其长处与不足。例如,可以从计算能力、图形感知能力、逻辑推理能力和解决数学问题能力等各个侧面来评价一个学生的数学水平,找出其数学能力中的强项和弱项。

个体内差异评价照顾到了评价对象的个体差异,不会给评价对象造成竞争压力,同时,可以综合地和动态地考察评价对象的发展变化。因而,在课程与教学实践中,它常作为改变差生、促进教师和改善材料的措施被使用并收到过好的效果。但它也有局限性,由于不存在客观标准,又没有外部比较,很难确定评价对象的真实水平,提供给对象或主体的有效反馈信息也有限。

(三) 以评价作用为依据的分类

依据评价所起的主要作用的不同,课程与教学评价可以分为诊断性评价、形成性评价与终结性评价。

1. 诊断性评价

诊断性评价一般是在某些活动之前所进行的预测性、测定性的评价。其目的是了解和掌握评价对象的基础和状况,为制定教学措施做准备,为因材施教提供依据。课程与教学评价中的诊断性评价是为了使课程与教学适合于学习者的需要和背景而在一门课程或一个学习单元开始之前对学习者所具有的认知、情感和技能方面的条件进行的评估。诊断性评价旨在促进学习,为缺少先决条件的学生设计一种可以排除学习障碍的课程与教学方案,或为那些已经掌握了一部分或全部教材内容的学生设计一些发挥其长处并防止厌烦和自满情绪的学习方案。诊断性评价可以在课程与教学开始前进行,也可以在课程与教学过程中进行。教师对学生进行诊断性评价,目的是对差生设计一种补救性的课程与教学方法,排除学习的困难,同时对较好的学生,根据他们的优点设计一些补充的课程与教学方式,促进其学习。诊断性评价不仅重视诊断现状,而且重视指导和改进。

2. 形成性评价

形成性评价也叫过程评价,是指在课程研制、课程与教学过程和学习过程中对课程编制、教师的教学和学生的学习的动态状况进行的系统性评价,目的是及时了解活动进程的效果,及时反馈信息,以便及时修正、及时调节、及时强化。这种评价的结果,主要用于改进工作,不注重区分等级,只注重发现问题。形成性评价的宗旨主要在于为课程与教学提供频繁而及时的反馈,从而帮助课程工作者改进课程、帮助教师改进课程与教学、帮助学生改进学习,并且不与课程质量、教学质量和学习成绩挂钩。这是它和终结性评价的一个重要区别。形成性评价有助于改进课程的编制,改善教师的教学和学生的学习,可进一步强化学生的学习,为教师提供反馈信息。

3. 终结性评价

终结性评价是在课程与教学活动告一段落时,为了解并确定其成果而进行的评价。它的主要目的是评定成绩,做出结论,或者评定措施的有效性。它的最重要的功能就是确认达到目标的程度,如期末考试、年终考评等,都可以看成是终结性评价。终结性评价的目的在于以预定目标为标准判断课程的整体效果或判断学生的学习成效,是一种事后评价,可以判定课程的价值大小、教师的工作实效、学生的学业成绩,并提供反馈,以决定下一步活动方案。

(四)以评价目的为依据的分类

按照课程评价的不同目的,可以把课程与教学评价分为决策性评价、研究性评价和工作性评价三类[①]。

1. 决策性评价

决策性评价一般由教育行政部门召集人员或委托专门机构来开展评价,目的是通过对正在使用中的课程的价值和教学的合理性、有效性做出判断,为调整有关课程改进教学的法律法规和重大决定提供信息。它主要关注课程与社会、课程与学生、教学与政策等宏观性问题,如课程与教学的社会效益如何,课程与教学对学生发

---

① 王本陆主编:《课程与教学论》,高等教育出版社2009年版,第123页。

展起了什么作用等。

2. 研究性评价

研究性评价一般是课程与教学理论工作者为新课程的开发,或者为获得和积累改进现行课程与教学所需要的资料信息,而对现行课程与教学所进行的评价。它多侧重于关注课程与教学的合理性和价值等课程与教学本身的问题,如现行课程与教学的优势和缺陷有哪些,如何进行有针对性的改进等。

3. 工作性评价

工作性评价一般是课程与教学实施主体之一的教师为课程与教学是否对学生的影响达到了既定目的而进行的评价。它主要关注课程与教学对学生的直接效果,如学生的知识、能力、态度价值观发生了什么样的变化,这些变化是如何发生的等。

(五)以评价的方法为依据的分类

按照评价方法不同,课程与教学评价可以区分为定量评价和定性评价。

定量评价是指搜集数据资料,采用教育测量与统计、模糊数学等方法,用精确数字进行描述从而对评价对象做出结论的评价。

定性评价是指搜集资料和现象,采用系统分析、哲学分析等方法,用语言文字进行描述从而对评价对象做出结论的评价。

第三节 课程与教学评价的模式和方法

要有效地进行课程与教学评价,必须掌握一定的评价模式与方法。这里简要介绍几种常用的课程与教学评价的模式与方法。

一、课程与教学评价的模式

课程与教学评价模式是由课程评价所经历的程序等组成的课程评价体系。自泰勒提出经典的目标评价模式后,许多学者不断对此进行探索,又开发出了诸多模式,下面介绍几种西方主要的课程与教学评价模式[1]。

(一)目标评价模式

这一模式是美国课程学者泰勒在美国进步教育协会"八年研究"的过程中形成和发展起来的,是第一个完整的课程与教学评价模式,对后来的评价理论产生了重大影响。泰勒认为,目标不仅是评价的起点,而且也是评价的标准,课程与教学评价就是判定课程与教学计划在多大程度上实现了教育目标。这种课程与教学评价模式包括以下阶段:第一,确定教育计划的主要目标;第二,对目标进行分类;第三,根据行为和内容解说每一个目标;第四,确定使用目标的情境;第五,制定和选择评价技术;第六,收集数据材料;第七,对数据资料与行为的目标进行比较,确定目标是否

---

[1] 王本陆主编:《课程与教学论》,高等教育出版社2009年版,第129~131页。

达到。泰勒的目标评价模式强调预期目标的实现状况,侧重于对目标实施后所得结果的评价,如果预定目标达到了,教育方案就是成功的,反之就是不成功。这一模式是一种较为客观有效的评价模式,其步骤清楚、操作性强,有利于评价人员准确判断课程与教学目标的达成情况,突破了传统的纸笔测验,有利于课程开发的不断拓展和深入。但这一模式只关注预期目标,忽视了其他因素,而且目标本身也不一定是合理的;其行为化的评价方式,也使得其对学生的情感、态度等方面的评价有所忽略。

(二)目标游离模式

目标游离模式是由美国学者斯克里文(M. Scriven)于1967年提出来的。斯克里文认为,目标评价模式过于强调预期效应,忽视了非预期的"副效应"。事实上,课程实施带来的副效应有时对教育能产生更有价值的影响,因此,他主张课程与教学评价应进行重心改变:从关注课程计划预期的结果转向课程的实际效果,评价人员应深入实际的教育情境,收集课程计划实施结果的各种信息,对课程计划做出准确的判断。他具体提出了"评价检查表",包括背景和脉络、资源、功能、需要和价值、标准、过程、成本、比较、建议、报告等因素,由前期的形成性评价和后期的总结性评价组成。目标游离模式较之泰勒的目标评价模式在评价范围方面大为拓展,但实质上,进行课程与教学评价时总有一定的评价准则,完全"游离"目的的评价并不存在,而且完全游离既定目标而去找寻各种实际效果可能会顾此失彼。

(三)CIPP课程评价模式

CIPP是背景评价、输入评价、过程评价、结果评价的英文首写字母的缩写。这一模式最初由斯塔弗尔比姆等人在1971年提出。他们认为,评价不应局限于评定目标达到的程度,而应为课程决策提供有用的信息,评价是描述、取得、提供有关信息,既是对课程实现的状况做出判断,又是为课程改革服务的过程。课程改革和课程决策涉及确定目标的决策、教学活动程序的决策、使用追踪改进程序的决策、判断结果并予以反馈的决策等,与之相对应,课程与教学评价也应有背景、输入、过程、结果四种评价类型。第一,背景评价,目的是提供整个课程与教学方案运行的各种依据和信息;第二,输入评价,目的是通过对可供选择的各种课程与教学计划进行评价,帮助决策者选择达到目的的最佳手段,即可行性评价;第三,过程评价,目的是通过记录课程与教学实施过程,为决策者提供修正课程方案的有效信息;第四,结果评价,目的是测量、解释、评定课程方案教学计划实施的状况,帮助决策者决定课程与教学方案是否终止、修正或继续使用。CIPP模式考虑到了影响课程与教学方案的各种因素,是一种比较全面的评价。但操作实施的过程复杂,使用不便。

(四)CSE评价模式

CSE是美国加利福尼亚大学洛杉矶分校评价研究中心的简称。CSE评价模式是一种与CIPP模式较为相近,旨在为教育改革服务的综合性评价模式。

CSE评价模式包括四个阶段:第一,需要评定阶段,即调查人们有何种需要,核心问题是确定评价的目标,又称"问题的选择"阶段;第二,方案计划阶段,即通过分析研究,在各种方案中选择方案,又称"计划的选择"阶段;第三,形成性评价阶段,旨在发现课程方案实施的情况,以便根据情况修正方案,又称"计划的修正"阶段;第四,总结性评价阶段,即对课程方案质量做出全面的调查和判断,做出终止、修正、保留或推广的决定,也称"计划的批准或采纳"阶段。CSE评价模式是形成性评价和总结性评价相结合的动态评价模式,较为方便实用,自20世纪60年代后期以来广为流行。

(五)应答模式

应答模式是由美国学者斯塔克(R. Stake)首先提出,并经其他人进一步研究发展而形成的一种课程评价模式。这一模式强调评价要从关注课程的所有人的需要出发,通过信息反馈,使方案结果满足大多数人的需要,通过对方案的调整和修改,对大多数人的愿望做出应答。这一模式强调设计课程的有关人员的价值观念的多元性,注重使用自然主义方法(如非正式的观察等)来对课程运行状况做出定性描述,有其鲜明特色。

二、课程与教学评价的基本方法

课程与教学评价,从整个过程来看,可以分为计划、设计、实施、总结报告和再评价等环节,每一个环节都有其独特的方法。然而,从课程与教学评价的具体来看,课程设计的质量、学生发展的水平和教师的授课质量是课程与教学评价最重要的对象。下面着重介绍这三类评价的方法。

(一)课程设计评价的环节与方法[①]

课程设计合理与否,直接关系到课程与教学的质量,因此,课程设计评价是课程与教学评价的重要内容。课程设计评价是在课程材料的基础上对课程的评价,其评价标准既要合理又要可行。合理性标准,要求课程材料的评价标准切合课程实施的具体情况,对于不同的课程材料类型来说,均有各自独特的内部结构的科学和逻辑准则,需要分别进行深入分析和把握。可行性标准,要求课程材料的形式和内容的实现条件与实际条件相适应。对于不同的课程材料,使用范围不同,涉及的具体的人、财、物不同,各自均有自身需要与实际条件的具体匹配问题,使得具体的评价各自具有不同的标准。所以,课程材料评价的合理性标准和可行性标准,在具体的评价中需要进行分解落实到相应的评价指标上。

课程材料评价指标实质上是标准的具体化。关于课程材料评价的指标是大量的多方面的,在具体实施课程材料评价时,应根据评价对象的不同特点(比如课程原理、课程计划、课程标准或课本等),评价目的、材料形式与适用领域的年级的不同,加以选择和重组;同时,还需确立每一指标的加权方法,并兼顾数量和品质等方面的

[①] 黄甫全主编:《课程与教学论》,高等教育出版社2007年版,第618~633页。

资料信息。

1. 课程评价的基本环节

评价指标确定后就要对课程设计进行具体的评价。课程与教学评价的组织实施,会因具体对象、目的和方法等的差异,其过程结构有许多变化。不过,在众多不同的过程结构中,可以归纳出一个基本的程序:第一步,确立评价目的;第二步,依据评价问题,描述所需资料信息;第三步,进行相关文献的探讨;第四步,拟订评价设计;第五步,依照设计收集所需资料信息;第六步,整理、分析及解释资料信息;第七步,完成评价报告,推广、反馈;第八步,实施评价的评价。简要说来,课程材料评价的过程,包括计划、设计、信息收集、信息处理、撰写报告和元评价等六个基本环节[①]。

1)计划

课程材料评价的计划,是第一个环节,是确定需要解决的问题、明确任务、目的和作用、制定基本原则的过程,其中主要任务在于明确目的和目标。课程材料评价的计划,需要做好以下工作:评价目标的确定、评价任务的确定、明确受评价影响者、分析影响评价的环境因素、明确评价的关键问题、确定评价的成本效益等。

2)设计

课程材料评价的设计,就是制订即将进行的评价实施的计划蓝图。课程材料评价的设计,包括确定评价的关注点、设计评价信息的收集方法和分析处理方法、评价的报告方式、评价的管理及进行元评价的方式方法等。设计环节中的基础工作是研制课程材料评价的工具。在这些工具中,最常用的是评价表。表 8-1 是某单位组织进行微型课程评价时,对课程编排顺序评价设计的评价表。

表 8-1 课程设计评价表

一级指标	二级指标	评价等级				
		优	良	中	差	次
编排顺序	1. 课程内容科学性、思想性统一,目标明确					
	2. 内容由整体到部分、由一般到个别,不断分化					
	3. 知识逻辑结构合理					
	4. 内容由浅入深、由易到难,重难点突出					
	5. 适合学生认知发展水平					
	6. 内容编排注意综合贯通,注意横向联系					
	7. 体现对学习方法的指导					
	8. 与学生、社会的联系性强					

3)信息收集

课程评价实施的核心是信息的收集。它主要包括确定收集信息的类型和要求,

---

① 钟启泉主编:《课程设计基础》,山东教育出版社 1998 年版,第 461～573 页。

使用合适方法和技术收集评价的信息,同时采取合适的方法和技术存储已经获得的评价信息。

4) 信息处理

课程材料评价的信息处理是利用各种信息加工处理技术特别是一些新型技术,对收集到的信息进行分析处理,以获得对课程材料质量和作用的判断信息的过程。信息处理包括信息的转换、信息的处理及处理结果的分析等。

5) 撰写报告

在收集分析整理课程材料信息的基础上,撰写评价报告,对课程评价对象作一个总的分析,肯定其成绩,分析其不足,并提出改进意见。

6) 元评价

元评价是对评价本身的评价,它是按照一定的理论和价值标准对教育评价技术的质量及结论进行评价与研究,其主要目的是检验评价中可能出现的各种偏差,运用统计和其他方法来估计产生的偏差对评价结论的影响。

2. 课程设计评价的具体方法

课程设计评价的具体方法有专家判断法、观察法、实验法和调查法。

1) 专家判断法

专家判断法是指专家运用其知识和专长,对课程作出判断,发表意见和建议的方法。专家判断具有权威性、科学性及说服力。

专家在课程评价中,可以起到提供、选择、批评、引导和支持等作用。但需要找准专家并选择不同专长的专家。收集专家的分析判断意见,可以采用送审法、调查法、会议法及内容分析法。使用专家判断法需要解决好五大问题:如何激发专家参与课程的热诚?如何确保专家的中立和客观立场?如何适当地选择专家?如何归纳专家的意见?如何避免专家判断流于形式?

2) 观察法

一般说来,观察法有两个范式:"人文—观察—理解"范式和"科学—实验—控制"范式。无论是质化观察还是量化的系统观察,都需要进入教育实际情景,针对评价的对象,加以观察记录,并据以作出判断。观察法主要用于了解教室里的课程与教学运作过程,了解课程实施过程,确认课程实施的困难,确认课程目标达成度,确认课程产生的非预期结果,确认其他方法资料收集的效度。观察法,可以采用事件记录、评定、查核、系统观察、非结构性观察和间接观察等方式和技术。

3) 实验法

实验法是在课程材料评价时,将课程方案当做实验处理加以操纵,再处理产生的结果,进而对课程材料作出判断。实验时,需要按照教育实验设计的基本原理,进行专门的实验设计,可以设置实验组与控制组,进行实验前测和实验后测。

用实验法来评价课程具有科学、客观、系统、控制等优点,更难能可贵的是,一旦采用实验法,便是将课程方案付诸实际运作,而由实际运作得到的资料信息是十分宝贵的。现代常用的实验设计可分为三大类:前实验设计、真实验设计和准实验设计。在课程评价中运用较多的是准实验设计。由于课程评价属于人文社会科学领域,从自然科学借鉴来的实验法,在运用于课程评价中时,必然有其困难和局限之处,这是需要竭力克服的,并需要在评价报告中进行客观而系统的分析。

4) 调查法

调查法是通过受调查者自我报告,以收集资料信息,并对课程方案作出判断的方法。调查法的作用主要有:了解社会各界对课程目标和课程材料的意见;了解社会各界对草案的意见和建议;了解教师实施课程的困难和建议;了解学生的感受;了解学生的学习结果;了解社会各界对课程研制的意见和建议。

调查法可以采取问卷调查、访谈、座谈、教学日志和测验等方式进行。在实际操作过程中,应当兼顾质与量两方面的资料信息,争取被调查者的合作,妥善拟订调查问卷,并注意使用抽样调查技术。

(二) 学生发展评价的标准与方法

学生发展评价是课程与教学评价中最核心的、最基本的活动。为了全面而准确地评价学生的发展水平,需要确立明确的评价标准,灵活运用各种方法。从操作层面上考虑,学生发展评价主要由教师来完成,但这一评价应该在学校统一安排下,以课程标准为指导,制定科学合理的评价标准并设计评价工具,支持教师系统地开展对学生的评价。当然,教师还应该提供机会,发挥学生自我评价的作用,促使学生在学习过程中对自己的学习不断回顾、反思、评价,培养学习的主动性和对学习认真负责的态度。

1. 学生发展评价的标准问题

确立明确而具体的学生发展评价标准,是学生发展评价工作的基础。在确立这一标准时,需要认真研究和辩证处理以下问题①。

1) 明确学生发展的评价内容与标准

评价工作的第一步是明确评价内容和评价标准,对于学生发展评价而言,评价不能仅仅注重于知识的掌握,还要形成积极的主动的学习态度,使学生在获得基础知识和基本技能的过程同时成为学会学习和形成正确的价值观的过程。为此,对学生发展的评价就不能仅仅关注学生学业成就,而是要注重发现和发展学生多方面的潜能,了解学生的发展需求。学校制定的学生发展的评价内容和标准应根据学生发展目标来确定,它包括学科学习目标和一般性发展目标。学科学习目标要列出学生在学完某学科后应该掌握的知识与技能,具体可以参见各科课程标准的课程目标。一般性发展目标则包括学会学习的技能、扩充并整合知识的技能、沟通技能、思考与推理技能、合作技能,以及个人与社会责任等,以学生全面发展和终身发展为方向。

2) 评价标准与评价目的的关系问题

评价目的制约着评价标准,评价标准必须符合评价目的的要求。因而,在评价

---

① 黄甫全主编:《课程与教学论》,高等教育出版社2007年版,第625~627页。

过程中应依据评价目的具体确定评价的标准。例如,评价目的是检查学生是否掌握了一个单元内的基本知识和技能,那么,评价标准就应明确定位于对预先规定的单元基本知识和技能的掌握上。

3) 评价标准的广度与深度问题

广度指的是评价标准涉及的范围或领域,深度指的是评价标准的水平层次。合理的学生学业成就评价标准,必须在广度和深度上都是适当的。在具体的课程与教学评价中,尤其是在对学生学业成就的综合性评价(比如总结性评价)中,经常遇到如何定位评价标准的广度与深度的问题。这是因为课程与教学对学生发展具有全面的影响,学生的知识技能水平、能力发展以及人格品德等各方面都会因课程与教学活动而产生变化,其中,有些变化是明显的,有些是不明显的。而且,不同学生变化的情况往往差异很大。这就使学生学业成就范围和水平的界定变得十分复杂和困难。如果要全面评价学生在课程与教学过程中取得的学习效果,评价标准就应有机地包含学生身心各方面的变化及其程度,并确定各方面变化在评价标准中的比重。也就是说,评价标准的广度应和评价对象的变化范围相吻合,评价标准的深度应与评价对象的年龄水平或预期的目标水平相一致。在现实中,对学生学业成就的评价主要还是以知识技能为主,评价标准的广度相对说来还是比较窄的,因而难以全面反映学生的变化。在评价标准的深度上,也经常存在和学生发展水平相脱离的现象,从而难以准确反映学生学业成就的真实水平。

4) 评价标准的具体明确性问题

评价标准不具体、不明确,会导致课程与教学评价活动出现歧义和含混现象。因此,为了提高学生发展评价的科学性,需要努力把评价标准表述得既具体又明确。教育目标分类学对提高评价标准的具体明确性有重要作用。布卢姆等人把课程与教学目标分为认知、情感和动作技能三大类,然后把每类目标分为不同层次和方面,如认知目标包括识记、领会、运用、分析、综合、评价等六个层次和方面,最后又把每个层次和方面的目标再细分为若干具体项目,如识记掌握可具体分为了解术语、了解事实、了解常规的方法、了解倾向、了解分类范畴、了解标准、了解探究方法、了解原理方法、了解理论与结构等九个项目。

依据教育目标分类,可以把评价标准规定得十分具体明确。在学科成就测验中,运用双向细目表,也是保证评价标准既具体又明确的重要措施。双向细目表的一个轴是各门课程与教学内容单元,另一个轴是各项评价指标(如知识、技能、能力),表中内容表示各课程与教学内容单元在每项评价指标中所占的分量。通过编制双向细目表,可以促进评价标准更准确和具体化。表 8-2 所示为小学自然常识测验双向细目表。

表8-2　小学自然常识测验双向细目表[①]

行为目标 教材内容	获得基本知识	理解原理原则	应用原理原则	分析因果关系	综合成系统见解	建立评价标准	合计
生物世界	3	5	6	3	2	1	20
资源利用	2	3	3	1	1	0	10
动力和机械	2	3	4	2	0	1	12
物质性能量	5	6	8	3	2	1	25
气象	2	4	3	2	2	0	13
宇宙	2	5	4	1	0	0	12
地球	2	2	2	1	1	0	8
合计	18	28	30	13	8	3	100

2. 学生发展评价的基本方法

由于学生发展涉及很多方面，学生发展评价的方法也很多，其中，测验法是一种运用很广泛的评价方法。新一轮基础教育课程改革强调要加强评价的发展性、关注学生的个性、发挥学生的主动性等，而档案袋评价法和表现性评价法则顺应了我国新课程改革的潮流，而且又是在实践中非常有效的评价方法。因此，下面着重对这三种评价方法进行介绍。

1）测验法[②]

测验法是课程与教学评价中运用得比较广泛且方便易行的一种评价方法，所谓测验就是运用一定的仪器或试题等测量工具，对被评价者的行为进行测量的系统程序。测验与考试两者既有区别又有联系。考试是由主试者根据一定的目的要求，采取一定的方式方法，对应试者的知识、技能、品德等方面进行测评的活动。从使用的范围来讲，考试一般发生在比较正式的场合，如学生平时的期中考试、毕业升学考试等，考试内容也比较倾向于选取比较正规的知识技能；而测验不仅可运用于正式场合，也可运用于非正式场合。在内容上测验不仅测量学生的知识、技能，还评价学生的智力、人格、个性等。也就是说，测验比考试的概念更为宽泛，测验包含了考试。但在对学生进行正式的学业成绩评价时，考试与测验常常是同义的，学生成绩测验就是我们常说的考试。

通过测验来判断被评价者的质量与水平，测验本身的科学性与合理性就至关重要。衡量一个测验是否科学，往往根据测验的信度、效度、区分度、难度来判断。一般来说，一个良好的教育测验应具有较好的信度、效度，较高的区分度和适当的难度等特征。

[①] 郑日昌著：《心理测量》，湖南教育出版社1987年版，第42页。
[②] 徐继存等主编：《课程与教学论》，山东人民出版社2010年版，第284～289页。

测验的信度主要用来度量测验的可靠性和稳定性，它是鉴定测验是否有效的必要条件。影响测验信度的因素有很多，如测验题目的多少、测验时间的长短、学生的身心状态、测验的指导语是否清晰、评分标准是否一致等都是影响测验信度的重要因素。如在一次考试中，因为试卷中题意不清，因而学生在回答问题时出现因不明题意而出错的情况，就说明这份试卷的信度不高。

测验的效度是指测验的结果是否能真正反映出测验的目标和意图。测验效度与测验目标紧密相关，一个对某个目标有效的测验，对其他目标不一定有效。如在评价学生知识掌握的情况时，客观性测验比较有效，而在评价学生的综合能力时，主观试题则更为合适。在编制试题时，就应根据其评价的目的合理编制试题的类型，以增加测验的效度。不过一般来说，一份试题通常都包含了主观试题和客观试题两种类型，测验的目标一般也都会注重评价被评价者的知识、技能、能力等多方面内容。

测验的难度是指测验试题的难易程度，而测验的区分度是测验区分学生不同水平的程度。区分度与难度有关，试题过易或过难都不能准确测验出学生的真实成绩，也就不能区分出学生的不同水平。一套试卷只有难度适中，包含不同难度水平的题型，才能使水平不同的学生在测试中合理地拉开差距，表现出不一样的水平。

此外，一个良好的测验，其选取的测验内容也必须具有一定的代表性，太偏或过于集中于某一或某几个学习内容而忽略其他学习内容的测验都不是一个良好的测验。因此，在选取测验内容时，测验内容要达到一定的覆盖率，通过测验，应能真实地反映学生的学习情况。

在课程与教学领域，测验常用来对学生的学业成就进行评价，而编制测验试题则是其中重要的一环，通常情况下，测验试题可以分为主观类试题和客观类试题两类。下面我们主要对测验试题的类型及编制的原则等进行分析。

（1）主观类试题的种类及编制原则。主观类试题是指应试者在解答问题时，可以在题目要求范围内自由组织答案，评分者在对试卷评价时，主要借助主观判断，不同评价者在确定给分标准时，一般不会完全一致。主观试题基于学科特点的不同而题的选择也有所不同。在文科课程领域，主观试题的常用题型是解释题、简答题、论述题、作文题等；在理科课程领域，主观试题的常用题型是计算题、应用题、实验题等类型。基于在评价时受主观性影响程度的不同，主观性试题又可以分为自由应答型试题和部分限制型试题两种。

自由应答型试题包括论述题、材料分析题、作文题、实验题、计算题等题型。自由应答型试题主要考查学生的高层次的认知目标，因此，在编制这一类型的题目时，试题的编制应注意考查学生的综合应用能力，而不能把重心放在考查学生的识记、背诵上。如文科课程的学习评价中，常以材料分析题的形式考查学生的综合应用能力及高层次认知目标。这类试题在编制时，既可以是单纯文字叙述，也可以是以图、表及漫画、插图等多种形式来呈现题目。在编制作文时，一般应对作文字数做出限制，对作文的体裁应说明要求等；而理科数字计算题及应用题在编制时应注意基础与提高的统一，注意试题设计与学生的生活相联系。

部分限制型试题包括简答题、填空题和改错题等题型。部分限制型试题既能考查学生的高层次的认知目标,也能评价学生认知内容的记忆情况,尤其是简答题和填空题。因此,这部分试题在编制时应重点选取课程与教学内容中必须识记掌握的知识。另外,部分限制型试题通常又受一定的限制,答案一般是固定的,尤其是填空和改错,应只能有一个正确的答案。因此,这类试题在设计时应明确答案范围,避免模棱两可或出现一题多答的情况。

（2）客观类试题的种类及编制原则。客观类试题是那些有固定的标准答案,评价结果不受评价者主观因素影响的试题类型,客观类试题一般包含选择题(单选、多选等)、是非判断题、匹配题等。这类试题可以评价各种层次的认知目标能力,并可以利用计算机阅卷。

选择题的结构由题干和选项两部分组成,题干一般由一个直接疑问句或不完整陈述句构成,而选项一般以 A、B、C、D 的形式或 1、2、3、4 等依次列出。选择题的编制应遵循如下原则:每题所列的答案数目应该一致,在所供选择的答案数目上,一般为 4 或 5 个为宜;正确答案在形式或内容性质上不可特别突出,以免被评价者很容易识别出来;错误答案与题干应有相当的逻辑性和似真性,起到一定的混淆评价者的作用;正确答案出现的位置应随机排列,且其次数要大致相当,以避免猜测因素的影响。

是非判断题主要用来评价学生对一些原理、概念等的理解和掌握程度,是非判断题由三部分构成:一是题目要求,即题目指导语;二是题干,题干部分常是一个陈述句;三是可供选择或所填写的答案,让学生以画圈或打钩的方式来答题,有些是非判断题还要求把错误的改正,也有的要求说明正确或错误的理由。在编制是非判断题时,应该注意以下几点:"是"与"非"的题数应大致相当,且应随机排列;每题只包含一个概念,避免两个以上的概念在同一题中出现而造成题目"似是而非"或"半对半错";尽量采用正面肯定的叙述,避免反面或双重否定的语句。

匹配题也是一种常见的客观题型,匹配题常用来评价学生对事实知识掌握的情况,通常由前提项和选择项两部分构成,学生应按照它们的对应关系,用线条或连接符号配对。匹配题表述简单明确,比是非题和选择题有较多可能的答案,评价的信度相对也高一些,但这种题型仍留有猜测的余地。编制匹配题时,前提项和选择项的顺序应随机排列。另外,为了增加识别难度,前提项和选择项的设置数目可以不等,如可以多设置一个前提项以减少被测者猜测成功的机会,提高测试的信度。

主观类试题和客观类试题在评价方面各有特点。主观类试题比较灵活,在评价学生理解能力、语言表达能力以及组织和应用信息能力等方面具有独特的优势;而客观类试题具有较高信度,且在阅卷时能节约人力、物力及时间,但较难考查学生高水平的认识能力。基于这两类试题的特点,在实际进行课程与教学评价时,一套测试题通常都会包含客观类试题和主观类试题两种类型。两类试题的区别与联系见表 8-3。

表 8-3 试题类型比较[1]

	主观类试题	客观类试题
知识再现方式	再现型	再认型
回答方式	自由应答	固定作答
内容与效度	题量小,覆盖面较小,内容效度低	题量大,覆盖面较大,内容效度高
适用范围	能检测高层次认知目标,有利于特殊才能的发现和个性的培养,能测量应试者的独到见解和对问题的创新探讨	适用于测量知识,理解应用分析能力和较低层次的认知目标,不易测量高层次目标,如发散性思维、独创精神、文字表达等
命题难易	较简便,省时省力	难度较大,技术专业性强,耗时费力
影响结果的因素	应试者的文字表达能力	不受文字表达能力的影响,试题标准明确
所能反映的信息量	能较清晰地反映解题过程,能鉴别应试者对于问题的解决程度	看不出应试者解决问题的具体思路和过程,只看结论,掩盖了会与不会的界限
试题及评价标准	试题标准较复杂,评分不易客观一致,易受主观因素干扰	评分客观准确
阅卷效率	对评阅者专业要求高,不能用机器阅卷,工效低	可以用机器或非专业人员评卷,工效高
可猜测性	没有猜答案的机会	有猜答案的机会

测验试题的编制是一门科学,在编制试题时,除应遵循各类试题的编制原则要求外,还应注意所考查的知识要有一定的覆盖面,做到卷面清晰,题意表述简明扼要,题目指导语通俗易懂,题目用语及语法、标点规范标准等。另外,在编制试题时应该尽量扬长避短,通过灵活变通使试题尽可能科学有效。

2) 档案袋评价法[2]

成长记录档案袋来源于意大利语 portafoglio,有文件夹、公事包或代表作选集等多重含义,也有人将其译为档案袋、学习档案、档案录或成长记录。成长档案袋就是把个人的成果系统地收集起来,放在一个合适的容器如文件夹、档案袋(目前还有光盘等)里,每过一段时间,根据所收集的内容对学生的进步或进步过程等进行评价,以这样的方式进行的评价就是成长记录档案袋评价。在课堂教学中,成长记录档案

---

[1] 施良方等著:《教学理论:课堂教学的原理、策略与研究》,华东师范大学出版社 1999 年版,第 343 页。

[2] 余林主编:《课堂教学评价》,人民教育出版社 2006 年版,第 185 页。

袋指学生作品的系统收集,通过收集学生成果(如作业、艺术作品等)来反映学生学业水平的增长和在特定学业领域的重大成就,并由此来促进学生的学习,这样的评价就是学业成就的成长记录档案袋评价(portfolio assessment)。

运用成长记录档案袋进行评价的原理是让被评价者参与,共同收集被评价者一定时期内有关某一个或几个主题的作品。在这一过程中,由于被评价者的参与,可以通过这些连续的作品随时了解自己的进步和在各个阶段的最高成就,了解学习过程中自身的优点和不足。因此,它可以很好地激发被评价者向高水平努力的动机,并由此促进被评价者智力技能、社会技能的发展。此外,评价者也可以通过这些作品看出被评价者的缺陷所在,为下一步计划提供依据。在学业成就评价方面,成长记录档案袋还可以反映学生的毅力、努力和意愿等个性品质。

按照不同的分类标准,可以将成长记录袋分为不同的类型。按照形式的不同可以分为光盘成长记录袋、磁盘成长记录袋、档案袋成长记录袋等;按内容则可分为教学型成长记录袋、学业型成长记录袋、艺术作品型成长记录袋等。目前,一般是根据评价目的将成长记录袋分为三类:展示型成长记录袋(成果型成长记录袋)、进步型成长记录袋(过程型成长记录袋)和评估型成长记录袋。

成长记录档案袋评价也是针对传统评价的不足提出来的,其特点也多是相对传统评价而言的。为了更好地理解成长记录档案袋的特点,将成长记录档案袋与标准化测验列表比较,见表8-4[①]。

表 8-4 成长记录档案袋与标准化测验的区别

成长记录档案袋	标准化测验
反映学生参与的多种读写活动	依据有限的读写任务来评价学生的读写能力
让学生参与自己进步与成就的评价,并提出进一步学习的预期目标	由教师根据学生的答题情况评分
在尊重学生个体差异的基础上评价每一个学生的成就	用同一标准评价所有的学生
评价过程是合作性的	评价过程是非合作性的
自我评价是重要目标	没有自我评价方面的目标
关注学生进步、努力与成就	只关注学生成就
将评价与教、学结合起来	教、学与评价是分离的

具体而言,成长记录档案袋的特点主要体现在以下几个方面。

其一,内容不断更新。成长档案袋的基本原理就是通过新、旧作品的比较,了解学生不断的进步和存在的不足,并有计划地将这些信息反馈给学生,促使其不断反思、改进,最终实现激发学生积极性、提高学习动力的目的,所以在成长记录档案袋

---

① [美]W. J. Popham:《促进教学的课堂评价》,中国轻工业出版社2003年版,第162页。

创建过程中,必须不断收集新的作品。内容的不断更新是成长记录档案袋区别于其他评价方法的一大特点。

其二,教学与评价的结合更紧密。由于成长记录档案袋由课堂教学的产品组成,所以评价的过程和内容很容易和教学结合起来。通过对成长记录袋内容的评价,教师可以获得有关学生需要的信息,学生也可以由此反思和发现自身的不足,对进一步的教学有很好的推动和促进作用。而且,这个过程循环往复,学生经常性地在成长档案袋中收集自己的作品,使学生作品的收集和评估成为教学过程的焦点,因此,可以说成长记录档案袋使教学和评价更加紧密地结合起来。

其三,自我评价的成分突出。在成长记录档案袋评价中,挑选和收集学生作品、制订评分规则、总结及反馈等过程都需要学生参与,在这个过程中,自我的评价是学生积极地反思、自主地提高与进步的动力。也就是说,学生自始至终都在参与评价,随时了解评价过程,既是被评价者也是评价者,在整个成长记录档案袋评价中,学生自我评价的成分都很突出。

其四,具有真实性。成长记录档案袋里包含的内容能够展现学生学习中的成就和进步,这些成就和进步是学生在学习环境中真正取得的,因此说,成长记录档案袋评价具有真实性,甚至有人认为成长记录档案袋就是学生真实成就的典型代表。

学业成就的成长记录档案袋是一个装有反映学生成果和作品的容器,是以呈现学生的发展进步来促进教和学的评价方式,其作品内容是对教和学进行评价的关键,因此,成长记录档案袋的设计至关重要。一是要确保目的的明确性。不同的成长记录档案袋评价有不同的评价目的。为了保证成长记录袋的评价效度,一般来说,一个成长记录档案袋应该只服务于一个特定的目的,至少保证只有一个主要的目的。所以,设计成长记录袋时一定要目的明确,以保证作品的选择不偏离这个目的。二是要确保作品的代表性。这里的代表性是指能代表要评价特质的作品,如果要用成长记录袋测量学生的高水平思维技能,就必须保证所收集的资料能反映这些品质。三是要确保作品的适当性。作品的适当性指作品对于学生来说是适当的,即成长记录档案袋收集的内容不能超出学生的能力范围。四是要确保评分规则清楚、明确。成长记录档案袋评价的评分也带有很大的主观性,而且评分规则会随具体任务的不同而有很大变化,所以,评分规则的设计必须明确,解释描述必须清楚易懂,以提高评分的准确性,降低由于主观原因所带来的误差。另外,在成长记录档案袋的运用中,还要关注档案袋评分的合并、要求学生不断对其成长记录作品进行评估、安排和举行成长记录档案袋会议及成长记录档案袋的管理等问题。

3) 表现性评价法[①]

表现性评价是一种不同于传统的纸笔测验的评价方式,是相对于标准化多项选择测验发展而来的评价学生学习成效和一种质性评价方法。它是让被评价者亲自

---

① 徐继存等主编:《课程与教学论》,山东人民出版社2010年版,第297～301页。

执行某一实际任务,通过其实际表现,对其行为和技能等各方面做出评价,因此也被称为实作评价或真实性评价。这一评价方法最初主要用于职业教育、美术、音乐、体育等技能类的课程与教学中,现在,越来越多的学科及活动课程等也都开始引入这种评价方法。

表现性评价的特点主要在于能够引发被评价者的真实行为并对其真实行为进行评价。具体来说,它一般具有如下特点:强调任务的实际性、真实性,表现性评价用来评价学生的材料多与实际生活有关,多是真实或虚拟的实际生活问题;重视评价学生的实际操作与解决问题的能力,让学生在真实的世界情境中利用和融合他们自身的知识和技能,进行真正的学习;重视学生学习的差异性,表现性评价尊重学生的个性,强调学生本身的学习能力、现有的想法和技能,尤其是因个别差异造成的表现差异,激励学生主动表现,发挥自身特长;促进学生自我决策、自我负责,在运用表现性评价方法进行评价时,学生具有较强的自主性,学生能自由选择采取何种方法完成任务、何时完成任务及以何种方式呈现成果等;评价主体多元,运用表现性评价方法评价时,参与评价活动的人是多元的,除了教师,学生本人、同学、家长等也都是重要的评价者;强化沟通与合作学习的能力,运用表现性评价法进行评价的任务常常需要多人合作协同完成,对学生合作能力的评价也是其重要的一方面;对学习结果和学习过程的并重,表现性评价不仅重视评价学生学习任务的完成情况,而且还重视评价学生整个的学习过程。

表现性评价一般有如下几个步骤:首先,要确定评价的目的,进行表现性评价时,首要的就是要明确界定评价的目的,清楚评价是要为学生评定等级,还是要建设学生的档案,或是为了诊断学生的学习;其次,要确定表现性评价的重点;再次,确定表现性任务的可能形式,并根据影响因素选择适当的表现性任务;第四,提供适当的情境,为学生的表现设置一个合适的情境;第五,考虑应该用什么样的观察和评价工具;最后,对表现性任务进行评估。

运用表现性评价对学生进行表现性评价时,要注意以下几点。一是多重评估标准。在进行评价时,要考虑到学生的个性差异,以评价学生作文为例,可以从立意、结构、语言等多个方面进行评估。二是预定的质量标准。用以评判学生表现的每一条评估标准,必须在评判之前就已十分具体、明确。三是主观的评估。真正的表现性评价与选择题的评分不同,它不能借助于计算机和扫描仪,而是要依靠评价者的经验和智慧来决定被评价者的表现程度。四是表现性评价测验的编制要求:要明确评价的目的;确定评价内容;提供学生适当的表现环境;妥善指定使用说明和评价准则。

表现性评价不仅关注学生学习知识技能的结果,还关注学习的过程;不仅关注学生知识技能的掌握,还更强调知识技能实际情景的运用。它关注学生的个性,注重对学生发散性思维的培养,这种评价方式为课堂教学指引了正确的航向,有利于学生全面素养和分析解决问题能力、创新能力等的提高,是我国当前实施素质教育不可缺少的一种评价方法。这一评价方法的不足在于和其他性质评价方法一样,主观性强、信度较低,操作费时费力,因此,在进行评价时,我们宜采用表现性评价和客观性测验相结合的方式。

(三) 教师教学评价的标准与方法①

在课程与教学工作中,教师的作用是十分重要的。教师教学水平的高低,直接影响学生学习的效果和身心发展的质量。对教师教学情况进行科学的评价,从而获得课程与教学情况的有效信息反馈,是提高课程与教学质量和教师的教学水平的重要途径。

1. 教师教学评价的标准问题

教师教学的评价主要是对教师授课质量的评价,关于教师授课质量评价的标准问题,在国内外都受到了重视,并提出了各种不同的观点。有人提出,教师授课质量的评价标准,存在着媒介指标和终极指标两种类型。其中:媒介指标是评价授课过程的指标,注重教师指导与学生反应等因素;而终极指标是评价授课效果的指标,注重的是学生的提高、发展及目标达成度等方面。有人从教学最优化思想出发提出,教师授课质量评价的标准,有八项指标:对新事物的感受、教育分寸、本学科的知识、发展学生的思维、培养学生的一般学习技能、培养学生对学科的兴趣、以个别方式对待学生、学科课外活动的组织。其中,每项指标又有四级具体的评分标准。我国一些学者也对如何建立合理的教师授课质量评价标准问题进行了探索。有人认为,教师授课质量评价的指标体系应包括以下方面:教学目的切合实际,使学生积极参与教学,重视学生能力培养,重点突出、难点准确,教学方法生动有效,注重概念原理教学,不忽视系统知识传授,语言表达流畅简洁。有人则提出,从教学效果的质量来看,教学活动有记忆水平、理解水平和探索水平等三种不同的层次,据此可以对教师授课情况进行分类和评价。各种不同的评价标准,侧重点不同,各有其合理性。

在课程与教学实践中,许多中小学都从教学目标、教学过程、教学效果等基本维度来评价教师授课质量。教师授课质量的评价,首先是看教学目标。高质量的教学在目标方面应符合内容具体、表述清晰、定位准确、便于操作等条件。其次是评价教学过程。这涉及许多具体方面,如教学内容、教学方法、教学组织形式、板书、练习量、教学语言、师生情感、班级气氛、教学艺术、教学风格、教育精神,等等。评价教学过程的基本标准是教学过程的科学性、艺术性和教育性。最后,教师授课质量的高低要从教学效果角度来评价。教学效果的评价,主要是看教学目标是否达到,学生在知识、技能及能力、品德等方面有无实际进步。此外,效益问题也是效果评价的重要方面,即应计算教学消耗与教学收益的关系。评价教学效果的基本标准是质量高、效益好。总之,从目标、过程、效果三个相互关联的方面去评价教师授课质量,比较全面地反映了教师教学的整体状况,也比较简单明确,具有通用性。因而,可以把"目标—过程—效果"三维评价标准作为教师授课质量评价的一般指标。

---

① 黄甫全主编:《课程与教学论》,高等教育出版社 2007 年版,第 630~633 页。

2. 教师教学评价的基本方法

评价教师授课质量的方法多种多样,在课程与教学实践中比较常用的有综合量表评价法、分析法、调查法等。

1) 综合量表评价法

这是一种比较精细的数量化的教师授课质量评价方法。运用综合量表评价法的基本程序如下。第一步,编制专门的教师教学评价表。教师教学评价表的设计,主要涉及确定评价指标(项目)、确定各项指标的权重和确定各项指标评分或评等的标准等问题。第二步,评价主体以听课为基础,在教师教学评价表上对教师授课质量进行评定。在听完某教师的课后,评价人员依据自己对评分(评等)标准的理解,独立地在教师教学评价表的每个项目上,给予该教师一定等级或分数。第三步,数据处理。汇总所有的教师教学评价表,运用一定的统计方法对所得数据进行分析处理,得出每个评价对象的总得分或等级。综合量表评价法在实践中的应用有简有繁,取决于量表本身的精细程度、评价人员的多寡及统计办法的选择。

综合量表评价法是评价教师授课质量的有效方法,在实践中应用广泛。它有以下优点:注重对教学活动的具体分解,评价指标比较具体;注重量化处理,结果比较准确;注重标准的一致性,评价人员主观因素干扰较少。不足和困难如下:项目和权重的确定,很难保证依据充分合理;评价人员对标准的理解,仍受个人经验或价值观的影响,难以真正客观公正。

2) 分析法

这是一种通过对教师教学工作的有关方面进行定性分析进而评定其质量优劣的方法。分析法一般没有专门的评价指标和评等标准,主要取决于评价人员的学识和经验,评价结果以定性描述为主。分析法既可用于他评,也可用于自评。学校领导或同行在观摩教师的教学活动后,凭着自己对课程与教学目的、课程与教学原理的理解及有关经验积累,分析教师教学的优点和缺陷,这是常见的分析法的具体应用方式。教师在教学后对自己的课程与教学工作进行分析,寻找教学的成功之处和薄弱环节,这是自评(自我分析)。自评一般都比较简单,主要关注最突出的问题或特点。教师日积月累的自我分析,对改进课程与教学工作、提高课程与教学水平都有积极作用。

分析法有简便易行、能突出主要问题或主要特征的优点。局限性是标准不够明确,受主观因素影响较大,规范性差。因而,分析法主要适用于日常的以改进课程与教学工作为直接目的的教师授课质量评价,不宜用于规范的以评定等级为主要目的的管理性的教师授课质量评价。

3) 调查法

与课程材料评价和学生学业成就评价相类似,教师授课质量的评价也可采用调查法来进行,主要有问卷调查与座谈调查两种方式。问卷调查法的程序如下:设计专门的调查问卷,向相关人员(如所教班级的学生、同校的教师)发放问卷进行调查,收集处理问卷所得的有关数据,最后对教师授课质量做出定性或定量的评价。座谈调查法的基本做法如下:召集有关教师和学生举行专门会议,询问某教师的课程与教学情况,了解人们对该教师课程与教学质量的意见,最后对教师授课质量给予评价。

调查法兼有综合量表评价法与分析法的有关要素,适合于专门了解某个教师较长时间内的课程与教学情况,多在专门鉴定某教师的综合教学水平的管理性评价中运用。当然,教师也可以通过调查法来了解学生对自己课程与教学的意见,帮助改进课程与教学工作。

【本章小结】

课程与教学评价是指评价主体基于自己的需要、理想及价值观等确定一定的评价标准,依据课程与教学目标,采用合适的方法与手段,收集、整理、分析必要的课程与教学信息,并根据一定的评价标准对课程与教学的设计、活动实施过程以及结果等问题进行价值判断的活动。课程与教学评价的历史发展可以分为古代和现代两个不同的时期,在不同阶段表现出不同特点,在新的历史时期,课程与教学评价又表现出新的发展趋势。课程与教学评价具有导向功能、诊断功能、激励功能、调节功能和鉴定功能。

课程评价与教学评价的对象十分广泛,最主要的是课程与教学设计、课程内容、教师实施课程的教学活动、学生学业成就、课程与教学系统及课程与教学评价等方面,从评价主体、评价标准、评价作用、评价目的、评价方法等不同的角度,可把课程与教学评价分为不同的类型。

课程评价模式是由课程评价所经历的程序等组成的课程评价体系,常见的课程评价模式有目标评价模式、目标游离模式、CIPP课程评价模式、CSE评价模式和应答模式等。从课程与教学评价的具体情况来看,课程设计的质量、学生发展的水平和教师的教学质量是课程与教学评价最重要的对象,掌握这些评价对象的评价方法十分重要。

【思考练习】

1. 名词解释:课程与教学评价、目标评价模式、CIPP课程评价模式、个体内差异评价、形成性评价、成长档案袋评价法、表现性评价法。

2. 结合实际谈谈课程与教学评价的发展趋势。

3. 运用学生发展性评价中的测验法应注意哪些基本问题?编制测验试卷有哪些基本要求?

4. 选择一所实施新一轮基础教育课程改革的中学或小学,调查该校教师参与新课程改革的基本情况,了解教师对新课程标准及其教学的评价,写出调查报告。

第九章 课程与教学改革的发展趋势

 学习目标

1. 了解发达国家课程改革与教学改革的发展趋势。
2. 总结新中国成立以来课程改革与教学改革的经验与教训。
3. 了解当前我国课程改革取得的成效与存在的问题。
4. 分析当前我国教学改革的特点及其与课程改革的关系。
5. 预测我国课程改革与教学改革的发展趋势。

【问题情境】

一次,著名物理学家朗之万给居里夫人的女儿等一批科学家的孩子们上课时,向孩子们提出了一个问题:根据阿基米德定理,物体浸入水中,必须排出相同体积的水。可是,为什么金鱼放到水里却不会排出水呢?孩子们个个都想找到问题的答案。有的说,金鱼的鳞片有特殊的结构;有的说,因为金鱼的身体到水里会收缩;还有的说,阿基米德定理只适用于非生物,不适用于生物。此时,居里夫人的女儿绮瑞娜不满意这些答案,她开始怀疑老师出错了题目,她找来一条鱼,通过亲手实验加以证实——金鱼在水里也是要排出水的。孩子们醒悟了,不是他们回答得不对,而是老师问得不对。是不是朗之万的粗心而致呢?不是,他是有意出错题,为的是让孩子们在错误的迷宫中自己跑出来。他认为,这样做比塞给他们一大包知识更有好处。

朗之万的这种教学理念和教学方式,向广大教育者提出了如下问题:在教育教学过程中,是要教给学生大量的书本知识,还是要引导学生发展?是以知识为课程目标和教学目标,还是以学生的发展为课程目标和教学目标?

第一节 国外课程与教学改革的基本趋势

一、世界发达国家中小学课程改革的基本趋势

进入21世纪之后,世界各国有识之士都认识到,在知识经济时代,一个国家最重要的资源是高素质的人才,而教育是提高国民素质、培养高素质人才的重要途径,教育在提高国民素质、增强综合国力中发挥着越来越重要的作用。目前,在世界上200多个国家中,无论是欧美的一些发达国家,还是东南亚的一些发展中的国家,都在进行课程与教学改革,努力发挥教育在增强国家核心竞争力中的作用。

第九章 课程与教学改革的发展趋势

在我国,有许多教育工作者十分关注课程改革的发展趋势,对课程改革的基本趋势进行了探索,并取得了不少的研究成果。以中国知网的人文与社科学术文献总库收录的文献为例,在《人文与社科学术文献网络出版总库》的"题名"一栏中输入"课程改革",同时在"并含"一栏中输入"趋势",可搜索到200多篇研究课程改革发展趋势的学术论文。在这些研究成果中,研究的角度有很大区别,有的从宏观的角度,即从整个课程体系的角度来探索课程改革的趋势,有的则从中观的角度,即从课程目标、课程结构、课程评价、课程管理、课程实施、课程设计等不同的角度来探讨课程改革的基本走向,还有的从微观的角度,即从某个层次教育的某门课程的角度来进行研究,如有学者就以第二次世界大战后美国中小学科学课程改革的特点与趋势作为自己的研究对象。就研究范围而言,有的研究国外的课程改革的发展趋势,有的研究本国课程改革的发展态势,有的研究高等教育课程改革的发展,有的研究中小学课程改革的特点,还有的研究职业教育课程改革的趋势。由于发达国家中小学的课程改革对我国的课程改革更具有借鉴意义,所以,下面主要阐述发达国家的中小学课程改革的特点和发展趋势。

课程由诸多要素构成,其中,课程目标是课程的第一要素,也是课程设计过程中极其重要的一个环节。发达国家的基础教育课程改革首先体现在课程目标上的改革。由于不同的国家有着不同的社会政治制度、经济发展水平、文化传统和教育背景,所以,不同的国家在课程改革中提出的课程目标存在一定的区别。但是,人类社会在21世纪所面临的知识高速发展的时代特点和共同的教育问题,使不同的国家在课程目标的改革上有着一些相同的特点和趋势。

目前,一些发达国家在课程目标上十分重视学生价值观、态度和品德的培养,认为基础教育必须加强国际理解教育和多元文化教育,让学生"学会共同生活"。"例如英国新课程改革方案提出的国家课程目标第一个就是,促进精神、道德、社会和文化的发展。方案提出,全部国家课程的科目都旨在为学生提供促进其精神、道德、社会和文化发展的机会。"[①]在课程目标中突出价值观与品德培养的同时,一些发达国家将课程目标定位于终身学习能力的培养。因为在知识经济时代,知识更新速度日益加快,学习能力的培养比知识的掌握更为重要,所以,培养学生的终身学习能力必须作为重要的课程目标。按照终身学习的观点,基础教育是一种"初始教育",是终身学习的起点。在基础教育过程中,要关注学生终身学习的需要,要把培养学生良好的学习态度和学习习惯作为课程的重要目标,为每一位社会成员的终身发展奠定良好的基础。

课程结构的改革是发达国家基础教育课程改革的重要内容。西方发达国家课程结构的改革有如下一些特点。

其一,传统的分科课程一统天下开始被综合课程所打破,综合课程开始在课程

---

① 钟启泉,杨明全:《主要发达国家基础教育课程改革的动向及启示》,载《全球教育展望》2001年第4期。

的舞台上扮演重要的角色。不同国家的综合课程的表现形式有着各自的特点,有的称为"整合课程",有的称为"学习领域"。我国在21世纪所进行的基础教育课程改革就吸收了西方发达国家在课程结构中设置综合课程的经验。设置综合课程符合科学知识发展的态势。同时,综合课程与分科课程并行比单纯的分科课程更符合学生认知发展的规律。

其二,活动课程与学科课程并行。综合课程与分科课程是从知识的分类角度来划分的,如果从知识的获取方式即间接知识与直接知识的角度,课程可以分为以学习间接经验为主的学科课程和以学习直接经验为主的活动课程。活动课程是从学生的兴趣和需要出发,以学生的活动为中心设计的课程。活动课程能够很好地调动学生的学习积极性、主动性和创造性,但学生难以掌握系统的科学知识。学科课程是根据各种不同的学科分门别类加以设计的课程。学科课程能够很好地保持知识的系统性和连贯性,但课程内容容易脱离社会和儿童的实际需要,难以调动学生的学习积极性。所以,活动课程与学科课程相互补充的课程结构,能够提高课程在培养人才中的作用,能够更好地促进儿童的健康发展。

其三,增加课程的可选择性,加大选修课的比例。在传统的课程结构中,一般只在大学开设选修课,中小学一般不开设选修课,只开设必修课。必修课是根据课程计划的统一规定,所有学生必须修习的科目。必修课的开设能够保证学生掌握社会发展所需要的基本的科学文化知识,体现了国家对学生知识水平的统一要求,它具有强制性,是社会权威在课程中的体现。选修课是依据不同学生的特点,允许学生个人选择修习的科目。选修课的开设能够更好地适应不同知识水平、不同兴趣爱好和不同个性的学生的需要,更好地促进学生个性化的发展。所以,发达国家在课程结构的改革上,逐步扩大选修课的比重,协调选修课和必修课的比例。"对于必修课程与选修课程的关系,各国一致认为,两者不是主次关系,不是主从关系,选修课程不是必修课程的陪衬,选修课程与必修课程具有同等价值。"[①]

课程管理的改革也是发达国家课程改革的重要内容。课程管理的改革实质上就是课程管理体制的改革,课程管理体制是一个国家承担课程管理职能的组织机构和工作制度。发达国家在课程管理改革的趋势是追求民主性和参与性,强调建立国家、地方和学校三级管理的课程管理体制。国家、地方和学校各司其职。如美国基础教育管理体制就是这种管理体制的典型。美国课程管理体制的实施过程具体如下。①国家建议。国家不设统一课程,由联邦教育部对全国课程标准提出建议。另外,在全国范围内有很多非营利组织或研究部门也提出种种课程改革计划,就课程改革提出指导性意见。②州级标准。各州教育厅都制定自己的课程标准,作为学区和学校课程的主要依据,以及对学校课程实施情况检查的主要标准。③学区决策。无论是国家建议还是州级标准,课程安排和教材选择的最终权力都在地方学区。各

---

① 陈时见、王芳:《21世纪以来国外高中课程改革的经验与发展趋势》,载《比较教育研究》2010年第12期。

学区根据本州课程标准选择不同版本的教材。④学校实施。学校根据学区安排及教材选择情况,进行本校课程设置,执行学区课程决策。①

课程评价的目的是了解课程是否符合社会和学生发展的需要,是否对学生产生了预期的效果。课程评价在学校教育教学活动中具有十分重要的地位和作用。所以,发达国家在基础教育课程改革中十分重视课程评价的改革。这些国家课程评价改革的重要趋势是课程评价模式的多元化。众所周知,标准化考试曾经风靡一时,因为这种课程评价方式能够十分精确地进行定量评价。但在20世纪90年代,标准化考试遭到了美国各界的批评,很多人认为,标准化考试造成了学生死记硬背的学习习惯,导致了学生思维能力和想象力的下降,甚至有人认为,标准化考试是教育教学质量低下的罪魁祸首。针对标准化考试这种评价方式的弊端,以美国为代表的发达国家开始进行课程评价模式的改革。在考试中,选择题和判断题已不再是主要的考核形式,在考试内容中开始增加开放式问题和写作测试,动手操作能力的测试也开始成为考试的内容。此外,教育者开始采用一些全新的课程评价方式,如档案袋评价法、实际作品评价法和项目研究等。

二、世界发达国家中小学教学改革的基本趋势

教学是学校实现培养人才这种教育目的的最基本的途径,也是各级各类学校的中心工作。学校要提高人才培养的质量,首先是要提高教育质量,而提高教育的核心是提高教学质量。一个国家拥有的人才的数量和质量尤其是人才的质量是一个国家核心竞争力的重要体现,所以,提高人才的质量实质上就是提高国家的核心竞争力。基于这种认识,目前,世界各国都高度重视教学改革,力图通过教学改革来提高教学质量,以达到提高人才质量、增强国家核心竞争力的最终目的。特别是一些发达国家,对中小学教学进行了全方位的改革,从教学目标、教学制度、教学方法、教学手段和教学内容等方面都进行了深入的改革。下面将对发达国家中小学教学目标和教学方法的改革进行简要的介绍。

自从美国学者布卢姆等人提出教育目标分类学之后,一些发达国家中小学的教学目标开始从传统的知识型或智能型目标向综合型或素质型目标发展。布卢姆、柯拉斯和尔、基布勒等人在20世纪中期把各门学科的教育教学目标按统一标准进行分类,他们把各类教育目标分为认知、情感和动作技能三个领域。教育目标分类学理论给了广大教育者很大的启迪。多年以来,在传统的教育教学过程中,教育者所关注的只是学生能否掌握更多的知识这种目标。后来,由于知识的更新周期加快,一些学者开始从重视知识目标转向重视智能目标,比较关注学生掌握知识能力的培养。这些教学目标实际上都属于认知领域的教学目标。这种单一的认知性教学目标既不能适应社会发展的需要,也不利于学生的全面发展和健康成长。教育目标分

---

① 范牡丹:《美国面向21世纪的基础教育课程改革发展趋势》,载《渭南师范学院学报》2010年第4期。

类学理论的问世,具有十分重要的意义,这种理论把认知领域的学习目标只作为教学目标中的一种,提出了情感、态度和动作技能方面的教学目标。在这种教育理论影响下,西方发达国家中小学在教学目标上进行了改革,以提高学生认知能力、培养学生积极的情感和态度、形成学生动作技能为内容的综合性教学目标取代了过去的知识型或智能型目标。

在20世纪末,美国教学目标的改革日趋综合化,美国人把教学目标定为以下四个方面。①学术目标:强调基本知识、技能的掌握,重视学生理性思维、批判性思维等智力的开发。②社会、公民和文化目标:注重人际了解、公民素质的养成,文化价值观、伦理道德的培养。③个人目标:注重情感、身体健康、创造性、美学趣味及自我实现教育。④职业目标:进行生计教育和职业教育。①

进入21世纪后,思维的创新、知识的创新、制度的创新和科学技术的创新成为社会发展的强大动力,创新意识和创新能力成为人才的最重要的素质,具有创新素质的人才是最优秀的人才。因此,在发达国家,教育者十分重视学生创新素质的培养,创新能力和创新素质的培养又成为一项十分重要的教学目标。

有一位中国的幼儿教师到德国一家幼儿园学习和考察,在考察过程中,她听了这家幼儿园老师上的一节美术课,在课堂上,德国老师在黑板上画了一个苹果,然后要求全班学生也在作业本上画一个苹果。中国老师的同桌是一位小女孩,这个女孩的模仿能力很强,她画的苹果几乎与老师画的苹果一模一样,但老师对这个女生的作品只给了60分。而把最高的90分判给了一个小男孩,而这个男孩所画的苹果与老师画的苹果相差甚远。这个男生所画的苹果,有点像苹果,也有点像梨。中国的老师认为,德国老师对学生的作业评价不公平,并对德国老师提出了自己的想法。德国老师微笑着说,请那位男生自己讲讲吧!那个男生站起来说:"我画的是苹果的一种新品种,是苹果与梨杂交所产生的新品种,所以既像苹果也像梨。"由此可见,发达国家十分关注学生创新能力的培养,从幼儿时代就开始把创新素质的培养作为教学的重要目标。

教学目标的改革必然会影响到实现教学目标的教学手段和教学方法的变革。在以知识为主要教学目标的时代,教师要使学生在较短的时间内掌握更多的书本知识,最好的教学方法是注入式方法或灌输式方法。在建构主义问世之前,人们都信奉这种教学理念:学生大脑中的知识是教师灌输进去的。在中国,人们经常说,教师要给学生一碗水,自己必须要有一桶水,以这种形象的比喻来要求教师必须掌握比学生更多的知识。根据建构主义理论,这种"桶水说"实际上是错误的。因为知识不是由教师"倒"进学生大脑中,而是学生自己在大脑中"长"出来的。建构主义心理学理论推翻了传统的知识观、学习观和学生观,在教学领域中掀起了一场革命。与此同时,布鲁纳提出了发现学习这种新的学习方法,反对教师向学生灌输知识的接收

---

① 赵昌木:《当代国外教学改革的主要特点》,载《江西教育学院学报》1997年第2期。

或学习方法。

在这些因素的共同作用下,传统的灌输式方法和注入式方法不再是发达国家中小学的主要教学方法。一些新的教学方式和方法开始登上教学舞台,如建构主义学派提倡的支架式教学、情境式学习与抛锚式教学。由于教学目标中增加了情感领域和动作技能方面的目标,而传统的注入式和灌输式教学方法显然不能实现这些目标,所以,教学目标的改革要求在教学方法上进行同样的改革。为了实现这些新的教学目标,一些学者十分重视学生的情感体验在学习中的作用,人本主义心理学家就对只重智能忽视情感的传统教育提出了批评,如罗杰斯就指出:"学校教育只是促使学生学习没有个人意义的材料。这类学习只涉及心智(mind),是一种发生'在颈部以上(from the neck up)'的学习,不涉及感情或个人意义,与完整的人无关。"[1]罗杰斯认为,这种独尊认知学习的做法是现代教育的悲剧之一。针对这种独尊认知的教学方法和学习方式,罗杰斯等人本主义学者提出了不同于认知学派的意义学习和自由学习的原则与方法,在教学方法和学习方法上重视体验的作用。由于发达国家确立了培养学生的创新能力和创新精神这种新的教学目标,所以,一些学者为了实现这种新的教学目标,提出了一些旨在培养学生的创新素质的教学方法和学习方法。如建构主义学派提出的探究式学习,这种学习可采用不同方式,其中一种方式是以问题为中心的学习,如基于项目式学习。这种探究式学习能够培养学生的问题意识、探究意识和创新意识,是一种全新的学习方式。

三、国外课程改革与教学改革的联系

教育是一种以专门培养人为直接目的的社会活动,专门培养人是教育活动与其他社会活动的本质区别。课程是教育活动的主要内容,是培养人的素材;教学是教育活动的基本形式,是培养人的途径。课程是要解决教育活动"教什么"的问题,教学是要解决教育活动"怎么教"的问题。课程要回答"用什么内容和什么素材来培养人"的问题,教学要回答"用什么形式和什么途径来培养人"的问题。简而言之,课程与教学是一个问题的两个方面,是教育内容与教育形式之间的关系。

课程是教育的主要内容,教学是教育的主要活动方式。任何时代、任何国家的教育改革都必须以课程改革或教学改革作为改革的核心内容。但是,到底是以课程改革还是以教学改革作为教育改革的重心,由于在不同时代和不同国家,存在着不同的政治体制、经济发展水平、文化传统和教育制度,所以,在教育改革的重心取向上,也存在着不同的区别。从纵向上看,在第二次世界大战之前的时代,由于科学技术发展相对缓慢,知识的积累和更新的速度相对迟缓,所以,"教什么"的课程问题比"怎么教"的教学问题的变化更少,显得更为稳定。因此,在第二次世界大战之前,教育改革的重心是教学改革。

---

[1] 陈琦、刘儒德主编:《教育心理学》,高等教育出版社2005年版,第172页。

但是在"二战"之后，人类的科学技术高速发展，科学知识成倍地增长，与此同时，知识更新的速度日益加快。特别是计算机技术的发展和互联网络的问世，使知识的获取、知识的运用、知识的交流和知识的创新发生了翻天覆地的变化。在这种时代背景下，"教什么"的问题比"怎么教"的问题显得更为突出。所以，"二战"之后课程改革取得了与教学改革同样的重要地位。最有代表性的是，在苏联发射人类第一颗人造卫星之后，美国为应对苏联的挑战而进行的以课程改革为核心的教育改革。从横向上看，那些在教育管理体制上采取集权制的国家，由于课程计划的制订、课程标准的编制和教科书的编写都是由国家教育管理机构统一控制，所以，在这些国家，教育改革更多以教学改革为重心。但是，那些在教育管理体制上采取分权制的国家，课程的设置、教材的选用是由地方教育管理机构和学区、学校来决定，在这些国家，课程的改革与研究，在教育改革中可能占有更大的比重。

由于课程与教学是教育活动的内容与形式，二者之间存在着不可分割的内在联系，所以，课程的改革必然会对教学改革产生影响，而教学的改革又必然会对课程改革产生作用。换言之，教学改革的成功必须依赖于课程的改革，而课程改革的成功也必然依赖于教学水平的提高。一些发达国家中小学的课程改革和教学改革的成败，从教育实践的角度证明了课程改革与教学改革之间的密切联系。

在20世纪，发达国家规模最大的一次课程改革是美国为应对苏联卫星上天所进行的课程改革。1957年，人类制造的第一颗卫星上天了，这颗卫星的体积很小，其直径只有58厘米，质量只有83.6千克。这颗小小的人造卫星对当时的美国造成了强烈的震动。因为这颗卫星不是世界头号科技强国美国制造的，而是美国当时最强硬的对手苏联制造的。美国朝野上下都感到沮丧，称卫星上天是第二次珍珠港事件，是美国的国耻。美国人把卫星上天视为苏联科学技术水平超过美国的体现，而苏联科技水平的提高又归因于苏联教育的成功，因为科技人才的培养、科技知识的传承和创新，都要以教育作为最主要的途径。从这种认识出发，美国人提出，苏联人在教室里向美国人挑战，苏联的教育质量比原子弹还可怕。虚心的美国人决定向苏联人学习，派人到苏联去考察中小学教育。美国人在考察苏联的教育之后得出一项重要结论：苏联中小学课程的内容和质量都优于美国。美国人用两句十分简明的语言来说明两国课程的差距，这两句话是"伊万学到的，约翰没学到"，伊万是苏联学生的代称，约翰是美国学生的代称。

针对美国中小学课程落后于苏联学校的状况，美国人开始进行一场影响深远、规模浩大的课程改革。1959年9月，美国的全国科学院在伍兹霍尔召开会议，35位科学家、学者和教育家在一起讨论美国中小学的数理学科的课程改革。大会主席是著名的教育家布鲁纳，他认为，任何学科的基本原理都可以用某种形式教会任何年龄的任何学生，例如高等数学知识也可以用直观的方式教给小学生低年级学生。在布鲁纳这种思想的指导下，当时美国的课程改革大幅度地提高了课程的难度，大学课程的一些内容下放到高中，高中课程下放到初中，初中课程下放到小学，而小学课程只能下放到幼儿园。美国这次课程改革最后以失败而告终，失败的主要原因是在课程实施中出现了问题。

"课程实施(curriculum implementation)是指把新的课程计划付诸实践的过程,也可以说是把书面的课程转化为具体教学实践的过程。"①在课程改革中,一个新的课程方案出台后,其最终的表达形式是官方正式颁发的课程政策文件,如课程计划、课程标准,它们以书面的形式存在。如果按照美国学者古德莱德的观点,这些以书面形式存在的课程只是一种正式的课程,是在学校课程计划中列出的官方课程。这种课程是从专家设计到学生接受的五个层次课程中的第二个层次的课程。

古德莱德认为,课程从专家设计到学生接受,可分为五种不同层次的课程:第一个层次是理想的课程(ideal curriculum),是课程研制专家依据一定的教育思想设计出来的课程;第二个层次是正式的课程(formal curriculum),即得到国家和地方教育管理机构认可并颁布的课程,是在学校课程计划中列出的正式课程;第三个层次是领悟的课程(perceive curriculum),是指任课教师所领会的课程,不同教师对正式课程的理解、解释方式各不相同;第四个层次是运作的课程(operational curriculum),是指教师在课堂上实际实施的课程,它与领悟的课程存在着差距,也称为观察的课程,是人们在课堂上能观察到的课程;第五个层次是体验的课程(experiential curriculum),也称经验的课程,指学生实际体验到的东西,不同学生对学习内容有不同理解,两个学生听同一门课,会有不同的体验或经验。

在课程实施过程中,各种教学因素都会对课程实施的方式、课程实施的结果产生很大的影响。课程实施的主要方式实质上就是课堂教学,课堂教学的质量如何,直接关系到课程实施的结果,而课堂教学的质量又取决于教师的教学水平和学生的学习能力。美国当年课程改革的失败,其根本原因就是大多数教师的教学水平和大多数学生的学习能力不能适应新的课程。新课程的实施只停留在理想课程和正式课程这些层次上,并没有成为教师领悟的课程和学生体验的课程。由于教学因素的制约,美国在20世纪的课程改革失败了。有人把美国当年这种课程改革的模式叫做RDDA模式,即研究(Research)、开发(Development)、传播(Diffusion)、采用(Adoption),也叫"中心-边缘"模式,即课程目标是由"中心"专家制定的,再由他们主持课程开发和传播,而课程的实施则由处于"边缘"的教师来完成。教师处于被动地位,也缺少参与意识和参与机会。许多教师对课程改革持否定态度或反应冷淡。②

美国课程改革的实践证明了课程改革必然要受到教学水平、教学条件和教学改革的制约,课程改革不能无视各种教学因素的影响,因为教育内容的改革与发展,不能不考虑教育形式的改革与变化。目前,我国的基础教育课程改革在某些科目的改革上,也遇到了当年美国课程改革类似的问题,一些科目的改革受到了教学因素的制约,课程改革缺乏必要的教学条件的支持,也出现了类似当年美国课程改革中的"中心-边缘"模式。

---

① 汪霞著:《课程理论与课程改革》,安徽教育出版社2007年版,第196页。
② 顾明远:《课程改革的世纪回顾与瞻望》,载《教育研究》2001年第7期。

第二节 我国课程与教学改革的历史回顾

一、我国基础教育课程改革的历史回顾

近年来,为了总结课程改革的经验教训,更好地推进当前我国基础教育课程改革,有不少教育工作者对我国课程改革进行了回顾。但是在回顾我国基础教育课程改革历史的过程中,人们回顾课程改革历史的时间跨度有明显的区别,多数学者是回顾新中国成立之后的历次课程改革,也有的回顾改革开放之后的课程改革,还有的回顾 21 世纪以来的课程改革。在众多回顾者中,有一位学者回顾了自洋务运动后一百多年来的我国历次课程改革,并提出新中国成立之前曾进行过六次课程改革,新中国成立之后进行过八次课程改革。[①]

对于新中国成立以来的课程改革分为哪些阶段,划分这些阶段是以什么作为标准,在这些问题上,学者们更是仁者见仁、智者见智。有学者提出"八阶段说";[②]有学者在其博士论文中总结了国内外学者对新中国课程改革阶段的划分,并提出了自己的"五阶段说"。[③] 学者们不仅在划分阶段上有较大区别,而且在时间跨度上也有很大区别,如有人把 1964 年到 1976 年视为一个课程改革的历史阶段[④],而更多的人是把 1966 年到 1976 年作为一个历史阶段。学者们在划分课程改革阶段时,一般没有提出一个明确的划分标准。

我国不少教育工作者在探讨基础教育的课程改革时,都提到新中国成立之后经历过的八次课程改革,但这八次课程改革的具体时间的表述并不统一,每次课程改革的具体目标和标志性的改革成果,也没有进行明确的阐述。正是在这些问题上没有形成统一的观点,一位研究课程理论的博士在其博士学位论文中只能提出,"新中国成立至今,已进行过数次重大的课程改革"[⑤]。由于课程改革没有一个获得公认的准确的次数,所以只能用一个模糊的"数次"来概括。总之,如何回顾和总结新中国成立以来的课程改革,并不是一项简单的工作。

在十一届三中全会之前,我国处在一个强调阶级斗争、突出政治的特殊年代,教育要为"无产阶级政治服务",课程同样要为"无产阶级政治服务"。所以,要划分十一届三中全会之前的基础教育课程改革的历史阶段,可用当时政治制度的变迁和政治风云的变化作为参照。在改革开放之后,教育得到了整个社会的高度关注,我国政府对教育改革和课程改革作出了一系列的重大决策,颁布了相关的教育政策法规和课程政策,所以,在十一届三中全会之后,划分课程改革的历史阶段则以重大的教育决策和课程改革政策为参照。从这种分段标准出发,新中国基础教育课程改革经

---

①② 李方主编:《课程与教学基本理论》,广东高等教育出版社 2002 年版,第 413~419 页。
③⑤ 郑家福:《新中国基础教育课程改革的文化检讨》,西南师范大学博士学位论文,2003 年。
④ 郑东辉:《新中国课程改革的历史回顾》,载《教育与职业》2005 年第 13 期。

第九章 课程与教学改革的发展趋势

历了如下几个阶段。

第一个阶段,社会主义改造时期的基础教育课程改革,时间跨度是1949年至1957年。在这个时期,基础教育课程改革的主要任务是改变旧中国的课程体系,确立新中国的课程目标、课程内容和课程管理制度。这个时期的课程改革是自上而下的改革,在这个时期,政务院(国务院)和教育部作为课程管理的主要机构,颁布了一系列的课程政策和课程文件。1950年8月教育部颁发了《中学暂行教学计划(草案)》,这是新中国成立后由教育管理机构颁发的第一个教学计划。这年9月召开了全国出版会议,会上提出中小学教材必须由全国统一供应的规定,并提出成立人民教育出版社,由其承担编写全国统一的中小学教材的任务。1951年出版了第一套中小学全国通用教材。1951年3月,教育部召开第一次全国中等教育会议,会上通过了《普通中学(各科)课程标准(草案)》,提出普通中学的教学计划必须全国统一,课程科目和每科教学内容必须定出统一的标准。当时的政务院于1953年12月和1954年4月,先后颁布了《关于整顿和改进小学教育的指示》和《关于改进和发展中学教育的指示》,这两个文件为课程改革提供了指导和依据。根据当时的教学计划,教育部于1956年颁发了新中国成立以来全国第一套比较齐全的中小学各科教学大纲,并在同年发行了新中国成立以来的第二套中小学教科书。

这个时期课程改革的一个重要的取向是学习苏联的课程体系和课程管理体制,一个最典型的体现是把原来的"课程标准"改称为"教学计划"和"教学大纲"。在学习苏联课程体系的基础上,这个时期的课程改革比较重视构建系统的以学科为中心的中小学课程。

第二个阶段,社会主义建设时期的基础教育课程改革,时间跨度是1958年至1965年。这个时期的课程改革可以概括为"大跃进与大调整"。1958年,全国掀起工农业生产大跃进的高潮。中共中央和国务院颁布了《关于教育事业管理权力下放问题的规定》,在这项政策中明确指出:"各地方根据因地制宜的原则,可以对教育部和中央主管部门颁发的各级各类学校指导性教学计划、教学大纲和通用教材、教科书,领导学校进行修改补充,也可以自编教材和教科书。"于是,在工农业进行大跃进的同时,教育领域和课程改革也开展了大跃进。各地开始大量缩减学时,削减课程,增加劳动时间。各地自编的教材质量低下,严重地冲击了正常的教学规范和秩序,影响了教育教学质量。伴随着大跃进带来的全国经济的大倒退和人民群众生活的大饥荒,国家在经济领域开始进行大调整。在教育领域和课程改革上,人们也开始进行调整。1962年和1963年重新修订了中小学教学计划和教学大纲,并根据教学大纲编写了教科书,同时还颁布了《中小学管理条例》。

这个时期课程改革的特点如下。前期即大跃进时期的课程改革既没有任何课程理论做指导,也不完全是出于某种政治目的和政治理论的要求,完全是为了迎合当时的工农业生产大跃进的需要。后期的改革,主要是作为对前期盲动行为的补救和调整。1963年编订的课程体系在课程目标中比较重视基础知识和基本技能的掌握,增加了语文、数学、外语、物理、化学的教学时数,减少了历史和地理的课时。

1963年制定的课程体系有一个比较突出的亮点,它首次在高中增设选修课,打破了中小学不开选修课的传统,增加了课程的可选择性。在1958年的教育大跃进中,全国各地学校都缩短学制、精简课程和课时,1963年编制的课程体系在纠正教育大跃进错误的同时,出现了矫枉过正的现象,过分地重视学生基本知识和基本技能的学习,强调系统的书本知识的掌握,加重了学生课业负担。

第三个阶段,拨乱反正时期的基础教育课程改革,时间跨度是1978年至1984年。教育是传承文化的事业,课程是人类文化的载体,然而在"文革"的十年中,教育事业和课程建设都受到十分惨重的冲击和破坏。所以,在这十年中谈不上课程的改革和发展,只有课程的损害和衰退。十年"文革"结束之后,经历了种种灾难、重重冲击的教育事业可谓百废待举,课程是教育的重要内容,课程的改革是振兴教育和发展教育十分重要的工作。

这个时期的课程改革可以从教学计划和教材方面进行一番梳理。在教学计划方面,1978年1月,教育部颁发了《全日制十年制中小学教学计划(试行草案)》,这是"文革"结束之后教育部制订的第一份课程文件,可以说是课程领域中拨乱反正的起点。此后,教育部相继颁发了《全日制中学暂行工作条例(试行草案)》和《全日制小学暂行工作条例(试行草案)》,这两项教育政策对课程设置进行了原则性解释。新的教学计划规定全日制中小学学制为10年,恢复了文革之前的分科课程模式所规定的主要课程。1981年3月,教育部颁发了《全日制五年制小学教学计划(修订草案)》,对1978年1月颁布的教学计划中的小学部分进行修订。1981年4月,教育部又颁发了《全日制六年制重点中学教学计划(试行草案)》,这份教学计划在高中二年级和三年级设置了一定的选修课时,而且分为侧重文科和侧重理科两种选修模式。1984年8月,教育部又颁布了《全日制六年制城市小学教学计划(草案)》和《全日制六年制农村小学教学计划(草案)》,这两份教学计划力求照顾城乡学校和城乡学生的不同需要,体现了课程设置的弹性。在教材方面,1981年新的小学教学计划颁布以后,人民教育出版社根据新的教学计划对统编教材进行了修改,相继出版了五年制和六年制小学教材。在中学教材方面,人民教育出版社对1978年编写的十年制中学教材进行了较大的修订,同时编写了新开设课程的教材。根据《全日制六年制重点中学教学计划(试行草案)》的要求,人民教育出版社编写了六年制重点中学的教材。

这个时期的基础教育课程改革有如下一些特点。其一,为了拨乱反正,在课程建设上开展了许多恢复性工作,把"文革"期间在课程目标、课程内容、课程设置中的一些错误改正过来。如在课程目标中重视基本知识和基本技能的掌握,在课程设置上开齐了"文革"之前所开设的各门科目。其二,在课程内容的设置上,注意适应不同地区、不同学校和不同学生的需要,在教学计划的制订上体现了一定的弹性。其三,在课程结构上,虽然选修课开始进入高中课程,但无论是选修课还是必修课,基本上都是学科课程。

第四个阶段,全面推进改革开放时期的基础教育课程改革,时间跨度是1985年至2000年。1985年5月,中共中央颁发了《关于教育体制改革的决定》,这是中共中央在改革开放之后颁布的第一个关于教育改革和发展的重要文件,所以,这个文件得到了人们高度的重视和深入的研讨。1986年4月12日第六届全国人民代表大会第四次会议通过了《中华人民共和国义务教育法》,并从1986年7月1日起施行。这也是新中国成立之后颁布的第一部关于教育的法律,这项法律的颁布与实施,标志着我国基础教育开始步入以法治教的新阶段。这一项教育政策和教育法律,对这个时期的教育发展和课程改革产生了很大的影响。

为配合《中华人民共和国义务教育法》的实施,1988年原国家教育委员会颁发了《义务教育全日制小学、初级中学试行教学计划(初稿)》,对义务教育阶段的课程体系作出了明确的规定。在对这份教学计划修改的基础上,1992年原国家教育委员会又颁布了《九年义务教育全日制小学初级、中学课程计划(试行)》,第一次将"教学计划"更名为"课程计划"。这份课程计划与前面一份教学计划相比较,有如下一些特点:第一次将小学和初中课程的统一设计,把全部课程分为学科课程和活动课程;在国家课程之外,还留有地方课程;在课程目标、课程设置等方面都进行了一些改革。根据课程计划,原国家教育委员会还组织编订了各门学科的教学大纲,并允许一些地区和单位按教学大纲编写教材。由于实行九年义务教育后,初中课程已从原有的中学课程体系中分离出去,而且原教学计划中高中的课程结构也不够合理,一些学科的要求偏高,原国家教育委员会于1990年颁发了《现行普通高中教学计划的调整意见》,作为新的普通高中教学计划颁发前的过渡性教学计划。在这种过渡性教学计划实施6年的基础上,原国家教育委员会于1996年颁发了同义务教育课程计划相衔接的《全日制普通高中课程计划(试验稿)》。这个新的课程计划规定:普通高中课程由学科类课程和活动类课程组成,比例分别为90.1%和9.9%。学科类课程分为必修、限定选修课和任意选修课课三种,其中必修课占总课时的62.4%,限定选修课占总课时的12.2%~18.7%,任意选修课占总课时的9%~15.5%。《全日制普通高中课程计划(试验稿)》还明确规定,普通高中课程由中央、地方和学校三级管理,在国家课程之外,为地方课程和学校课程留下一定的开发空间。

这个时期的基础教育课程改革有三个比较突出的特点:其一,在课程管理上,打破了多年来的集权制的课程管理体制,在课程设置上安排了地方课程和学校课程,使地方教育管理机构和学校有权参与课程的开发;其二,在课程结构上,在学科课程之外设置了活动课程;同时,在必修课之外设置了选修课。活动课和选修课的开设,有利于学生的能力的培养和个性的发展;其三,在教材编写上,根据"一纲多本"的课程改革方案,全国各地都可以根据某门学科的教学大纲编写相应的教科书,从而增强了教材使用的竞争性和教材对学生的适应性。

第五个阶段,新世纪的基础教育课程改革,时间跨度是2001年至今,这个时期课程改革的标志性事件是教育部在2001年6月颁布了《基础教育课程改革纲要(试行)》。在《基础教育课程改革纲要(试行)》精神的指导下,我国基础教育领域开展了一场规模浩大、影响深远的课程改革。本章第三节将要对这次课程改革进行全面的分析和评价,为避免重复,在本节对这次课程改革不作介绍。

二、我国中小学教学改革的历史回顾

如前所述,在教育管理体制上实行集权制的国家,教学改革比课程改革在教育改革中占有更为突出的地位,而在教育管理体制上实行分权制的国家,课程改革比教学改革更受人关注。我国在教育管理体制上一直实行集权制,所以,我国的教学改革比课程改革受到广大教育者更多的关注和参与,而且,我国的课程改革大多是采取自上而下的方式,教育决策机构的领导者和研制课程的专家学者,是课程改革的决策者、倡导者和组织者,而在课程实施第一线的广大教师只是课程改革的参与者和执行者,也可能成为旁观者。但是,我国的教学改革采取的不是自上而下的方式,许多新的教学观念都是广大教师首先提出来的,如愉快教学、情境教学等,许多新的方法,也是广大教师自己创造出来的,如上海育才中学的"读读议议讲讲练练"八字教学法和湖北大学黎世法教授的"六课型单元教学法"。由于课程改革是由国家教育决策机构和教育管理部门倡导的,这些机构和部门在不同时期所制定和颁布的各种教育政策、教育法规和课程文件(教学计划、课程计划、教学大纲等)是课程改革的标志性事件,可以作为划分课程改革历史阶段的内容与标准。但是在教学改革上,不可能像课程改革那样划分若干个具有各自特点的历史阶段,所以,只能从教学目标的改革、教学方法的改革、教学手段的改革和教学改革领域的扩展等不同角度来回顾新中国60多年来的教学改革。

自新中国成立后,我国基础教育的教学目标或者说教学目的根据时代发展的需要经历过多次改革。新中国成立初期,我国教育教学理论深受苏联教育教学理论的影响,十分重视学生对基本知识和基本技能的掌握,所以,"双基"的掌握(对基本知识和基本技能的简称)是当时中小学的主要教学目标。在知识增长和知识更新速度比较缓慢的时代,以基本知识和基本技能的掌握作为学校的主要教学目标是科学的、合理的。十年"文革"期间,教育领域成为重灾区,许多学校先是"停课闹革命",后是"复课闹革命",正常的教育教学活动都难以维持,也就谈不上对教学目标的实践与改革。同时,"四人帮"所宣扬的"知识越多越反动"的社会舆论也对青少年学生学习文化科学知识产生了很大的负面影响。"文革"结束之后,《哥德巴赫猜想》这篇报告文学在全国产生了很大反响,报告文学的主人公陈景润成了当时热爱科学、学习科学知识的典范。知识又重新受到了人们的青睐和关注。在这种时代背景下,我国的基础教育在20世纪80年代初又把"双基"作为中小学的教学目标。然而,在重视"双基"教学的同时,各级学校出现了一批"高分低能"的学生,《人民教育》曾报道过北京大学中文系的学生不会写请假条,因为高考不考应用文这种知识。由此可见,我国大学生运用知识的能力十分低下。"高分低能"学生的出现,引起人们对"双基"这种知识型教学目标的反思。"双基"中的基本知识实质上就是陈述性知识,"双基"中的基本技能是程序性知识。所以,知识的掌握能否促进智能的发展,知识的多少与智能的高低是否有着必然的联系,教育界对这些问题进行了热烈的讨论。针对

第九章 课程与教学改革的发展趋势

当时在世界范围内出现的科学技术革命和知识更新速度加快的现实,我国教育者认识到,培养学生独立掌握知识的能力,引导学生学会如何学习,要比学生掌握大量的书本知识更有价值。在这种教育背景下,我国教育工作者把发展智力、培养能力和"双基"的掌握都作为中小学的教学目标。在发展智力、培养能力成为教学目标后不久,我国教育者又发现另一种现象,一个智商高学习能力强的学生并不一定就能取得好的学业成就,也不一定达到较高的发展水平。因为影响学生学业成就和全面发展的还有其他因素,其中一个重要因素是非智力因素。所以,在 20 世纪 80 年代中期,我国教育者开始关注学生的非智力因素的培养。学校教学目标不只是掌握知识、发展智能,还要重视学生非智力因素的培养,实质上就是要把学生情感、意志和个性的培养作为教学目标。进入 21 世纪之后,计算机技术和网络的广泛应用,科学知识在成倍增长。在这种称之为知识经济的时代里,创新意识和创造能力成为人的最重要的素质。为了应对知识经济时代的挑战,我国教育者提出,必须把培养学生初步的创新精神作为重要的教学目标。当然,我国是一个十分重视道德教育的国度,人们经常说,一个好的教师不仅要做经师,更要做人师,所以,60 多年来,培养学生良好的品德一直是我国中小学的教学目标。总之,60 多年来,我国的教学目标一直处在改革之中,教学目标的内涵在不断地充实和发展。

教学方法是实现教育目的和教学目标所采用的各种方式、措施、活动和路径的统称。60 多年来,我国教育工作者在教学方法上进行了一系列的改革,限于篇幅,在本节只简要回顾改革开放以来我国教育工作者在教学方法上所进行的一些改革。由于在小学低年级、小学高年级、初中和高中等不同的学段,学生的学习能力和学习策略有很大的区别,所以,在基础教育教学方法的改革中,不可能出现一种在任何学段对任何年龄学生都能产生高效的新方法。由于不同的学科知识具有其各自的特点,因而对教学方法也有不同的要求,如在语文、历史等学科的教学过程中,讲授法运用得比较普遍,而在物理、化学和生物等学科的教学活动中,则比较重视实验法的运用,所以,在基础教育教学方法的改革中,也很难出现在所有学科的教学活动中都能产生高效的教学方法。

这些年来,我国的教育工作者对不同学段和不同学科的教学方法都进行了改革,取得了一些效果显著的改革成果。下面列举我国基础教育教学方法改革中出现的几个比较成功的典型实例。

1. 尝试教学法

这种新的教学方法是江苏常州师范学校特级教师邱学华通过 40 多年实验研究探索出来的。尝试教学法的一个基本观点是"学生能在尝试中学习,并在尝试中成功"。它强调把教师的主导作用和学生的主体作用有机结合起来,创设一定的教学条件,使学生在尝试活动中取得成功。尝试教学法的总体精神是把传统的以教为中心转变为以学为中心,达到教与学的最佳结合。这种方法的主要特点是"先试后导,先练后讲,尝试中学",以学生的自主活动为主,突出学生在教学中的主体作用。具体表现为"四前四后",一是学生在前,教师在后;二是尝试在前,指导在后;三是练习在前,讲解在后;四是活动在前,结论在后。这种方法的操作过程分为五步:出示尝试题、自学课本、尝试练习、学生讨论、教师讲解。①

2. 六步教学法

这种新方法是辽宁盘锦市实验中学特级教师魏书生在语文教学改革实践中,在以培养学生自学能力为核心的教学思想指导下创立的。六步教学法的六步是定向、自学、讨论、答疑、自测和自结。这种方法重视培养学生的自学能力和自我教育能力,而自我教育关键又在于实现教学的民主化和科学化,即教学要使学生意识到自己的主体角色,遵照教学的规律进行。六步教学法的关键是培养学生良好的自学习惯和自学方法。在教学实践中,魏书生探索出培养学生学习习惯的一套方法,分为"首次慢动—逐渐加速—系统计划—控制时空—进入轨道"五个阶段。②

3. 六课型单元教学法

六课型单元教学法,也称异步教学法。在我国基础教育教学方法的改革过程中,新的教学方法的创造者和倡导者大多是中小学教师,但异步教学法的提倡者和首创者却是湖北大学黎世法教授。这种新的教学法是以教学单元为单位,把每单元分解为自学课、启发课、复习课、作业课、改错课、小结课六种课型分别进行教学,教师可采取集体指导与个别指导相结合的方式,这种方法的操作程序有"提出问题、指示方法、明了学情、研讨学习、强化效应"五个步骤。异步教学法提出了一些有效地促进学生"自学"和"个别化学习"的教学策略。异步教学实验在我国基础教育领域影响较大,全国有五万多所中小学参与了相关的实验研究。③

4. 游戏教学法

我国游戏教学发展较早,而最早在中小学真正开展游戏教学实验的要数福州市实验小学。该校从1984年开始在小学1至6年级普遍开设数学游戏课,课程表中每周安排1节。游戏教学法的本质是游戏与学习的统一,但二者并非简单的相加,而是有自身的特点:第一,游戏教学是教师设计而非儿童自发采用的;第二,游戏教学以其内在趣味性作为内在动机启动、维持和调节儿童参与活动的积极性;第三,游戏教学始终伴随师生愉悦的情绪;第四,游戏教学以教学内容为素材来设计假想情境;第五,游戏教学既重过程,又重结果,把教学目标融入游戏当中;第六,游戏教学使玩具与学具一体化。④

教学手段是教师和学生在教学活动中为实现教学目标而采用的各种技术、器材和设备的统称。教学手段的改革与科学技术的发展息息相关,在科学技术发展比较缓慢的时代,"粉笔加黑板"一直是我国各级各类学校采用的主要的教学手段。自第二次世界大战之后,科学技术获得了高速的发展,许多科学技术被应用于教学领域,引起了教学手段的改革与发展。在20世纪,教学手段的改革主要体现在电化教学方面,幻灯机、幻灯片、投影器、投影片、录音机、录音带、录像机、录像带、录像片和电影

---

① ② ③ ④ 廖学春:《新中国成立以来基础教育教学方法改革与发展研究》,西南大学硕士学位论文,2010年。

等现代视听技术在教学中都得到广泛的运用,推动了教学手段的改革。进入21世纪,计算机技术和网络技术等信息技术运用于教学领域,尤其是多媒体教学技术的问世,更在教学手段上产生了一场革命。信息技术在教学领域的运用,加快了教学资源共享,同时也为学生的自主学习提供了许多便利的条件。

新中国成立后,我国基础教育教学改革的领域在不断地扩展,从单项、单科和课堂教学改革,发展到整体改革。广大教育工作者首先关注的是课堂教学的改革,因为课堂教学是教学活动的主要形式,是教学活动的中心环节。如何提高课堂教学的质量,充分发挥45分钟的作用,是广大中小学教师最关注的问题。为了提高课堂教学的质量,一些教育工作者开展了深入持久的改革与探索。如上海育才中学倡导的"读读议议讲讲练练"八字教学法就是这种改革的典型。在课堂教学改革取得一些成效之后,一些教育工作者把教学改革扩展到备、教、辅、改、考等教学环节,从教学的整个过程角度来进行改革。如前面提到的异步教学法就是典型的代表。整体改革是单项改革、单科改革和课堂教学改革发展的必然结果。随着单科、单项和课堂教学改革的不断深化,广大教育工作者逐步认识到,提高教育教学质量是一项系统工程,单科改革和单项改革是必要的,但单科和单项教学质量的提高并不等于整体教学质量的提高,必须在单科改革和单项改革取得成效的基础上,进一步开展其他学科和其他项目的改革。课堂教学虽是教学活动的主要过程和中心环节,但要大幅度提高教学质量,就必须在开展课堂教学改革的基础上,同时进行其他教学过程和其他教学环节的改革。

在20世纪80年代末90年代初,基础教育的整体性教学改革发展成为教学改革的主流。为了在基础教育领域中更好地开展整体改革,1988年,全国中小学整体改革专业委员会宣告成立,1990年中国教育学会批准其为中国教育学会教育管理分会的分支机构,定名中国教育学会管理分会中小学整体改革专业委员会。1991年7月在北京召开了第一次全国会员代表大会,此后,又召开过三次全国会员代表大会。这个学会的成立,为基础教育教学整体改革提供了一个很好的交流平台。

第三节 我国课程与教学改革的现状分析

一、新世纪我国基础教育课程改革的成效与存在的问题

2001年6月,教育部颁布了《基础教育课程改革纲要(试行)》(简称《课程改革纲要》),这是改革开放以来教育部颁布的第一份关于基础教育课程改革的指导性文件。十年来,我国广大教育工作者在《课程改革纲要》精神的指引下,对我国基础教育的课程进行了深入的、持久的、全方位的改革。有不少学者把这次课程改革称之为第八次改革,究竟是不是第八次课程改革,学界和教育界并没有一个统一的意见;但这次课程改革的规模最大、影响最深、时间最久,是得到公认的。这次课程改革

取得了哪些明显的成效？还存在哪些问题？下面，我们对这些问题进行一定的探析。

当前，我国基础教育课程改革成效之一是促进广大教师确立了新的以学生发展为本的课程理念和课程目标。长期以来，我国一直实行的是以知识为本的课程理念和目标。在科学技术发展比较缓慢的时代，知识具有比较持久的价值，在这种时代，以知识为本的课程理念和课程目标是合情合理的。然而，自第二次世界大战之后，人类的科学知识成倍增长，在20世纪80年代就有人用"知识爆炸"、"信息爆炸"来形容知识高速增长的态势。在21世纪，计算机技术和网络技术得到了广泛的运用，知识增长和知识更新的速度越来越快，以知识为本的课程目标显然已经不能适应时代发展的要求。所以，在新世纪，我国把"为了中华民族的复兴，为了每位学生的发展"作为贯穿本轮课程改革始终的核心理念。在这种课程理念的引导下，我国的基础教育确立了新的以学生发展为本的课程目标。

在这种课程目标的指导下，课程实施方式发生了较大的变化，也就是教师的教学方式和学生的学习方式发生了变化。"教师作为知识权威的角色开始淡化，灌输式的教学方式在转变，教师在课堂上开始较多地使用'请试一试'、'请猜一猜'、'请想一想'等鼓励性的语言，极大地激发了学生的创造性思维，放飞了学生的想象；与此同时，学生的主体性、积极性得到了较大程度的发挥。"[1]有人对第一批课程改革实验区219名物理骨干教师作过专门的调查和访谈，调查结果显示，"几乎所有教师都不再强调教师是课堂主导者和知识传授者，而是突出学生学习的引导者、促进者和学生学习的参与者。"[2]在教师的教学方式发生变化的同时，学生的学习方式也发生了变化。在本轮课程改革中，出现了一门新的课程：研究性学习，它是综合实践活动的重要组成部分。研究性学习既是一种全新的课程，同时也是一种全新的学习方式，这种学习方式十分强调学生的学习与探究的过程，而不是这种学习和探究所取得的结果；这种学习方式重视学生的自主学习的探究，重视学生实践能力、合作能力和探究能力的培养。

基础教育课程改革在促进教师转变教学方式的同时还提高了教师的专业素质和理论素养，有人对课程改革前后教师的教学反思能力进行了实证研究，研究结果表明："课程改革促进了教师在教学方法及过程、教育价值观上的思考。课改前教师更多地反思实践层面和教学的结果，课改后教师反思较多的则转变成了理论和实践

---

[1] 李壮成：《西部农村基础教育课程改革的现状与策略》，载《渝西学院学报（社会科学版）》2004年第3期。

[2] 杨薇，郭玉英：《骨干教师视域下的新课程改革现状研究》，载《教师教育研究》2008年第3期。

相结合的层面以及教学过程中的师生关系,理论高度有了明显的提升。"①

在课程结构上,本次课程改革对原来的课程结构进行了大幅度的改革。这种改革有如下几种体现:在学科课程与活动课程上,活动课程占了较大的比例,如综合实践活动是本次课程改革确立的新课程,综合实践活动是以活动课程为主要形态的课程,从小学三年级到高中三年级都要开设综合实践活动,其课时占总课时的6%~8%;在综合课程和分科课程上,本次课程改革确定在小学阶段以综合课程为主,初中阶段设置分科与综合相结合的课程,高中以分科课程为主。在我国中小学,第一次出现了科学、品德与生活、历史与社会、综合实践活动等综合课程。

在课程管理上,《课程改革纲要》明确提出:"为保障和促进课程适应不同地区、学校、学生的要求,实行国家、地方和学校三级课程管理。"地方课程和校本课程在中小学课程体系中占了一定的比例,特别是校本课程的开发,促进广大中小学教师由课程的使用者、执行者和消费者,变成了课程的开发者、设计者和生产者,这种角色的转变,有利于教师专业素质的提高。

基础教育课程改革在取得成效的同时,也存在诸多问题。首先是基础教育课程改革的进展很不平衡,城乡之间、东部发达地区和西部欠发达地区之间,在课程改革的进展上存在很大的差距。在城市和东部发达地区,课程改革取得了一些比较明显的成效,但西部地区和广大农村的学校,课程改革的效果十分有限。目前,广大农村和西部欠发达地区的学生课业负担依然很重,休息时间很少,学生根本没有时间去思考;学生的学习是被动的、消极的。学生的学习方式和生活方式与课程改革之前没有发生多少变化,其原因之一是教师没有跟上课程改革的发展步伐。经济欠发达地区的教师由于外在条件和内在原因的种种限制,其专业素质还不能适应基础教育课程改革的需要,因此在教育教学实践中,出现了对新课程的种种不适应现象,从而使本次课程改革的具体目标难以落实,从根本上不能促进学生的全面发展。有人对西部地区基础教育改革的现状进行了调查,调查结果表明,西部地区多数教师认为,教育资源的匮乏、缺乏专家的指导和引领、教师培训不足等因素都制约着课程改革,并对综合实践活动的开展、研究性学习和校本课程的开发等凸现新课程特色的改革活动产生了较大的负面影响。②

在课程理念、课程目标、课程实施方式发生变革之后,我国还有大量的教师不能实现相应的观念和角色的转变。在课程理念上,新课程是以学生为本的课程,要把学生作为"整体的人"来发展。但是,很多教师并没有把学生当作"整体的人"来发展,更多的是关注学生智力的发展,很少关心学生的人格发展。新课程要求教师从知识的传授者转变为学生学习的组织者、发动者,但是,还有许多教师把学生的大脑

---

① 邬春芹,袁锁军:《课程改革背景下教师教学反思现状的调查研究》,载《江苏教育学院学报(社会科学版)》2008年第2期。

② 魏士军:《西部地区基础教育课程改革现状调查研究》,载《湖南第一师范学报》2008年第4期。

视做知识的容器,没有视为等待教师点燃后自己燃烧的火把。新课程要求教师从课程的使用者和消费者转变为课程的开发者和设计者,但还有很多教师对校本课程的开发和综合实践活动的开展感到力不从心。新课程要使教师从"教书匠"转变成研究者,但是,据有人调查,第一批国家级课程改革实验区青岛市的农村小学教师,在课程改革历时十年之后,他们所取得的教研和科研成果还是寥寥无几。青岛下辖的即墨市、平度市、莱西市、胶州市和胶南市等五市的农村小学教师自 2000—2010 年十年间,共发表教研论文 273 篇,平均每年不到 30 篇,如果再平均到五个县市,数量微乎其微。①

课程评价的改革受"应试教育"影响,步履维艰。新的课程评价更加关注学生的发展,评价的功能不再只是用于选拔,而是关注学生的个体差异及发展的不同需求;评价内容关注的不仅是学生的学业,更多的是关注学生潜能的发展;新的课程评价不仅关注学生学习的成果和知识的掌握;更重要的是关注学生的学习过程和情感、态度与价值观的养成。但是在实际评价中,并没有摆脱"应试教育"的影响,人们还是习惯于用升学率的高低来评价学校和教师,用考试的分数多少来评价学生。

在本轮课程改革中,身处课程改革第一线的广大教师对课程改革的认可度不高。课程改革的任何设想和所有改革方案都必须通过课程实施才能成为现实,课程实施的重要主体是广大教师,他们的态度和行为对课程改革成功与否起着关键的作用。在本章第一节提到,当年美国课程改革失败的一个重要原因是大多数教师的教学水平不能适应新的课程,许多教师对课程改革反应冷淡,甚至持否定态度。同样,目前,在我国的基础教育课程改革中,一些教师对课程改革的认可度不高。有人通过自己编制的《新课程改革教师认同感调查问卷》对广东省 420 名中学教师进行过调查,调查结果显示:"就广东省中学教师对新课程改革认同感的整体情况而言,教师对新课程的认同感是一般的。"②由于这项调查所选的样本是攻读教育硕士学位的中学教师,是具有进取精神的优秀教师,而且多数来自城镇中学,对课程改革要比一般教师的态度更为积极一些。如果对城镇一般教师和农村教师进行此项调查,认同感可能还达不到一般水平。

二、新世纪我国中小学教学改革的特点

自改革开放以来,我国中小学一直在进行教学改革,在教学目标、教学内容、教学方法、教学手段和教学活动主体的关系等方面都进行了深入的改革。进入新世纪之后,教学改革依然是我国基础教育改革的主旋律。以中国知网的《人文与社科学术文献总库》收录的文献为例,在《人文与社科学术文献网络出版总库》的"题名"一

---

① 杨慧娟:《青岛 10 年来农村小学课程改革反思:现状、问题与对策》,载《青岛职业技术学院学报》2011 年第 2 期。

② 郑建芸:《广东省中学教师对新课程改革认同感现状调查》,华南师范大学硕士论文,2007 年。

栏中输入"教学改革"可以搜索到数以万计的文献,其中,从1990年6月11日到2000年6月11日收录的关于教学改革的文献是6 993篇,从2000年6月11日到2010年6月11日收录的关于教学改革的文献是23 672篇,比前十年增长了两倍之多。从这些数据中就可以看出,教学改革在我国越来越受关注,进入新世纪以来,平均每个月有20篇反映教学改革的理论成果问世。

21世纪我国中小学的教学改革与20世纪80年代和90年代的教学改革相比,在教学目标、教学方法与手段、教学内容和师生关系方面都具有一定的特点。21世纪中小学的教学目标变得更加丰富、更加全面。21世纪科学技术的高速发展带来了许多新的变化,教育教学必须适应这些变化。在21世纪,由于计算机技术和网络技术得到广泛的应用,学生获取信息、掌握知识的途径越来越便捷了。教师在课堂提出的问题,学生可以通过手机从网络上迅速获取十分完整而正确的答案。孔子当年所讲的"知之为知之,不知为不知"已被谷歌公司改成了两句广告词,"知之为知之,不知Google知";同时也出现了"知之为知之,不知百度知"的说法。不仅知识的获取如此方便,知识的储存同样因为信息技术的运用变得十分方便。在这种时代,如果还把书本知识的掌握作为重要的教学目标显然是不合时宜的。所以,运用现代信息技术的能力和自主学习能力必须成为教学目标的重要内容。有人在研究改革开放以来义务教育阶段教学目标的演进时提出,21世纪教学目标发展的特点是"多元整合"。[1] 多元整合也是指目标包括的内容的增多及其相互之间的调整。教育工作者在开展教学目标改革实践的同时,还应十分注重教学理论的研究。有人对改革开放以来发表在核心期刊上研究教学目标的学术论文进行了调查和统计分析,结果显示,每隔10年,核心期刊上发表的研究教学目标的论文就要增长一倍。[2] 刚刚跨入新世纪,我国基础教育领域就开展了一场规模空前的课程改革,这轮课程改革也对中小学的教学目标的改革发生了很大影响。在本节的后面要分析基础教育课程改革与教学改革之间的关系,要对课程改革对教学目标的影响进行一定的分析,为避免重复,这里不作详细的介绍。

进入21世纪之后,由于计算机技术广泛应用于教育教学领域,中小学教学方法和手段的改革发生了较大的变化。20世纪我国基础教育领域中出现了一些很有影响、很有创意的教学方法,这些新的教学方法在提高教学质量上发挥了很大的作用。有人在研究我国教学方法的改革时,列举了20世纪80年代、90年代我国教学改革中出现的新方法有33种、学科教学新方法17种。[3] 20世纪教学方法改革的重点是

---

[1] 刘扬:《改革开放三十年义务教育阶段教学目标的演进研究》,首都师范大学硕士论文,2009年。

[2] 胡定荣,徐昌:《改革开放30年中国教学论的进展——基于教学目标研究的内容分析》,载《上海教育科研》2010年第2期。

[3] 廖学春:《新中国成立以来基础教育教学方法改革与发展研究》,西南大学硕士学位论文,2010年。

如何调动、发挥学生的学习积极性、创造性和主动性,如何针对学生的个别差异来采用不同的教学方式和教学内容。进入21世纪之后,网络技术和信息技术运用于教学领域,多媒体教学技术在中小学得到了广泛的使用,广大教师比较关注运用现代教育技术来提高教学质量。所以,进入21世纪之后,再没有出现类似魏书生六步教学法、李吉林的情境教学法、黎世法的异步教学法等有影响的新方法。但是,广大教师对多媒体教学这种新的教学方式和手段的研究进入了一个高潮。截至2011年6月上旬,在中国知网《人文与社科学术文献网络出版总库》的"题名"一栏中输入"多媒体教学"可以搜索到5 714篇文献,其中,从1990年6月11日到2000年6月11日收录的关于多媒体教学的文献只有377篇,从2000年6月11日到2010年6月11日收录的有关多媒体教学的文献是4 688篇,后十年比前十年增长了十几倍。为了提高教学质量,充分发挥现代教育技术的作用,各种各样的课件走进了课堂,也走进了市场。在科学技术的进步尤其是信息技术的发展给新世纪教学方法改革带来新特点的同时,2001年开始的新一轮课程改革也对中小学教学方法提出了新的要求,课程改革需要教学方法进行相应的改革。在本节第三部分将对这个问题进行分析。

新世纪教学改革的一项重要改革是教学内容的改革。2001年6月,教育部颁布了《基础教育课程改革纲要(试行)》,为新世纪我国中小学教学内容的改革提供了政策性指导。十年来,我国中小学的课程计划、各门学科的课程标准及相应的教科书,都发生了很大的变化,一些新的科目进入了课堂,如科学、历史与社会,一些新的课程走进了师生的教学活动中,如校本课程和综合实践活动。

新世纪教学改革的一个重要特点是关注师生关系和师生在教学中地位的变化。在20世纪的教学改革中,如何认识教学中的师生关系以及师生双方的地位与作用,人们都大力提倡"教为主导、学为主体"。但实际上,在"应试教育"模式中,在以书本知识为本的教学理念支配下,很难做到"学为主体",因为以书本知识为中心的教学模式必然导致教师中心和课堂中心。新世纪的首轮课程改革和以学生发展为本的教学理念,对教学中师生关系的改变和学生主体地位的确立产生了积极的作用。新世纪课程改革中出现了一些新课程。如综合实践活动,这是一门活动课程,其主要组成部分是研究性学习,在这门课程的学习活动中,教师不可能代替学生自己去探究、去发现。所以,在综合实践活动这类课程的教学过程中,教师再也不可能采用传统的"教为主导"的方式,必须发挥学生的主体作用。要贯彻以学生发展为本的教学理念,就必须在教学活动中充分发挥学生的主体作用,学生的发展是在他们发挥自身能动性和积极性的活动中实现的。如果在教育教学活动中,学生只是一种被动接受教育影响的客体,则很难实现学生全面发展的教育目的。

三、我国基础教育课程改革与教学改革之间的联系

课程改革是在"教什么"方面进行的改革,教学改革是在"怎么教"方面进行的改革。"教什么"的改革要对"怎么教"提出新的要求,而"怎么教"的状况制约着"教什么"的改革成效。下面,首先分析"教什么"的改革对"怎么教"提出了哪些新的要求,

第九章 课程与教学改革的发展趋势

然后再分析"怎么教"的状况(即目前中小学教学现状)如何制约"教什么"的改革(即基础课程改革)的成效。

目前,我国基础教育课程改革确立了具有时代特征的课程目标,《课程改革纲要》明确指出:"新课程的培养目标应体现时代要求。要使学生具有爱国主义、集体主义精神,热爱社会主义,继承和发扬中华民族的优秀传统和革命传统;具有社会主义民主法制意识,遵守国家法律和社会公德;逐步形成正确的世界观、人生观、价值观;具有社会责任感,努力为人民服务;具有初步的创新精神、实践能力、科学和人文素养以及环境意识;具有适应终身学习的基础知识、基本技能和方法;具有健壮的体魄和良好的心理素质,养成健康的审美情趣和生活方式,成为有理想、有道德、有文化、有纪律的一代新人。"

这种课程目标包括七个方面的内容:前四个方面的内容是公民意识教育、价值观教育、责任感教育在课程目标上的体现,实际上是广义德育的目标;第五和第六方面的内容是创新教育、科学教育、人文教育、环境教育和智能教育在课程目标上的体现,主要是智育方面的目标;第七个方面是体育、美育和心理教育在课程目标上的体现。这种目标体现了以学生全面发展为本的课程理念,但这种课程目标要落实到学生的身上,促进学生的全面发展,中间还需要经过很多的环节,其中一个重要环节是课程目标要转化为教学目标。

课程目标与教学目标有以下几点区别:"首先,课程目标的制定主要由教育行政部门和课程工作者完成,具有较强的方向性和规定性,教学目标则主要是由教师制定,具有较强的实用性和灵活性。其次,课程目标处于教学目标的上位关系上,课程目标主要是为课程编制提供依据和参考,其次为教师的教和学生的学提供参考,而教学目标只是对局部的教学产生导向、激励和制约作用。再次,教学目标是最具实践性和时效性的教育目标,其他的目标则要通过教学目标来体现,是教学活动的起点和终点,而课程目标的实践指导意义弱于教学目标。"[①]

根据《课程改革纲要》提出的国家课程标准:"应体现国家对不同阶段的学生在知识与技能、过程与方法、情感态度与价值等方面的要求,规定各门课程的性质、目标、内容框架,提出教学和评价建议。"我国广大中小学教师根据《课程改革纲要》的这些精神确立了不同学科的三维教学目标:知识与技能、过程与方法和情感态度与价值观。在传统的教学目标中,"知识与技能"是主要目标,"过程与方法"、"情感态度与价值观"都是作为实现"知识与技能"这种目标的副产品。在根据新课程精神所确定的三维教学目标中,"知识与技能"是基础目标,"过程与方法"是核心目标,"情感态度与价值观"是优先目标。把"过程与方法"作为核心目标,就是要承认过程本身不仅具有手段性价值,同样也具有目的性价值。因为过程对学生的精神发育具有重要意义。如在研究性学习这种新课程的学习与探索的过程中,学生可能要面对许

---

① 刘扬:《改革开放三十年义务教育阶段教学目标的演进研究》,首都师范大学硕士论文,2009年。

多问题、困惑、挫折和失败,要花费很多的时间和精力,结果有可能"一无所获",但这是一个人学习、生存、生长、发展和创造所必须经历的过程,具有十分重要的意义。

本轮课程改革在课程结构中设置了一些前所未有的新课程,这些课程不像传统的学科课程,传统的学科课程都有相应的教学大纲(课程标准)、教科书和教学参考书,有的课程还有配套的练习册;但这些新课程没有课程标准和教材,更没有教学参考书。如综合实践活动就是这种课程,综合实践活动的设置具有十分重要的意义,它是密切联系学生自身生活和社会生活、体现对知识的综合运用的课程。它使科学世界回归学生的生活世界,立足学生的直接经验,关注学生的自主探究。综合实践活动的课程设计与课程实施是一体化的过程,教师和学生既是课程的设计者,也是课程的实施者。那些在学科课程中能够产生良好教学效果的教学方法在这种新课程中已经失效了。所以,这些新课程要求中小学在教学方法上必须进行深入的改革。

目前,在课程改革与教学改革相互影响的过程中,"怎么教"的状况对"教什么"的改革又产生了哪些影响呢?当前,我国基础教育课程改革中出现的一些问题不是新课程本身存在的问题,而是在"怎么教"的过程中出现了问题。一个最具有代表性的典型事例是科学课程的开设与取消。新课程在小学和初中都设置了科学这种综合课程。小学的科学课程取代了原来的常识和自然,初中的科学课程取代了物理、化学、生物和自然地理等分科课程。科学课程的目标包括科学探究,科学知识与技能,科学态度、情感与价值观,科学、技术与社会的关系,是一门很有价值的综合课程,对提高学生的科学素养有着十分重要的作用。西方国家中小学开设科学课程已经有很长的历史,我国台湾省的中小学也一直开设科学课程。

我国是在《课程改革纲要》颁布之后,在一些课程改革实验区开设了科学课程。武汉市作为我国课程改革实验区之一,于2005年开始在初中开设科学课,但到2008年科学课程就悄然退出了武汉市初中的课堂。在开设科学课程的几年时间里,科学课程饱受争议,受到学生家长、教师和学生多方面的批评。科学课程受到指责的原因是影响了学生的学习成绩,降低了学校的教学质量。因为开设科学课程的初中,其毕业生的中考成绩不如分科教学的初中生。进入高中之后,还必须在物理、化学、生物等学科上进行补课。实际上,科学课程的开设调动了学生的学生积极性,提高了学生的科学探究兴趣。影响学生学习成绩和学校教学质量的并不是科学课程,而是科学课程没有合适的专业对口的教师。因为我国是在没有培养科学课程的专业教师的背景下就开设了科学课程。科学课程进入中学课堂后,一些高校开始开办科学教育本科专业,但这些科学教育专业毕业生要在四年后才能上讲台。而且,各个高校在科学教育本科专业的培养目标、课程体系、培养方案上也存在着较大的区别,高等教育出版社和人民教育出版社也未出版供科学教育专业学生学习的比较系统的专业教材。可以说,科学课程的开设、科学教育本科专业的开办,都处在一种"摸着石头过河"的状态。由于科学课程的开设缺乏相应的师资队伍和教学资源,所以,科学课程最后又被物理、化学、生物和地理等分科课程取代。而初中科学课程的取消,反过来又影响到高校的科学教育本科专业,因为学生毕业后没有对口的教学岗位,科学教育专业招生极不景气。

从2004年至2006年的3年间,全国有40多所高校申报开办了科学教育本科专业,但由于目前全国只有浙江省等极少数地区的初中还在开设科学课程,大多数开设过科学课程的地区又回到了原来的分科课程,科学教育专业的发展态势急转直下,申报开设科学教育本科专业的高校急剧减少,从2008年到2010年,全国只有6所高校申报开办科学教育本科专业。让人感到纠结的是,在2011年科学教育本科专业即将从目录外本科专业(其专业代码是040108W)成为目录内本科专业(其专业代码是040102),但2010年全国只有玉溪师范学院一所高校申报开办科学教育本科专业。许多开办了科学教育本科专业的高校,由于生源短缺而不得不停止科学教育本科专业的招生。

当然,基础教育的教学现状和教学改革对课程改革的影响是多方面的,科学课程的兴衰只是一个突出事例。目前,广大农村尤其是经济欠发达地区农村学校的教学资源和教师的教学能力与教学观念,都对课程改革的全面推进产生不利影响。

第四节　我国课程与教学改革的发展趋势

一、两个《纲要》是指导未来基础教育课程改革的行动纲领

由于多年以来我国在教育行政管理上一直采用集权制的管理体制,所以,我国的每一次基础教育课程改革都是采取自上而下的改革方式。本章第二节回顾了新中国成立以来五个阶段的课程改革,每个阶段、每个时期的课程改革都是自上而下的改革,每次课程改革都是在国家教育行政管理部门的主导下进行的,国家教育行政管理部门制定和颁布的教育政策是指导课程改革的纲领。未来中国的政治制度和社会制度都不可能发生根本性的变革,在这种政治制度支配下的教育制度和教育管理体制也不会发生较大改变。所以,可以预计未来我国基础教育的课程改革,依然还是自上而下的改革,国家教育行政管理机关制定的教育政策和教育决策,还是指导基础教育课程改革的纲领。

在21世纪的前10年,我国基础教育的课程改革是以教育部2001年6月颁布的《基础教育课程改革纲要(试行)》为行动纲领,这轮课程改革已历时十年,既取得了一定的成效,也存在一些问题。在未来一段时期内,我国的基础教育课程改革还要遵循《课程改革纲要》的基本精神。

2010年7月,中共中央、国务院印发了《国家中长期教育改革和发展规划纲要(2010—2020年)》(以下简称《教育规划纲要》)。这是我国未来教育改革和发展的行动纲领,同时也是指导我国未来课程改革和教学改革的纲领性文件。《教育规划纲要》和《课程改革纲要》从目的上看存在一些区别,《课程改革纲要》是以指导基础教育课程改革为目的的纲领性文件,而《教育规划纲要》是以指导整个教育事业的改革和发展为目的的纲领性文件。从颁发文件的机构上看,《课程改革纲要》是国家教育

行政管理部门颁发的,而《教育规划纲要》则是由中共中央和国务院联合印发的,是由国家政治权力核心和国家最高行政管理机构联合发布的。《教育规划纲要》虽然不是专门针对基础教育课程改革而制定的,但《教育规划纲要》对教育教学改革与课程改革所产生的影响力在时空上要超过《课程改革纲要》。

《教育规划纲要》提出要把"育人为本"作为我国未来的一项教育工作方针,同时指出:"要以学生为主体,以教师为主导,充分发挥学生的主动性,把促进学生健康成长作为学校一切工作的出发点和落脚点。关心每个学生,促进每个学生主动地、生动活泼地发展,尊重教育规律和学生身心发展规律,为每个学生提供适合的教育。"根据《教育规划纲要》的精神,未来我国的基础教育课程改革在课程理念与课程目标上,将会继承"为了中华民族的复兴,为了每位学生的发展"的课程理念,彻底更新传统的以知识为本的课程理念。从这种新的以学生发展为本的课程理念出发,在课程目标的制定上要改变以往过于强调知识本位和社会本位的价值取向,突出以促进学生发展为核心。课程目标是对特定教育活动和教育阶段的课程进行的价值和任务界定,它是通过课程方案或课程计划以及其中的具体学科体现出来。新的以学生发展为本的课程目标,从学生发展的视角,对学生在未来成长过程中所必需的各种素养进行了规定,对学生的德智体美等方面的发展提出了各种要求,并根据时代发展的要求提出了一些新的发展目标,如培养学生社会责任感、创新精神和实践能力等新的课程目标。

对未来我国义务教育的改革和发展,《教育规划纲要》指出,要"给学生留下了解社会、深入思考、动手实践、健身娱乐的时间"。对未来我国高中教育的改革与发展,《教育规划纲要》指出:"创造条件开设丰富多彩的选修课,为学生提供更多选择,促进学生全面而有个性的发展。逐步消除大班额现象。积极开展研究性学习、社区服务和社会实践。"针对人才培养模式的改革,《教育规划纲要》又提出:"注重知行统一。坚持教育教学与生产劳动、社会实践相结合。开发实践课程和活动课程,增强学生科学实验、生产实习和技能实训的成效。充分利用社会教育资源,开展各种课外及校外活动。加强中小学校外活动场所建设。"《教育规划纲要》的这些精神对我国未来的课程改革尤其是基础教育课程结构的改革指明了方向。"课程结构是指课程体系中所包含的各种课程要素,以及各要素之间所形成的关系形态,即课程类型之间的关系形态、科目之间的关系形态、科目内容之间的关系形态、课程规定性与开放性之间的关系形态等。"①

在新世纪,我国的基础教育在课程结构上进行了大幅度的改革,在课程类型上,学科课程与活动课程的比例有了很大的变化,活动课程的比例得到了较大的增长。在必修课与选修课的比例上,选修课的比重也得到了增加。对于初中阶段的课程结构,《课程改革纲要》提出:"学校应努力创造条件开设选修课程。"针对高中阶段课程

---

① 钟启泉,崔允漷主编:《新课程的理念与创新——师范生读本》,高等教育出版社2003年版,第52页。

结构，《课程改革纲要》提出："在开设必修课的同时，设置丰富多样的选修课程，开设技术类课程。"未来我国基础教育的课程改革，将会在《课程改革纲要》和《教育规划纲要》的精神指导下，在课程结构上进行更加深入的改革，扩大选修课的比例，为学生的个性发展提供机会与条件。特别是"综合实践活动"这种活动课程的开设，为广大学生深入了解社会，积极开展研究性学习、社区服务和社会实践提供了良好的途径和平台。

目前，我国中小学生的课业负担很重，已经成为全社会高度关注的重大问题。在《教育规划纲要》的七十条内容中，其中第十条内容就是针对如何减轻学生课业负担这个问题。《教育规划纲要》指出："过重的课业负担严重损害儿童少年身心健康……学校要把减负落实到教育教学各个环节，给学生留下了解社会、深入思考、动手实践、健身娱乐的时间。提高教师业务素质，改进教学方法，增强课堂教学效果，减少作业量和考试次数。培养学生学习兴趣和爱好。严格执行课程方案，不得增加课时和提高难度。各种等级考试和竞赛成绩不得作为义务教育阶段入学与升学的依据。"减轻中小学生沉重的课业负担是一个需要综合治理的社会问题，需要采取很多措施，但课程实施方式的改革对减轻学生课业负担有着直接的影响。根据《教育规划纲要》的相关精神，中小学要通过课程实施方式的改革来减轻学生课业负担。

在我国基础教育课程改革的过程中，课程实施方式的改革一直是课程改革的重要内容。为了改革课程实施方式，2001年颁发的《课程改革纲要》提出："改变课程实施方式过于强调接受学习、死记硬背、机械训练的现状，倡导学生主动参与、乐于探究、勤于动手，培养学生搜集和处理信息的能力，获取新知识的能力、分析和解决问题的能力以及交流与合作的能力。"在此基础上，2010年印发的《教育规划纲要》又继续提出："注重学思结合。倡导启发式、探究式、讨论式、参与式教学，帮助学生学会学习。激发学生的好奇心，培养学生的兴趣爱好，营造独立思考、自由探索、勇于创新的良好环境。"根据《课程改革纲要》和《教育规划纲要》的精神，未来我国基础教育课程改革的一个重要趋势是通过课程实施方式的改革来减轻学生的课业负担，在课程实施过程中，注重激发学生的好奇心和探究欲，重视发挥学生的学习兴趣和学习主动性的作用，关注学生思考能力、动手能力、学习能力和获取信息和利用信息能力的发展。

二、我国中小学教学改革的发展趋势

教学改革的首要目标是提高教学质量，通过教学质量水平的提升来提高教育质量，最终实现提高学生的学习质量和人才培养质量的目的。2009年，两个国际组织对我国中小学生进行的质量评价，引起了我国广大教育工作者的高度关注。2009年教育进展国际评估组织对全球21个国家进行调查，中国孩子的计算能力排名第一，想象力排名倒数第一，创造力排名倒数第五。在中国的中小学生中，认为自己有好奇心和想象力的只占4.7%,而希望培养想象力和创造力的学生只占14.9%。[①] 在新的世纪里,计算机广泛应用于人类社会的各个领域,以计算机为标志的智能机器将逐步取代人的一切体力劳动和很多脑力劳动,智能机器把它所不能取代的有创意的智慧活动留给了人类。所以,在信息时代里,创造力与创新素质是人的最重要的素质。但中国学生的创造力与想象能力却远远低于其他国家的学生,因此,这个问题自然引起了人们的关注。

2010年12月7日,经济合作与发展组织(OECD)发布了国际学生评估项目PISA(Program for International Student Assessment)2009年的测评结果:在本次由65个国家和地区参与的测评中,中国上海152所学校的5 115名15岁学生首次参测,并夺得阅读、科学、数学三冠。[②] 这次测评结果同样引起了人们的高度关注,目前,人们对PISA的测评结果褒贬不一,有肯定也有质疑。但PISA测评给了中国教育工作者很多的启迪,PISA从测评的理念、测评的目标、测评的内容、测评的方式、测评结果的分析都为我国今后的教育教学质量、学生学习质量和人才培养质量的测评,提供了很好的借鉴。从PISA测评的目标和内容上看,"PISA主要测评的是,即将完成义务教育时青少年运用知识和技能迎接现实生活挑战的能力。这一取向具有前瞻性,反映了学校教育目标和课程目标本身的变化,即越来越多地关注学生能运用他们在学校里学到的内容做什么,而不单单看他们是否掌握了特定的课程内容。"[③]"PISA测评注重的是学生的素养。无论是阅读素养、数学素养还是科学素养测评,其评价焦点都是确定学生运用所学知识的能力和水平。评价目标的核心不是评价学生对事实的掌握,而是学会如何学习,注重的是学生学习的潜能、是适应未来社会挑战的能力,是学生的发展。"[④]

2009年教育进展国际评估对中国学生的调查结果和国际学生评估项目PISA2009年的测评结果,对今后我国的教育教学评价和学生质量评价会产生很大的影响。2010年印发的《教育规划纲要》明确指出:"改革教育质量评价和人才评价制度。改进教育教学评价。根据培养目标和人才理念,建立科学、多样的评价标准。开展由政府、学校、家长及社会各方面参与的教育质量评价活动。做好学生成长记录,完善综合素质评价。探索促进学生发展的多种评价方式,激励学生乐观向上、自主自立、努力成才。"在《教育规划纲要》的精神指引下,根据教育进展国际评估所提供的调查结果,借鉴PISA的测评理念、测评目标和测评方式,在未来中国的教育教学领域里,教育工作者将会在教育教学评价和学生质量评价方面进入深入的改革,教学质量评价的改革将成为教学改革的重要领域,也是未来教育教学改革的重要趋

---

① 转引自郭文安,王坤庆主编:《教育学研究与反思》,华中师范大学出版社2011年版,第172~173页。
② 刘莉:《上海2009年PISA测评结果的冷思考》,载《中国高等教育评估》2011年第2期。
③ 陆璟:《PISA2009上海实施报告》,载《教育发展研究》2009年第24期。
④ 谭轶斌:《PISA2009测评对课程评价的启示》,载《教育发展研究》2009年第12期。

势。在未来的教学质量评价和学生质量评价中,学生的创新素质、学生运用所学知识的能力和学会如何学习的能力,都会成为评价的重要内容;与此同时,在评价内容中要淡化对书本知识的掌握。

教学目标在教学活动中具有十分重要的地位。教学目标的改革是一个永恒的主题,改革开放三十多年来,由于社会发展对人才质量不断地提出新的要求,为培养能够适应和促进社会发展的合格人才,我国学校的教育教学目标一直在进行改革。在改革开放初期,针对"四人帮"大肆宣扬的"知识越来越反动"的社会舆论及"白卷'英雄'上大学"的政治闹剧,引导广大青少年掌握科学文化知识是迫在眉睫的任务。所以,在那个时代把基本知识和基本技能的掌握作为基础教育的最基本的教学目标是十分合理的。后来,在教学改革的过程中,教学目标的内容在不断地扩展和丰富,从发展智力和能力到非智力因素和创新精神的培养,都成为基础教育的教学目标。《课程改革纲要》颁布之后,我国教育工作者确立了体现新课程精神的三维教学目标:"知识与技能"、"过程与方法"和"情感态度与价值观"。在传统的教学目标中,"知识与技能"是主要目标,"过程与方法"、"情感态度与价值观"都是作为实现"知识与技能"这种目标的副产品。在体现新课程精神的三维教学目标中,"知识与技能"是基础目标,"过程与方法"是核心目标,"情感态度与价值观"是优先目标。

未来我国基础教育的教学目标还要根据时代发展的需要不断地进行改革。在21世纪,人类进入了知识经济时代,也进入了一个学习型社会。在知识经济时代,知识是人类最重要的资源和财富。与此同时,人类社会的知识在高速增长,知识更新的周期越来越短,所以,在新的世纪里,人类的不断学习和掌握新的科学知识的终身学习能力比过去任何一个时代都重要。基于这种时代背景,国际学生评估项目PISA把终身学习能力作为学生学习质量评估的重要内容,"PISA是第一个在终身学习能力评价方面有重大突破的项目。它创造性地提出了'素养'的概念,重视评价各种情境中的实际应用能力,即有关学生在主要学科领域应用知识和技能的能力,以及在不同情境中提出、解决和解释问题时分析、推理和有效交流的能力;它强调对终身学习的相关性(relevance,即有用性),不仅评估学生的课程与跨课程能力,同时也要求学生报告自己的学习动机、自我信念和学习策略。"[①]我国在新世纪颁布的两个关于教育改革和课程改革的纲领性文件,也十分重视终身学习能力的培养。《课程改革纲要》在确定课程目标时提出要使学生"具有适应终身学习的基础知识、基本技能和方法"。《教育规划纲要》也提出要"构建灵活开放的终身教育体系","基本形成全民学习、终身学习的学习型社会"。根据新世纪科学技术高速发展、知识成倍增长、知识更新加快的时代背景,遵循《教育规划纲要》和《课程改革纲要》的基本精神,学习和借鉴发达国家在培养学生终身学习能力方面的积极态度与经验,在我国未来的教学目标改革中,应该把学生终身学习能力的培养作为教学目标的重要内容。学

---

① 陆璟:《PISA2009上海实施报告》,载《教育发展研究》2009年第24期。

生终身学习能力的培养在教学目标中的逐步提升将成为未来教学改革的发展趋势。在未来我国基础教育的教学改革过程中,如何培养学生终身学习的能力,将成为广大中小学教师面临的一个新的课题,也是历史赋予广大中小学教师一项新的历史使命。如果没有一大批愿意学习、善于学习、能够终身进行学习的一代新型人才,将很难实现中华民族的伟大复兴。

【本章小结】

在知识经济时代,传承知识和创造知识的教育受到了各国政府和广大民众空前的重视和高度的关注。为了提高教育质量和人才培养质量,世界各国都在进行教育改革。课程是教育的内容,教学是教育的途径,课程改革和教学改革都是教育改革的重要平台。近年来西方一些发达国家在课程目标、课程结构、课程管理和课程评价方面都进行了比较深入的改革,同时也在教学目标和教学方法方面进行了改革。这些改革体现了课程改革与教学改革之间的密切的联系。

新中国成立后,我国政府十分重视课程改革与教学改革。自1949年至今,我国课程改革的历史大致分为五个阶段,每个阶段的课程改革有着自身的特点。我国的课程改革都是一种自上而下的改革,是一种在教育行政管理部门主导下的改革。而新中国60多年来的教学改革则是自下而上的改革,是广大教育工作者发挥自身积极性、主动性和创造性的体现。新中国的教学改革主要集中在教学目标、教学方法和教学手段的改革等方面。

新世纪我国基础教育进行了一次大规模的课程改革,这轮课程改革是中国历史上持续时间最长、改革范围最广、产生影响最深远的一次改革。这轮课程改革确立了新的以学生发展为本的课程理念,在课程目标、课程结构、课程管理的改革上取得了显著的成效,但也存在着课程改革的进展在区域之间很不平衡、有些教师对课程改革的认可度不高、一些教师的专业素养还不能适应课程改革等问题。在新世纪,我国中小学在教学目标、教学内容、教学手段和教学中师生关系等方面进行了一系列的改革。在课程改革与教学改革之间,教学改革落后于课程改革,特别是教学队伍的专业水平制约着一些新的课程的开设。

2010年7月,中共中央、国务院印发了《国家中长期教育改革和发展规划纲要(2010—2020年)》,这是进入新世纪之后,中共中央、国务院制定的一项重要的教育决策和教育政策,是我国未来教育事业改革和发展的行动纲领,也是指导未来我国课程改革和教学改革的纲领性文件。未来我国基础教育的课程改革必须遵循《基础教育课程改革纲要(试行)》和《国家中长期教育改革和发展规划纲要(2010—2020年)》的基本精神,这将是我国基础教育课程改革和发展的基本走向。2009年两个国际组织对中国学生学习质量的调查和测评的结果,引起了我国广大教育工作者的高度关注,尤其是国际学生评估项目PISA的测评理念、测评目标、测评内容和测评方式,为我国教学评价和学生学习质量评价提供了很好的借鉴,对我国中小学教学改革和发展有较大的启示作用。

第九章 课程与教学改革的发展趋势

【思考练习】

1. 名词解释:"中心-边缘"模式、教育规划纲要、"PISA"测评。
2. 发达国家在课程目标和课程结构方面进行了哪些改革?为什么要进行这些改革?
3. 以20世纪美国课程改革失败的实例来分析课程改革与教学改革之间的联系。
4. 新世纪我国进行的基础教育课程改革取得了哪些显著的成效?
5. "PISA"测评对我国基础教育的教学质量评价改革有什么启示?

参 考 文 献

[1] John Dewey. The child and the curriculum[M]. Chicago:The University of Chicago press,1902.

[2] John Dewey. Democracy and Education[M]. New Tork:Courier Dover Pubications,1916.

[3] Fullan,M. The meaning of educational change[M]. New York:Teachers College Press,1982.

[4] (苏)苏霍姆林斯基.给教师的建议[M].北京:教育科学出版社,1981.

[5] (美)布鲁纳.教育过程[M].邵瑞珍译.北京:文化出版社,1982.

[6] (美)布卢姆.教育评价[M].邱渊,等,译.上海:华东师范大学出版社,1987.

[7] (日)佐藤正夫.教学论原理[M].钟启泉译.北京:人民教育出版社,1996.

[8] (捷克)夸美纽斯.大教学论[M].傅任敢译.北京:教育科学出版社,1999.

[9] (美)约翰·杜威.民主主义与教育[M].王承绪译.北京:人民教育出版社,2001.

[10] (美)Popham W J.促进教学的课堂评价[M].北京:中国轻工业出版社,2003.

[11] (美)杜威.学校与社会·明日之学校[M].赵祥麟,等,译.北京:人民教育出版社,2005.

[12] R.M.加涅.教学设计原理[M].3版.王小明,等,译.上海:华东师范大学出版社,2007.

[13] (美)泰勒.课程与教学的基本原理[M].罗康,张阅译.北京:中国轻工业出版社,2008.

[14] P.L.史密斯,T.J.雷根.教学设计[M].3版.庞维国,等,译.上海:华东师范大学出版社,2008.

[15] 诺伯特·M.西尔,山尼·戴克斯特拉.教学设计中课程、规划和进程的国际观[M].任友群,等,译.北京:教育科学出版社,2009.

[16] 冯忠良.智育心理学[M].北京:教育科学出版社,1981.

[17] 王策三.教学论稿[M].北京:人民教育出版社,1985.

[18] 马斯洛.动机与人格[M].北京:华夏出版社,1987.

[19] 郑日昌.心理测量[M].长沙:湖南教育出版社,1987.

[20] 陈侠.课程论[M].北京:人民教育出版社,1989.

[21] 顾明远.教育大辞典[M].上海:上海教育出版社,1990.

[22] 李秉德,李定仁.教学论[M].北京:人民教育出版社,1991.

[23] 吴也显.教学论新编[M].北京:教育科学出版社,1991.

[24] 施良方.学习论[M].北京:人民教育出版社,1992.

[25] 张庆林.当代认知心理学在教学中的应用[M].重庆:西南师范大学出版社,1992.
[26] 李伯黍.教育心理学[M].上海:华东师范大学出版社,1993.
[27] 李建刚.现代教学的理论与实践[M].济南:山东教育出版社,1993.
[28] 李定仁.教学思想发展史略[M].西宁:青海人民出版社,1993.
[29] 乌美娜.教学设计[M].北京:高等教育出版社,1994.
[30] 靳玉乐.现代课程论[M].重庆:西南师范大学出版社,1995.
[31] 皮连生.智育心理学[M].北京:人民教育出版社,1996.
[32] 联合国教科文组织国际教育发展委员会.学会生存[M].北京:教育科学出版社,1996.
[33] 施良方.课程理论——课程的基础、原理与问题[M].北京:教育科学出版社,1996.
[34] 熊川武.学习策略论[M].南昌:江西教育出版社,1997.
[35] 黄甫全,王本陆.现代教学论学程[M].北京:教育科学出版社,1998.
[36] 吴立岗.教学的原理、模式和活动[M].南宁:广西教育出版社,1998.
[37] 吕达.课程史论[M].北京:人民教育出版社,1999.
[38] 施良方,崔允漷.教学理论:课堂教学的原理、策略与研究[M].上海:华东师范大学出版社,1999.
[39] 张华.课程与教学论[M].上海:上海教育出版社,2000.
[40] 丛立新.课程论问题[M].北京:教育科学出版社,2000.
[41] 闫承利.素质教育课堂优化艺术[M].北京:教育科学出版社,2000.
[42] 钟启泉,李雁冰.课程设计基础[M].济南:山东教育出版社,2000.
[43] 夏庆瑞.课程与教学论[M].合肥:安徽大学出版社,2002.
[44] 范兆雄.课程资源概论[M].北京:中国社会科学出版社,2002.
[45] 李方.课程与教学基本理论[M].广州:广东高等教育出版社,2002.
[46] 教育部基础教育司.走进新课程——与课程实施者对话[M].北京:北京师范大学出版社,2002.
[47] 黄甫全.课程与教学论[M].北京:高等教育出版社,2003.
[48] 张楚廷.课程与教学哲学[M].北京:人民教育出版社,2003.
[49] 廖哲勋.课程新论[M].北京:人民教育出版社,2003.
[50] 张大均.教与学的策略[M].北京:人民教育出版社,2003.
[51] 钟启泉,崔允漷.新课程的理念与创新——师范生读本[M].北京:高等教育出版社,2003.
[52] 王本陆.课程与教学论[M].北京:高等教育出版社,2004.
[53] 李定仁,徐继存.课程论研究二十年[M].北京:人民教育出版社,2004.
[54] 郭一平.中小学教学模式探索[M].北京:学苑音像出版社,2004.
[55] 皮连生.教育心理学[M].3版.上海:上海教育出版社,2004.

[56] 李森.现代教学论纲要[M].北京:人民教育出版社,2005.
[57] 陈琦,刘儒德.教育心理学[M].北京:高等教育出版社,2005.
[58] 关文信.初等教育课程与教学论[M].北京:中国人民大学出版社,2006.
[59] 沈德立.高效率学习的心理学研究[M].北京:教育科学出版社,2006.
[60] 余林.课堂教学评价[M].北京:人民教育出版社,2006.
[61] 刘家访,余文森,洪明.现代课程论基础教程[M].长春:东北师范大学出版社,2007.
[62] 杨小微,张天宝.教学论[M].北京:人民教育出版社,2007.
[63] 汪霞.课程理论与课程改革[M].合肥:安徽教育出版社,2007.
[64] 裴娣娜.教学论[M].北京:教育科学出版社,2007.
[65] 钟启泉.课程论[M].北京:教育科学出版社,2007.
[66] 靳玉乐.现代教育学[M].成都:四川教育出版社,2008.
[67] 王道俊,郭文安.教育学[M].北京:人民教育出版社,2009.
[68] 皮连生,刘杰.现代教学设计[M].北京:首都师范大学出版社,2010.
[69] 徐继存.课程与教学论[M].济南:山东人民出版社,2010.
[70] 陈佑清.教学论新编[M].北京:人民教育出版社,2011.
[71] 郭文安,王坤庆.教育学研究与反思[M].武汉:华中师范大学出版社,2011.